国家社科基金一般项目"华夏文明传播的观念基础、理论体系与当代实践研究"（19BXW056）阶段性成果；

福建省专业学位研究生导师团队"华夏文明传播研究团队"建设成果；

福建省首届网络教学名师培育计划建设成果；

福建省高校人文社科研究基地"中华文化传播研究中心"建设成果；

福建省课程思政"华夏传播概论"建设成果；

厦门大学一流本科课程"华夏传播概论"建设成果；

厦门大学研究生课程"中国传播理论研究"课程思政建设成果；

美育与通识教育一流课程"华夏文明传播"建设成果；

研究生教育精品课程"史论精解·传播（华夏传播史论）"建设成果；

习近平新时代中国特色社会主义思想融入"华夏传播概论"课程教学的实践方法研究的阶段性成果。

Study on
Chinese culture and
Communication

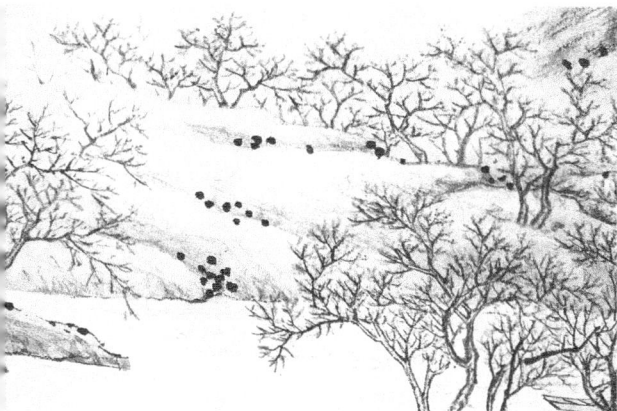

第十一辑

华夏文化与传播研究

谢清果　钟海连　主编

九 州 出 版 社 | 全国百佳图书出版单位

JIUZHOUPRESS

图书在版编目（ＣＩＰ）数据

中华文化与传播研究. 第十一辑 / 谢清果，钟海连
主编. -- 北京：九州出版社，2022.10
ISBN 978-7-5225-1270-9

Ⅰ．①中… Ⅱ．①谢… ②钟… Ⅲ．①中华文化－文
化传播－研究 Ⅳ．①G125

中国版本图书馆CIP数据核字(2022)第190199号

中华文化与传播研究·第十一辑

作　　者	谢清果　钟海连　主编
责任编辑	郝军启
出版发行	九州出版社
地　　址	北京市西城区阜外大街甲 35 号（100037）
发行电话	(010)68992190/3/5/6
网　　址	www.jiuzhoupress.com
印　　刷	北京九州迅驰传媒文化有限公司
开　　本	720 毫米 ×1020 毫米　16 开
印　　张	23.5
字　　数	490 千字
版　　次	2022 年 10 月第 1 版
印　　次	2022 年 10 月第 1 次印刷
书　　号	ISBN 978-7-5225-1270-9
定　　价	76.00 元

中华文化与传播研究

主办单位：

厦门大学传播研究所

中盐金坛盐化有限责任公司

福建人文社会科学研究基地中华文化传播研究中心

协办单位：

华夏传播研究会

华夏文化促进会

国际中华传播学会（美国）

中国传媒大学媒体创意研究中心

福建省传播学会

厦门大学国学研究院

四川大学老子研究院

厦门大学道学与传统文化研究中心

厦门箕笤书院

厦门伟纳机电技术有限公司

两岸关系和平发展协同创新中心

中国新闻史学会新闻传播思想史专业委员会

中国新闻史学会台湾与东南亚华文新闻传播史研究委员会

中国传媒大学健康中国与中医药传播研究中心

张　昆（华中科技大学新闻与信息传播学院）

邵培仁（浙江大学传播研究所）

林升栋（中国人民大学新闻学院）

罗　萍（厦门大学新闻传播学院）

岳　淼（厦门大学新闻传播学院）

居延安（美国康涅狄格州州立大学传播学系）

单　波（武汉大学新闻与传播学院）

［新加坡］卓南生（北京大学新闻学研究会）

宫承波（中国传媒大学电视与新闻学院）

赵月枝（加拿大西门菲莎大学传播学院）

赵振祥（厦门理工学院）

赵晶晶（浙江大学传媒与国际文化学院）

胡翼青（南京大学传播学院）

郝　雨（上海大学影视学院）

贾文山（中国人民大学新闻学院、查普曼大学）

郭肖华（厦门理工学院数字创意学院）

阎立峰（厦门大学新闻传播学院）

黄　旦（复旦大学新闻学院）

黄合水（厦门大学新闻传播学院）

黄鸣奋（厦门大学人文学院）

黄星民（厦门大学新闻传播学院）

曾　峰（华侨大学新闻传播学院）

程曼丽（北京大学新闻与传播学院）

董天策（重庆大学新闻学院）

谢宗贵（福建师范大学传播学院）

戴元光（上海政法学院文学院）

卷首语

华夏文明历史悠久，在世界上独树一帜，有着迥异于西方、印度以及阿拉伯文明的超乎寻常的稳定性，是迄今为止人类最为灿烂的文明之一。而传播活动作为人类社会的核心组织活动形式，一定在其中发挥着重要的作用。因此，中国古代长期的超稳定社会一定离不开富有实效、饱含智慧的传播观念。而对我们当代研究者来说，相比于用西方的传播理论来阐释当下的中国文化语境和传播情景，本土化的传播研究则更具有亲和力，我们对于自己文明中的传播智慧的研究也还远远不够。因此，可以说当代中国的传播学者肩负研究华夏传播的使命和责任是理所应当的。

事实上研究华夏传播也是传播学理论研究和历史研究取得创新突破口的重要领域。西方经典的传播理论是在西方特定的历史时期研究的产物，在表浅层面有着一定的阐释力，但是涉及中国的具体情景和问题时，很多观点是失灵的。新闻传播史的研究当前也面临着开拓新的研究范式、研究领域的问题。传统的近现代以来的一报一社的梳理研究已经取得了很大的成就，继续这样的模式去发掘，需要时间和机遇；而应用一些理论来阐释新闻史的发展，也面临着生搬硬套的尴尬。所以真正应该将研究的目光转向华夏的传播实践，而在此领域的研究中也到处是富矿。

华夏文明史可考察的至少有五千多年，而我们现在对于先秦以前的传播活动还知之甚少，实际上新闻传播史的研究还主要集中于近现代，中国古代新闻史的研究也仅局限于少数研究者之中。惊叹于我们灿烂的文明史，我们的传播史研究显得卑微而弱小。对于比较重要的甲骨文从媒介角度的考察更是凤毛麟角，对于先秦之前的研究还比较孱弱。而即使对于进入我们文献资料比较充裕的有秦以来的传播史研究也仍然具有较大的研究空间。儒家思想中的传播和沟通观念饱含智慧，尤其是融合儒释道三家精华的宋明理学，从传播学、新闻史的角度更具有研究价值。贯穿于中国古代中后期的宋明理学的传播观念对于考察整个中国古代社会的传播观具有显著的代表性。宋明理学的出现凝聚着儒释道三家融合的基因，肩负着重建纲常的使命，其传播观念是中国封建社会中后期最为重要的精神交往原则。但这些方面我们研究得还不是很深入，因此可以说华夏文明的传播学研究仍然任重而道远。

即使从研究者个人的情感上来说，华夏文明的传播学研究也值得我们倾情投入。在华夏文明传承的历史长河中，"导清源，振芳尘"，跌宕起伏的历史事件、义薄云天的历史人物，不时在震撼着我们的内心。这些都是新闻传播学研究的珍贵素材。我曾在《作为政治的传播》一书前言中说过："对于学者来说理性很重要，但似乎理性之上或者理性之前的那一点点冲动和直觉也尤为珍贵。我们不喜欢用别人的模式来重复一遍历史，尽管它是历史，仍然希望这本书能写出我们自己的感悟和思考，带来一些新的气息，以平息内心的那份喷薄的情感。"我想把这句话继续拿来同诸君共勉。

赵云泽（中国人民大学新闻学院教授、博导）

2022 年 7 月

目　录

一、华夏传播与媒介考古学

主持人语

媒介考古学，还是媒介学考古？

对面向中国历史与传统文化的华夏传播研究来说，媒介考古学（media archaeology）与媒介学（mediology）是两种很实用的工具。

媒介考古学高调主张"回到过去"，其"视旧如新"[①]的旨趣相当于为华夏传播研究进一步提供了合法性。"令我们特别好奇的是，媒介考古学将如何推动中国的文化形式与中国历史的对话，以帮助人们更好地理解中国的媒介环境。"[②]当然，遗憾之处是"考古"有余而"媒介"不足，"没能让'媒介'构成一种分析工具"[③]。

欣慰的是，德布雷的媒介学可以弥补上述不足，提供了一整套概念分析工具和方法论。一方面是层次丰富的媒介概念：一是材料、载体及其界面，二是网络化途径（两者相当于技术层面）；三是编码系统，四是符号化方式（两者相当于文化层面）[④]。另一方面，媒介学的主旨是考察

---

① 施畅：《视旧如新：媒介考古学的兴起及其问题意识》，《新闻与传播研究》2019 年第 7 期。

② [美]埃尔基·胡塔莫、[芬兰]尤西·帕里卡编：《媒介考古学：方法、路径与意涵》，唐海江主译，上海：复旦大学出版社，2018 年，中译本序第 2 页。

③ 黄旦：《媒介考古：与小人儿捉迷藏？——读〈媒介考古学：方法、路径与意涵〉》，《国际新闻界》2021 年第 8 期。

④ 笔者进行了重新表述。参见 [法] 雷吉斯·德布雷：《媒介学宣言》，黄春柳译，南京：南京大学出版社，2016 年，第 13 页。

技术与文化的互动①,并提出了相应的方法论——技术提供可能性的限定,文化进行选择性的过滤。② 两者的相互作用集中体现于文化传承,即"时间上的价值与知识在代与代之间的传送"③,需要通过历史人类学的方法进行考察。因此,尽管媒介学没有打着"考古"旗号,却具有十足的历史意识,将其路径称为"媒介学考古"也不过分。

本专栏有三篇论文,可以看作将媒介考古学和"媒介学考古"运用于华夏传播研究的尝试。第一篇是对书法这一特定的书写和艺术形式进行媒介考古,主要通过书法墨迹与书论的互证比较,考察书法文化的历史传承方式;第二篇立足于另一种中国传统媒介物——古琴及其"即兴"演奏方式,以此理解它们在传统音乐传播与传承中扮演的重要角色;第三篇则将"考古"目光聚焦在20世纪八九十年代的流行音乐,追问如下媒介学问题:经过岁月的洗礼,它们为何没有在新技术革新中消逝,而是更显经典魅力?

(暨南大学新闻与传播学院副教授　姚锦云)

---

① [法]雷吉斯·德布雷:《媒介学宣言》,黄春柳译,南京:南京大学出版社,2016年,第12页。

② [法]雷吉斯·德布雷:《媒介学引论》,刘文玲译,北京:中国传媒大学出版社,2014年,第89—94页。

③ [法]雷吉斯·德布雷:《媒介学引论》,刘文玲译,北京:中国传媒大学出版社,2014年,中文版序第1页。

媒介考古视角下书论与墨迹的间性及互证

——以陆柬之书风取法为例

卢忠敏*

（浙江树人学院艺术学院，浙江杭州，310000）

摘要： 书论与书法墨迹分别以主、客观两种形式共同呈现着书家的风格特点与师承取法。但它们之间又是不可割裂的，不仅因书论有助于解读墨迹、墨迹能直观佐证书论，也因在墨迹的流传过程中各收藏鉴定大家结合墨迹作品对其书风的再评价（即题跋）。是以，研习书家风格须辩证且发展地看待墨迹与书论。陆柬之书风的取法便是如此：墨迹分析中不仅可见"少学舅氏（虞世南）""自《兰亭》中来"等书论踪影，更可结合书论文献将墨迹中"行草间杂"的章法追溯至王献之和智永禅师。至于《传授笔法人名》中备受争议的"（欧阳）询传之陆柬之"观点，若将相关墨迹的结体、笔法进行仔细比对可发现它或许指"陆柬之通过欧阳询间习王羲之书风"，只不过此说在文化传承中被元明清三代书论家所忽视。

关键词： 书论；《文赋》墨迹；陆柬之；书风；《兰亭序》

一、问题提出：各家书论中陆柬之书风取法的分歧

陆柬之，生卒年不详①，官至朝散大夫、太子司议郎、崇文侍书学士，是书法史上屈指可数的、拥有强大社交关系的书法家之一。这从其亲属关系中可见一斑：他出身于江东大族吴郡陆氏，西晋著名文学家、书法家陆机（261—303 年）是他的远祖，初唐书法

---

　* 作者简介：卢忠敏（1988—），女，山东枣庄人，浙江树人学院艺术学院讲师，哲学博士，研究方向：艺术学、美学。

　基金项目：浙江树人学院引进人才科研启动项目（项目号 2022R035）

　① 张怀瓘《书断》中载："中年之迹，尤有怯懦。总章之后，乃备筋骨。""总章"是唐高宗的年号，约668—670 年，这段时期陆柬之已过中年。此外，他是虞世南（558—638 年）的外甥，故而推测他出生于初唐甚至之前的隋朝，活到唐高宗甚至之后。参见施锡斌：《传陆柬之书〈文赋〉真伪考辨》，《中国书画》2015 年第10 期。

大家虞世南（558—638 年）是他的舅舅，宰相陆元方（639—701 年）是他的侄子，盛唐草圣张旭（约 685—759 年）是他的外孙。他的书法造诣和书学地位与欧阳询（约 557—641 年）、虞世南、褚遂良（596—658 年/659 年）齐名[①]，合誉为"初唐四家"[②]。

历代书论中有关陆柬之的记载虽不多，却大多对其师承和书风取法津津乐道：

> 陆学士柬之受于虞秘监，虞秘监受于永禅师，皆有体法。……陆柬之学虞草体，用笔则青出于蓝。
>
> （唐·李嗣真：《书后品》）[③]

> 陆柬之，吴郡人，官至朝散大夫、太子司议郎，虞世南之甥。少学舅氏，临写所合，亦犹张翼换羲之表奏，蔡邕为平子后身。晚习二王，尤尚其古，中年之迹，犹有怯懦，总章已后，乃备筋骨。殊矜质朴，耻夫绮靡，故欲暴露疵，同乎马不齐髦，人不栉沐，虽为时所鄙，回也不愚，拙于自媒，有若达人君子。尤善运笔，或至兴会，则穷理极趣矣。调虽古涩，亦犹文王嗜菖蒲菹，孔子蹙额而尝之，三年乃得其味，一览未穷，沉研始精。然工于仿效，劣于独断，以此为少也。隶、行入妙，章草书入能。
>
> （唐·张怀瓘：《书断》）[④]

> （陆柬之）少学舅氏书，多作行字，晚擅出蓝之誉，遂将咄逼羲、献。落笔浑成，耻为飘扬绮靡之习，如马不齐髦，人不栉沐，览之者未必能识其佳处。论者以谓如偃盖之松，节节加劲，亦知言哉。然人才固自有分限，柬之隶行入妙，章草草书入能，是亦未免其利钝也。
>
> （元·陶宗仪：《书史会要》）[⑤]

> 陆柬之书法大似乃舅（虞世南），而风气过之。……笔法飘纵，妍媚动人，品在李北

---

① "唐陆柬之，……临学舅氏得其法，遂以书专家，与欧褚齐名。"（宋）朱长文：《墨池编》卷 3，《钦定四库全书·子部 8·艺术类》，第 94b 页。

② 后世所言初唐四家常指"欧虞褚薛"（薛指薛稷），但由《薛稷杂碑》和《广川书跋》所载"薛稷于书得欧虞褚陆遗墨至备"可知，陆柬之早于薛稷（649—713 年）成名。正如元代赵孟頫在陆柬之《文赋》后跋曰："右唐陆柬之行书文赋真迹，唐初善书者称欧虞褚薛，以书法论之，岂在四子下耶。然世罕有其迹，故知之者希耳。"故而书学史上也有"初唐四家"是"欧虞褚陆"之说。

③ （唐）李嗣真：《书后品》，上海书画出版社、华东师范大学古籍整理研究室选编、校点：《历代书法论文选》，上海：上海书画出版社，1981 年，第 134、139 页。

④ （唐）张怀瓘：《书断》，上海书画出版社、华东师范大学古籍整理研究室选编：《历代书法论文选》，上海：上海书画出版社，1981 年，第 192—193 页。

⑤ 转引自（明）张丑：《清河书画舫》，上海：上海古籍出版社，2011 年，第 137 页。

海、颜平原上，故米南宫极称许之。

（明·张丑：《清河书画舫》）①

作为书法大家虞世南的外甥，陆柬之有着十分优越的学书环境，从而保证了他书学正宗的取法途径。他擅长临摹和仿写，少时以虞世南书风为主，殆至中年书风依旧较为怯弱；晚年学习二王后，才得以筋骨兼备，形成了自己的风格和表达方式。

陆柬之师承虞世南毋庸赘言，故而在台北故宫博物院所藏《陆柬之书文赋卷》拖尾处的十余名元明清三代书家或鉴赏家的题跋中②鲜见：

其笔法全自《兰亭》中来，有全体而不变者，识者知之耳。

（元·李倜）

唐人法书，结体遒劲，有晋人风格者，惟见此卷耳。虽若随僧智永，犹恨妖媚太多、齐整太过也，独于此卷为之三叹。

（元·揭傒斯）

予观书法多自《兰亭》中来，其超逸神俊，有非唐临晋帖者所可同。……其戈波之法，虽得于虞秘书，而变化不拘，结构自成一体，殆有逼于永和遗迹者。

（明·谢观）

今观所书陆机文赋，真有晋人风格，较之《兰亭》临本，果孰右也。

（明·曹仿）

唐人之书，论者以其临晋，往往少之，殊不察其变化之妙也。柬之此笔神俊超逸，尤非诸家所能及。历世既久，乃获观之，是犹拾丽珠于灰烬也，识者尚慎藏之。

（明·宋濂）

陆司谏所书文赋，全摹《禊帖》，而带有其舅氏虞永兴之员劲，遂觉韵法双绝。唐初诸公仿晋，牵涉板真，如此妙腕，未见其匹。

（清·孙承泽）

---

① （明）张丑：《清河书画舫》，第110页。
② （唐）陆柬之书：《陆柬之书文赋》，长春：吉林文史出版社，2006年，末页。

由上述题跋中可知，元以后的历代书家更多地关注到此墨迹有晋人风格，甚至精确地将其取法定位于王羲之的《兰亭序》（《稧帖》），而不见唐代张怀瓘所言"晚习二王"和元代陶宗仪所言"咄逼羲献"中的王献之。那么，陆柬之究竟是取法王羲之还是兼取王献之呢？

更值得注意的是，与陆柬之同属初唐时期的书论家李嗣真（？—696年）未提及陆习二王，殆至盛唐时期张怀瓘①始言，进而元明清书家根据墨迹将陆的取法锁定于王羲之的《兰亭序》。然而唐太宗薨逝以后《兰亭序》真迹已失传，这些书家口中所言的"兰亭"或"稧帖"是摹本还是临本？若为临本又是哪位大家所临？诚然，言辞精炼的书论是不会告知我们答案的，我们需要在陆柬之墨迹与"唐风"审美下的传冯承素（617—672年）《兰亭序》摹本和（欧阳询、虞世南、褚遂良）《兰亭序》临本的对比中探寻。

此外，我们也不得不提晚唐张彦远（815—907年）在《法书要录》中所言的《传授笔法人名》：

> 蔡邕受于神人而传之崔瑗及女文姬，文姬传之钟繇，钟繇传之卫夫人，卫夫人传之王羲之，王羲之传之王献之，王献之传之外甥羊欣，羊欣传之王僧虔，王僧虔传之萧子云，萧子云传之僧智永，智永传之虞世南，世南传之授于欧阳询，询传之陆柬之，柬之传之侄彦远，彦远之张旭，旭传之李阳冰，阳冰传徐浩、颜真卿、邬彤、韦玩、崔邈，凡二十有三人，文传终于此矣。②

后人对此单线传承的书学脉络颇有异议，认为这些顺序较为混乱、不足为信，尤其是它所言"世南传之授于欧阳询，询传之陆柬之"。因虞世南和欧阳询二人年纪相仿，且唐太宗时他们同在弘文馆内教授楷法，并无师徒之名；而无论是在其他书论还是陆柬之的现存书迹（平和书风）中，都难以找到陆书学欧阳询（险峻书风）的踪影——欧阳询的介入无疑打破了"陆柬之师承虞世南"的思维定论。然而，出生于三代相门、家族拥有可与皇宫媲美的书画收藏、且与虞、欧、陆同属唐代的张彦远会轻易搞错三者的关系吗？陆柬之与欧阳询之间的关系又是否能从墨迹作品的对比中找到一些蛛丝马迹呢？

二、回归《文赋》墨迹：陆柬之书风取法分析

元代赵孟頫（1254 — 1322年）在《文赋》墨迹后跋曰：

> 唐初善书者称欧虞褚薛，以书法论之，（陆柬之）岂在四子下耶。然世罕有其迹，故

---

① 生卒不详。但他于开元年间（713—741年）年间官拜翰林院供奉，因此可以归为盛唐时期。
② 张彦远：《法书要录》卷1，《钦定四库全书·子部八·艺术类》，第14a—14b页。

知之者希耳。①

陆柬之的书法墨迹极少，目前仅有《兰亭诗》和《文赋》流传于世。前者虽书风与王羲之相近，但用笔、结体与米芾（1051—1107 年）相似，或为宋高宗早年的临本②。后者整体书风"工效"二王，是较能代表陆柬之书法风格的墨迹，但是否为陆柬之真迹目前也尚未定论。有学者却认为它或许是元人李倜所临③，但此墨迹经元代赵孟頫和揭傒斯（1274 年—1344 年）亲鉴并题跋，而所谓的书者本人（李倜）还分别于相隔四年的"大德辛丑"和"大德乙巳"为此墨迹两次作跋，并称：

> 唐陆柬之书，世不多见，惟张绣江参政家兰亭诗、马德昌左司家兰若碑与此文赋三卷而已。④

因此，大多数人还是认为《文赋》墨迹是陆柬之真迹。

虽然真伪存有争议，但并不影响它的书史地位和研究价值，这与同样存有真伪争议的各版本《兰亭序》一样：冯摹《兰亭序》最为接近王羲之《兰亭序》原迹书风，被称为"下真迹一等"，传虞临、欧临、褚临《兰亭序》则各能代表虞世南、欧阳询、褚遂良的书风——后世学书者正是从这些摹本和墨迹中入手，进行书法临摹和复杂的书风取法研究的。因此，下文便从《文赋》墨迹与各相关摹本、墨迹进行对比，再结合书论观点细析陆柬之书风取法。

（一）与《兰亭序》摹本对比：字形相近而笔法相远

由于惯性思维，今人多先入为主地拿书坛主流认知的冯承素《兰亭序》摹本与《文赋》墨迹进行比较，来研究陆柬之对王羲之书风的取法。⑤陆柬之《文赋》墨迹中的"之""会"等字的确与《兰亭序》摹本中的字形、笔顺、连带和笔画方向等相近（图 1），即李倜题跋中所言"笔法全自《兰亭》中来，有全体而不变者"。

---

① （唐）陆柬之书：《陆柬之书文赋》，末页。
② 王连起：《陆柬之和他的兰亭诗》，《文物》2010 年第 12 期。
③ 经考证或为元人李倜所临。参见施锡斌：《传陆柬之书〈文赋〉真伪考辨》，第 4—9 页；杨春晓：《陆柬之〈文赋〉真伪考辨》，《收藏家》2013 年第 12 期。
④ （唐）陆柬之书：《陆柬之书文赋》，末页。
⑤ 张青：《陆柬之及〈文赋〉手卷研究》，硕士学位论文，中国美术学院，2008 年，第 11—14 页。

图 1 《文赋》墨迹（上）与《兰亭序》摹本（下）选字对比

但若仔细对比可发现，两者在笔法上相去甚远。一方面，《文赋》字体的笔法点要比《兰亭序》摹本略显简洁。以"为"字为例，冯摹《兰亭序》墨迹中的"为"字用笔轻重对比明显，中锋、侧锋相辅相成，中、侧锋转换以"使转"中的"圆转扭转"调峰为主；而《文赋》墨迹中的"为"字用笔较为均匀，以中锋为主，转换之间以折笔顿笔调峰为主。另一方面，《文赋》字体的笔法较为简单，甚至一带而过，不如冯摹《兰亭序》的笔法丰富。再以"能"字的起笔折、"致"的起笔折和"为"字中的折为例，《文赋》墨迹中均缺少《兰亭序》摹本中转折的调锋重按、笔画起收笔的外露和"和为不同"。

因此，《文赋》墨迹笔法简洁、随性、有书写性，而《兰亭序》摹本笔法较为复杂，笔法点相对较为"刻意"和外露——两者字形相近而笔法相远。

（二）与传虞世南《兰亭序》临本对比：气息相近而笔法相远

堪称陆柬之启蒙老师的虞世南出身名门、品格中正、博学多才，书法造诣极高，外柔内刚、致圆融冲，有遒丽之气。在《文赋》墨迹和传虞临《兰亭序》的选字对比中（图2）可以看出，陆承袭了其舅书法温婉内敛的结体和圆浑用笔。但相较而言，虞临《兰亭序》较《文赋》墨迹字的结体收放对比更为明显，字的线质更为内敛遒劲。如虞本中"尽"字的长横、"为"字的点撇书写运笔调锋等更为接近冯承素的《兰亭序》摹本，与《文赋》墨迹有异。

图 2 《文赋》墨迹（上）与虞世南《兰亭序》（下）临本选字对比

（三）与传欧阳询《兰亭序》临本对比：字形、笔法相近——借习羲之

通过《文赋》墨迹和传欧临《兰亭序》的选字对比（图 3）可以发现，两者字的结体均为瘦长形，仅在笔画粗细上略有差异。此外，笔法上两者结字皆相对平稳且注重左低右高的字势——这与唐代行书的整体风格相一致。相较于冯摹本和虞临本《兰亭序》的变化多端而言，欧临本在字形和笔法风格上与《文赋》墨迹更为相近。这是否印证了张彦远《传授笔法人名》中的"询传之陆柬之"呢？

细思之下，欧阳询与虞世南同为初唐书坛泰斗兼同事，陆柬之在书学虞世南的同时受到欧阳询指点的可能性极大①。而更有可能的是，陆柬之通过欧阳询书来间接学习王羲之书风。自唐太宗亲自撰写《王羲之传赞》后，上行下效，初唐掀起了学王羲之书的高潮。欧阳询以七十多岁高龄步入唐代后便积极向主流书法意识形态靠拢，临习王羲之。于是乎备受唐太宗尊崇的《兰亭序》成为欧阳询临习的首选对象，才有了流传至今的《兰亭序》欧临本。《宣和书谱》中载曰："欧阳询喜字，学王羲之书，后险劲瘦硬，自成一家，议者以谓真行有献之法。"②

图 3 《文赋》墨迹（上）与欧阳询《兰亭序》临本（下）选字对比

---

① 张青：《陆柬之及〈文赋〉手卷研究》，第 4 页。
② （宋）佚名：《宣和书谱》卷 8，《钦定四库全书·子部 8·艺术类》，第 7b 页。

从传为欧阳询另一行书作品《千字文》与《兰亭序》摹本的选字对比中也可以看出欧阳询与王羲之书风在字的结体、笔法上相近（图4）：两者字体皆修长且上斜，线条皆以内撖笔法为主，内敛清润、牵丝连带，笔画呼应。

图4　欧阳询《千字文》（上）与《兰亭序》摹本（下）选字对比

此外，欧阳询在弘文馆授课的过程中，并不可能单一传授自身书风，而更可能为了迎合当时书坛主流和风尚教授王羲之书风。因此，在"崇王"的大环境下，陆柬之会主动向王羲之书风靠拢；而在欧阳询授课的小环境下，陆柬之可以通过欧阳询书学王羲之。如此，张彦远所言"询传之陆柬之"便非向壁虚构，更可能指通过欧阳询将王羲之书法的字形结体和笔法传承。这与整个《传授笔法人名》的主要脉络（……传之王羲之，王羲之传之……询传之陆柬之……）契合。

（四）行草相杂的章法：或习王献之"破体书"

《文赋》墨迹还有一个突出的特点：行草相杂。即在书写偏工于楷书或行楷的《文赋》过程中，突然出现几个或一行十分突出的、连续的纯正草体字（图5）。这种行草、楷草相杂的书写方式在楷书高度法度化的初唐是极为少见，它大量出现在宋、元、明、清时期，缘何出现在陆柬之书法中？这看似比较突兀，实则并非偶然——与他师承虞世南、故而受到智永所传承的王献之章法是分不开的。

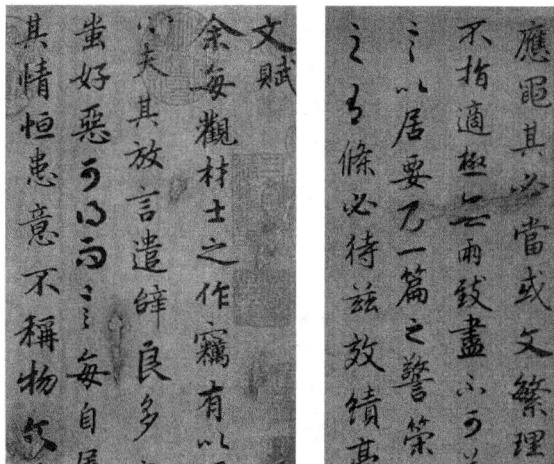

图 5　《文赋》墨迹"行草相杂"章法节选

陆柬之与虞世南、智永、二王之间的关系是：陆柬之师承虞世南，虞世南师承智永，智永是二王的嫡系子孙。王羲之与王献之书风的"异体"突出表现在：前者新创"行书新体"，字体颀长，内擫笔法；后者在前者基础上新创"行草或行楷相间"，外拓笔法，被唐代张怀瓘称之为"破体书"：

> 子敬才高识远，行草之外，更开一门。夫行书，非草非真，离方遁圆，在乎季孟之间。兼真者，谓之真行；带草者，谓之行草。子敬之法，非草非行，流便于草，开张于行，草又处其中间。……笔法体势之中，最为风流者也。[①]

王献之的破体书是在书写时打破了不同书体之间不能混淆的传统，非行非草地进行创作，这在他的传世墨迹摹本《新妇地黄汤帖》（图 6）和《廿九日帖》中可管窥一斑。《新妇地黄汤帖》中从第一行到第三行的行书逐渐过渡成草书字符，并向后化为几个草字符或草书组的连带等。《廿九日帖》楷、草字体相杂，其中"何如""献之再拜"等草书连字穿插于其他楷、行书字体中，令人印象深刻、回味无穷。

作为王氏后人且处在"尊小王（王献之）"之南北朝时期的智永，自然也承袭并发扬了行草相间的书风，《宣和书谱》称他"笔力纵横，真草兼备，绰有祖风"[②]。在他最负盛名的代表作《真草千字文》（图 7）中，便将一行草书、一行楷书的穿插式章法发挥得淋漓尽致，殆至元代被赵孟頫发展为"四体千字文"乃至"多体千字文"。

至于虞世南，由于存世的墨迹作品太少且不以行草相间闻名，唯一行草相间书风的

---

① 侯开嘉：《中国书法史新论》，上海：上海古籍出版社，2009 年，第 236 页。
② （宋）佚名：《宣和书谱》卷 17，第 8a 页。

《汝南公主墓志》为草稿且还不能完全确定为虞所书，在此便不将《文赋》墨迹和虞世南作品作讨论。

综上，陆柬之《文赋》墨迹中所呈现出的"行、草相杂"章法很有可能是受到了智永《千字文》中真草字体相杂影响，更可溯源至王献之"破体书"的影响。这与其后唐代的另一伟大书法家颜真卿（709—784年）所书楷、行、草相间的《裴将军诗》以及元代杨维桢（1296—1370年）行草书遥相呼应，可谓代不乏人。

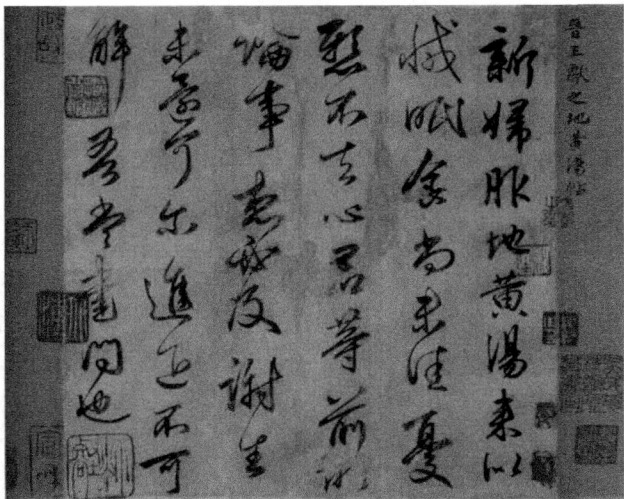

图 6 王献之《新妇地黄汤帖》节选   图 7 智永《真草千字文》

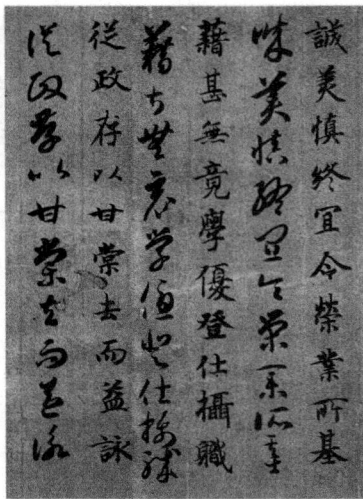

三、结语

书论是第三方对书家或书法作品的主观品评，以口授、誊抄、印刷、题跋等形式流传。而它们所评鉴的书家早已千古，墨迹作品也大多数在漫漫历史长河中散佚，能流传下来的少之又少，更不用提它们还会涉及真伪、临摹方式以及流传过程中的重裱、残损、修复等诸多问题。因此，如何从物质性的书论和墨迹作品等媒介碎片中拼接出相对比较完整的、非物质性的书风取法谱系，为已经抑或即将被忽视或遮蔽的历史线索拂尘，首先便要正视书论与墨迹媒介之间的"间性"。

间性是一个哲学范畴，"用来指称存在、实体、词语及概念组成之内、之外和之间的时空、变化（过程）、关系等非实体因素、性质和作用的总和"①。墨迹是书家某一阶段的作品，它的书风必然受到书坛大环境和书家创作时个人学识背景和书风取法的影响。而书论，先经由与书家同时代人的评价总结至后人言传，后世书家再结合前人书学脉络、当下书风趋向以及自身的书学涵养进行再批评，得以收录在册并传承至今的也只是浩瀚

① 商戈令：《间性论撮要》，《哲学分析》2015年第6期。

长河中的零星碎片。尽管如此，因书论是历代书法大家高度概括性和权威性的评价，词采丰富、表意凝练，故而人们在研习书家书风取法时多以书论观点为主，对其中有争议或分歧之处采用"少数服从多数"的原则视若无物。然而我们必须认识到书论在文化传承脉络中的时空跨度和主客观复杂性，那么这种"非此即彼"的书论材料选取方法便显得过于草率。而墨迹，就是研究书论分歧的一个客观存在和突破口，如何从作品的字形、结体、用笔、章法等与书论观点相互佐证，是一个"旧瓶装新酒"的研究视角。

通过陆柬之《文赋》墨迹与诸多版本《兰亭序》作品的选字对比，我们可以发现陆柬之书法虽然字形结体与王羲之《兰亭序》相近，但笔法却与欧阳询临《兰亭序》及欧阳询的《真草千字文》相似。这便印证了张彦远所言"（欧阳）询传之陆柬之"——由于《兰亭序》真迹的罕见，陆柬之并不是从真迹或摹本中学习王羲之，而是通过欧阳询间习王羲之特别是《兰亭序》书风。而《文赋》墨迹中还充斥着"行草相杂"的章法，这尤为明显的是受到王献之"破体书"形式的影响，印证了张怀瓘"晚习二王"和陶宗仪"咄逼羲献"的言说。因此，墨迹和书论又是可以相互佐证的。

值得注意的是，盛唐张怀瓘和元代陶宗仪尚且观察到陆柬之习"二王"、晚唐张彦远尚且关注到陆柬之在二王传承脉络下还受教于欧阳询，可谓薪火相传、博采众长；但元明清三代的书家在观摩陆柬之《文赋》墨迹后仅聚焦于陆柬之取法王羲之《兰亭序》，或者笼统概括为有"晋人风格"。这正是历史文化传承中一些线索被遗忘或忽视的必然现象。而致力于"寻访那些湮没无闻的媒介物，拼接碎片，追溯前史，重估价值"①的媒介考古学无疑引导我们在书学研究道路上谨慎对待每一句书论，将其放置到历史长河中去审视，力求重返"旧技术仍新之时"的历史现场、还原式地解析书家的取法与风格倾向。考掘书风取法的过去，是为了让我们更好地反思：如何看待墨迹作品中的师承与创新？历代书论家的关注点和立足点有何不同？处在文化传承中的我们在自身书法实践和风格形成上又应怎样与古为徒？

---

① 施畅：《视旧如新：媒介考古学的兴起及其问题意识》，《新闻与传播研究》2019 年第 7 期。

俯仰自得丝弦上

——媒介考古视角下传统古琴音乐的即兴

李自然*

（浙江大学传媒与国际文化学院，浙江杭州，310058）

摘要： 古琴音乐是中国传统文化的载体。"即兴"是传统琴乐传承过程中的重要方式，也是琴人在追求君子之"德"、至人之"道"时达至自由无碍境界的标志。但由于文化语境的缺失、传统琴人的解体、音乐思维的变更、价值追求的迁异，当代琴人很少关注这一点。本文在揭示传统琴乐即兴现象的同时，借助国外学者对爵士乐即兴的思考与研究框架，分析传统琴乐即兴的特性；从古琴音乐的模式化、沟通性、情境性、具身性四个方面展开论述。在此基础上还原传统琴乐即兴背后琴人追求的高洁情操和美好情感，以及人琴俱忘、天人合一的精神境界，以期达到启发当代琴人、促进文化传承的作用。

关键词： 古琴音乐；即兴；模式化；沟通性；情境性；具身性

一、音乐的即兴

（一）"即兴"概念

关于"即兴"，《辞海》释为："根据眼前感受而发。"[①]《现代汉语词典》的解释是："就着临时发生的兴致（进行创作、表演等）。"[②] 它的意思也就是兴之所至、即时表达。

对于"音乐的即兴"，《新格罗夫音乐与音乐家辞典》言："The creation of a musical work, or the final form of a work, as it is being performed."（乐曲的创作或乐曲的最终形式，

---

　* 作者简介：李自然（1992—），女，江苏镇江人，浙江大学传媒与国际文化学院博士研究生，研究方向：中国古典美学、古琴美学。

① 夏征农、陈至立主编：《辞海》（第六版），上海：上海辞书出版社，2009年，第1759页。
② 中国社会科学院语言研究所词典编辑室编：《现代汉语词典》，北京：商务印书馆，2006年，第637页。

就是它的表演形式。）①《哈佛音乐辞典》则说："The art of performing music spontaneously, without the aid of manuscript, sketches or memory."（在没有手稿、草稿或记忆的帮助下，自发的音乐表演艺术。）②《现在和历史中的音乐辞典》定义其为："即发性的音乐演奏或无准备的音乐演奏。"③ 这些定义都体现出一个共同点：在音乐的即兴中，演奏即为创作，二者具有共时性。

在特定的文化场域（如音乐演奏）中，"即兴"伴随着相应的文化记忆和内容编码，成了文化传承的重要媒介。

（二）音乐即兴的普遍性

作为世界主流音乐文化的西方音乐经过长期的发展，逐渐形成了将作曲家和演奏者拆解分工的音乐生产系统。许多音乐演奏者丧失即兴能力，即兴演奏在音乐文化中退居边缘地位，被更多人视为具有神秘色彩的创作行为。

有一批学者揭开了即兴音乐的神秘面纱。蒂罗（Frank Tirro）指出：即兴对于训练有素的爵士音乐家来说，只是日常事务。④ 伯纳德（Pamela Burnard）亦提出：即兴创作"在西方艺术音乐（特别是巴洛克艺术）、爵士乐、民间音乐以及世界各种音乐中非常典型"⑤。马丁（Peter J. Martin）言："所有风格的非洲裔美国人音乐都有即兴因素，即兴能力并不只是拥有特殊才能者的天赋。"⑥ 即兴的神秘性之所以虚假，因为即兴实践具有一套可掌握的方法。斯莫（Christopher Small）表明：即兴音乐是在一定的规则框架中发生的。⑦

深入中国传统音乐随处可见即兴的影子，尤其是在传统民间音乐中。黄翔鹏认为：中国古代音乐流动的活力正在于"不可凝固的即兴性"⑧，传统音乐就是在"即兴性、流动、变化中得以青春不朽的"⑨。中国传统音乐最具活力的灵魂便是这"即兴性"。汉族民间音乐的"一曲多变"就生长在即兴这片土地上，且多为"框架式即兴"⑩。这与爵士乐即兴具

① Stanley Sadie, *Improvisation, The New Grove Dictionary of Music and Musicians*, London: Macmillan Publishers Limited, vol.9, 1980, p.31.
② Willi Apel, *Improvisation, Harvard Dictionary of Music*, 2nd Edition, Cambridge: Mass, 1972, p.404.
③ 转引自：[美]布鲁诺·奈特尔，张明坚译、张娜整理：《世界民族音乐中的即兴演奏观念》，《中央音乐学院学报》2007年第3期。
④ Frank Tirro, Constructive elements in jazz improvisation, *Journal of the American Musicological Society*, vol.27, No.2, 1974, p.285.
⑤ 帕梅拉·伯纳德，喻意译：《实践中的音乐创造》，上海：上海音乐出版社，2015年，第171页。
⑥ [英]彼得·约翰·马丁，柯扬译：《音乐与社会学观察——艺术世界与文化产品》，北京：中央音乐学院出版社，2011年，第146页。
⑦ Christopher Small, *No meanings without rules, Improvisation : History, Directions, Practice*, London: London Association of Improvising Musicians, 1984, p.3.
⑧ 黄翔鹏：《论中国古代音乐的传承关系——音乐史论之一》，《传统是一条河流》，北京：人民音乐出版社，1990年，第114页。
⑨ 同上，第119页。
⑩ 李小兵：《汉族民间音乐"一曲多变"的观念及其实践观念》，郑州：郑州大学出版社，2017年，第16页。

有极强的相似性，两类音乐的组织形式、思维方式虽有很大差别，但都具有约定俗成的框架传统。江南丝竹、民间吹打、传统戏曲无不以框架式即兴的形式存在、传续与发展，而民间音乐对传统琴乐又有着不可忽视的影响。

"即兴"促进了音乐的传播，既包含深厚的文化传统、又容纳自由的个性表达，以相应的材料、技术、群体、环境作为支撑，成了音乐文化不可或缺的传承媒介。音乐的即兴必然具有普遍性。

（三）音乐即兴的要素

在具有典型即兴特质的音乐种类中，爵士乐是被研究最详细的一种。依据诸家对爵士乐即兴性质的研究与分析，笔者归纳出框架式即兴音乐的四项要素：模式化、沟通性、情境性、具身性。

爵士乐的即兴是"可习得"行为。爵士音乐家作为爵士音乐的"语言共同体"，使用相同的"语汇"和同类"语言组织结构"，即对爵士乐的节奏、旋律进行编码，使爵士乐即兴趋于"模式化"；这让他们的音乐在彼此之间具有了对话与沟通的传播功能（沟通性），形成无数再创造的新表述；爵士乐的即兴演奏没有一次是相同的，他们的音乐表达随着情境变化（情境性）；音乐即兴尤其注重演奏（唱）者的身体感觉，掌握爵士乐的传统模式、将其磨炼至纯熟后，"让大脑在临场活动中放弃理性和知性的思考，交由动作思维操作"[①]，让身体作为传播中介参与其中，从而可以信手拈来地在乐器上"歌唱"[②]（具身性），便能造就每位表演者独特的音乐呈现。

此外，传统爵士乐是在非正式的、口传心授的方式中被传续下去，或不记谱或以简略大纲为谱，符号形式松弛灵活，留给演奏者极大的表现空间，这是爵士乐即兴的必要前提。

与之相同的是传统古琴音乐的即兴。琴乐即兴是古琴文化传承的媒介之一，包含了模式化的符号信息、沟通化的传播方式、情境化的表现背景，以及具身化的演绎中介几个方面。

二、传统琴乐的即兴迹象

《琴操》是现存介绍早期琴曲作品最为丰富而详尽的专著，所载多为先秦古曲，仅两三首为西汉题材。除个别曲目缺失题注，其余都对音乐背景进行较为具体的介绍，描述了某人在某种情境下援琴奏曲、直发慨叹的情节：

（邵国之女）欲伤所谏，而不逢时，于是援琴而歌。（《驺虞》）

---

① 林华：《即兴演奏的心理活动机制》，《音乐艺术》2012 年第 3 期。
② [英] 彼得·约翰·马丁，柯扬译：《音乐与社会学观察——艺术世界与文化产品》，第 191 页。

（卫女）拘于深宫，思归不得，心悲忧伤，遂援琴而作歌……（《思归引》）

（孔子）乃止车援琴鼓之云："习习谷风，以阴以雨。之子于归，远送于野……"（《猗兰操》）

文王悦喜，乃援琴而鼓之，自叙思士之意……（《文王思士》）①

琴乐的故事背景暗示了早期琴曲共同具有的即兴特征，它们在特定情境中被创作出来，表达音乐家此刻积郁的思想情感。作曲家与弹奏者的身份融为一体，音乐弹奏的过程为音乐创作的过程，也为琴人表达的过程。

琴乐即兴应和了李贽所持"琴者心也，琴者吟也"的观念，他认为"蔡邕闻弦而知杀心，钟子听弦而知流水，师旷听弦而识南风之不竞"②的奥妙就在于"得手应心""自然之道"。这种琴随心发的境界，需要极高的人琴合一状态。诚如《礼记·乐记第十九》所言："凡音之起，由人心生也。人心之动，物使之然也。感于物而动，故形于声。"③物使心动，心动而音生，遂发而咏之。如此，琴乐展现出了诗歌直抒胸臆的"吟咏"功能，复归于早期社会诗乐一体、乐以代言的面貌。琴乐的"吟咏"蕴含着活生生的即兴。

《竟山乐录》谈论南北曲调以及琴曲拍节的问题时，举出清初广陵琴人韩疆的例子。韩疆"以琴游山阴，蔡君子庄悦其声，而恶其无拍，思以刌节节之，每以掌按拍，山人大怒，推琴而起曰：此不足与言也。"④蔡子庄欣赏韩疆的琴声，但反感其弹琴无拍的状态，认为"多散序、少拍序"并非琴乐古音的特点，"以琴名闻江左"的韩疆为此不快。清初，弹琴实践中"散声""无拍"的特征凸显出来，技艺高超且十分著名的琴人也喜爱散拍、无拍的弹奏方式。过于自由的"无拍"之拍，并不遵循成熟的奏法，要领就在于奏者当下即时的感悟与发挥。

清道光年间，扬州建隆寺有一位问樵和尚，亦广陵派琴人，《丹徒县志》载之曰："（问樵）精于琴理，夏日烦热，随手成曲，名《碧天秋怨》，满座觉凉。"⑤问樵曾学琴于先机老人，尽得其传。他于燥热时节"随手成曲"，以求"神气清旷，襟抱澄静，超然如出人境"⑥，可见其恣意自如、心游弦间的抚琴状态，并能令在座听者也心生凉意，这是琴艺高超之人即兴弹奏、获得良好效果的例证。

综观历史，自古琴形制尚未定形的先秦，至古琴音乐发展成熟的明清，即兴虽并非琴乐活动的主流，却一直作为古琴文化的重要传承方式得以延续。

①　（汉）蔡邕：《琴操》，北京：中华书局，1985 年，第 3、4、9、15 页。

②　（明）李贽：《焚书》，北京：中华书局，1961 年，第 207 页。

③　（清）孙希旦：《礼记集解（下）》，北京：中华书局，1989 年，第 976 页。

④　（清）毛奇龄：《竟山乐录》，北京：中华书局，1985 年，第 54 页。

⑤　（清）吕耀斗等纂，（清）冯寿镜修、何绍章修：《中国地方县志集成·光绪丹徒县志（二）》，南京：江苏古籍出版社，1991 年，第 73 页。

⑥　（清）秦维瀚：《蕉庵琴谱·自叙》，《琴曲集成》（第二十六册），北京：中华书局，2010 年，第 6 页。

三、传统琴乐即兴的要素分析

对照音乐辞典中定义的"即兴",古琴音乐在曲谱(文字谱)出现之前,必然存在大量的即兴活动,一如《琴操》所载。而在琴谱诞生并广泛运用之后,传统琴乐的即兴则以一种微妙的形式存在。琴谱不标节奏,用以备忘和提示,且以口传心授的方式灵活传续;形成流派后,琴派间的指法处理存在较大差异,一首曲目出现多个谱本,有些同名琴曲截然不同。这些都说明,古琴的弹奏从来不是一成不变的,每一次弹奏中或许都存在即兴变化的成分。

爵士乐即兴的模式化、沟通性、情境性、具身性特质传统古琴音乐皆备;且二者都通过口传心授的方式传续,蕴含着各自的文化密码和活的音乐灵魂。从对传统琴乐即兴要素的分析中,我们可知琴乐文化传承的整体面貌。

(一)模式化

所谓古琴音乐的模式化,即琴曲表达形成特定的编码模式,并具结构性倾向。古琴减字谱不属定量记谱①,它"既不记录节拍、节奏,又不明记音高,仅通过某些套头指法提示局部节奏型,及以音位(徽序、弦序)暗示音高"②,这种记谱上的"不精确"给予了较大的发挥空间,也蕴藏着琴乐发展的规律。施展空间较大的"模式化",乃前文所述"框架式即兴"的生存土壤。

琴乐减字谱的模式化首先体现在指法谱字上。谱中虽不标明节奏,但指法符号的周备与细致在全世界的乐器谱中都属罕见③,指法之中也隐含了约定俗成的节奏音型。如右手的"态"(滚)、"晟"(长锁)、"团"(打圆)等指法,左手的"立"(撞)、"分"(分开)、"徕"(往来)、"弓"(吟,包括不同种类的吟)、"犭"(猱,包括不同种类的猱)、"豆"(逗)、"尚"(淌)等指法,都暗示了相应的节奏、时值和音型④。每一流派对指法的处理方式各有自己的特点,从指法抚弄出的腔韵中显露出来。

当"邑"(掐起)这样短促的指法,与其他指法组合使用时,会形成变化音型,如"勹立邑"(勾、撞、掐起的组合)、"乚立邑"(挑、撞、掐起的组合)、"早立邑"(撮、撞、掐起的组合)等。当左右手任一指法与"吟"或"猱"结合使用时,表明处理这一指法的时值往往较长。除此,也有直接提示速度或起止的符号,如"扔"(不动)、"省"(少息)、"刍"(急)、"爰"(缓)、"盒"(入慢)、"嬰"/"缩"(曲终)等⑤。这些谱字本身带有节奏提示,指法的组合也有处理上的传统模式。

---

① 王耀华主编:《中国传统音乐乐谱学》,福州:福建教育出版社,2006年,第25页。
② 林友仁:《在谱式的背后——对中国古谱的再认识》,《音乐艺术》2001年第4期。
③ 秦序:《琴乐"活法"及谱式优劣之我见》,《中国音乐》1995年第4期。
④ 洛秦:《谱式:一种文化的象征》,《中国音乐学》1991年第1期。
⑤ 同上。

一般琴曲的整体节奏结构有以下特点：开始于一段节拍自由速度徐缓的散板，称为"散起"，散板中出现全曲的特征性音型；随后入调，节拍进入常规，引出鲜明、悦耳的主题音调，经过重复、对比、变形、发展音乐被推向高潮，高潮速度快、力度强，多用泼剌、滚拂、双音等手法；高潮后"入慢"，以泛音带出轻盈舒缓的旋律，全曲结束在主音上完成"尾声"。[1] 有学者也将其归纳为"散—慢—中—快—散"的节奏框架。[2]

传统琴乐也具有西方音乐的发展手法，如重复、变奏、展开、对比等[3]。但传统琴乐毕竟不同于西方音乐的发展形式，也非民间小调式，而是每曲一般由两个乐思交叉发展，可概括为：每曲并有二调。琴乐旋律的发展不按照单位音程进行，而是利用吟猱余音的小音程推进，腔韵因此柔和、婉转，前后两声的连接时而也会跳跃较大音程。乐曲旋律在引申手法下如流水涌动，在相似节奏中不断发展，声音材料也是在自由变化的演展中重复。"变头""合尾"是连接琴乐各段的惯用手法，"对比法"在结构中用以处理不同的情绪，"承递法"则利用不同调式呼应首尾相同的乐句，"变奏法"可在原旋律基础上以加花形式或自由形式展开。[4]

在这些组织结构背后，琴乐的模式又是自由宽松的，体现在节奏处理上。元代李治在《敬斋古今黈》中言曰："诸乐有拍，唯琴无拍。"[5] 明人萧鸾的言论可作解释："其道微矣，谱迹而粗，不足以该道之妙。"[6] 琴人们普遍认为，琴谱不能体现琴曲之"神妙"，琴道之微也无法被记录在谱。在《新刊发明琴谱序》中黄龙山言："虽然谱可传，而心法之妙不可传，存乎其人耳，善学者自能得之。"[7]《琴学入门·凡例》如是说："盖琴曲有天然节奏，非如时曲必拘拘板拍，惟在心领神会，操之极熟，则轻重急徐自能合拍。"[8]《二香琴谱》谈及"绰注"处理时也说："不拘拘于谱上所书之绰注，能随其指下所宜而用之，则得之矣。"[9]

减字谱如此"粗简"的原因有二，如《神奇秘谱序》所言："……昔人不传之秘，故无点句，达者自得之。是以琴道之来，传曲不传谱，传谱不传句……是琴不妄传以示非人故也。"[10] 琴谱中的奥妙不可轻易示人，因而不详记之。二是清人祝凤喈所道："琴曲谱，不定板者，恐因定固执，而失入神化。"[11] 使琴乐有"神"、赋其生命的肯綮就在于"不定

① 查阜西传授、黄礼仪整理：《古琴音乐》，《音乐研究》1991 年第 2 期。
② 胡向阳：《古琴曲的宏观结构及材料运动形态》，《交响——西安音乐学院学报》2004 年第 2 期。
③ 刘承华：《古琴音乐的发展手法及其特点》，《音乐研究》2003 年第 1 期。
④ 查阜西传授、黄礼仪整理：《古琴音乐》，《音乐研究》1991 年第 2 期。
⑤ （元）李治：《敬斋古今黈》，上海：商务印书馆，1935 年，第 110 页。
⑥ （明）萧鸾：《杏庄太音补遗序》，《琴曲集成》（第一册），北京：中华书局，2010 年，第 303 页。
⑦ （明）黄龙山：《新刊发明琴谱》，《琴曲集成》（第一册），北京：中华书局，2010 年，第 335 页。
⑧ （清）李士芳：《琴学入门》，《琴曲集成》（第二十四册），北京：中华书局，2010 年，第 276 页。
⑨ （清）蒋文勋：《二香琴谱》，《琴曲集成》（第二十三册），北京：中华书局，2010 年，第 100 页。
⑩ （明）朱权：《神奇秘谱》，《琴曲集成》（第一册），北京：中华书局，2010 年，第 107 页。
⑪ （清）祝凤喈：《与古斋琴谱补义》，上海：上海古籍出版社，1995 年，第 56 页。

板"，否则琴乐的魅力不复。琴乐有其可掌握的组织模式，但是这种模式在节奏处理上又是相对自由的，这便是琴乐即兴的条件与出口。琴乐的这种模式或者说诀窍，在"口传心授"的传承方式中得以延续，不同流派的口传心授保存了各自的手法、语气和腔韵，也使同一琴曲可有多种精彩演绎。"模式化"是琴乐传承必备的编码系统，运载着古琴文化的丰富信息，也是琴乐即兴的必要条件。

（二）沟通性

琴乐的发展经历了漫长的演化，其功用、价值与象征性都在不同时代背景、文化环境里发生过变化。但从始至终，琴音真正的发声目的都不是为了王维笔下"深林人不知"的孤独与自赏。即便那些追求高逸境界的文人隐士，也是在用琴这一极具象征意义、集道器礼器于一体的特殊乐器，宣扬其崇慕的精神旨趣，这背后隐含着一种深层的身份表述与价值强调功能，亦有沟通作用，也就是具有极强的传播能力。

不论是作为普通合奏、伴奏乐器，还是蕴含着价值符号的礼器、道器、文人寄情之器，古琴都是适用于即时、即席表达的乐器。

迄今未发现夏商时期的琴器实物，但有学者从对甲骨文的研究中推测原始时代末期已经有了弦乐器[①]。若真如传说所言，夏商时期琴已存在，那么它必定是用以与天沟通的巫乐法器。《尚书·益稷》言：夔曰："戛击鸣球、搏拊琴瑟以咏……下管鼗鼓，合止柷敔，笙镛以间，鸟兽跄跄。《箫韶》九成，凤凰来仪。"[②] 在文献当中，琴与诸乐器一起，作为庆典仪式的乐器存在于乐舞合奏当中，成为人与神鬼交流的工具。与神沟通，这是早期音乐的共同属性，故琴必有此功用；作为合奏乐器，琴与其他乐器在合作中也形成了彼此的沟通。

先秦有伯牙、钟子期因琴成为神交莫逆之事。《吕氏春秋·本味》载："伯牙鼓琴，钟子期听之。方鼓琴而志在太山，钟子期曰：'善哉乎鼓琴！巍巍乎若太山。'少选之间，而志在流水，钟子期又曰：'善哉乎鼓琴！汤汤乎若流水。'"[③] 伯牙的琴声代替了他的语言，钟子期一听琴音便知其当下所弹所思。琴声不似语言直接，但是其中的沟通密码知音晓之，这是知音的可贵之处，也是琴声用于沟通的力证。

《乐府诗集》存有百里奚妻的三首琴歌："百里奚，五羊皮……今日富贵忘我为。""百里奚，初娶我时五羊皮……今适富贵忘我为。""百里奚，百里奚，母已死，葬南溪……今日富贵捐我为。"[④] 这三首乃秦相百里奚的原配妻子以浣衣妇人的身份，在相府堂上亮明

① 李纯一：《中国古代音乐史稿》（第一册），北京：音乐出版社，1964 年，第 46 页。
② （汉）马融注、郑玄注，王应麟撰集，孙星衍补集：《古文尚书》，北京：中华书局，1991 年，第 78—81 页。
③ （汉）高诱注，（清）毕沅校，徐小蛮标点：《吕氏春秋》，上海：上海古籍出版社，2014 年，第 275 页。
④ （宋）郭茂倩：《乐府诗集》（第三册），北京：中华书局，1979 年，第 880 页。

真实来历时的认亲之曲。《风俗通义》载：此浣妇"自言知音""援琴抚弦而歌"，听其弹唱后，百里奚"问之"，方知"乃其故妻"，因而"还为夫妇"。百里奚妻即兴弹唱，借三首结构一致的琴歌吐露了身份背景，琴为伴奏，歌乐一体，乐曲有效传达了沟通信息。

古琴自汉魏形制渐趋成熟①，在琴器逐渐定形的过程中，西汉文学家司马相如与卓文君的一段佳话也证明了琴乐表情达意的沟通作用。《史记·司马相如列传》载："是时卓王孙有女文君新寡，好音，故相如缪与令相重，而以琴心挑之……及饮卓氏，弄琴，文君窃从户窥之，心悦而好之……"②司马相如在卓王孙的家宴上，借机用琴声挑动喜好音乐、丧夫不久的卓文君，传达爱慕并由此赢得佳人之心，成就了流传千古的姻缘。

南宋正式形成古琴流派，进而发展出集社形式的琴人团体。此后，流派与琴社成为琴人沟通交流的单位和平台。张岱在《陶庵梦忆》中谈及"丝社"时言："余结丝社，月必三会之……借我同志，爰立琴盟，约有常期，宁虚芳日。"③在越地活动期间，张岱成立"丝社"（即琴社），每月必定举行三次集会，与他的"同志"们"动操鸣弦"，"共怜同调之友声"，"用振丝坛之盛举"。通过琴社平台交流琴乐，琴人们同时拥有娱乐玩赏的情趣与振兴琴坛的伟志，成了知音同道。

时至民国，"今虞琴社"汇集了当时吴越地区诸多琴派、琴社、琴人，并结集出版了具有划时代意义的《今虞琴刊》，该刊物发表了梅庵派琴人徐卓的《论琴派》一文，其文道："怡园晨风，两开盛会，迩者今虞，举行雅集，盖亦借以集思广益、荟萃众长，发扬元音耳。"④在今虞琴社举行雅集之前，已有怡园琴会、晨风庐琴会两场著名的琴界雅集，这类汇集方家同道的雅集，对于琴人而言有着"集思广益""荟萃众长""发扬元音"的交流意义。

琴乐是琴人群体的沟通语言。虽在先秦时期有着全民鼓琴的现象，随着时代发展，琴人却逐渐集中在了追求君子之德、至人之道的文人群体中。《太古遗音》将琴人归纳为"黄门士""隐士""儒士""羽士""德士"五类，他们怀有基本一致的价值取向和人格追求，琴乐成为其言志之器。

古琴走过了几千年的发展历程，不论是传说中与其他众乐器一起沟通鬼神的上古仪式音乐；还是先秦时期，如同伯牙子期一般可心领神会的知音之声、百里奚妻那样的即席伴奏；或是汉魏形制渐定时期，司马相如挑逗佳人之心的求爱之声；抑或南宋以后，在流派繁衍、琴社林立的环境中，团体们奏出的雅集弦音……在每一个发展阶段，琴的

---

① 西汉扬雄在《解难》中云："今夫弦者，高张急徽，追趋逐耆，则坐者不期而附矣。"这说明西汉已出现琴徽。东汉桓谭在《新论》中云："（琴）五弦，第一弦为宫，其次商角徵羽。文王武王各加一弦，以为少宫少商。"这说明东汉琴已形成七弦制。

② （汉）司马迁，易行、孙嘉镇校订：《史记》，北京：线装书局，2006年，第483页。

③ （明）张岱著，林邦钧注评：《〈陶庵梦忆〉注评》，上海：上海古籍出版社，2014年，第64页。

④ 今虞琴社编：《今虞琴刊》，中央音乐学院"中国古琴音乐文化数据库"编辑委员会承印，2006年，第46页。

沟通性都是其重要特征，促进演奏者达到传播的目的。并且，这种沟通性还带有诗性的浪漫。

（三）情境性

琴曲的诗性与其情境性密不可分。遇事、思人、感物，必会产生表达的冲动，"君子之于琴也，观其深矣，夫琴音之所由生也，其本则吾心之出之也"，这是每首琴曲的由来。薛易简有言："古之君子皆因事而制，或怡情以自适，或讽谏以写心，或幽愤以传志。"① 这其中的"事"与各种"情"共同编织了琴乐的情境。诗意情境是即兴作为琴乐传播媒介生成的背景环境。

琴曲是标题音乐，曲名即是诗心；琴曲歌词亦为诗歌；许多分段琴曲拥有画面感十足的段落标题。以《神奇秘谱》中《长清》为例，该曲共九段，标题分别为"乾坤清气""雪天清晓""雪霰交飞""山河一色""日丽中天""风鼓琼林""江山如画""雪消崖谷""万壑回春"。每段标题描绘了一幅各具视角的雪景图，连在一起呈现出时间脉络中不同空间的清寒景象。也有以叙事为主题的琴曲，如讲述楚霸王项羽兵败垓下、自刎乌江的《楚歌》，全曲八段，分别为"忆别江东""气欲吞秦""夜间铁笛""八千兵散""英雄气消""泣别虞姬""阴陵失道""乌江不渡"，生动展现了一代霸王英雄败北的悲壮过程，故事情境在标题之中一目了然。

题解进一步展现了琴乐的情境性。《神奇秘谱》每首琴曲都有题解，阐明该曲的故事背景、人物事件、主旨情感。如《酒狂》一曲，曲前有言："臞仙曰：是曲者，阮籍所作也。籍叹道之不行，与时不合，故忘世虑于形骸之外，托兴于酗酒以乐终身之志……"② 题解指出该曲是阮籍之作，在"酒"的主题下，看似表现"酗酒以乐终身之志"的狂放不羁，实则传达作者与当时世道的冲突，以及作者只求"达者"明了的无奈、不与俗子口舌的清高，曲中蕴藏的情感层次分明而饱满。丰富性的表现力、弹奏时的处理手法，都立足于阮籍酗酒的情境，可以说情境性孕育了琴曲的灵魂。

在虞山琴派鼻祖严天池的留世诗文集《云松巢集》中，有一部分诗作是他弹奏琴曲时的感悟之作。比如《弹琴杂咏六首》，其中为《桃园吟》写下的诗句为："崆峒牧子藐姑人，不就唐尧不避秦。处处桃花有来路，渔舟何事便迷津。"③ 为《溪山秋月》曲写："凉生金节夜沉沉，露下银黄月满林。千壑泉声万山色，世人名利道人心。"④ 严天池不仅弹琴，弹琴有感时还将心中所思的该曲情境用诗句还原，说明在弹琴时琴人有着彼时的切身感受。这是琴曲诗意情境性的逆向证明。

不仅每首琴曲各有情境，弹琴、听琴的过程也有当时的诗情诗境。李白听蜀僧濬弹

---

① （明）汪芝：《西麓堂琴统》，《琴曲集成》（第三册），北京：中华书局，2010年，第59页。

② （明）朱权：《神奇秘谱》，《琴曲集成》（第一册），第127页。

③ （明）严澂：《云松巢集》卷3，明刻本，第二册，第11页。

④ 同上。

琴时，感受到的是"为我一挥手，如听万壑松""不觉碧山暮，秋云暗几重"；韩愈听颖师弹琴，则有"昵昵儿女语，恩怨相尔汝。划然变轩昂，勇士赴敌场……"的丰富感知随想。白居易在某一清夜琴兴大起，处于"月出鸟栖尽，寂然坐空林""响余群动息，曲罢秋叶深"的情境中。

音乐与视觉艺术相比是抽象的，琴乐的随性使其音乐表达更为抽象，但由于琴人多为诗人，他们胸中有诗、诗中有境，而手中有琴，琴乐与诗情密不可分，琴曲创作也多与诗意情境相关。刘籍在《琴议篇》中言"如遇物发声，想象成曲，江山隐映，衔落月于弦中，松风飕飕，贯清风于指下，此则境之深矣"①，印证了此理。琴乐的情境性可解释一首琴曲多种版本的现象，不同琴人面对不同的情境，对同一曲的想象、诠释与塑造是不同的。琴曲是情境的产物，琴乐的弹奏亦在某种情境下被激发，情境性是古琴文化传播的必要场域。

（四）具身性

"具身"是一个哲学概念，也属认知心理学范畴，起源于探讨灵魂与身体的关系。亚里士多德对身体与心灵持这样的观点："任何肉体显然都有着它自身独特的形状或形式……每一个灵魂也都具有自己特有的躯体。"②以心理学的视角看，"身体在认知过程中发挥着关键作用，认知是通过身体的体验及其活动方式而形成的"③。在古琴文化的传播中，身体起到重要的中介作用。

古琴艺术的具身性，体现于琴乐实践过程中参与者身体体验的关键性。琴人通过琴器这一客观物质、琴乐这一声学实体，以及身体的感知互动，实现用古琴自由无碍表达意识情感的状态，甚至达到与琴器、琴乐融为一体的忘我境地，也即一种天人合一的至高境界。

人琴合一的具身状态是千百年来琴人们在古琴这一独特的乐器中渴望寻求的终极目标。嵇康在《琴赋》中渲染琴材的灵性，大段描绘其险峻又宜人的生长环境，言之"含天地之醇和兮，吸日月之休光"④，琴仿佛有了生命，能"感人动物"；琴乐的表现力极其丰富，可"闼尔奋逸，风骇云乱"，可"双美并进，骈驰翼驱"；听琴者也总能获得神奇美妙的体验，"远而听之，若鸾凤和鸣戏云中；迫而察之，若众葩敷荣曜春风"。琴人渴望通过古琴这一吸收天地灵气的乐器，实现与大自然融合的无边自由。

"和"是琴学中至关重要的美学范畴，也是琴乐具身性的体现。《溪山琴况》的第一况"和"，讲求"弦与指合，指与音合，音与意合"⑤。欲把握"和"之要义，琴人须做到

---

① （宋）田芝翁：《太古遗音》，《琴曲集成》（第一册），北京：中华书局，2010年，第29页。
② 苗力田主编：《亚里士多德全集》（第三卷），北京：中国人民大学出版社，1992年，第18页。
③ 叶浩生 编：《西方心理学史》，北京：开明出版社，2012年，第208页。
④ （魏）嵇康，吉联抗译著：《嵇康·声无哀乐论》，北京：人民音乐出版社，1980年，第56页。
⑤ （明）徐上瀛，徐樑编著：《溪山琴况》，北京：中华书局，2013年，第19页。

"弦上递指，尤欲无迹"，"往来动荡，恰如胶漆"，这是手指与琴弦合二为一的具身关系；在音律方面，琴人还须"细辨其吟猱以叶之，绰注以适之，轻重缓急以节之"，令其"宛转成韵，曲得其情"，这是奏者与琴音之间的具身关系。最高妙的状态是"音从意转，意先乎音，音随乎意"，"以音之精义，而应乎意之深微"，以得山水交映、寒暑转还的弦外之境——具身之境，并发出"其无尽藏，不可思议"的感慨。在梅洛－庞蒂看来："身体完全是一个有表现力的空间。"[①] 身体"不思考空间和时间"，而是"适合和包含时间和空间"。[②] 感知身体、穿梭时空，在琴乐弹奏中占有至关重要的地位。成玉磵论奏琴亦崇尚"得之于心，应之于手"，将其喻成"寒松吹风，积雪映月"[③] 的妙境，进入身体的时空，便是达到"造微入玄"、"心手俱忘"、毫无"苦意思"的具身状态了。

曹尚絅在《春草堂琴谱·自序》中言："始则见琴于琴也；既则天地之变、万物之情，所见皆琴也；又既则心为之融、形为之释，并不见有琴也。"[④] 曹尚絅习琴是逐渐深化的，从琴乃器也，到万物皆琴，再到不见有琴，层层脱去琴之外象，最终物我偕忘。祝凤喈亦有类似体会。他谈及经年习琴的感受时道："初变知其妙趣，次变得其趣妙，三变忘其为琴之声。"[⑤] 进而细论："每一鼓至兴致神会，左右两指，不自期其轻重疾徐之所以然而然。妙非意逆，元生意外，浑然相忘其为琴声也耶！"兴致神会的要点便是意外之"忘"，此时，控制身体弹琴的不是理性状态下的思维意识，而是不期然的身体感知与潜意识。

琴乐按音走手音的音色接近于人声，乐器对人声自然延展代表着一种"共生性具身"[⑥] 关系。在此基础上，琴人展开想象，将指法动作比拟成自然界的形象。出现在《新刊太音大全集》《风宣玄品》《琴谱正传》等谱集中的《手势图》，将左右手指法比作各种动植物形态，配上绘图对照。在《新刊太音大全集》中，右手大指、食指配合做出的指法"捻"，被想象成"风惊鹤舞"；右手大指、中指所做的"齐撮""龊捉"，被想象成"孤鹜顾群"；左手大指指法"罨"，则被想象成"号猿升木"……此处不一一列举。这种想象与嵇康在《琴赋》中的想象殊途同归，都将琴人拉入一个忘身忘我、感官通达、与万物同舞的天人合一境界。前文讲琴乐具有"诗性"，此处则显现了琴乐的"舞性"[⑦]。

在解决指法技艺的基础之上，抛去思虑、设计，全然融入当下，琴成了人身体的延续，甚至达至人琴一体的状态，这是琴乐具身性的表现，也是进入"道"之境界的门径，

---

①　[法] 莫里斯·梅洛－庞蒂，姜志辉译：《知觉现象学》，北京：商务印书馆，2001 年，第 193 页。

②　同上，第 186 页。

③　(宋) 成玉磵：《琴论》，《琴书大全》，《琴曲集成》(第五册)，北京：中华书局，2010 年，第 208 页。

④　(清) 曹尚絅、苏璟、戴源：《春草堂琴谱》，《琴曲集成》(第十八册)，北京：中华书局，2010 年，第 210 页。

⑤　(清) 祝凤喈：《与古斋琴谱补义》，第 63 页。

⑥　[美] 唐·伊德，韩连庆译：《技术与生活世界——从伊甸园到尘世》，北京：北京大学出版社，2012 年，第 100 页。

⑦　Bell Yung: Choreographic and Kinesthetic Elements in Performance on the Chinese Seven-String Zither, *Ethnomusicology*, vol.28, no.3, 1984, pp.505-517.

更是琴乐即兴的必要前提。此时，琴器不再是被驾驭的器物，而是琴人知觉、情感的延伸。身体作为传递琴乐文化的中介，帮助琴人实现了自由表达。

四、传统琴乐即兴的当代启示

古琴音乐的即兴蕴涵着琴乐艺术的精神质性，是传统琴乐的重要传播媒介。不论"琴者禁也"还是"琴者心也"，不论琴乐的"德性""诗性"还是"舞性"，古琴都是琴人群体传播文化、塑造人格的门径，而即兴就是他们在深厚的琴乐文化土壤中最真实的灵魂诉说。

琴人在琴乐中追求道德的高洁、情感的美好，以及人琴俱忘、天人合一的"道"的境界。抚弹前人所刊琴曲，只是琴人走进古琴世界的入口，通晓创作、能即兴奏琴才是琴人在这一世界中真正追寻的自由妙境。

琴乐自古以来就有即兴传统，但由于当代琴人与古代琴乐之间存在着巨大的语境差异与文化隔阂，当代国乐亦受西乐影响而趋向固定版本的诠释、固定节律的演奏，琴乐弹奏缺乏创造性发挥。在新型的传习环境下，当代琴乐有待恢复原有品质。曾有琴人在学习爵士乐即兴的基础上，进行了琴乐即兴的尝试，但极小部分的尝试较难作为古琴自身的生命力蓬勃存续下去。①

放眼当代，琴乐千百年来的即兴灵魂已然式微，几近消亡。在复兴琴乐文化的工作中，笔者期待研究者与实践者重视琴乐即兴，将此传统接续发扬。如此，当代古琴工作者方能不仅是古琴音乐的表演者，而真正成为"俯仰自得、游心太玄"的琴人。

---

① 琴人李祥霆曾撰《古琴即兴研究》一文，并在诸多活动中表演古琴的即兴弹奏；李祥霆的学生巫娜、赵晓霞也在与外国爵士音乐家的合作、与其他领域艺术家的跨界表演中，进行过即兴弹奏。身兼作曲家与琴人身份的成公亮，于1989年的德国巡演中，亦尝试了与荷兰长笛音乐家合作即兴演奏。

流行何以成经典？

——20 世纪八九十年代流行音乐传承的媒介学"考古"

杨紫薇*

（暨南大学新闻与传播学院，广东广州，510632）

摘要： 20 世纪改革开放政策实施之后，中国文艺界迎来了空前的蓬勃发展，音乐作为其中一种形式，从高高在上的高雅艺术逐渐走入"寻常百姓家"，流行音乐成为大众文化的重要组成部分。20 世纪八九十年代的流行音乐经过几十年岁月的洗礼，不仅没有在新技术的革新中消逝，而是在大浪淘沙中更显经典之魅力，并为不同代际的人所喜爱，这其中有着怎样的传承运作机制呢？法国学者雷吉斯·德布雷创立了媒介学，赋予了"媒介"新的内涵，并立足于文化传承，强调媒介"组织性的物质"和"物质性的组织"的双重属性。本文从德布雷的媒介学视角出发，以八九十年代流行音乐在当代的传承为案例，以期在技术与文化的互动中发掘出文化传承的重要条件。

关键词： 流行音乐；媒介学；文化传承

一、引言

作为一个 90 后，虽没有对八九十年代切身的体会，但是在日新月异的网络时代却深感人们对 20 世纪的种种怀念。不仅是经历者们的哀伤，还有当代青年对于 20 世纪自由独特、声入人心的音乐的接纳，更是与现今的音乐生态进行对比，因而形成了不同代际对于八九十年代流行音乐的怀念，也在当今崇尚视听文化下的背景下，兴起了一股包括音乐、文学、设计等文化界的复古潮流。

不同于麦克卢汉将媒介看作空间的传播，德布雷的媒介是在时间传承层面的。在文化传承一书中，德布雷明确定义了传承的三重指向：物质的、历时的和政治的。流行音乐从唱片到手机，从留声机到网络……跨越代际，借助数字移动媒介，在变化的传播模

* 作者简介：杨紫薇（1999—），女，河南扶沟人，暨南大学新闻与传播学院硕士研究生，主要研究方向：媒介学、传承人类学。

式中不仅维持了上一代的共同记忆，也打通了过去与当代的音乐遗产传承。因此，利用德布雷媒介学的思路研究流行音乐通过不同媒介在代际间的传承是一个可行之路径。本文以期从德布雷的媒介定义出发，把媒介学作为研究的方法论，探究音乐文化传承的可能机制。

二、德布雷媒介概念下的流行音乐之"媒介"

德布雷指出："在讯息的传播过程中，媒介可以有四种含义：符号化行为的普通方法、传播的社会编码、记录和存储的物质载体和与某种传播网络相对应的记录设备。"① 他把这种"媒介"称为设备—载体—方法系统。按照德布雷"一种书写方法要是没有说明自身的载体或网络，就不能具体指出媒介的本质"的思路，一种流行音乐的研究也必须指出自身的载体或网络。

首先，对于符号化行为的普通方法。在20世纪八九十年代，是指流行音乐中人声和乐器的完整歌曲或带有画面的完整歌曲（分为现场和虚拟在场音乐）。而在当今，这种符号表示的整体过程，除了包含以前，还有数字模拟形式的音乐，以及对于歌曲展演加入创新元素等（比如加入新的流行音乐创作元素，或是融入新的编舞形式）。对于传播的社会编码，不论是八九十年代的流行音乐，还是当今的音乐，都使用汉语这种语言，不过我们还要考虑汉语中方言的多样性，其中不容忽视的就是流行音乐中粤语的演唱形式。

学者曾遂今在《从音乐的自然传播到技术传播——当代音乐传播理论思考》中将音乐传播划分为两类，一类是自然传播，一类是技术传播。自然传播是指以口语和姿势、表情、动作等副语言为媒介的传播；而技术传播所依赖的媒介为手写和印刷乐谱、留声机、广播电视、唱片、盒带、CD、网络等。② 针对记录和存储的物质载体，20世纪八九十年代流行歌曲的物质载体主要有CD、磁带、电视屏幕等；而如今的物质载体除了囊括以上之外，占据主导地位的是手机播放器及手机屏幕等。载体变得更加灵活、轻便，这丰富了音乐触达人们的方式，却也不可避免地带来声音质量和音乐体验的参差等问题。

对于流行音乐传播网络相对应的记录设备来说，我们则可以将其划分为五种类型——乐谱传播、唱片传播、广播传播、电视传播、网络传播。其中乐谱传播基于印刷媒介，唱片、广播、电视传播基于电子媒介，而网络传播则是依赖于数字技术的发展。从广播、电视到手机的音乐传播，如此不同的传播模式可以改变音乐本身，即我们在不同的空间、利用不同的载体会获得不同的音乐效果，音乐也通过这些形式中留存内容同时加以修改。③ 虽说媒介技术的变迁改变作品生产方式，音乐作品从"内外兼修"沦为"华而不实"，但

---

① ［法］雷吉斯·德布雷：《媒介学宣言》，黄春柳译，南京：南京大学出版社，2016年，第13页。
② 曾遂今：《从音乐的自然传播到技术传播（上）——当代音乐传播理论探索思考之一》，《武汉音乐学院学报》2003年第3期。
③ ［法］雷吉斯·德布雷：《媒介学引论》，刘文玲译，北京：中国传媒大学出版社，2014年，第112页。

也是新载体和新技术让过去的流行音乐在双向的、多平台分发的、算法助力的新媒体环境下留下了记忆的痕迹，实现了自我的再复制和再发展。

三、从电子媒介到数字移动媒介时代：八九十年代的流行音乐在技术与文化的互动中传承

（一）传承的三重指向：物质的、历时的和政治的

德布雷将传承的物质行为与传播相区分，认为传承具有三重指向性，即物质的、历时的和政治的。[①]

物质层面上，德布雷强调了传承中除了包括文字语言还包括其他意义载体，如行为、场所、文字、图像、文本、仪式、有形的、建筑物的、精神的、智力的等等。所有主观性维度的形成都离不开使用新的物质实体，这也是媒介学对自己研究领域的拓展。具体来说，一种价值的创造必然是物体和行为的产物或是再循环；新的主观性的产生必然带有其记忆工具。[②]物质性记忆工具不可或缺，那我们研究流行音乐文化的传承活力也就不能脱离承载音乐的有形的痕迹。我们研究的范围就不仅包括电子媒介和数字媒介的物质载体，还包含古早风的海报，货架上的纪念品，占据空间的小茶馆、餐厅、商超、KTV等等。沿着音乐记忆的物质痕迹，我们可以找到CD、磁带、录像带、MP3、手机播放器等等，此类的载体随着技术的发展不断革新，后面的载体也没有完全取代前面的，而是处于竞争中的共存状态。基于前人的研究，笔者将不再赘述音乐载体变迁所带来的对音乐传播的影响，而是想将关注点放在占据空间的物质场所与传承的可能关系上。

历时层面上，如果说传播是即时的，那么传承就是历时的。传承属于历史范畴，它以技术性能为出发点，也就是使用媒介载体才能传承。一方面，传承将这里和那里连接起来，形成网络（也就是社会）；另一方面，传承将以前和现在连接起来，形成文化的延续性。[③]技术的发展让我们可以进行空间距离的压缩，比如旅行中提速的高速动车和飞机，手机网络传输速率的提升，但是时间却是无法压缩的，因为德布雷曾指出"信息的物理转移并不等于认知的社会传承"[④]，这或许也是我们在加速的传播社会面前，却深对时间掌握的日渐衰弱的原因。社会发展日新月异，德布雷指出，人们日感"传承危机"时代的到来。根据他对媒介圈的划定，我们正处于视频圈中，在视听媒介为主导的视频圈中，记录载体具有与沉重相对的轻便性，可以快速广泛散播和复制流通，但也更加短寿和脆弱。在传播更加即时和记忆膨胀的视频圈中，人们对于音乐的共同体验越来越少，集体的记忆变得更难，对于时代新流行音乐的象征性的联结不像以往那般紧密，因此也产生

---

① Regis Debray: *Transmitting Culture*, translated by Eric Rauth, New York: Columbia University Press, p.1.

② 雷吉斯·德布雷：《媒介学引论》，第11页。

③ 雷吉斯·德布雷：《媒介学引论》，第5页。

④ 雷吉斯·德布雷：《媒介学引论》，第10页。

了这样那样对于过去音乐"怀旧"情结，并用技术的手段去抵抗时间对文化的侵蚀。

政治维度上，媒介学领域的传承并不是符号学意义上的阐释，"传承它需要一种战略能力，致力于结成联盟，过滤和排除无关的，分层和选择，划定界限等等"①。也就是说，传承就是组织，而组织就是划分等级，等于排斥和让人服从。②德布雷认为传承环节中，更重要的是组织的作用。传承的驱动器不是运载工具，而是制度化的组织作为动力。正如"书籍的外部记忆只有通过一个群体的内部记忆才能产生力量"③一样，20 世纪八九十年代的流行音乐的外部记忆也需要通过一个群体的内部记忆才能产生力量。如此，这些音乐记忆就是作为物质化组织体系的作用，它可以在最原始的传播中介人（这里指原唱歌手、乐队等）死亡之后继续存活下来，借用各种广播、电视、互联网等传播手段进行宣传，总之，紧随着时代的变迁。④或许可以说，当今乐坛对于经典音乐的复兴，离不开当代中国从政治层次上对于文化自信的呼唤以及相应媒体机构的部署实施等。

（二）传承中的媒介承担双重功能：物质性的组织和组织性的物质

德布雷意义上的媒介是中介行为。"既然我们要研究的是传播的间隙、中间人和中间界面，那我们的（研究）领域就是中间阶层，是夹层。我们更倾向于使用'行动'的'动'这个字，把上述内容叫作技术与文化的互动。"⑤为什么需要技术与文化的互动呢？因为没有物质的过程就没有观念的移动、扩散和持久，技术对人体"有限性"的延伸与补偿，为文化传承提供外化的"弥补术"。总的来说，是媒介具有双重身份技术负责物理空间上的连接，组织担保心理时间上的联结。⑥

德布雷定义了媒介的双重功能：组织化的物质和物质化的组织。在物质层面，传承是通过制造可用的技术对外部化记忆进行可控的存储，这些技术可用于题写、保护、库存和分发可存储的文化表达痕迹。在制度层面，传承意味着以有组织的集体单位的名义构建社会场所（social locus），过滤掉单纯的噪音，以及延续和超越当下的组成和随着时间的推移在特定时期内自我复制的所有。⑦

"物质化或者是建立成纪念性建筑物，实际上多多少少是要使事物形成群体，产生某个地方，使其得到延续。"⑧应用在流行音乐的传承研究中，我们需要关注的组织性的物质包含从 CD 到手机音乐 APP，从钱庄歌舞厅到量贩式 KTV 到手机全民 K 歌，从小茶馆到

---

① Regis Debray: *Transmitting Culture*, p5.
② 雷吉斯·德布雷：《媒介学宣言》，第 42 页。
③ 雷吉斯·德布雷：《媒介学引论》，第 9 页。
④ 雷吉斯·德布雷：《媒介学引论》，第 10 页。
⑤ 雷吉斯·德布雷：《媒介学宣言》，第 12 页。
⑥ 唐海江、曾君洁：《作为方法论的"媒介"——比较视野中麦克卢汉和德布雷的媒介研究》，《现代传播》2019 年第 1 期。
⑦ Regis Debray: *Transmitting Culture*, pp.11-12.
⑧ 雷吉斯·德布雷：《媒介学引论》，第 27 页。

商铺、到广场舞的外放音响等。

CD 和磁带可以将流行音乐保存起来，但今天我们更多的借用手机播放器的形式听歌，这种触手可及的音乐收听在不同的音乐平台形成了共同的爱好群体，他们通过建立经典歌单的方式，以在评论区发言和对话回复的方式形成了歌曲有组织的传播。而助力流行音乐生根发芽的卡拉 OK 则是循着从高档会所，到量贩式 KTV，再到今日手机 K 歌软件的历史脉络走到我们面前。卡拉 OK 从星级的高档酒店到夜总会，再到餐厅、迪厅，其收费水平也下降至三五元就可点唱一首；量贩式的 KTV 则以分段计费的方式，由客人自己点歌，自世纪之交至今都存在于城市的各个角落，成为各个年龄层群体娱乐休闲选择的场所之一；除了这些物质性的音乐场所对于歌曲的传承，线上的音乐软件，如"全民K 歌"也成了一种人们唱歌社交的一种方式，让经典音乐的触角铺设得更为宽广。除了专门音乐播放的场所，从以往的小茶馆，到今天的大小商超，甚至广场舞的伴奏，这些外放的音响一定程度上也助力了经典音乐"跨越时间，占据空间"。

不过组织性的物质并不是传承的充分条件，即技术并不是传承的充分条件。依照皮埃尔·舍费尔的说法，就是传播机器越来越多，但是没有传承机器。因此，我们需要关注媒介的另一个功能——物质性组织的作用。

那些从事记忆工作的人、纪念者或追忆者，建构了集体的官方再创造的渠道，因为只有活着的人才能激起沉睡在过去痕迹中的意义的余烬。[①] 也就是说，物质本身并不具有自主性，传承并不是一种本能，因此需要组织化的集体作为"中介环节"进行物质化的实践去激活传承的发动机。音乐传承的物质性的组织无外乎是人的集合，包括专业和业余的音乐人、20 世纪歌曲的追随者（抑或粉丝）、歌友会、电视歌唱类节目制作方等。

20 世纪八九十年代的港台及大陆（内地）的流行音乐，不仅是那个年代的高光印记，也成为中国当代流行音乐的先驱模范，很多专业歌手坦言自己对于流行音乐的启蒙就来自那个时期的音乐创作。而走红的快餐歌曲《野狼 disco》中包含的粤语元素，一定程度也有着那个时代的影子，因为这些网络歌曲中融入了继承下来的流行音乐基因。不论是邓丽君、崔健、张国荣、BEYOND、小虎队等等，听这些歌曲长大的 70 后、80 后成为90 后、00 后的父母，他们也通过自己的方式进行着代际音乐的无意识或是有意识的相互传播。除此之外，一些歌友会群体也承担了特定传输、维护作用，比如举办一些纪念日、周年的纪念活动，进行线上和线下粉丝群体的交流活动。最后，作为组织的媒介机构也承担了音乐传承的桥梁作用，制作方作为音乐的选取和展现方，搭建了音乐再现的方式，这样的组织机构丰富了音乐的形式，让音乐作品从磁带，从黑白光碟中走出来，加以更为精巧华丽的形式进行音乐的传承。

因此，文化传承需要技术同组织/物质与机构的有机结合，在这样的有机互动中，传

---

① Regis Debray: *Transmitting Culture*, p.10.

承才能克服时间。一首音乐作品不是一种没有生命的物体，是音乐的表演让音乐保留了下来，这之中包含的是人的表演行为作为"中介"，让作品重新具有了生命。德布雷的媒介学研究激活了"技术—文化"之间的连字符，增加了文化／审美与技术和主体与客体之间的桥梁①，如此的新颖之处，让我们能通过传承理解传播的本质，让我们在思考音乐等艺术传承的时候给予技术和文化同等的注视目光。

（三）要传承就要继承、吸收和改变：数字移动媒介下老歌复兴的逻辑

"只要感兴趣就可以传播，然而传承是需要改变或者转化的。"②德布雷标记了传承的历时性，表明传承不同于传播，"我们之所以传承是为了我们所生活的、所信仰的和所想的不会同我们（而不是我）一起死去"。③同时，在陈卫星与德布雷的关于媒介学的学术对谈中，德布雷再一次向我们阐释了传递／传承的内涵，只有人类能从事文化传承的工作，因为传递是一个累积的过程，这意味着要传递就要继承、吸收和改变，也就是说在传递中需要再思考、再转述和再转化。④对此，如果我们要将20世纪八九十年代的音乐文化传承下来，不能仅满足于简单的重复，在某种程度上还需要结合技术和文化生态进行音乐的再创作。

针对经典歌曲的"翻新""老歌新唱"或称"旧歌新创"是当今中国流行音乐较为常用的方式，常用在一些电视／网络选秀节目中。张敏将"旧歌新创"含义定义为："把早期音乐作品，通过改编编曲、音乐风格，来实现新的音乐审美的方式，这包含对音乐作品表演的再创，还有对原作品的作曲、编曲的重新改编。"⑤潘勋认为"老歌新唱"重点在歌曲改编，创新性地融入一些时尚元素，改编音色、速度等，调整伴奏以及歌者的演绎等。⑥总的来说，"老歌新唱"或是"旧歌新创"表达出了音乐改编的相似含义，这是流行音乐适应时代发展的一种必然产物，对于助力经典的传承有着重要的意义。

近些年来，老歌新唱不仅成为一种人们认可的表演形式，也发展成一种经典融合时尚的音乐审美现象。在流行音乐乐坛中乃至网络的音乐社区，众多专业或草根歌手进行了对于经典流行歌曲的翻唱。不过最值得注意的是一些成为热点的重量级歌唱类选秀节目，比如已经连续播出几季《中国好声音》《我是歌手》以及近期引起人们巨大反响的《声生不息》等。

2012年，《中国好声音》首次播出就取得巨大反响。目前距离首播已十年有余，此档

---

① 雷吉斯·德布雷：《媒介学宣言》，第125页。
② 雷吉斯·德布雷：《媒介学引论》，第13页。
③ 雷吉斯·德布雷：《媒介学引论》，第14页。
④ 陈卫星、［法］雷吉斯·德布雷：《媒介学：观念与命题———关于媒介学的学术对谈》，《南京社会科学》2015年第4期。
⑤ 张敏：《论旧歌新创及其对中国流行音乐的影响》，《美与时代》2018年8月。
⑥ 潘勋：《浅议"老歌新唱"唱经典歌曲》，《音乐创作》2016年第6期。

音乐类真人秀节目不断推陈出新，依旧活跃在大众音乐文化视野中，陪伴着新生代的成长。在《中国好声音》带动了旧歌新创这种音乐创作手法之后，诸如《我是歌手》《蒙面歌王》等音乐节目也令人眼前一亮，把经典歌曲的再创造推向了一个又一个的发展高潮。

今年 4 月份开始，《声生不息》作为一档献礼香港回归 25 周年，以粤语歌曲改编比拼为创新支点，力求"港乐"与当代人，尤其是年轻群体的最大公约数的音乐真人秀横空出世，激起了不同年龄阶层的追捧之风，尤其是作为后浪的年轻群体的关注和欣赏。"港乐"穿越 CD、收音机等旧媒介通过电视、手机播放等新的方式走到我们面前，在大浪淘沙的激烈筛选下，不仅是利用新技术抵抗经典音乐的消逝，《声生不息》期望以经典港乐与当代流行相结合的创新方式，融入新的价值理念，即赋予"旧"以"新"的生机活力，如此更好地助力音乐文化的传承。

这种全新的尝试于我们而言，其中隐含着经典音乐文化如何更好传承的脉络，而非仅仅是简单的社会怀旧情绪催生下的结果。有学者也做出对"传统"的挖掘必然是我国本土流行音乐发展的必然趋势这样的判断。[①] 因此，笔者认为如果说舞台上的还原是一种带有回忆意味的再演，那么如今的改编和翻唱等创新形式就是一种在这之上、有着更强时代适配性和生命力的组织形式。虽说不少人哀叹再无如 20 世纪八九十年代的如"四大天王"一般的巨星偶像、中国流行音乐发展停滞等等，但我们应该承认的是网络时代还是给予了中国流行乐现今乃至未来发展突围的机会。

四、结语

通过追寻一些物质性的标记和痕迹，媒介学的旨趣在于揭开"传承之黑匣子"的秘密。对于 20 世纪八九十年代的流行音乐传承至今的问题，媒介学关心这其中发生了什么，关心其中技术与文化互动的机制。按照媒介学的思路，我们能更好地理解承担传承的音乐媒介的双重属性，即组织性的物质和物质性的组织共同发挥作用。因此，要想更好地克服时间，我们不仅需要利用更好的记忆工具，更需要承担记忆工作的群体。也就是说，音乐传承不能自发地实现，身处在音乐技术不断革新的时代，音乐通过有形的数字移动媒介走近我们，但我们更要关注的是有机的组织／机构对于文化传承的作用，同时，让音乐作品传承下来不仅仅是简单的重复再现，还应该是紧紧结合时代发展的再创造和再发展，唤醒其沉睡着的生机活力。

---

① 杨琛:《我国流行音乐的传播及"传统与现代的融合"趋势》,《音乐传播》2017 年第 3 期。

二、社会主义核心价值观的民间艺术传播

主持人语

  中国民间艺术是中华民族在长期的社会实践中形成的以民众为生产和传播主体、为民众所喜闻乐见的艺术形态，也是民众喜闻乐见的文化传播形态，同时也是一种很重要的意识形态传播手段。从一定意义上说，传统的意识形态传播在相当程度上依赖于民间艺术传播。

  因此，今天要在人民群众中开展意识形态传播，民间艺术是一种不可忽视的形式或手段。从近些年来的情况看，我国各地利用民间艺术传播社会主义核心价值观的现象已经蔚然成风，各地出现了大量利用民间艺术开展社会主义核心价值观传播的尝试。考察这些尝试，可以看到其中一些传播活动已经是比较自觉的、有计划有组织的，但相当一部分都还带有较明显的自发性、偶然性色彩，有的利用还显得生硬。所以目前亟待探究两个问题：第一，如何从传统民间艺术中汲取符合社会主义核心价值观的有益营养，并扬弃其中的糟粕。第二，就是采取系统化的措施，从整体的机制和策略出发，从而有效整合各种民间艺术，助力社会主义核心价值观的传播。这其中，第二个问题解决好了，第一个问题也就迎刃而解了。基于此，我们申报获批了2017年度国家社会科学基金项目"社会主义核心价值观的民间艺术整合传播机制与策略研究（17BXW010）"。这一组文章即是该项目的阶段性研究成果，几位作者论述的角度不同，但总体上都围绕着以上主题展开。三篇文章中，梁利伟

的《民间艺术为载体的社会主义核心价值观传播策略》一文基于对全国各地利用民间艺术传播社会主义核心价值观的诸多实践的考察，分别从构成传播活动的相关要素，即传者、传播内容、媒介等出发展开论述，提出应注意加强对民间艺人和民间社团的培训、管理与引导；应利用各种媒介，尤其是利用移动终端的强大优势开展社会主义核心价值观传播；应利用数字化展览馆增强民间艺术的感染力与影响力；应注意强化传播的针对性，拓宽民间艺术的受众面。张婷的《民间节日艺术与社会主义核心价值观传播策略研究》一文讨论了利用民间节日期间的艺术活动开展社会主义核心价值观传播的策略问题，提出民间节日的艺术表达可以成为有效传播社会主义核心价值观的载体，应该借助节日艺术创新社会主义核心价值观的视觉话语表达，以核心价值观为精神内核，整合家庭、社区和社会三者的力量，让民间节日艺术成为重要传播纽带。除了现场表演，还应注意拓展传播手段，利用新媒体平台，扩大民间节日艺术的传播范围，强化社会主义核心价值观的传播效果。张峰的《论民间艺术在社会主义核心价值观培育过程中的作用》一文通过案例研究，对民间艺术与社会主义核心价值观的关联性进行剖析，并探索新时期如何在民间艺术传播实践中践行社会主义核心价值观，分析指出这对于培育社会主义核心价值观具有重要的理论价值与实践意义。

几篇论文从不同侧面提出的观点各有其启发意义，同时作为一种探索，还有可进一步思考、斟酌和深化之处。希望这一组论文能够发挥抛砖引玉之效。

敬请各位同仁教正！

（西北大学新闻传播学院教授　杨立川）

民间艺术为载体的社会主义核心价值观传播策略

梁利伟 *

（渭南师范学院人文学院，陕西渭南，714099）

摘要： 民间艺术有着认知、教化、表意、抒情、娱乐等多重社会意义，正是基于民间艺术日常性、潜在性等特点，利用民间艺术开展社会主义核心价值观传播才得以可能，并且成为传播核心价值观的一个重要路径。本文基于全国各地利用民间艺术传播社会主义核心价值观的诸多实践材料，从传播者、传播内容、传播媒介等方面对材料进行梳理，在此基础上提出理论建议，认为应加强对民间艺人和民间社团的培训、管理与引导；应利用各种媒介，尤其是利用移动终端的强大优势进行传播；应利用数字化的展览馆增强民间艺术的感染力与影响力；应增强传播的针对性，扩展民间艺术的受众面。

关键词： 民间艺术；社会主义核心价值观；民间艺人；文化认同

民间艺术来源于民间，扎根于地方文化，艺术表现形式多种多样，具备广泛的群众基础。民间艺术与民众的生活息息相关，潘鲁生回顾了中国民间艺术百年历程，认为民艺就是"生活的艺术，是民众社会生活的一个组成部分，甚至就是民众生活本身"[①]。正是由于民间艺术的自身特性，在当下通过民间艺术开展社会主义核心价值观的传播就成为一个有效的路径。习近平总书记指出，"一种价值观要真正发挥作用，必须融入社会生活，让人们在实践中感知它、领悟它"，"要注意把我们所提倡的与人们日常生活紧密联系起来"。[②] 民间艺术是中华传统文化的有机组成部分，以之为载体，有利于社会主义核心价值观的传播和培育；同时，以社会主义核心价值观为指导进行的民间艺术的保护与传承，

---

  * 作者简介：梁利伟（1982—），女，河南新乡人，西北大学新闻传播学院博士，渭南师范学院人文学院副教授；研究方向：文化与文艺传播。

基金项目：本文系 2017 年度国家社科基金一般项目"社会主义核心价值观的民间艺术整合传播机制与策略研究"（项目编号：17BXW010）的系列成果之一。

① 潘鲁生：《中国民艺百年历程综述》，《新美术》2015 年第 11 期。

② 习近平：《把培育和弘扬社会主义核心价值观作为凝魂聚气强基固本的基础工程》，《人民日报》2014 年 2 月 26 日。

可以促进民间艺术的发展与繁荣①。在具体的传播实践中，如何以民间艺术为载体进行社会主义核心价值观的传播与培育呢？本文梳理了全国各地利用民间艺术传播社会主义核心价值观的实践材料，希望能在此基础上提出有针对性的理论建议，为社会主义核心价值观的传播提供更多可能性路径。

一、利用民间艺术开展社会主义核心价值观传播的可能性

习近平总书记就培育和践行社会主义核心价值观多次做出重要论述。"要切实把社会主义核心价值观贯穿于社会生活方方面面"，"要通过教育引导、舆论宣传、文化熏陶、实践养成、制度保障等，使社会主义核心价值观内化为人们的精神追求，外化为人们的自觉行动"②。

论述中提到的教育引导、舆论宣传、文化熏陶等都属于传播的范畴。从传播的角度来看，社会主义核心价值观的传播涉及传播者、传播内容、传播方式、传播受众、传播渠道、传播效果等要素。诸多学者的探讨涉及这些要素，如有学者认为传播者自身素质要符合社会主义核心价值观的要求，传播的内容不能脱离社会主义核心价值观，传播的方式要以显性与隐性相结合，传播的渠道要以党委领导、政府主管、社会协同全方位多管齐下。③本文为了论述的方便，在梳理各地实践材料的过程中，也是从这些传播要素出发进行归类整理，其中，传播者要素是本文探讨的重点。

从社会主义核心价值观内容来看，分为三个层面；"富强、民主、文明、和谐"是从国家层面提出的价值理想，通俗来讲就是"建设什么样的国家"；"自由、平等、公正、法治"是从社会层面提出的价值目标和现实要求，通俗来讲就是"构建什么样的社会"；"爱国、敬业、诚信、友善"贯穿了我国公民道德行为的各个环节，涵盖了社会公德、职业道德、家庭美德、个人品德等各个方面，是与人民日常生活紧密相连的基本价值规范，通俗来讲就是"塑造什么样的公民"。④核心价值观的三个层面对于普通民众而言，都具有一定的抽象性。因此要取得良好的传播效果，就要找到核心价值观与生活的契合点，只有扎根于现实生活，嵌入日常生活实践中，才能更有效地将其转化为人们的内在信念和自觉行为，"使人们在实践中感知、体悟、认同社会主义核心价值观"⑤。

民间艺术有自身的特点，有学者总结出四大特点⑥：分别是与日常生活紧密相关、形

---

① 李英：《社会主义核心价值观体系下的民间艺术发展研究》，《大观》2019年第11期。

② 习近平：《把培育和弘扬社会主义核心价值观作为凝魂聚气强基固本的基础工程》，《人民日报》2014年2月26日。

③ 周宏菊、何振：《新媒体时代社会主义核心价值观传播机制创新》，《社科纵横》2017年第8期。

④ 中共中央组织部党员教育中心组织编写：《兴国之魂——社会主义核心价值观五讲》，北京：人民出版社，2013年。

⑤ 李辉、任美慧：《论社会主义核心价值观培育和践行的生活维度》，《思想政治教育研究》2014年第2期。

⑥ 杨立川：《通过民间艺术传播社会主义核心价值观》，《光明日报》（理论实践）2016年6月11日。

式多样易于接受、参与性强和潜在性。笔者认为最根本的还是第一点，与日常生活紧密相关，"本质上是一种基于日常生活的创造活动，因此可以利用民间艺术开展社会主义核心价值观传播，有利于价值观养成和人们日常生活融为一体"①。对于民间艺术来说，特定的生活方式、文化方式是民间艺术产生、发展和生存的背景，是民间艺术的文化生态环境基础。② 正是基于民间艺术的这些特点，利用民间艺术开展社会主义核心价值观传播才得以可能，并且成为传播核心价值观的一个重要路径。学者万建中曾把民间文学看作社会主义核心价值观的传统载体③，本文将包含民间文学在内的丰富多彩的民间艺术看作传播社会主义核心价值观的一个重要载体。

二、各地利用民间艺术开展社会主义核心价值观传播的探索与实践

从当前实践看，各地不少地方已经出现了多种不同形式的利用民间艺术开展社会主义核心价值观传播的尝试。本文基于各地实践材料，从传播者、传播内容、传播媒介三个主要方面对材料进行归纳梳理。

（一）传播者策略

从社会传播的角度看，各地利用民间艺术开展社会主义核心价值观传播的传播类型包括了人际传播、群体传播、组织传播、大众传播和新媒体传播。这几种传播形态在传播实践中常常交叉融合，相互辅助，形成合力。因此，不同类型的传播者在具体的传播实践中发挥着不同的作用，各类传播者中各级政府发挥着主导作用。从各地现有的做法和探索中看，传播者的角色十分关键，"在加工传播内容、开展传播活动、评估传播效果、改进传播方法等传播过程中发挥着重要作用，尤其在'传什么'和'如何传'中发挥着主导作用"④。

1. 组织各种活动

无论是各级政府、各类组织，还是民间团体、社会群体、个人，有时是组织和群体、个人联合，都经常利用民间艺术开展各种活动，这类活动通常有明确的主题和宗旨。活动的组织者将传播社会主义核心价值观作为活动的最终目标，非常明确地将价值观的内涵嵌入活动的具体内容、要求中，因此活动的组织和开展过程，就是社会主义核心价值观传播的过程。

第一类活动，是公益广告征集、表彰、展览活动，全国性的公益广告活动主题主要有"讲文明树新风""图说我们的价值观""中国梦"等。

---

① 杨立川：《通过民间艺术传播社会主义核心价值观》，《光明日报》（理论实践）2016 年 6 月 11 日。

② 唐家路：《生活化的民间艺术》，《齐鲁艺刊》2006 年第 4 期。

③ 万建中：《民间文学：社会主义核心价值观的传统载体》，《新视野》2015 年第 4 期。

④ 刘莉莉：《乡村振兴战略背景下社会主义核心价值观传播的困境与路径》，《南通大学学报》（社会科学版）2018 年第 4 期。

比如，全国"讲文明树新风"公益广告的制作刊播，带动了各地方开展"讲文明树新风"公益广告征集活动。2018 年，湖北省十堰市在全市范围内公开征集评选公益广告原创作品，发布的活动通知中明确指出，征集的主题必须"紧扣习近平新时代中国特色社会主义思想和党的十九大精神、中国梦、社会主义核心价值观、中华优秀传统文化、诚信教育、勤劳节俭、文明旅游、生态文明建设、法治建设、创建全国文明城市、志愿服务、未成年人思想道德建设等十三大主题内容"。[①] 征集的内容分为平面（含书画、民间艺术、手绘）、视频（含短片、微电影、动漫、flash 等）、新媒体（含手机短视频、H5等）、音频四大类。可以看到，作品的创作、传播必须围绕主题、表现主题，表现形式可以多样，这其中就包含了民间艺术的各种形态。具体的创作要求方面，表现手法上提倡风格多样、百花齐放，突出十堰元素符号，广泛运用书画、摄影、雕花剪纸、版画、年画、漫画、皮影、泥塑等民间艺术和非遗文化表现形式，提高作品的表现力，提升传播影响力。

在活动的程序上，作品提交后要组织评审，包括初评和终评。初评后，对入围作品通过各类媒体进行展播。终评由十堰市创文办联合有关部门，组织专家进行评定，确定获奖作品名单，在媒体公示后予以通报和奖励，随后进行推广宣传。获奖优秀作品纳入十堰市"讲文明树新风"公益广告作品库，在全市各类媒体和交通工具、公共场所、建筑工地围挡等媒介载体上刊播宣传。从程序上可以看出，活动的组织者非常重视作品的刊播宣传，活动的目的一是调动民众的创作，二是通过作品向社会传播价值观，最终的目的还是在组织创作、作品传播的过程中实现教育引导、文化熏陶的功能。因此，传播者的角色非常重要，直接影响着传播的内容和效果。

通知最后的要求中指出，活动要加强与本地文联、书协、美协、民协、广协、非物质文化遗产协会等部门团体沟通联系，广泛动员各类书画名家、民间艺术家、非遗传承人及艺术院校、广告设计公司开展个人、集体联合创作。最后要加强成果运用，积极组织各媒体定期、持续地对活动进行广泛宣传动员，扩大影响力。由此可见，这次作品征集活动就是一次持续时间较长、范围较广、组织严密的社会主义核心价值观的传播过程，活动的组织者调动起了地方各类群体和个人。

城市的基层社区也会组织类似的公益广告征集展示活动。比如，山东青岛市市北区兴隆路街道社区利用民间艺术创新了公益广告的形式[②]，主要是通过挖掘地域文化、民间艺术而形成的多种多样的社会主义核心价值观的宣传。如街道依托青岛"剪纸艺术大师"、市北区非遗项目传承人李文玲大师作品创作的系列公益广告，将兴隆一路打造成为"剪

---

① 十堰文明网：《关于开展"讲文明树新风"公益广告征集活动的通知》，2018 年 7 月 10 日，http://hbsy.wenming.cn/wmbb/201807/t20180710_5316910.shtml，2022 年 07 月 01 日。

② 中国文明网：《山东青岛市打造剪纸艺术景观街 用民间文化诠释核心价值观》，2017 月 9 月 20 日，wenming.cn，2022 年 07 月 01 日。

纸核心价值观景观一条街"；利用民间版画大师高文举创作的系列公益广告进行宣传。社会主义核心价值观通过剪纸、版画等民间艺术形式逐步步入居民身边，融入居民生活，以其独有的传播力和感染力，形成街头正能量，在潜移默化中助推精神文明建设。

各地基层组织都有利用当地民间艺术、组织当地民间艺人进行核心价值观的传播活动。街道社区属于城市民众的基层组织，生活在同一社区的社会大众经过各种文化的融合，居民的生活方式、价值观、行为规范具有相似性。一个社区的视觉文化、环境文化、行为文化、精神文化等是一个社区精神面貌的体现。在社区内进行主题鲜明、内容丰富的公益广告宣传，可以吸引受众广泛参与，进行有效的传播，创造出浓厚的文化氛围。

第二类活动，是文化惠民系列活动，包括全国各地组织的文化进乡村、文化进社区、文化进校园、文化进机关、文化进企业、文化进军营等活动。

文化惠民的初衷就是用文化服务百姓、提供精神食粮。文化要做到惠民，基层政府起到关键的作用。从各地的文化惠民活动实践看，演出、展览、培训是常见的文化惠民形式，文化的具体表现形态也多种多样。正因民间艺术的乡土性与地域性，各地的活动演出都会结合当地的民间艺术形式进行编排创作；同时，也会根据活动对象的不同结合当地民间艺术形式进行演出形式、作品的创新。

如，2019 年安徽省安庆市发布的《文化惠民活动工作方案》[①] 通知里明确指出，活动的目标任务是发挥优秀文化引领风尚、教育群众、服务基层、推动发展的重要作用。在内容安排中，明确提出市级、县级、乡镇（街道）、村（社区）各级的具体安排。比如市级组织开展文艺小分队下基层、"广场文艺天天演"、非遗进乡村进校园进社区、节庆文化活动以及送辅导、送演出、送展览等活动；县级开展广场文化活动，依托各类节庆、重大工作和重点活动，如元旦、春节、"五一"、"六一"等为载体，组织开展与之相应的专场演出等大型文艺活动，组织开展"送戏进万村"、送文化下基层、非遗进乡村进校园以及送辅导、送演出、送展览等活动。到了村（社区）一级，根据每个村（社区）不同的特点，深入挖掘村（社区）历史和文化能人，有针对性地开展弘扬"好家风好家训"、乡贤文化、文明评比、政策法规宣讲等群众喜闻乐见的文化活动，有条件的村每年举办"乡村春晚"等活动。

第三类活动，是围绕民俗文化、传统文化、地域文化、民间艺术举办的各种文化论坛、研讨会。

福建省宁德市屏南县屏南每年都依托白水洋旅游文化节[②]，举办以廊桥、戏曲、武术等为主题的文化论坛，先后举办了"中国四平腔国际学术研讨会""第三届中国廊桥国际

① 安庆市文化和旅游局：《关于印发〈庆市文化惠民活动工作方案〉的通知》，2019 年 10 月 31 日，http://aqxxgk.anqing.gov.cn/show.php?id=726331，2022 年 07 月 01 日。
② 福建屏南：《文化助力乡村振兴 让古村落焕发新活力——中国文明网》，2019 年 10 月 25 日，wenming.cn，2022 年 7 月 1 日。

学术（屏南）研讨会""中国传统村落文化遗产保护屏南高峰论坛"等多项文化交流活动。陕西渭南在 2019 年皮影文化艺术周期间举办了"隔帐陈千古 凭灯舞乐声——陕西华州皮影传承保护与发展学术论坛"，在 2021 年举办了"守护或瞻望——中国皮影戏高峰论坛"。各地举办此类活动，部分是当地特色文化活动的一部分，部分是为宣传推动当地文化发展，总体上引导和促进了地方的文化艺术发展。

第四类活动，是与各地文化建设、旅游等相结合打造的特色活动。

各地依据当地的文化特色，挖掘并培育地方文化名片，尤其在乡村振兴、文旅融合背景下打造了系列特点活动。这些活动周期较长，基本都是由当地政府牵头组织。

福建省宁德市屏南县策划的"四季屏南、乡村有约"乡村文化旅游创意活动月活动，包括了乡村音乐活动周、黄酒文化活动周、武术文化活动周、乡村艺术活动周等 20 项大型活动。活动周的内容囊括了屏南当地的各类民间艺术，比如屏南是中国民间文化艺术之乡（民间戏曲），拥有四平戏、平讲戏、乱弹戏等古老地方剧种。通过这些特色活动平台进行民间戏曲等各类民间艺术的展示、展演，有利于民间艺术的进一步发展繁荣。"季季有主题、月月有活动、处处有精彩"，屏南依托当地的民间艺术开展乡村文化活动，将民间艺术的发展融入了乡村建设中。

2. 开展"我们的节日"系列活动，打造各地特色节庆活动

节日与人们日常生活紧密相连，蕴含着与社会主义核心价值观相契合、为百姓日用而不觉的思想观念、人文精神、道德规范等文化资源，是培育和践行社会主义核心价值观的重要文化资源。在这些节庆活动中，组织者将社会主义核心价值观融入节日文化中，围绕具体的节日庆典主题或主旨展开活动，传播核心价值观就接了地气有了基础。节庆活动中，民间艺术是重要的内容载体。

在各地开展的节日主题活动中，大量的艺术活动包含了丰富的民间艺术形式。如，甘肃省兰州市举办"我们的节日·中秋"活态非遗系列展示分享活动[1]，国家级非物质文化遗产传承人史呈林与庆阳市级非物质文化遗产传承人许明堂及其团队演绎了环县道情皮影经典剧目。湖北武汉市洪山区洪山街成宝社区举办一系列闹元宵民俗文化惠民巡回展演[2]，元宵节非遗展演包括了舞狮表演、踩旱船、扭秧歌、吹糖人、捏面人、画糖画等，这些民间艺术深受群众欢迎。

除了传统节日，各地根据当地文化资源特色打造出各类新的节日、庆典、纪念日等活动，各地都经常依托当地的民间艺术形式开展具体活动。

河南省郑州市中牟县在元宵节举办了"我们的中国梦文化进万家"中牟县 2019 年民

---

① 中国兰州网：《"我们的节日·中秋"活态非遗系列展示分享活动在兰举行》，2019 年 12 月 24 日，http://news.lanzhou.cn/system/2019/12/24/011885181.shtml，2022 年 07 月 01 日。

② 武汉文明网：《洪山街成宝社区非遗共筑邻里情》，2019 年 12 月 21 日，http://hbwh.wenming.cn/wmdjr/201902/t20190221_5705413.html，2022 年 07 月 01 日。

间文化艺术节[1]，除了安排舞龙、舞狮、盘鼓、武术和麒麟舞等非遗项目参加大型文艺表演外，还遴选 20 个非物质文化遗产项目进行静态展示、动态展演和现场体验。安徽从 2014 年开始每年举办民间工艺精品展，包括了黄山竹雕、砖雕、石雕，文房四宝、阜阳剪纸、凤阳凤画等各具地域特色的工艺精品，2014 年精品展以社会主义核心价值观为主题，以中国梦为创作中心，精选的作品展示了江淮大地人文风貌，反映了安徽地域文化特色。江苏苏州举办的"山花绽放 天工江南"首届长三角民间艺术节民间文艺精品邀请展，活动包括民间文艺精品邀请展、民间文艺发展论坛、民间艺术展演三个板块，作品则涵盖织绣、雕刻、桃花坞木版年画、剪纸、漆艺等 38 个具有江南特色的民间艺术品种。正如安徽省民协副主席程波涛所指出的，民间文艺的价值重新发现与合理利用，不仅有利于丰富、塑造和深化当下乡村的文化内涵，提升其文化品格，也有助于激活社会转型时期日趋单薄的乡村文化所原有的内在活力，重构乡村文化自信。[2]

"中国农民丰收节"是第一个在国家层面专门为农民设立的节日，向全社会传递了重农崇农的价值取向。西安市在庆祝首届中国农民丰收节活动期间举办了蓝田县非遗手工技艺展示，手工技艺非遗传承人现场演示非遗制作技艺，有剪纸、玉雕、泥人等。银川市在《首届银川农民丰收节实施方案》[3]中明确活动主题为"共庆农业丰收 弘扬农耕文化践行乡村振兴"，总体要求中指出，活动要充分发挥农民主体作用，以庆丰收系列活动为载体，让人们以节为媒、释放情感、传承文化、寻找归属，唤醒人们对传统农耕文化的记忆，增强文化自信和民族自豪感。

3. 制定政策，加强组织、引导、管理

第一类是，制定政策，加强引导规范管理。可以是规范性管理，也可以是激励引导。例如，有的地方对于积极健康的民间艺术演出给予一定的经费支持，必要的时候有关部门直接组织或参与组织民间艺术活动，这就是激励引导。规范性管理，如"中国民间文化艺术之乡"的申报、审核与命名。

"中国民间文化艺术之乡"自 1987 年开展创建以来，已经成为推动民间文化艺术事业繁荣发展、丰富活跃基层群众文化生活的重要公共文化品牌项目。2007 年至 2008 年，文化部制定并颁布了《中国民间文化艺术之乡命名办法》，将名称统一为"中国民间文化艺术之乡"，并在全国范围内重新组织开展了命名工作。"中国民间文化艺术之乡"的申报主体是县（县级市、区）、乡镇（街道）人民政府，每个申报主体原则上只能申报一种在当地最具特色、群众基础广泛，最有代表性和影响力的民间文化资源或艺术形式，其

---

① 郑州文明网：《民间文化艺术节震撼上演，中牟万民欢乐闹元宵》，2019 年 2 月 25 日，http://zz.wenming.cn/wmzz_jjlc/201902/t20190225_5709218.html，2022 年 07 月 01 日。

② 中国文艺网：《首届长三角民间艺术节在江苏苏州举办》，2019 年 09 月 26 日，http://www.cflac.org.cn/ys/mjqy/mjrd/201909/t20190930_458737.html，2022 年 07 月 01 日。

③ 银川市人民政府：《首届银川农民丰收节实施方案》，2018 年 9 月 26 日，http://www.yinchuan.gov.cn/xxgk/bmxxgkml/szfbgt/xxgkml_1841/zfwj/yzbf/201809/t20180914_1046756.html，2022 年 07 月 01 日。

中就包括了美术、书法、音乐、舞蹈、戏剧、曲艺、杂技、民俗等传统艺术形式。可见，国家层面的这种命名本身就有助于充分挖掘民间文化的价值和作用，有助于增强凝聚力，形成良好社会风气，推社会主义核心价值观构建，加快社会主义和谐社会建设进程。

2008 年，广东省惠州市龙门县被文化部命名为"民间文化艺术之乡"，并与上海金山、陕西户县（今鄠邑区）并称"中国三大农民画乡"。2013 年，中宣部首批"讲文明树新风"公益广告作品选用 236 幅龙门农民画在全国宣传展示；2014 年，以"社会主义核心价值观"和"讲文明树新风"为主题的 178 幅龙门农民画公益广告被广东省文明办选用在全省宣传展示；2016 年，中宣部再次选取 19 幅龙门农民画作为"图说我们价值观"的作品元素。除了平面作品，龙门县还结合地方特色，按国家、社会、公民 3 个层面，制作了以社会主义核心价值观为主题的龙门农民画动漫，把龙门农民画与社会主义核心价值观宣传有机结合，既传承了传统优秀文化，又增强了人们对社会主义核心价值观内容的理解。

第二类是，对民间艺人、民间团体的组织、管理与规范，通过对民间艺人或民间艺术的培训，传播核心价值观。

各地组织的民间艺术培训，既有政府的组织行为、民间群体的群体行为，也有民间艺人个人的行为；培训的对象既有民间艺人，也有普通民众。

陕西省延安市安塞区组织了主题为"践行社会主义核心价值观"安塞民间艺术创作培训班①。培训班成员主要是全县 40 多位老中青剪纸、农民画作者，培训的内容包括价值观的发展历程、科学内涵，用安塞剪纸、农民画作品表现价值观的创作技法以及"讲文明、树新风"公益广告作品的创作要求等。安塞民间艺术家余泽玲在培训班经过专题辅导深受启发，将核心价值观 24 字方针与农民的现实生活相结合，创作了 13 幅安塞农民画。这些民间艺人就是当地的文化带头人，是社会主义核心价值观的践行者和传播者，用优秀的民间艺术作品体现时代精神，弘扬正气，集聚正能量。

甘肃省庆阳市组织了民俗民间艺术教育培训及实践活动，②由庆阳市民间艺术家协会主办，参加活动的人员包括民间艺术大师，也有参加培训的学员，培训学员中既包括有"非遗"爱好者，也包括了幼儿园及中小学老师和部分青少年，其中教育工作者占了大多数，目的就是为了保护和传承庆阳民间民俗文化。培训内容有传承和发扬民俗文化的重要性、介绍和展示剪纸名家的遗作以及省外优秀民俗文化作品。

河南省开封市祥符区范村乡第一初级中学的高长兴老师剪纸技艺高超，在学校开设剪纸课，主持成立了剪纸艺术社团。2015 年，他编写了非物质文化遗产教材《剪纸》，由

---

① 中国文明网：《县文联举办践行社会主义核心价值观安塞民间艺术创作培训班》，2014 年 9 月 19 日，http://sxya.wenming.cn/jwmsxf/201409/t20140919_1361625.shtml，2022 年 07 月 01 日。

② 庆阳市人民政府：《指尖的旋律剪上的情——记庆阳市民俗民间艺术教育培训及实践活动》，2017 年 9 月 8 日，zgqingyang.gov.cn，2022 年 07 月 01 日。

河南科技出版社出版，并在全国推广。同时，这所学校也带动祥符区 38 所初中把剪纸课当作学生必修科目，民间艺术进校园活动在祥符区蔚然成风。作品创作方面，高老师设计了一套 12 幅"社会主义核心价值观"剪纸稿，他和创想剪纸艺社的学生用了近一个月的课余时间剪刻完成。[①] 可以看出，剪纸艺术能在当地多所校园普及与传承，个体、群体与组织都积极参与其中，也开创了新的核心价值观传播实践。

在基层，尤其是农村，一些地方开始探索用民间艺术"接地气"地进行巡讲。安徽省阜阳市对全市民间艺术形式进行了梳理、摸底，甄选出十多种具有地方特色、能与宣讲有效"对接"的艺术表现形式，无论是专业人士还是"草根"文艺爱好者均可报名。"这些'艺术化'宣讲员下基层、进农村，将书面语变成大白话，采用顺口溜、淮河琴书、渔鼓、快板、大鼓书、戏剧、小品等群众喜闻乐见形式进行巡讲。"[②] 全部节目来自基层原创，演出场地设在当地广场，甚至路旁街边、田间地头、房前屋后。在安徽省阜阳市伍明镇农民文化广场，非物质文化遗产淮河琴书的传承人孟影表演的《深化改革喜事多》，说的是身边事，用的是当地民众熟悉的曲艺形式，通过一个个小故事来承载核心价值观的内容。

（二）内容策略

社会主义核心价值观是当代中国精神的集中体现，凝结着全体人民共同的价值追求。[③] 对于普通大众来讲，高度概括的 24 字依然具有一定的抽象性。因此，向普通大众传播社会主义核心价值观，"只有将其抽象的理念具体化，以一种为人民群众所接受、所喜爱的方式展现出来，其传播效果才能得到保证"[④]。

民间艺术来源于民众的日常生产和生活，因此具有乡土性和地域性，它所表现的内容也一定程度上来源于民众日常。民间艺术的表现形态多样，这里所说的内容策略，就是要解决如何利用丰富的形态呈现社会主义核心价值观的内涵、如何将要表达的内容进行可视化处理的问题。

1. 公益广告与民间艺术结合

中央文明办推动的"讲文明树新风"公益广告、"图说我们的价值观"等，将公益广告与民间艺术结合，不断推出的公益广告逐渐形成一股全方位、多层次、有针对性的舆论攻势，"引发了全社会范围内关于社会主义核心价值观的讨论，这些社会范围内的讨论

---

① 大河报网：《开封一中学师生创作"社会主义核心价值观"剪纸 为共和国 70 华诞献礼》，2019 年 6 月 6 日，dahebao.cn，2022 年 07 月 01 日。

② 新华网：《中国借助民间艺术在最基层培育社会主义核心价值观》，2014 年 10 月 04 日，http://theory. people.com.cn/n/2014/1004/c40531-25777658.html，2022 年 07 月 01 日。

③ 习近平：《决胜全面建成小康社会 夺取新时代中国特色社会主义伟大胜利——在中国共产党第十九次全国代表大会上的报告》，《求是》2017 年第 21 期。

④ 乔磊、王志强：《公益广告与社会主义核心价值观传播——以"图说我们的价值观"公益广告为例》，《青年记者》2018 年第 20 期。

为社会主义核心价值观的传播产生了直接的推动作用"①。

从 2014 年起，"图说我们的价值观"公益广告通过绘画、书法、雕塑、剪纸、刺绣、动画等为民众所喜爱的形式来传播社会主义核心价值观，产生了良好的传播效果。比如，中国网络电视台成立全国网络公益广告制作中心，建立"图说我们的价值观"工作室，组织成立"公益广告艺术委员会"，汇聚了 200 多位全国优秀的民间艺术家、非遗传承人和专家学者，开展了"图说我们的价值观"平面作品、动画作品和"梦娃"动画系列视频的创作和传播工作，初步形成了从网上到网下、从户外到户内、从大屏到小屏的传播格局，营造了培育和践行社会主义核心价值观的良好社会氛围。② 艺术家们通过各地考察采风，收集了 36 个地区的十几种民间艺术素材上万个，研究探索运用中华优秀传统文化元素阐述社会主义核心价值观的有效路径。

从公益广告的内容上看，多呈现普通大众的生活场景；从公益广告的形式上看，运用了形态各异的民间艺术形式。比如，受到社会欢迎和好评的"梦娃"系列作品，"梦娃"就是天津泥人张创作的一个萌态可爱、充满乡土气息的红衣小女孩儿彩塑。梦娃被确定为"中国梦·我的梦"主题公益广告的主要元素，也是中国梦的第一讲述者。在中国网络电视台推出的公益广告中，"中国梦·梦娃"公益广告系列的平面媒体版广告有"中国梦，我的梦"这两句广告语。而在动画视频版本，中国网络电视最先推出的是 45 秒版本，从"国是家、善作魂、勤为本、俭养德、诚立身、孝当先、和为贵"这七个方面诠释社会主义核心价值观。其后又针对这七个主题，分别推出了 15 秒的小广告，各用两句话，对每个主题进行阐释。通过"梦娃"的讲述，社会主义核心价值观演化成"好看、好懂、好传播的可视化作品"③，与普通大众的生活拉进了距离。

"讲文明树新风"公益广告呈现了一幅又一幅美好生活景象，如陕西鄠邑区农民画《奔梦路上霞光满天》，霞光映射整个山村，人们提着篮子、扛着锄头、牵着牛，池塘的鸭子成群向前游去，一片和谐。许多作品都是由日常所见的平常故事、普通元素组成，但是它的叙事中却包含着作者的情感，它是人们幸福美好生活的代表。农民画中使用了多样化的元素，如粮食、劳动、家禽、村舍房屋、童子等，这些元素带有浓浓的中国韵味，带有生活化的气息，以生活中常见的人、物、场景来表现，让人们感到亲切，容易勾起人们的回忆，具有很强的吸引力和感染力。除农民画外，平面广告在图形的选择上，还有泥人、漫画、木刻年画、版画、剪纸等民间艺术形态。在民间寻找素材，结合老百姓的生活实际，采用民间艺人的艺术创作作品，呈现喜庆和谐的画面，如公益广告《大

---

① 乔磊，王志强：《公益广告与社会主义核心价值观传播——以"图说我们的价值观"公益广告为例》，《青年记者》2018 年第 20 期。

② 中国文明网，中国网络电视台：《"图说我们的价值观"深入人心》，2015 年 4 月 27 日，wenming.cn，2022 年 07 月 01 日。

③ 乔磊，王志强：《公益广告与社会主义核心价值观传播——以"图说我们的价值观"公益广告为例》，《青年记者》2018 年第 20 期。

德中国》《中华河山　美哉壮哉》《劳动人家　日子火红》等。

2.围绕节日主题的民间艺术形式与作品

节日活动都是围绕特定的主题开展的，活动中用民众熟悉喜爱的民间艺术形式去展现节日主题，能够起到良好的传播效果。

陕西省渭南市在2019年5月举办了"中华人民共和国成立70周年——'大美民间'中国花馍艺术节"①。花馍（又称"面花"）作为陕西省渭南市民间的一种风俗礼馍在渭南地区广泛流传，被列为"秦艺六绝"之一、陕西省非物质文化遗产名录，在所辖的11个县（市、区）均有传承。花馍艺术节以庆祝中华人民共和国70周年为主题，通过民间传统花馍艺术表现形式，寄寓群众对祖国的深厚感情和美好祝福，作品如《锦绣中华》《建国70周年》《民族团结一家亲》等。这次花馍艺术节的作品地域文化特色鲜明，山西的"岚县"面花、甘肃"庆阳"面花、新疆"昌吉"面花、山东"胶东"面花等作品，都是当地最具代表性的民间艺术作品。艺术节期间还同时举办了中国民俗礼仪文化研讨、民间艺术演出以及其他民间传统手工艺展示，让全国各地优秀的民间艺术作品进行广泛交流。

宁夏自2004年以来连年举办新春乐社火大赛，已成为宁夏广大人民群众喜闻乐见的品牌文化活动。2018年社火大赛及巡游的主题为"龙腾虎跃庆盛世，欢欢喜喜过大年"，2019年举办主题为"非遗过大年　文化进万家"的社火大赛暨元宵节巡演活动。

3.传统的民间艺术形式承载基于文化认同的新内容

民间艺术有不同的艺术形态，不同地区民间文化地域分化特征明显，不同地区拥有不同的文化符号和文化内涵体系，基于这种地域内部的文化认同，各类民间艺术被同一地域或乡土地域文化背景的受众认可，在内部形成一种意义和思想内涵的聚合。用传统的民间艺术形式去呈现反映时代的新内容，是多地创新核心价值观传播的一个重要途径。

秦腔是陕西关中民间戏曲的代表，陕西地域文化的名片。2019年6月19日，大型新编秦腔历史剧《天下第一约》在陕西西安新城剧场首次公演，这也是庆祝中国共产党建党98周年、中华人民共和国建国70周年的献礼剧目之一。《天下第一约》讲述了吕大钧弃任泾阳知县，在家乡制定并推行《吕氏乡约》、敦风化俗，改变家乡面貌的故事。该剧首演后在西安召开了专家研讨会，有专家认为该剧进一步挖掘了关学传统文化内涵，弘扬了吕氏乡约"德业相劝、过失相规、礼俗相交、患难相恤"的精神。中央文史研究馆馆员、中国文艺评论家协会主席仲呈祥认为："本剧符合习总书记提出的'正本清源、培根铸魂'精神，主题立意都很好，写了一个宋代知识分子是选择入仕，还是扎根故土与人民在一起

<hr>

① 渭南市人民政府网:《中国花馍艺术节5月10日在渭南桃花源民俗文化园举行》，2019年5月07日，weinan.gov.cn，2022年07月01日。

践行乡约的故事，是符合中国国情、弘扬传统文化、传播正能量的剧目。"①蓝田县是《吕氏乡约》的发源地，《吕氏乡约》是中国历史上第一部成文的"村规民约"。蓝田县委县政府希望通过对四吕文化的挖掘和开发，使《吕氏乡约》的文化基因和社会主义核心价值观结合起来，以乡约文化为载体，做成一个可游、可学、可看的乡约小镇，使传约、立约、践约成为良好的社会风尚。因此，该剧也成为蓝田县地域文化的一个名片。

安徽省亳州市谯城区五马镇农民李心清从 21 岁开始编写戏曲，创作数百篇各种题材的戏曲。"数来宝"是一种中国传统曲艺，也是李心清创作时常用的戏曲形式之一。李心清创作的戏曲题材广泛，既有传统家庭伦理方面的，如《孝当先》《和为贵》，也有时下社会热点方面的，如《欢迎您来赏桃花》《情系花茶厂》《扶贫路上》等。2018 年 5 月底，李心清参加了全市文艺座谈会以后，为了推进在社会上形成"人人参与环境保护"的风气，用半天的时间创作了戏曲《秸秆禁烧好处多》。李心清等 6 人成立的五马镇桃花源剧团，积极参与全市的各种活动，成为活跃在全市及周边省市的一支民间艺术团体，在政策宣传、弘扬主旋律、传播正能量方面起到了重要作用。②

（三）媒介策略

1. 常见的传播媒介策略：整合传播

总体来说，各地在利用民间艺术传播核心价值观的媒介策略上充分利用了现有的媒介，全媒体全覆盖，利用各种媒介的传播优势整合传播，主要通过主流媒体展示、网络平台展示、移动端平台展示、围栏和围挡展示、交通工具和交通枢纽展示、户外其他形式展示等渠道进行传播，不仅充分利用新闻媒体进行传播，还积极融入普通大众的日常生活，在各类生活场景中进行展示传播。

如，"图说我们的价值观"作品使用了多种传播载体，在上千家平面媒体刊发，《人民日报》专门创办了"图说我们的价值观"特刊。中国网络电视台、中国文明网首页显著位置开设专栏，新华网等多家中央新闻网站和百余家地方文明网联盟网站链接，60 余家网站的微博账号、微信公众号和 360 余种手机客户端向用户推送。除此之外，传播还覆盖了各种生活场景。各地建筑工地围挡普遍张贴着"图说我们的价值观"作品，成为核心价值观宣传的亮丽风景线。许多城市广场、街道、机场、车站、码头的 LED 显示屏和广告栏，公交、地铁、宾馆饭店的展板和展台，农村、社区、机关、企业、学校的橱窗和报栏，随处可见"图说我们的价值观"公益广告活动征集到的作品。中国邮政还专门发行了《图说我们的价值观》邮票。

———————

① 中国秦腔网：《新编秦腔历史剧〈天下第一约〉首演专家研讨会隆重召开》，2019 年 6 月 21 日，https://weibo.com/ttarticle/p/show?id=2309404385734332170609，2022 年 07 月 01 日。

② 中国文明网：《安徽亳州：农民自编戏曲讴歌新时代文明实践》，2019 年 10 月 28 日，http://www.wenming.cn/wmsjzx/sjqy/201910/t20191028_5299124.shtml，2022 年 07 月 01 日。

2.展览馆：一种特殊的传播渠道

在一种民间文化区域内部或者地域范围内部，考察其利用当地民间艺术传播核心价值观时，发现在传播核心价值观内涵的过程中，借助展览馆或建立农民艺术展馆展出艺术作品成为全国各地所采取的重要方式和手段。如，陕西鄠邑区就建立了展出当地农民画作品的农民画展馆；在辽宁东丰，同样也成立了"东丰中国农民画馆"；在山西运城也有相似的展览馆展出剪纸艺术作品。

除此之外，各地还建立了非物质文化遗产展示传习（示范）馆，从国家级、省级到市级、县级，各级政府都积极推进非遗展示传习馆建设，使其承担非遗的展示、展演、传习、传播教育等任务。如，河南宝丰县仅县级非遗项目传习所就有 8 大类 30 种 86 个。《河南省非物质文化遗产展示传习示范馆管理办法》[①]中明确规定,传习馆要"免费向公众开放""在当地有较大影响力和示范性"，结合各自特点开展形式多样、内容丰富的展示传习活动，通过带徒授艺、培训班、讲座等方式，做好传承保护工作，开展展示、传习活动进校园、进乡村、进社区、进军营等。云南省石林彝族自治县、陕西省渭南市等地都利用非遗展示传习馆传播当地民间艺术和地域文化。

这种展览馆的传播渠道聚合了当地具有代表性的艺术创作者的创作成果，集中展现在一个特定的场域中，其面向的主要受众是当地民众或者外地游客。在当地有计划、有组织地由政府主导建立展览馆就可以看作一种特殊的民间艺术组织传播的渠道，民间艺人被有效组织起来，其创作的民间艺术作品也通过官方的固定的展览形式得以传播。

三、利用民间艺术开展社会主义核心价值观传播策略

民间艺术成为社会主义核心价值观传播的重要载体，在民间艺术活动中进行社会主义核心价值观的传播也有利于民间艺术的健康有序发展。各地的传播实践中，从传播者、传播内容、传播媒介等方面积累了一些有益的探索，如传播者以政府组织为主导、传播内容呈现普通大众生活、传播形式采用丰富的民间艺术形态、传播媒介利用一切可能的媒介等。在这些探索基础上，本文尝试提出以下建议：

（一）加强对民间艺人的培训、管理与引导，加强对民间社团的扶持与规范

民间艺人是民间艺术最重要的传播者，其中很大一部分具有舆论引导能力。[②]从国家到地方政府，对民间艺人的培训、管理逐步重视与规范。如何在各种形式的培训中，将社会主义核心价值观融入进去，提高民间艺人的思想水平？

本文认为，对民间艺人的培训可以在培训形式、培训内容上进一步创新。培训形式

---

① 河南省文化和旅游厅：《河南省文化厅关于印发〈河南省非物质文化遗产展示传习示范馆管理办法〉的通知》，2017 年 9 月 7 日，http://gov.hawh.cn/content/201709/07/content_407721.html，2022 年 07 月 01 日。

② 杨立川：《通过民间艺术传播社会主义核心价值观》，《光明日报》（理论实践）2016 年 6 月 11 日。

上，可以根据民间艺术的自身特点、民间艺人的水平，结合当地的具体情况，适当采取云课堂、微课等与传统授课模式相结合的模式进行。传统授课模式也应根据授课对象有所区别，比如，研修可以针对水平较高的民间艺人，主要是帮助他们激发创作潜能，丰富作品题材；研习主要面向文化程度较高并具有一定研究、设计、创作能力的中青年人群，主要帮助他们解决作品创作、产品研发和成果转化中遇到的关键工艺和技术难题；培训主要面向普通人群，帮助其强化对民间艺术的把握，拓宽眼界和知识面，提高学习和传承能力。

在培训内容上，适当加强理论基础课程内容，除了民间艺术本身相关知识与技艺、技术原理的认识和理解，适当增加相关政策文件解读、社会主义核心价值观、优秀传统文化、国家相关政策解读、当地地域文化、民间艺术通论、国外民间艺术概览等内容，拓宽视野，提高理论水平，增强思想内涵；拓展课程适当增加行业动态、社会需求的内容，帮助民间艺人提高文化艺术修养，获取相关专业知识。

对民间社团的扶持，就包含了对民间艺人的扶持，可以较多采取激励引导的方式，激励形式可以是资金、硬件等方面的扶持，也可以是技术、平台、渠道等软件的扶持。

（二）利用各种媒介，尤其是利用移动终端的强大优势进行传播

各类网站，包括政府网站、组织网站、门户网站等是重要的传播窗口，需要及时更新网站内容，优化网站设计，增加网站内的信息含量，同时网站与三微一端等组成媒体矩阵，形成合力，方便受众获取有效信息。

除了传统媒介的传播，还需加强网络新媒体的传播力度，尤其是需要积极运用移动终端进行全方位、立体化的整合传播。如，三微一端的开发利用，直播、短视频等形式的助力。组织、群体或者个人，应加强微博微信微视频客户端的开发与利用，如微信公众号的建设、维护与运营都应加强，发挥出微信的传播优势。民间艺术可以利用短视频的形式去传播，如抖音、快手等都有非遗相关计划，让很多不为人知的民间艺术成为"网红"，重新获得关注，对非遗的传承与保护起到了积极作用。直播这种形式，对于现场演绎的民间艺术形式而言非常适合，同时还能与受众进行即时互动。

（三）重视展览馆、非遗馆等场馆的利用

各种类型的展览馆、非遗馆、美术馆等场馆，可以成为民间艺术、地域文化传播的重要空间。这里的空间，既包含了场馆的实体空间，也包括了数字化的虚拟空间。场馆的社会功能不断拓展延伸，展示、教育、传播等等，有的可以成为地方的文化符号。

展览馆等场馆的数字化是大势所趋，可以从两个方面来理解，一是在实物展陈中运用数字技术进行信息传播，二是在虚拟网络中运用数字技术进行信息传播。展览馆可以成为普通大众了解民间艺术的媒介，随着这些展馆的数字化发展，无论是实体空间还是虚拟世界都成为一个重要的传播民间艺术的特殊媒介。如，展览馆可以进行线上展览，

形成线上＋线下的体验模式；运用 VR 技术、全息摄影技术等数字化技术增强虚拟体验；虚拟展览馆不受时间空间的限制，可以通过多种方法去吸引用户。

（四）增强传播的针对性，扩展民间艺术的受众面

民间艺术的核心受众是基层民众，但是具体来说，农村基层民众与城市基层民众的基本特征有差异，利用民间艺术进行社会主义核心价值观的传播，就应依据这种差异进行有针对性的传播。如，在农村与当地的乡土文化、民俗文化等相结合，在城市与基层的社区文化、企业文化等相结合，民间艺术的形式和内容要有区别、有针对性。

在此基础上，尽可能扩展民间艺术的受众面，如民间艺术在不同年龄层的传播。针对青少年群体，可以在学校、社区、村落进行展示与传授；针对年轻人群体可以利用移动媒体终端、通过举办各类活动等吸引关注；针对老年人群体则加以引导吸引参与等。另外，某些特殊群体需要考虑到，如残障群体。总之，增强利用民间艺术进行社会主义核心价值观传播的针对性，有利于扩大民间艺术的受众面，整体上有助于营造民间艺术传播的良好社会氛围。

民间节日艺术与社会主义核心价值观传播策略研究

张　婷*

（西北大学新闻与传播学院，陕西西安，710127）

摘要： 民间节日是中华儿女共同参与的文化仪式，也是中华优秀传统文化的重要组成部分。为庆祝民间节日，中华儿女创造出各种各样的艺术形式，它们共同表达着中国人的美好祝愿和民族情感，并因生动形象的视觉符号和丰富多彩的文化内涵而为老百姓所喜闻乐见，也正因此，民间节日艺术有望成为传播社会主义核心价值观的良好载体。本文旨在探讨利用民间节日艺术传播社会主义核心价值观的优势和策略，为社会主义核心价值观的有效传播提供对策建议。具体而言，应该鼓励民间节日艺术创新主题和形式，创新核心价值观的视觉表达；整合家庭、社区和社会资源，增强民间节日艺术传播核心价值观的社会力量；发挥媒体优势，为民间节日艺术传播核心价值观赋能。

关键词： 民间节日艺术；社会主义核心价值观；传播策略

中华优秀传统文化是涵养社会主义核心价值观的重要源泉，二者之间存在密切联系。2014年2月24日，习近平总书记强调："培育和弘扬社会主义核心价值观必须立足中华优秀传统文化。"[1]2017年10月18日，党的十九大报告再次提出："培育和践行社会主义核心价值观，深入挖掘中华优秀传统文化蕴含的思想观念、人文精神、道德规范，结合时代要求继承创新,让中华文化展现出永久魅力和时代风采。"[2]作为中华优秀传统文化的重要组成部分，民间节日是中华儿女共享的文化仪式，它们诞生于中华民族漫长的发展历史之中。为庆祝民间节日，中华儿女创造出各种各样的艺术形式，它们共同表达着中

---

　　* 作者简介：张婷（1989—），女，陕西富平人，西北大学新闻与传播学院，博士研究生；研究方向：延安新闻文化

　　基金项目：本文系2017年度国家社科基金一般项目"社会主义核心价值观的民间艺术整合传播机制与策略研究"（项目编号：17BXW010）的系列成果之一。

　　① 习近平：《把培育和弘扬社会主义核心价值观作为凝魂聚气强基固本的基础工程》，《人民日报》2014年2月26日。

　　② 中国政府网：《习近平提出，坚定文化自信，推动社会主义文化繁荣兴盛》，2017年11月18日，http://www.gov.cn/zhuanti/2017-10/18/content_5232653.htm，2022年07月01日。

国人的美好祝愿和民族情感，并因生动形象的视觉符号和丰富多彩的文化内涵而为老百姓所喜闻乐见。年画、剪纸、春联、社火、舞狮、赛龙舟等民间节日艺术，均寄托了中华各族儿女对于节庆的美好期盼，从传播学视角关照，这些艺术形式携带着团圆、平安、富贵、和谐等多种文化意涵，与社会主义核心价值观有不少相通之处。因此，本文试图以民间节日中的春节为例，挖掘民间节日艺术的传播价值，进而探讨借助民间节日艺术培育和传播社会主义核心价值观的优势和策略。

一、民间节日艺术的文化内涵与社会功能

"每个民族都有自己独特的时间符号，这些时间符号一般产生于每个民族独特的历史行程中，凝结着该民族的集体记忆，成为该民族认同的主要标识之一。"[①] 作为文化符号，每个节日都有其自身结构，包括节日的时间、文化内涵、庆祝仪式等方面，人民群众通过参与其中并将其操演为集体记忆，进而维持既定社会秩序并传承民族文化。在众多民间节日中，春节最为重要，无论身处何地，几乎所有中国人内心深处对春节的渴望都是"回家过年"，也正是这样的渴望造就了举世罕见的"春运"大潮。春节是一个连续性的节日，自腊月初八开始，直到正月十五元宵节结束，包含小年、除夕、春节和元宵等节日，在所有民间节日中它的持续时间最长，其庆祝活动也涵盖日常生活的各个方面，人们要购置新衣、打扫卫生、迎来送往，还要祭灶神、贴春联、贴年画和剪纸、看春晚、包饺子、吃年夜饭、放鞭炮。其中，春联、年画、剪纸、灯笼、秧歌等是参与度最高的春节民间艺术。

（一）春节的文化内涵及艺术表达

中国人过年的习俗由来已久，春节的文化意义也相当丰富。其主要内涵包括除旧布新、拜神祭祖、驱邪禳灾、祈求丰年等。为了庆祝春节，民间有扫社、祭灶、下油锅、贴春联、贴福字、吃年夜饭、包饺子、压岁钱、逛庙会等形式。这些形式符号可视作春节的能指，能指隐藏着符号的所指，即春节的文化内涵。人们共同参与这些活动，感受节日气氛，并形成文化认同，这种文化认同无声地影响着中国人的精神世界。具体来看，春节则包含着以下文化意涵。

首先，辞旧迎新是春节一以贯之、由来已久的主题。春节意味着一年过去，新的开始即将来临。在传统诗歌中，有大量诗歌表达此意。王安石的诗歌《元日》广为流传，"爆竹声中一岁除，春风送暖入屠苏。千门万户曈曈日，总把新桃换旧符"，诗歌表达的正是通过放鞭炮、贴新桃符庆祝喜气洋洋的新年新气象。今天，贴春联、年画、福字等仪式也都被保留下来。其次，合家团圆是中国人庆祝春节时始终如一的追求。"家庭"和"家族"观念渗透每个中国人的血液之中。春节假期，大多数活动都是和家人一起完成，

---

① 侯灵战：《时间符号与民族认同》，《读书》2001 第 10 期。

晚辈们要向长辈表达尊重和孝敬，长辈们则通过压岁钱表达对晚辈的关爱。第三，友善和睦是春节的另一重要主题。春节期间，村民要互相挨家挨户上门拜年，亲戚之间要来回走动，城市居民彼此并不相熟，社区和物业便牵头组织活动，用百家宴、万家宴这类相聚方式增进睦邻友好。

剪纸、年画、春联、灯会是最为常见的春节艺术，它们共同寄托着老百姓对新年的祝福，但在形式和功能上又各有特色。剪纸是用剪刀在红色的纸张上剪出花纹，张贴在门窗、墙壁上，用鲜活的视觉形象来装饰家庭空间，烘托祥和喜乐的节日气氛。年画是一种特殊的美术形式，源自旧时"门神画"，节日期间张贴于大门之上，祈求家宅安宁。春联则是一种书法文字艺术，除夕时，家家户户都要在大门两侧张贴大红春联，用对仗工整、简洁精巧的文字抒发新年愿望。灯会则是一种灯饰展览活动，灯光被用来塑造美轮美奂的视觉形象，表达美好的新年祝福。总之，这些民间艺术以文字和图像为主要媒介形式，它们色彩鲜艳、形象鲜明、寓意美好，共同承载着中华儿女的节日观念和精神传统。

（二）民间节日艺术的社会功能

民间节日艺术不仅是一种节日庆祝活动，更是整个社会系统的构成部分，在社会运转过程中发挥着独特的社会功能。在社会功能理论看来，社会是由各个子系统共同构成的有机系统，各个子系统发挥着自己的社会功能，即起到维持社会秩序、保证社会系统正常运行的作用，同时，各子系统之间是相互依存和相互制约的关系。民间节日艺术在个体身份认同建构、家庭秩序整合、意识形态传播和民族文化传承等方面发挥着重要作用。

对个人而言，欣赏民间节日艺术、庆祝民间节日能够强化个体的身份认同，获得心灵的归属感。民间节日最大的特点在于其全民参与性，几乎所有中国人都会参与到节日庆祝活动中。从传播角度来看，民间节日是一种典型的仪式传播，不同于传递观将传播视作信息在空间上的位移，侧重信息传递和态度改变，仪式观更强调传播的文化意义，认为传播就是一种仪式和神话，是"以团体或共同身份把人们吸引到一起的神圣典礼，它并非指讯息在空中的扩散，而是指在时间上对一个社会的维系；不是指分享信息的行为，而是共享信仰的表征"①。节日艺术亦是如此，春节期间的贴春联、扭秧歌、剪窗花、新春庙会，这些庆祝方式都是全员参与的，人们在节日的庆祝活动中确认自我的身份，不断强化个体身份和情感认同。

其次，对于家庭而言，民间节日艺术集中表达了对于团圆和睦的渴望，中国人对民间节日艺术的不断参与，营造出和谐安宁的家庭气氛，维系了家庭情感与秩序。家庭更

① ［美］詹姆斯·W.凯瑞著，丁未译：《作为文化的传播——"媒介与社会"论文集》，北京：华夏出版社，2005年，第7页。

是民间节日艺术展陈的最重要的空间，春联贴在大门两侧、年画贴在门上、剪纸贴在窗户上，家人们分工合作，参与节日艺术实践，无形中强化了个人的家庭观念。

再次，民间节日艺术有助于意识形态的传播。在艺术中，形式和风格不仅是对社会意识形态反映的产物，它们本身就构成意识形态，就是意识形态①。民间节日艺术既是社会意识形态的反映，又是意识形态的构成部分。大众性、日常性的民间节日艺术意味着一系列价值观念、行为规范和审美情趣，其参与过程也体现出意识形态在日常生活领域的延伸。

最后，民间节日艺术是优秀传统文化的组成部分，彰显着中华文化的民族特性，更体现出历史文化的继承性。民间节日艺术的存在是民族历史长久积累的成果，它传承了我们的民族精神。弘扬和传承民间节日艺术就意味着传承我们的文明，也将有助于凝聚我们的民族精神，促进社会的和谐发展。

二、利用民间节日艺术传播社会主义核心价值观的优势

"社会主义核心价值观充分体现了对中华优秀传统文化的传承和升华，弘扬中华优秀传统文化对培育和践行社会主义核心价值观具有重要作用。"② 社会主义核心价值观的培育和践行至关重要，这要求我们主动寻求核心价值观有效的传播方式。当前研究多聚焦于特定人群或特定媒介平台的核心价值观传播问题，亦有研究关注传统文化对于核心价值观传播的价值作用，但民间节日艺术作为核心价值观传播载体的优势与策略等问题讨论不多。事实上，作为一种大众化、接地气、贴民心的传播形式，民间节日艺术在传播社会主义核心价值观方面具有独特的优势。

（一）二者具有相通的社会功能

德国社会学家滕尼斯按照联结方式的差异，将人类社会分为共同体和社会两种形式。前者自然形成，它建立在人们相似的意识、价值观和共同的信仰之上。因为彼此之间的纽带是血缘、地缘和精神，共同体成员更为团结，即便相隔甚远，人们仍然在情感和心灵上紧密相连。反之，社会则建立在个人基础上，"他们在彼此间划分出严格的行动领域和权力领域的界限"③，个体相互之间缺乏共同的信仰和价值追求，即便在形式上结合紧密，但在更深层次的文化和情感层面，仍处于一种分离状态。这种状态之下，不同利益团体之间容易出现矛盾，难以形成共识，严重者则可能造成社会的不稳定。

当前，工业社会和互联网社会成为主要的社会形态，现代思潮与传统文化不断相遇，一些民间传统文化受到极大冲击。但源自中华优秀传统文化的民间节日依旧在当代焕发

---

① 王立民：《视觉艺术的流变及其意识形态功能》，《学术论坛》2015 年第 7 期。
② 宋乃庆：《社会主义核心价值观与中华优秀传统文化》，《光明日报》2014 年 10 月 7 日。
③ [德] 斐迪南·滕尼斯著，张巍卓译：《共同体与社会》，北京：商务印书馆，2019 年，第 34 页。

着生命力，许多中国人都会直接参与或欣赏民间节日艺术，这在激发族群认同、文化教育和道德教化等方面作用甚大。作为重要的民族文化仪礼，民间节日艺术有助于增进中华民族的凝聚力。

改革开放四十年来，中国社会发生了翻天覆地的变化，不同群体的利益诉求、价值观念和生活状态也非常多元，面对可能的社会矛盾冲突，增强文化认同是最重要的解决之道。所以，"建设社会主义文化强国，推进社会主义核心价值体系建设，是应对价值渗透、维护文化安全、增强文化软实力的时代诉求，也是应对价值多元、解决文化困境、提升文化影响力的现实需求"①。同时，核心价值观更是增进人与人之间共识、价值认同、文化认同，减少社会冲突与矛盾的有效手段。它所发挥的凝聚社会共识、实现价值引导和社会规划的作用，能够有效增进社会团结，促进社会整合。从这个意义来看，社会主义核心价值观与民间节日艺术具有相通的社会功能，二者都借助深层次的文化认同将个体团结在一起，发挥社会凝聚和秩序整合功能，形成强大的社会力量。

（二）民间节日艺术有助于核心价值观的视觉表达

民间节日艺术之所以能够成为传播核心价值观的重要载体，缘于其自身的传播特性。节日艺术诉诸人的视觉感官，而核心价值观的思想观念属性则诉诸人的理性认知，前者对受众的刺激更为直接。春节的艺术表达中，喜庆的红色、喜气洋洋的各种形象，这些视觉符号早已融入民间文化之中。但是，作为一种意识形态观念，社会主义核心价值观需要将抽象的理念转化为具体可感的视觉形象。因此，群众基础广泛的民间节日艺术有望成为核心价值观的优势传播载体。

首先，民间节日艺术最大的特点在于其全民参与性。民间节日的参与主体为广大人民群众，而且这种参与并非原子化的个体行为，而是个人结成家庭、社区这类集体来共同参与。民间节日普遍存在于群众的日常生活之中，民众对其不但熟悉，并自然带有亲近感。因此，利用好民间节日，用人民群众乐于接受、易于理解的艺术形式来传播核心价值观，能够收到较好的传播效果。而核心价值观要想内化于心外化于行，就必须与民众的日常生活相结合。其实，借助民间艺术形式传播主流意识形态并非当代首创，早在延安文艺座谈会之后，党的文艺工作者便主动改造旧的民间艺术，创造了一系列反映大生产运动、军民合作、识字学文化等主题的新秧歌、新年画，得到了边区群众的认可，也开展了有效的社会动员。同样，全民参与的民间节日艺术也可以旧瓶装新酒，将核心价值观的精神意蕴注入其中，秧歌表演、春联、剪纸，都可加以利用，传播社会主义核心价值观。例如，广州市越秀区 2018 年春节在越秀公园举办了"新春文化"主题表演，现场有醉狮表演、汉服展示、民族歌舞，"财神爷"派发社会主义核心价值观利是封，市民可一路逛花街、赏花灯、写春联，利是封里装有核心价值观内容，市民都可领到，花

---

① 王学俭，张智：《文化强国与社会主义核心价值体系》，《理论学刊》2012 年第 8 期。

灯展览则将灯展与花卉展相结合，灯组形式也与核心价值观相勾连，市民在感受新春氛围的同时，得以体悟社会主义核心价值观的精神内核。

第二，民间节日自然而然地嵌入人民群众的生产生活当中。从古至今，天南海北的中国人都要阖家团圆，庆祝佳节。群众通过身体操演，形成独特的民族集体记忆，这记忆之中自然包含着传统价值观念，核心价值观与民间节日相融合，能够使价值认同融进人民群众的日常生活。所以，利用好民间节日艺术，能够让核心价值观像空气一样无所不在，也能够让人民群众主动传播核心价值观。甘肃省兰州市在春节期间开展"我们的节日"主题活动时，首要地便提到要开展"寻年味·过大年"群众性文化活动，"采取民俗展示、体育健身、歌舞表演、联欢晚会、庙会灯会等方式，广泛开展送春联、庆团圆、看春晚、猜灯谜、耍社火、唱大戏、传家风等群众性文化活动，展示兰州特色节日文化民俗，挖掘春节、元宵节的文化内涵，引导人们团圆、健康、幸福过大年"①。春节期间的春联、社火、大戏，元宵节的汤圆、花灯、灯谜等活动载体，都蕴含着"团团圆圆""和睦幸福"的价值观，能够强化人们的心中团结友善的价值取向和情感态度。

第三，民间节日艺术本身就是一种象征仪式，其展演过程充满了仪式感。它有特定的实践时间和实践地点，也有自己实在的外观或载体。社会学家迪尔凯姆认为，仪式的功能是强化一种价值和行为方式。"仪式营造的精神氛围，给参与者造成强烈心理暗示，将其传递的文化观念内化为个体的内在品质，并合理实现个体角色转化和身份认定，形成强烈的感染力和心理内化力。"②在传播的仪式观看来，传播实践本身便是一个制造、保持、修补和转换现实的象征性过程，通过传播，群体成员共享了民族、阶级、性别身份和信仰。换言之，通过共享相同的文化仪式，人们得到了"我们是谁"的集体认同。传统民间节日文化仪式对于个人和社会有着不同的意义。"对于个人而言，是寻求心灵与精神的升华和归宿；对团体、民族、国家来说，则是价值与信仰的认同的生成方式，是产生中华民族凝聚力的重要方式。"③民间节日艺术，正是中华儿女共同参与的文化仪式，传递着中国人的民族情感和文化认同。就艺术形式而言，春节期间各地剪窗花的实践就非常有趣，以核心价值观为主题的窗花纷纷涌现，携带着核心价值观符号的窗花进入城市和乡村的公共空间，也进入家庭空间之中，文字和图像得以组合，再经过家庭成员贴窗花、欣赏窗花的艺术实践，既传承了传统文化，又将社会主义核心价值观注入优秀传统文化仪式之中。

① 兰州文明网：《让金城年味更浓 春节期间兰州开展"我们的节日"六类主题活动》，2018 年 02 月 08 日，http://lz.wenming.cn/wmbb/201802/t20180208_5029092.html，2022 年 07 月 01 日
② 胡宝国：《仪式教育在高校思想政治教育中的运用》，《思想理论教育》2009 年第 9 期。
③ 周文：《传统节日：文化、仪式与电视传播》，《中国地质大学学报（社会科学版）》2010 年第 5 期。

三、借助民间节日艺术传播社会主义核心价值观的策略

只有经过内化于心、外化于行的具体实践，社会主义核心价值观才可能转变为人们的思想共识和行为遵循。将民间节日艺术视作社会主义核心价值观的传播载体，通过民间节日艺术涵养社会主义核心价值观，能够让核心价值观潜移默化地进入人们的精神世界，并浸润到社会的角角落落，让人们在日常生活中不断地感知、领悟、认同并且践行核心价值观。具体来说，应当从民间节日艺术主题形式的创新，整合家庭、社区和社会的综合力量，以及发挥各类媒介渠道和资源的传播力量等方面着力。

（一）鼓励民间节日艺术主题形式创新，创新核心价值观的视觉表达

"社会主义核心价值观植根于中华文化沃土，熔铸于我们党领导人民长期奋斗的伟大实践，是社会主义先进文化的精髓，是当代中国精神的集中体现，凝结着全体人民共同的价值追求，昭示着中国特色社会主义发展方向和光明前景。"[①] 但是二十四字的核心价值观，是抽象的思想理念，若要内化于心，人们需要识记、并经由抽象思维理解，而民间节日艺术多属于视觉艺术，其色彩鲜艳、形象丰富，能够给受众以直接的视觉刺激。

庆祝春节的民间艺术实践丰富多彩，且聚焦于人们的视觉感官，核心价值观的传播有必要发挥剪纸、春联、年画以及灯会等民间艺术的视觉传播优势。例如，春联的文字书写便是非常好的表达载体，早在 2015 年，中宣部宣教局、光明日报社、中国网络电视台便联合开展了"书写核心价值观，送您平安吉祥"新春楹联诗词征集活动，这一活动很好地将核心价值观落细、落下、落实，将此类春联张贴在千家万户，无形中便促进了人们对核心价值观的感知和体悟。除春联外，剪纸艺术也可成为核心价值观的传播载体，可以成为新时代新年画的内容，可作为张灯结彩的灯会主题，也可以制成核心价值观的主题灯笼，悬挂在城市的主要街道，营造喜庆祥和的节日氛围。如此一来，借助节日艺术创新社会主义核心价值观的视觉表达，人们在耳濡目染中体悟核心价值观与传统文化的相通之处，也从心灵深处体悟核心价值观的精神意蕴。

（二）整合家庭、社区和社会资源，增强民间节日艺术传播核心价值观的社会力量

中国人历来重视家庭观念，春节和中秋节要团圆，端午节要全家一起吃粽子，清明节要以家庭为单位拜祭祖先。对于个人成长而言，家庭是他的第一所学校，一个人的人生观、世界观和价值观，一定程度上都得自他的家庭。因此，家庭对于个人精神世界的涵化作用不容小觑。良好的家庭氛围、长辈的言行举止将直接影响到下一代人。而节日，正是家人团聚的时刻，每个人在节日期间也能够直接地感受到家风家教。在春节期间，全家人欢聚一堂，浓厚的节日气氛和欢乐的家庭氛围，对于所有人都是潜移默化的教养，奋斗不息、和谐相处、友善互助、勤俭节约、廉洁自律等积极向上的价值观在家庭空间

---

① 王晓晖：《坚持以社会主义核心价值观引领文化建设制度》，《人民日报》2019 年 12 月 6 日。

中也能够得到有效的传播。良好的家风家教就在这个过程中口口相传、代代相承。良好的家风也体现在节日艺术的家庭性实践中，每个家庭成员都可以参加到节日艺术的创作之中，简单者如写春联，复杂者如剪窗花，若能发挥家庭作用，鼓励家庭成员积极加入节日艺术创作，将大大提高核心价值观的传播效果。

与此同时，还应当重视社区传播的力量。社区成员互相之间原本是陌生的，大家经由共同的传播实践，逐渐培育出对社区的认同感。节日期间，各类形式的庆祝活动便是和睦友邻的一种重要途径。当前全国各地出现了许多成熟的社区活动，"我们的节日"活动已坚持数十年，各地宣传部门发布主题活动倡议或方案后，区县、社区、街道办等组织机构开展具体的活动实施，社区是不容忽视的一种组织力量。通过发动小区居民，社区组织了许多文化会演和娱乐活动，将核心价值观的精神内涵注入其中，社区成员集体感受节日氛围，密切邻里之情。当前，城市社区在践行培育社会主义核心价值观时起到了中介纽带作用，全国各地都涌现出社区及各文明办主导的节日艺术活动。但是，由于乡村社会组织性比较弱，村委会这一基层组织主要在村务方面发挥作用，在乡村文化培育方面重视程度不够，这导致社会主义核心价值观在乡村中的传播比较受限，在与农村群众日常生活对接方面存在困难。因此，未来需要积极进行乡村文化建设，用核心价值观引领乡村文化振兴，抓住民间节日这一传播契机，将核心价值观与民间节日艺术相结合，增进农村群众对核心价值观的接受与认同。

总之，以家庭为最小单位，重点发挥社区这一中观层面的组织力量，并且重视社会整体环境的熏陶，三者共同协作，发挥民间节日艺术的优势，将有助于改善社会主义核心价值观的传播效果。

（三）发挥媒体优势，为民间节日艺术传播核心价值观赋能

社会形成和文化传承都离不开传播活动，传播载体或媒介技术的变革更会引发不同的调节机制，进而形塑不同的社会文化。民间节日艺术，其传统传播方式多依赖于人际传播和群体传播。将民间节日艺术视作核心价值观的传播载体时，不应忽视媒体力量，通过发挥不同媒体的优势，可以为民间节日艺术传播核心价值观赋能。利用民间节日艺术传播社会主义核心价值观，必须拓展对"媒介"的理解，重视多种媒介类型，既发挥主流专业媒体的公信力和传播力优势，又重视新媒介技术庞大的用户参与和具身参与特色、还可以借力展览媒介，多层次、多渠道为核心价值观的有效传播赋能。

首先，主流媒体"对于一个国家、一个民族的主流价值观具有决定性的影响和强大的支撑作用"[①]，并在公信力、传播力等方面占据优势，它面向全社会的主流人群，在传播和弘扬社会主义传播价值观方面具有强大的作用。同时，主流媒体聚集了一大批优秀的新闻传播人才，具备极强的文化创新能力。因此，发挥主流媒体优势，进行新闻报道、

---

① 林晖：《中国主流媒体与主流价值观之构建》，《新闻与传播研究》第15卷第2期。

电视专题、视频广告等产品创新，扩大民间节日艺术的社会影响，这将有助于塑造良好的节日氛围，并突出核心价值观的价值意蕴。中央电视台历年来的新年公益广告中，剪纸作为春节最重要的艺术元素之一，频繁出现，既传递了喜庆祥和的新春气氛，又表现了文明、和谐的价值追求。又如，人民日报社、中国网络电视台、天津杨柳青画社合作推出的天津杨柳青年画的公益广告，将"中国梦"与中国传统文化中的"节俭""仁爱""敬老""爱幼""诚信恤孤""勤劳读书"等思想相统一，借助年画生动形象的视觉表意系统，实现核心价值观的故事化和视觉化传播。

数字媒体时代，中国新媒体技术用户数量日益增多。在民间节日艺术与社会主义核心价值观结合过程中，应重视新媒体环境的传播特点，积极推进参与式、体验式的传播实践，鼓励与用户进行高品质的互动实践。创新传统节日艺术的传播方式，"把民间节日艺术所蕴含的中华民族之思想观念、人文精神、道德规范、价值追求和价值理念融入其中，把中华文化的永久魅力和时代风采展现出来、传播出去。"① 2021 年，广州海珠创建了剪纸数字艺术馆，结合了 3D 现实技术和 VR、AR 虚拟现实技术，参观者可以通过手机进入线上艺术展示空间，感受剪纸艺术的魅力。

除借助主流媒体和新媒体进行信息生产外，还应重视展览媒介的作用，通过实物和图片展览向观展者传播信息。围绕民间节日艺术，各地也已经开展了一些展览活动。例如，2016 年府谷县将社会主义核心价值观融入元宵灯展之中。2018 年的自贡灯展也采用了同样的方式，通过改造群众的日常生活空间，灯光展览用形象化的视觉语言表达核心价值观的内核，使老百姓在互动娱乐的过程中，感受传统文化魅力、收获审美体验，并且体悟核心价值观。同样，剪纸博物馆也可以在春节期间推出核心价值观的剪纸参与活动和剪纸展览，为群众提供节日娱乐，将核心价值观延伸至日常生活领域。

庆祝民间节日是中华民族的文化历史传统，为庆祝节日，人们发明创造了一系列的民间艺术，这些艺术形式能够传承民族文化、保持民族特色、弘扬民族精神、调节身心健康、增强民族凝聚力。在当下培育和践行社会主义核心价值观的过程中，有必要也有可能吸收中华传统文化精华，用人民群众喜闻乐见的艺术形式，让人们在耳濡目染中感受并认同核心价值观。目前国内各地已出现相当数量的以政府力量牵头的官方传播活动，未来还需要重视民间力量，挖掘民间节日艺术的多元内涵，提高民间节日艺术传播者的思想认识和精神境界，利用好这一优势载体，助力于核心价值观在全社会范围内的培育和践行。

---

① 周义顺：《将社会主义核心价值观融入传统节日文化》，《光明日报》2018 年 10 月 10 日。

论民间艺术在社会主义核心价值观培育过程中的作用

张峰 *

（西北大学新闻传播学院，陕西西安，710127）

摘要： 民间艺术是中华民族优秀传统文化最本初、最普及的状态，在人民日常生产生活中占据相当的比重，也是实现社会主义核心价值观传播普及的必由之路。社会主义核心价值观作为中国社会所追求的核心价值目标，如何由抽象转为具体，从政府决策走入民众生活，是当下中国语境之中亟待解决的重大问题。将社会主义核心价值观的传播寓于民间艺术发展过程，不仅能够在彰显传统文化魅力的同时丰富社会主义核心价值观的内涵，而且为社会主义核心价值观的传播普及、培育践行提供了通俗实用的方式。因此，本文对民间艺术与社会主义核心价值观的关联性进行深入剖析，并探索新时期如何在民间艺术传播实践中践行社会主义核心价值观，这对推动社会主义核心价值观从理论层面转化到实践层面具有重要的理论价值与实践意义。

关键词： 民间艺术；社会主义核心价值观；皮影戏；培育

习近平总书记高度重视传统文化，强调培育和弘扬社会主义核心价值观必须立足中华优秀传统文化，使中华优秀传统文化成为涵养社会主义核心价值观的重要源泉。[①] 民间艺术作为中国优秀传统文化的重要组成部分，历来最能反映基层民众的真实生活状况与精神状态。因此，将社会主义核心价值观的培育与弘扬寓于民间艺术的发展实践中，将有利于推动社会主义核心价值观的进一步传播。我国民间艺术丰富多样且兼具浓厚的地域特征，环县地处陕甘宁交界地带的黄土高原区域，这里有一种独具特色的民间艺术——环县道情皮影，有着广泛的社会影响力和深厚的文化内涵，是最能体现当地人文精神的文化符号，因此在培育和传播社会主义核心价值观的过程中，值得进一步保护传承、开

---

* 作者简介：张峰（1995—），女，陕西省西安市人，西北大学新闻传播学院，博士；研究方向：文化与文艺传播。

基金项目：本文属于 2017 年度国家社科基金一般项目"社会主义核心价值观的民间艺术整合传播机制与策略研究"（项目编号：17BXW010）的系列成果之一。

① 黄海：《以中华优秀传统文化涵养社会主义核心价值观》，《光明日报》2015 年 10 月 21 日。

发利用。

一、血脉相连：环县皮影戏蕴含着优秀的中国传统文化基因

甘肃环县道情皮影戏，又名"影子戏""灯影戏"，以民间戏曲为演绎内容，"借灯传影配声以演故事"，在中国皮影戏界赫赫有名。[①] 环县皮影戏借助精雕细琢的皮影道具，配以悠扬动人的道情曲调，缓缓诉说着历史故事、民间传说、乡土风情、宗教民俗等内容，借鉴戏曲的叙述方式与演出方法，成为当地人民倾诉感情、丰富文化生活和承担祭神、过关、还愿等民俗活动的综合性民间艺术。从中国传统文化的内涵上看，戏曲、秧歌、皮影等民间艺术形式往往蕴含着中国传统文化的基本理念。以环县道情皮影戏为例，其流传至今的剧目往往贯穿着高台教化的意识，宣扬精忠报国、勤劳节俭、尊老爱幼等中华民族传统美德，[②] 蕴涵着优秀的中国传统文化基因，具体如下所述：

其一，深厚的家国情怀。中华传统文化中具有鲜明的家国情怀，崇尚国家统一的文化理念和"天下兴亡，匹夫有责"的担当意识。[③] 曹植在《白马篇》中说"捐躯赴国难，视死忽如归"；文天祥曾说"人生自古谁无死，留取丹心照汗青"；林则徐强调"苟利国家生死以，岂因祸福避趋之"。这些由古传承至今的家国情怀在环县道情皮影戏中占据着巨大的比重，在《环县道情皮影志》所收纳除神戏以外的 160 多个皮影戏剧目中，彰显家国情怀、崇尚爱国正义的剧目便多达 70 余种。在环县民众中耳熟能详的"罗通扫北""忠义图""玉山聚将""唐王西征""征金川"等等剧目，皆是对于爱国精神的崇拜与敬仰。《征北塔》便讲述了清康熙年间北塔地部落叛乱，康熙御驾亲征被困于北塔，而后被赵太平父子相救，扫平北塔，共同守卫国家的故事。《罗通扫北》则讲述的是唐太宗时期，黑水国造反，罗通领兵出征，各地选拔民丁助战的故事。在剧目第二场开始，便有这样的台词：

罗通：威风凛凛气昂昂，一声炮响奔教场。末将，罗成之子，罗通，官居武宁候之职，唐王驾前为臣。昨日有旨宣吾上殿，言说黑水国打来战表，要夺我主江山。吾主挂我为帅，马彦龙、马彦虎左右先行。今乃黄道良辰，即时起兵。将士们，传下！龙虎二将校场伺候！[④]

---

① 甘肃省环县《环县道情皮影》编委会编：《环县道情皮影》，北京：中国社会出版社，2006 年 10 月，第 14 页。

② 甘肃省环县《环县道情皮影》编委会编：《环县道情皮影》，北京：中国社会出版社，2006 年 10 月，第 17 页。

③ 王桂兰、刘建国：《社会主义核心价值观之传统文化根脉及民族特色》，《河南师范大学学报（哲学社会科学版）》，2019 年 9 月，第 43 页。

④ 王立洲主编：《环县道情皮影戏传统节目选编（第四辑）》，北京：中国社会出版社，2017 年 10 月，第 211 页。

剧目中不管是罗通还是赵太平父子，皆是中华传统文化所颂扬的忠君爱国的道德典范。在皮影戏中更是以浅显易懂的唱词来呈现出深厚的家国情怀与爱国思想。此类型的剧目在环县道情皮影戏中还有许多。可见，环县皮影戏这一民间艺术所蕴含的精神信仰，正是中国传统文化中一脉相承的家国情怀的生动表达。

其二，传播中华民族传统美德。环县道情皮影戏自始就负载着社会教化的责任，其剧目种类中的道德伦理戏大多关注道德事件，并引古论今，树道德贤范，规劝人民从善如流，以实现更美好的人生愿望。如弘扬孝道美德的《孝经图》，澄清是非善恶的《善恶图》，倡导诚实守信的《假银案》等等，这些剧目和"孝""信""义""公""礼""约"等思想相连，对于培养人们的人生观、价值观、社会伦理道德十分重要。除此之外，在当地道教文化的影响下，当地盛行一种"地狱影戏"，这种戏剧形式究其实质就是一种中国乡土社会的教化方式。纵观其剧目，往往以侧面反映惩恶扬善、崇尚美德的主题。以皮影戏《葵花镜》为例，主角孟日红忠于夫君，孝顺婆婆，却被奸贼所害，但她的孝廉感天动地，判官与阎王皆叛孟日红可返回阳间，并在唱词中体现出奸贼终将恶有恶报的主题思想。在第八场里，孟日红为了与死去婆婆的魂魄相见，遇见了诸多小鬼，在这一部分孟日红与小鬼的一唱一和中也将地狱影戏的受罚标准与"仁义礼智信"立人之五德相连，以警醒人们。

日红：这是鬼士大哥，来到是什么地方，何人受罪？

小鬼：来到秤杆狱。这个汉子在阳世之间，使用大斗小称瞒心昧己，该有秤杆之罪。

日红：该把你不公平的贼呀！进到阴曹抬头看，我来到秤杆狱前。扭毫列系阳世间，阴曹方该上杆秤。

小鬼：来到拔舌狱。这个妇人在阳世之间打庄骂舍，挑拨是非，说长道短，该受拔舌之罪。

日红：我把你不省事的贼人！来到阴曹耳听见，拔舌狱中鬼叫唤。打庄骂舍多不贤，阴曹拔舌理当然。①

可见，地狱影戏虽包含封建迷信思想，却将中华民族的优良品德渗透于影戏之中，成为约束教化人们的民俗文化载体。费孝通曾提出中国传统文化之中的"礼"并非是以强制性的外在权力所实行，而是在潜移默化的教化之中使得人民所信服。

其三，强烈的"和合"文化价值。"和合"向来是植根于中国传统文化的一种独特价值追求，"天人合一"的自然观追求人与自然和谐共生，"贵和尚中"的人际观倡导"德莫大于和"，"和以处众与合群济众"的社会观注重人与社会的和谐相处。这种对"和合"

① 王立洲主编：《环县道情皮影戏传统剧目选编（第一辑）》，北京：中国社会出版社，2013年，第99页。

价值理念的推崇体现在道情皮影戏的内在意涵以及其在环县乡俗活动的独特地位之中。从其内容方面来看，环县皮影戏拥有大量追求"和合"这一理念的剧目，《人狼共舞》折射着人与自然和谐共生的美好愿景，《避尘珠》讲述主角三人以高尚品德结成的真挚友谊。从其地位而言，在当地的庙会祭祀、婚丧嫁娶、生日祝寿等日常民俗活动中，道情皮影戏往往承担着不可或缺的重要作用。以庙会祭祀为例，它往往是以一个村落为主，邀集周边附近几个村落的人们聚集在一起共同祭祀酬神，皮影戏在其中便担当着祭祀神明、娱乐邻里的作用。这种年复一年颇具仪式性的民间艺术形式，让来自不同家族、不同村落的人们突破家族式交往的庙会祭祀，众多的参与者聚集在一起本身就起到了凝聚乡民感情、促进人际沟通的作用，再加上对共同信仰的传递、修正和加固，表现了共同的精神和文化，在同一个精神世界里大家和谐共生，维护着这个世界的道德和价值标准，并以此约束自己，形成和谐有序、团结稳定的"小社会"。由此可见，在特定时节以皮影戏为媒介进行的活动，不仅在内容上延续着对于中国传统"和合"文化的价值追求，在其组织形式上更是成为当地人民增强社区认同感与归属感，促进自身与他人、与社会和谐相处的重要方式和手段。这种众人同乐、和睦共处所代表的"和合"文化价值追求，是环县社会长期进化的传统文化底蕴与智慧的积累，更是在皮影戏的助推下已然成为当地人民普遍推崇的价值追求。

随着时代的发展，环县皮影戏亦是在不断地更新变化。当下，除了以历史典故和神鬼传说为题材以外，环县皮影戏衍生出诸多与社会现实挂钩的现代题材剧种，但其崇尚中国优秀传统文化、以传统美德教化育人的意识却始终未曾消弭，诸如以扫黑除恶为主题的《逆节反然》、以羊产业致力脱贫的《三"羊"开泰》、村支书带领村民发家致富的《不忘初心勇脱贫》等等，皆是与不断发展进步的国情相连，时刻劝导人们从善立德。

习近平总书记指出："深入挖掘和阐发中华优秀传统文化讲仁爱、重民本、守诚信、崇正义、尚和合、求大同的时代价值，使中华优秀传统文化成为涵养社会主义核心价值观的重要源泉。"[1] 从对环县皮影戏民俗精神内涵的解读，我们不难发现作为当地民间艺术的代表，环县皮影戏中蕴含了崇尚爱国、尊崇美德、追求和合等优秀的中国传统文化基因，其在不断的发展中亦是始终保持着教化的德育功能。"民间艺术中所表现出的敬奉祖先、家庭和睦、邻里和谐的和合精神，对真善美的执着追求，强烈的爱国主义情怀，忠贞不渝、诚信友爱的思想观念，对于提倡人伦观念、规范人们的言行礼仪、调和人际关系、调适群体生活、提升人们的道德水准乃至构建和谐社会都有着不可估量的重要作用。"[2] 而社会主义核心价值观正是"传承着中国优秀传统文化的基因，寄托着近代以来中

---

① 汪晓东、张炜：《凝聚起中华儿女团结奋斗的磅礴力量——习近平关于弘扬爱国主义精神重要论述综述》，《人民日报》2021 年 10 月 2 日。

② 蔡志荣：《民俗文化的当代价值》，《西北民族研究》2012 年第 1 期。

国人民上下求索、历经千辛万苦确立的理想和信念"。①因此在实现中国人民和中华民族伟大复兴的关键历史节点，可以借助我国民间艺术促进社会主义核心价值观的有效传播。

二、息息相关：环县皮影戏可充当培育社会主义核心价值观的重要载体

社会主义核心价值观作为社会主义核心价值体系的内核，具有深厚的理论性和高度的概括性，要促成社会大众对核心价值观的认同、理解和践行，就要通过"接地气"的方式对其进行阐释解读，让普通民众对社会主义核心价值观所倡导的精神思想与自身的日常生活实践密切结合起来。正如习近平总书记所言："一种价值观要真正发挥作用，必须融入社会生活，让人们在实践中感知它、领悟它"，"要注意把我们所提倡的与人们日常生活紧密联系起来"。②皮影戏作为甘肃环县备受推崇的传统民间艺术形式，是当地民众日常生活、休闲娱乐的重要组成部分，因此可以成为培育社会主义核心价值观过程中不容忽视的重要载体。具体原因如下所述：

（一）形式通俗，易于接受。从广义上来看，民间艺术涵盖民间音乐、民间工艺、传统戏曲、舞蹈等多方面内容，它是劳动人民创造的符合自身需求的最朴实的艺术形式。可见，其最基本的特征便是与广大农民群体息息相关。中共中央在陕北的多年间，在物质生活极端匮乏的条件下，政府依然高度重视民间艺术活动的开展，具体包括秧歌、戏曲、说书等深受人民群众喜爱的民间艺术形式，对人们精神世界的改造与意识形态的传播起到良好效果。时至当下，民间艺术的影响力更是愈发强大，成为人们日常生活与休闲娱乐不可或缺的一部分。可见，民间艺术可以说在人民群众的生活中充作情感的"变压器"，以丰富多彩的形式、引人入胜的内容、深入骨髓的文化魅力吸引并感化着人民群众，带给其特殊的情感体验，这种体验通过欢快的娱乐活动在身临其境的过程中，潜移默化地对民众的价值观念、思想信仰与行为规范的教化产生着深刻影响。以道情皮影戏为例，作为环县最受欢迎也最为普遍的民间艺术之一，"一口述说千古事，双手对打百万兵"，将故事浓缩在皮影与道情之中，这种寓教于乐的"观影"形式比单纯的理论说教更接地气，也更容易让普通民众在享受皮影戏带来的精神愉悦的同时，接受和认可其所传达的教化理念。唱词更是以环县当地方言为主，以旋律优美、节奏明快的道情音乐加以演出，在过程中往往加入当地民众耳熟能详的俗语或段子，因此更加具备强大的感召作用。此外，道情皮影戏除了正剧以外，也有许多诸如"秃子尿床""二姐娃做梦""张连卖布""王七怕老婆"等插科打诨类的剧目，更加通俗易懂，吸引普通民众。可见，民间艺术可以通过其天然近民众的通俗性，以"接地气"的方式润物无声地将社会主义核心价值观所要传达的观念融入其中，不同于传统的强制灌输的宣传策略，此种方式不但易

---

① 习近平：《青年要自觉践行社会主义核心价值观》，《人民日报》2014年5月5日。

② 习近平：《把培育和弘扬社会主义核心价值观作为凝魂聚气强基固本的基础工程》，《人民日报》2014年2月26日。

于理解，而且会受到群众的普遍欢迎。

（二）与群众日常生活紧密相关。民间艺术发轫于人们的日常生活，以广大民众普遍参与和现实体验为主要活动形式和特点，这就为人们在日常接触与交流中增强对社会主义核心价值观的认知程度提供了先决的实验条件。人的行为方式、想法认知总是被一定的语境所限制并加以影响，且特定的语境可以唤起受众的情感、强化切身体验，由此于一定程度上改变受众的认知想法和行为模式。[①] 社会主义核心价值观作为社会主义核心价值体系的高度凝练和集中表达，要从抽象走向具体，为民众所感知、了解和认同，也需要通过相应的情境来解释、传播和植入。以环县道情皮影戏为例，每逢婚嫁、生育、寿辰、丰收、节庆、开业等活动时，必演皮影戏以示祝贺，谓之"喜影"。遇有天灾人祸、盼儿求女、祈求福寿等事情时，事主常于神明前发下誓愿，事后以皮影戏加以还愿，谓之"愿影"。除了上述民俗活动以外，在当地政府的支持下建有皮影博物馆、皮影大戏台、皮影文化中心，当地河畔的文化角每周都会有皮影戏例行演出，中秋、端午各节庆活动亦是会组织皮影戏演出活动，其所到之处，无不有诸多观众驻足观看。因此，搭载民间艺术这一桥梁，不仅能够以此种直观的、近人情的体验过程推动社会主义核心价值观对群众生活起到指导作用，更是能够使得社会主义核心价值观的传播深入与人们的日常生活实践实现有效对接，从而达到习近平总书记所强调的"把我们所提倡的与人们日常生活紧密联系起来，在落细、落小、落实上下功夫"。[②] 民间艺术无疑是传播社会主义核心价值观的最佳载体之一。

（三）民间艺术具有仪式性特征。作为一种传播手段，具有仪式性特征的民间艺术活动具有以下重要特点：其一是民间艺术具有周期性与反复性，这有利于推进群众对社会主义核心价值观的内化进程。中国传统节日中往往都有民间艺术的身影，如端午节刺绣花包、过年时张贴剪纸、观看皮影戏等，民众在日常生活以外，便可以在这种传统节日之中不断地吸纳着民间艺术的文化内涵，这种循环往复的过程使得群众对民间艺术的理解更加深刻，对民间艺术蕴含的文化内涵的内化更加迅速。其二，民间艺术的表现具有模式化和规范性，模式化特征保证了民间艺术在一定的时间内在其所流行区域内能够被不断重复，使得传播具有极强的稳定性；同时这种具有稳定的模式化特征的活动又成为一种范式，从而对人们的行为发挥规范性作用，被其流行区域的人们所共同遵守。[③] 道情皮影戏作为环县最具特色的民俗活动之一，深受民众欢迎，在长久的发展中形成了固定的剧目种类和结构。此外，庙会祭祀、招财纳福、红白喜事等民俗活动中，灵活轻便、热闹经济的皮影戏也成为其中最受欢迎的演出形式。作为一种模式化、规范性且同时兼

---

① 董杰：《情景化：社会主义核心价值观培育的路径思考》，《思想政治教育研究》2014年第3期。

② 习近平：《把培育和弘扬社会主义核心价值观作为凝魂聚气强基固本的基础工程》，《人民日报》2014年2月26日。

③ 杨立川：《通过民间艺术传播社会主义核心价值观》，《光明日报》2016年6月11日。

具周期性的活动，皮影戏能够长久地将社会主义核心价值观进行重复不断的宣扬，从而推动民众的认知和认同不断地强化和积累，使之成为普遍的社会意识。其三是神圣性，仪式通过使社会成员对传播过程产生敬畏感，从而强化传播效果。"戏台与庙宇共生，戏曲与祭神同舞"，自古以来的戏曲、民间美术乃至整个民俗活动，往往都沉浸在一种巫术的热情和宗教般的虔诚之中。在过去，环县自然条件恶劣，交通阻隔，生活在这片黄土高原上的人们对大自然充满敬畏，在他们心灵深处，被大自然威力所主宰的社会现实逐渐转化为对于神灵的依赖和崇拜。敬神、娱神成为环县人民社会生活的需要和一种生存方式，即成为一种恒定的民俗。而敬神娱神的主要表达形式之一便是道情皮影戏，通过皮影戏来酬神、还愿、祈求四季平安，从而达到人与神之间的沟通交流，在乡土社会中受人们所敬仰崇拜。在年复一年的祭祀中，皮影戏也成了一种仪式性的活动，且具有强大的情感冲击力：庄严肃穆的祭神活动激发民众内心虔诚敬畏、崇德向善的积极情感。道情皮影戏所带来的这些正面的真实情感体验与社会主义核心价值观形成正向映射，只要人们乐于参与此种皮影戏活动，必然乐于接受其所承载的社会主义核心价值观理念。因此，以民间艺术传播培育社会主义核心价值观，积极调动民众的主体能动性，推进群众主动参与具有周期性与反复性的民间艺术活动，将有助于公众对社会主义核心价值观的内化，并将这种价值认同提升至价值信仰。

由此可见，环县皮影戏作为一种当地喜闻乐见的民间艺术形式，通过环县皮影戏作为载体，可以十分生动地进行社会主义核心价值观的本土化再阐释，借助于此种方式将社会主义核心价值观"做到贴近性、对象化、接地气"，[①] 以此来拉近核心价值观与普通民众之间的距离，为社会主义核心价值观的培育和进一步发展提供载体和平台。

三、开发利用：环县皮影戏服务于社会主义核心价值观培育的有效途径

社会主义核心价值观尽管内涵丰富，其抽象性和理论性却注定在一定程度上难以为普通民众所充分理解。而民间艺术的通俗性、普遍性则恰好为社会主义核心价值观的通俗化提供了媒介。习近平总书记就培育和践行社会主义核心价值观多次做出重要论述。"要切实把社会主义核心价值观贯穿于社会生活方方面面"，"要通过教育引导、舆论宣传、文化熏陶、实践养成、制度保障等，使社会主义核心价值观内化为人们的精神追求，外化为人们的自觉行动"[②]。这就说明，当前在推动民间艺术发展社会主义核心价值观的过程中需要重点探讨其实践路径。

其一，鲁迅在《习惯与改革》中说："倘不深入民众的大层中，于他们的风俗习惯，加以研究，解剖，分别好坏，立存废的标准，而于存于废，都慎选施行的方法，则无论

---

① 中共中央办公厅印发：《关于培育和践行社会主义核心价值观的意见》，《人民日报》2013年12月24日。
② 习近平：《把培育和弘扬社会主义核心价值观作为凝魂聚气强基固本的基础工程》，《人民日报》2014年2月26日。

怎样的改革，都将为习惯的岩石所压碎，或者只在表面上浮游一些时。"①对待中国传统文化的态度不能全盘接受或全盘抛弃。②民间艺术作为中国传统文化的重要组成部分，其亲民的特性使得其具备充当核心价值观载体的潜质，但同时由于产生自乡土社会，其内部不免存在一些封建糟粕的因素，应加以引导。具体到环县道情皮影戏，它自身便与道教文化有所关联，剧目中偶有携带求神祈福、多显灵应的神秘色彩，使得它与迷信活动有些纠缠不清。对此我们既不能抱残守缺，也不能简单地加以否定和禁止，而应利用其中蕴含的优秀的中国传统文化基因，将社会主义核心价值观的内容引入它的话语体系，对其内涵进行改造。当然在这个过程中需要注意的是，这样的诠释和转化要找准角度自然切入，而不能生搬硬套，否则容易失去群众基础。此外，应当深入挖掘道情皮影戏中的优秀传统文化内涵，对原有积极因素如崇尚正义、宣扬爱国等予以提炼升华，并将其与当下的社会主义核心价值观，如爱国、文明、法治等概念相联系，实现民间艺术发展与社会主义核心价值观培育的双管齐下。

其二，社会主义核心价值观作为社会主义核心价值体系的高度凝练和集中表达，如何引发人民群众的认同与共鸣，这是当下社会主义核心价值观进一步传播与深入的前提。马克思主义唯物史观强调人的主观能动性，强调人民群众作为社会历史活动的主体，③毛泽东指出"人民生活中存在着文学艺术原料的矿藏"，④习近平总书记强调"人民是文艺创作的源头活水"。⑤因此，推动民间艺术发展，以民间艺术传播社会主义核心价值观，就是要让社会大众作为民间艺术的主体，使其在民间艺术形式中切切实实感受并认同社会主义核心价值观。除此之外，民间艺术作为以人民群众为主要创作群体的文化样态，在创作过程中更是应当扎根于人民生活，坚守"人民性"⑥原则，对民间艺术的表现形式进行创新，将社会主义核心价值观的内容体系与民间艺术以及普通民众的日常生活有机勾连，让群众在丰富多彩且"接地气"的民间艺术中真正感知核心价值观的深刻内涵，只有这样才能引发人民群众对社会主义核心价值观的共鸣。以环县道情皮影戏为例，应对道情皮影戏的创作者多加引导，引导他们深入于民间学习，将民众所想、民众所愿、民众所历搬移至道情皮影戏之中，真正做到"讲好核心价值观故事"。《三"羊"开泰》便是环县道情皮影戏结合民众牧羊产业与政府脱贫决策所创作出的优秀作品代表。由此可见，人民群众作为社会历史活动的主体，"人民性"与社会主义核心价值观的勾连，正是当下依托民间艺术对社会主义核心价值观进行培育的不二法门。

---

①　鲁迅：《鲁迅选集（第3卷）》，北京：人民文学出版社，1983年，第37页。
②　习近平：《在中共中央政治局第十八次集体学习时的讲话》，《人民网》2014年10月13日。
③　[德]马克思、恩格斯：《马克思恩格斯全集（第21卷）》，北京：人民出版社，1965年，第341页。
④　毛泽东：《在延安文艺座谈会上的讲话》，《解放日报》1943年10月19日。
⑤　习近平：《在文艺工作座谈会上的讲话》，《人民日报》2015年10月15日。
⑥　王列生：《文艺"以人民为中心"的本体论建构——习近平新时代中国特色社会主义文艺思想研究》，《文艺研究》2018年第4期。

其三，人的行为方式、想法认知总是被一定的语境所限制且加以影响，且特定的语境可以唤起受众的情感、强化切身体验，由此于一定程度上改变受众的认知想法和行为模式。^①可见，社会主义核心价值观具备较高的理论性和抽象性，若要使得一般民众也可以理解认同，便也需要在一定的语境之中加以阐释。2013 年 12 月，中共中央办公厅印发的《关于培育和践行社会主义核心价值观的意见》指出，培育和践行社会主义核心价值观要"使社会主义核心价值观融入人们生产生活和精神世界"，要"找准与人们思想的共鸣点、与群众利益的交汇点"，要"做到贴近性、对象化、接地气"。^②从当前实践看，有不少地方已经出现了传播社会主义核心价值观的多种不同形式。例如北京发布的《社会主义核心价值观》童谣，山东青岛打造的"剪纸核心价值观景观一条街"，龙门农民所绘画的"图说我们的价值观"作品等。但需要重视的是，应在此基础上继续推进社会主义核心价值观与群众精神世界的有机融合。从民间艺术的角度而言，就是通过各种有组织的、规范化的民间艺术活动，将社会主义核心价值观的内容创造性地与民间艺术进行融合，将其转化为人民群众喜闻乐见的"民间知识"，达到"内化于心外化于行"之效果。如将社会主义核心价值观以优秀民间艺术形式进行重新演绎，把道情皮影戏活动打造成宣扬社会主义核心价值观的文化输出活动，才能使得社会主义核心价值观更易于被广大民众所接受和认可。在此基础上，最大限度地将民众吸引和纳入社会主义核心价值观的共建之中，这种非强制的文化影响方式更有利于普罗大众增强对社会主义核心价值观的理解与接纳。

其四，在融媒体时代持续创新传播渠道。当前，依托主流媒体的舆论场承载着弘扬和传播社会主义核心价值观的重任，不仅有效地推动了社会主义核心价值观融入普通民众的日常生活，还使得核心价值观的正能量逐渐引领我国民众的精神追求与价值标准。以甘肃环县皮影戏为例，当地电视台为弘扬本土文化便开展了多项栏目对皮影戏进行介绍和演出，中央电视台更是在《央视频号·文化志愿者专列》栏目中对其雕刻技艺以及背后的民间艺人进行专访。但遗憾的是并未将民间艺术与社会主义核心价值观有效地结合在一起进行传播，此点应在今后引起主流媒体的重视。除此之外，随着媒体技术的进一步发展，"人人都有麦克风"的网络语境为社会主义核心价值观的传播提供了一个全新的信息场景和现实场域，因而，网络"民间舆论场"更是应当引起高度重视。当下，在抖音、快手、微博等多个自媒体平台，已经有不少普通民众自发地开始传播皮影戏这一民间艺术，皮影戏所蕴含的种种优秀中国传统文化理念便在此种四通八达的信息网络中得以快速传播。由此可见，在当下的网络社会之中，为了进一步增强社会主义核心价值观的培育和传播，需以民间艺术为载体进行有效传播。只有如此，才能在当下的融媒体时

---

① 董杰：《情景化：社会主义核心价值观培育的路径思考》，《思想政治教育研究》2014 年第 3 期。
② 中共中央办公厅：《关于培育和践行社会主义核心价值观的意见》，《人民日报》2013 年 12 月 24 日。

代，使得社会主义核心价值观搭载民间艺术这一桥梁，于互联网社会之中，拉近社会主义核心价值观与普通民众日常生活之间的距离。也唯有如此，"坚持传统媒体和新兴媒体的优势互补、一体发展"，[①] 才能使得社会主义核心价值观在当下媒体"跨界融合"的语境之下焕发出新的活力。

"文化是民族的血脉，是人民的精神家园。文化自信是更基本、更深层、更持久的力量。中华文化独一无二的理念、智慧、气度、神韵，增添了中国人民和中华民族内心深处的自信和自豪。"[②] 包括环县道情皮影戏在内的优秀民间艺术，作为中国优秀传统文化重要表现形式的同时，又兼具通俗性和普遍性，是普及和弘扬社会主义核心价值观的重要载体，担负着弘扬民族精神和中华文明的重要使命。在中国未来的发展之路中，应当始终坚持以社会主义核心价值观为指引，因地制宜地开发利用不同地域的民间艺术，这是当下中国社会主义精神文化进一步发展的重要路径之一。

---

① 周俊生：《传统媒体和新媒体要一体发展》，《光明日报》2014 年 8 月 21 日。
② 中共中央办公厅、国务院办公厅：《关于实施中华优秀传统文化传承发展工程的意见》，《人民日报》2017 年 1 月 26 日。

三、跨文化与情感传播研究

主持人语

  中国自古是一个"情理社会",发乎情,合于理,至于乐,情理交融。中国先秦时期的儒家所言的"情"并非人情,而是更为接近心理学中的情绪和情感,"何谓人情?喜,怒,哀,惧,爱,恶,欲,七者弗学而能"(《礼记·礼运》)。这种人的自然情感在中国社会中历来被置于重要的地位,对于情感的重视突出了心与心的连接。《周易》泰卦曰:"天地交而万物通也,上下交而其志同也。"从乡土社会到网络社会,乃至未来的"赛博社会",情感体验与情感认同的形态虽不断变化,但情感能量始终影响着社会结构与文化,以其独特的方式推动着人类历史的演进,始终作为传播中的重要效能发挥者而存在。

  目前对于情感的研究在社会治理、文化批判以及国际关系等研究领域逐渐勃兴,情感参与人类认知与接纳过程的作用被予以重视,这为传播学在传播生态及媒介形态发生深刻变革的当下进行理论推进和视域开拓提供了能量。现实背景与理论发展趋势皆表明:洞悉及揭示情感传播的发生机制、价值意义、转向关注传播对象深层心理系统及运用情感机制的传播实践或可成为传播学跨学科、本土化纵深发展的重要通路之一。对于"情感传播"的重视可构建自我与"他者"之间理解与交流的桥梁,成为重塑"巴别塔"的一条蹊径。

  在本专栏中,徐明华教授和李孟秋的《中国现代性与情感传播:国际话语的锚点与转向》通过"中国现代性"与"情感传播"的理论勾连，提出"情感"这一兼具中国新现代性色彩和人类认知共性的概念可以成为新的时代历史条件之下中国国际传播话语建设的锚点与转向。肖珺教授和黄枫怡的《情感分析在跨文化传播研究中的方法意义：源流、应用与反思》则深入情感分析研究方法的理论源流与方法论层面，探索其与跨文化视角相接轨的方法拓展路径，为跨文化传播与情感研究注入新的生命力。刘沫潇老师与李虹的《中华优秀传统文化的国际传播策略研究——基于共情理论的视角》以共情理论的视域剖析中华优秀传统文化的国际传播现状，探寻促进中华优秀传统文化跨文化传播的驱动机制。从情感传播理论探寻到情感分析方法实践，期望能通过以上文章中跨学科的视野碰撞与植根本土经验的理论架构，来推进情感传播在跨文化传播领域的研究发展。

（华中科技大学新闻与信息传播学院教授　徐明华）

鼓浪屿的夏天（水彩）　作者：罗萍

罗萍，厦门大学新闻传播学院教授，曾任广告学系主任、福建省美术家协会水彩画研究会理事，中国美术家协会福建省分会会员，研究生导师。从事广告艺术教育，作品主要为水彩和中国画艺术。

中国现代性与情感传播：国际话语的锚点与转向

徐明华　李孟秋 *

（华中科技大学新闻与信息传播学院，湖北武汉，430074）

摘要： 西方资本现代性作为现代性的"经典范本"长期居于现代社会发展方案的主导地位，其内在危机却与日俱增。面对资本现代性之下的全球分化与风险叠加，蕴含"公共性"和"共同善"底色的中国现代性为人类前途命运提供了"中国方案"。中国现代性和"中国方案"要在国际知识体系中占据其应有的地位并进一步付诸实践，国际传播和相应的话语体系建设是必经之路。相比于植根于"西方现代性"之下的知识传播话语，"情感"这一兼具中国新现代性色彩和人类认知共性的概念可成为新的时代历史条件之下中国国际传播话语建设的锚点与转向。我们可以通过情感传播的具体实践路径，以情动人，心连天下，让世界理解、认同、悦纳中国方案、中国之路、中国之理。

关键词： 现代性；中国现代性；情感

一、研究缘起

近半个世纪以来，国与国、地区与地区之间的政治、经济、文化、生态等多元领域相互依存与深度融合趋势不断加强，全球化的演进促进了民族主义和国家疆界的"全球扩张"。全球化的背后是流动的现代性，[①] 随着现代性推动的全球化程度不断加深，作为现代性伴生物的复杂风险也逾越出民族国家界限，在高度联系的国际社会之中扩大、增殖、叠加和畸变。目前，新冠疫情和"信息疫情"叠加、对抗性关系增多、地缘政治风险突出、多元价值摩擦加剧，现代性全球化在促进人类发展的同时，也给整个人类生存带来了各种危机与风险，个体的不安全感和存在性焦虑情绪与日俱增。在此情况下，人们重建自我身份认同和追求情感精神慰藉的诉求凝结成了一种在不安定世界中对"归属感"

---

* 作者简介：徐明华（1979—），女，湖北武汉人，华中科技大学新闻与信息传播学院教授，新时代网络舆情与情感传播研究中心主任。研究方向：国际传播、跨文化与情感传播、计算传播。李孟秋（1999—），女，河南南阳人，华中科技大学新闻与信息传播学院硕士生，研究方向：跨文化传播、情感传播。

① 吉登斯：《现代性的后果》，田禾译，南京：译林出版社，2011年，第56—57页。

和"共同感"的渴望。

然而这种彼此依存、共同发展的渴望在传统现代性之下往往难以得到回应，肇始于西方的现代化实质上呈现为一种资本现代性，资本逻辑的主导造成了人的"异化"、社会分化与全球冲突，促使现代社会日益风险多发。在这种现代性困局之下，区别和超越西方现代性发展形式、根植于世界先进精神和中国实践探索的中国现代性为人类社会发展提出了"破局方案"。中国现代性中对"公共性"和"和平发展"的重视使其超越了资本主宰下的全球霸权冲突逻辑，[①] 提出了超越民族、国家、文明、意识形态等差异，强调全世界人民整体利益的"构建人类命运共同体"方案，成为一条回应世界问题、响应人类共同诉求的道路。

目前已有研究从建构来源、文明观与时代价值等维度对中国现代性做出了理论探索（翟雁翔，贾利静，2020；潘伟杰，2020；张晨耕，2021；郑秀梅，2022)。但深入中国现代性的内在逻辑，无论是"以人为本""全面发展""和平发展"的道路性质，还是立足人类共同利益的共同体倡议实践，根本上都体现着强调守望相助、同舟共济、心怀天下的"博爱""非攻"思想，内生着强烈的情感属性。同时，中国现代性中的外交实践和价值确立，不可避免地面临跨国、跨语言、跨文化的传播沟通。在面对复杂国际现实与多元文化的国际传播中，情感沟通相比其他沟通形式具备天然而独特的优势，基于相似情感体验唤起的"共同情感"成为人类保持可沟通性的有效介质，可架构起沟通、理解及认同基础。[②] 基于此，本文尝试聚焦于情感这一根植于中国现代性的因素入手，探索基于情感传播，沟通与联结"中国之治"与"世界之治"的通路。

二、"现代性"与"情感"的概念勾连

（一）西方现代性的反思

"现代性"是一个复杂多义又富有解释力、吸引力的概念。它可从字义上理解为现代社会所具备的特性、现代化所包含的总体属性。[③] 现代性始终是一个未竟的处于不断变动中的"方案"，其流动性、开放性和未竟性是现代性成为一个复杂多义概念的主要原因。从文明史的历史哲学视角看，"现代性"表征着一种启蒙时代以来始于欧洲席卷世界，与古代、古典、传统等概念相区别的现代"新"的社会文明递嬗状态或特性，[④] 一种人类从农业社会向工业时代转化，包含着新的社会生活或组织模式的发展状态或发展阶段。从价值取向的角度来看，它可以被视为一种在追求理性、崇尚科学的价值基础上构建起来

---

① 段晶晶：《现代性反思视角下的中国道路》，《湖北行政学院学报》2022 年第 1 期。
② 徐明华，李丹妮：《情感畛域的消解与融通："中国故事"跨文化传播的沟通介质和认同路径》，《现代传播》（中国传媒大学学报）2019 年第 3 期。
③ 王慧娟，张琳：《现代性视域下中国道路的话语体系建构研究》，《理论视野》2021 年第 6 期。
④ 《中国现代性：另一种现实可能》，《中国社会科学报》2021 年第 5 期。

的现代文明，被认为可以保证自由、平等的社会关系，蕴含着一种持续进步的、合目的性的、不可逆转的发展的价值追求和价值判断。从概念关联的角度来看，现代性被认为与"世界前沿""发展方向"和"人类理想"紧密相关，是现代化结果、发展方向和人类理想的一个"混合物"。综合而言，我们可以把现代性看作对现代化结果——现代社会的一种总体属性理论概括，可以视为现代社会或工业文明的缩略语，它囊括了现代工业社会的制度层次、理念层次、态度层次，体现和内在规定着现代化发展的一般依据和本质原则。

虽然现代性是"动态的"，仍处于被不断建构、生成、改写、重组的过程中，但其源头和早期形式是明确既定的。现代性起源于西方启蒙时期，其随着资本主义的产生发展而成型。资本是现代性的推动力，"资本被创造的过程，就是现代性形成的过程"，^①资本的强大生产力促进现代化发展，现代性的全球扩张，但也正是资本——这一固有内在矛盾的因素，使得以它为原则的西方现代性在现实的发展过程中面临着无法克服的内在困境^②。资本逻辑不可避免地追求价值增值，不断在民族国家内部以及全球范围内追求和掠夺剩余价值与达成自我增殖，在这种情况下，民族国家内部和全球的发展都呈现两极分化加剧，不平衡的发展和权力关系带来了社会分化、阶级对立，乃至国际冲突和地缘政治危机。资本对于自然环境的掠夺造成了生态环境恶化与生态危机频发。资本主导的现代性模式在推动文明发展的同时，也将人类置身于一个复杂风险丛生的环境。同时，资本对人的全面宰制促使人的精神异化，个人价值理念缺失与扭曲，再加上脱离传统社会秩序所带来的对于复杂风险应对的无力性，加剧了个体自身的焦虑感、不安感，日益沦为缺乏积极自我以及身份认同的"异化"个体。

（二）中国现代性与情感定向

西方书写了现代性的"经典版本"——资本现代性，但现代性正因为其流动性和开放性而具备着多元的特征。西方现代性并非现代性的唯一固定模式，各个国家、地区、民族基于各自不同的文化基础、历史条件、具体国情与发展诉求，以多元的方式进行着现代化实践，形成了多元的现代性^③。中国的现代化探索在吸取西方现代化的经验和教训的基础上，汲取世界优秀思想精华马克思主义，并立足自身文化背景、历史条件和时代站位进行创造性转化，"中国的新现代性，源于马克思主义的价值立场，源于社会主义的性质定向，源于传统文化的优质基因，源于对西式现代性的积极扬弃，归根结底内生于当代中国的历史性实践和独特语境"，^④探索建构了一种以"以人为本"、全面协调发展、

---

①　吴晓明，邹诗鹏：《全球化背景下的现代性问题》，重庆：重庆出版社，2009，第 154 页。

②　段晶晶：《现代性反思视角下的中国道路》，《湖北行政学院学报》2022 年第 1 期。

③　张晨耕：《多样化的现代性模式与中国新现代性的超越性建构》，《中国矿业大学学报》（社会科学版）2021 年第 6 期。

④　陈曙光：《现代性建构的中国道路与中国话语》，《哲学研究》2019 年第 11 期。

和平共同发展为内核的新现代性形式。

在中国现代性的理论建构中，情感的影响始终如影随形。与西方现代性中以资本为中心的发展思想不同，中国现代性中确立了以人民为中心的发展理念，将实现共同富裕、促进人的全面发展作为奋斗目标和方向。对比将部分国家、地区、个人的资本累积与利益增值作为发展目标的传统西方现代性，中国现代性的发展目标中体现出强烈的"天下为公""仁者爱人"的感性关怀和价值取向，涌动着情感维度的驱动力。其次，中国现代性以生态文明、绿色可持续的发展理念超越了资本逻辑下人与自然的对立，不仅体现出其科学性，也浸润着"道法自然""万物相生"的和谐之情。而中国现代性中对于"和平发展"的道路选择，则从根本上对西方现代性逻辑下的全球霸权冲突模式进行了超越，出于"天下一家""兼爱非攻"的强烈共情意识，提倡共建"命运与共、同舟共济"的人类命运共同体。

情感因素不仅驱动和建构着中国现代性的理论方向，同时也根植于中国现代性实践之中。中国自古以来就具备丰富的"情治"经验，传统乡土社会以血缘宗法关系、乡土地缘关系和伦理教化关系构成了家国同构、守望相助式的"情本体"社会运行模式。[①] 在现代化转型的社会治理实践中，利用情感来进行感化、动员以及互动构成了国家治理的重要维度。在革命和社会建设时期，党通过发动群众、依靠群众、团结群众的群众路线与人民群众建立了亲密无间、相互帮扶的情感关系，从而获得社会支持、激发社会力量。在中国特色社会主义建设中，"对口帮扶""送温暖""精准扶贫"等民心工程体现了国家对人民的情感关怀，起到了连接国家、政府与人民以及联系人民内部的情感纽带作用。[②] 情感在中国社会治理中发挥着联结、沟通、感化、动员、互动以及纾解的重要作用，在维护社会和谐稳定、处理社会矛盾问题、加强集体团结、凝聚向心力等方面有着理性制度和程序正义所不具备的优势。情感治理在注重"情理"的中国社会中具有深厚而独特的价值意义和实践经验，构成了现代性的内在动力之一。

（三）情感转向与共情传播

情感不仅内在于中国现代性的理论与实践，也与"中国现代性"的未来实践和国际认可休戚相关。何以将情感置于如此关键的地位？从情感的历史来看，情感通常被视为与理性分离并对立的另一维度心理表现，在人类历史演进和社会发展的过程中如影随形，却长期处于被遮蔽的地位。在现代性的开端——启蒙时期，理性主义备受推崇，并着现代性的发展进而成为一种主导范式。在理性主义范式的主导之下，作为人性本源冲动的情感及其作用长期处于被遮蔽与压制的状态。[③] 而随着现代性发展中的弊端显现，西方社

① 汪勇，周延东：《情感治理：枫桥经验的传统起源与现代应用》，《公安学研究》2018 年第 3 期。
② 王丽萍：《国家治理中的情感治理：价值、逻辑与实践》，《山东社会科学》2021 年第 9 期。
③ 郭小安：《公共舆论中的情绪、偏见及"聚合的奇迹"——从"后真相"概念说起》，《国际新闻界》2019 年第 1 期。

会的现代性危机引发了一批学者进行"现代性批判"，而其中对"理性主义"的批判构成了现代性批判的核心内容。阿多诺在《启蒙辩证法》中指出，启蒙运动以来过度强调理性的作用，导致了对理性的盲目崇拜。沃格林从宗教的视角指出，现代人的精神和情感无所皈依是现代性危机的本质。福柯通过关注微观层面和人们的具体生活，提出了一种超脱规训权力的生存美学，主张关怀自身，通过思想、情感、生活风格、语言表达和运用的艺术化，使生存变成一种不断逾越、创造和充满快感的审美享受过程。[①] 现代性批判中对情感的重视和重申，为重视情感传播实践奠定了理论正当性与适配性的基础。

人文社科领域的"情感转向"随着神经科学、生物学、心理学等跨学科方法与理论的引入和佐证而愈加显著，情感的重要地位得以被不断发掘和持续探索。神经科学对于人类认知的研究表明，情感能够影响和指导人们的感知、接受及行动，且在复杂多变或时间有限的情况下，人类的情感反应会优先于理性逻辑。心理学的新近研究还发现，情感与大脑记忆系统关联密切，情感能够通过激活记忆编码、整合以及回忆检索等阶段而对信息的记忆进行巩固、增强。[②] 在哲学领域，人类被认为共享着一些共同情感，而基于这些共同情感的深层次连接、理解与互动即是共情。共情被认为是根源于人类基因的一种天赋和能力，一种本能需求，能够重建人类沟通连接的"巴别塔"。[③] 在社会学的共同体研究中，情感认为是构成、维系群体间认同和群体共同身份的重要因素。[④] 基于此，情感不仅影响着信息的接收、处理与记忆，人类共同情感的存在还深层次连接着彼此，是人类保持可沟通性的有效介质，蕴含着塑造"人类共同体"的可能性。

因此，在我国基于中国现代性提出的"人类命运共同体"方案中，共同情感的唤醒和达成是其建设和连接的重要条件。而在全球视野之下，基于相似情感体验唤起的"共同情感"传播相比其他传播与沟通形式具备天然而独特的优势，"情感市场"在社交媒体时代对于国家、组织和个人形象及声誉的影响往往要比"意见市场"大得多[⑤]，情感传播无疑将是中国现代性与世界对话的有效通路。在依托传统现代性架构的理性制度和社会运行体系之下，人类社会日益走向分裂、孤立、风险丛生的泥沼，而处于复杂全球性风险和现代性孤独中的人类，迫切需要重构自我与身份认同，以在复杂多变的风险环境中获取归属感与认同感。在这种共同诉求之下，超越西方现代性主导下冲突与霸权的秩序伦理思维，具有深切情感赋义的中国现代性"共情、善治方案"应运而生。情感传播则成为其有效达成的途径之一，基于情感这种人类固有的可沟通性介质进行的沟通、传播与解读，能够架构起世界对于"中国现代性"、中国方案、中国之治的认识、理解与接纳。

① 高宣扬：《福柯的生存美学》，北京：中国人民大学出版社，2005 年，第 344 页。
② 辛素飞，明朗，辛素强：《群际信任的增进：社会认同与群际接触的方法》，《心理科学进展》2013 年第 21 期。
③ 吴飞：《共情传播的理论基础与实践路径探索》，《新闻与传播研究》2019 年第 5 期。
④ 韦红，马赟菲：《论灾难外交中人类命运共同体的共同情感建设》，《社会主义研究》2021 年第 2 期。
⑤ 史安斌：《尊重传播规律，开掘"情感市场"》，《河北教育》（德育版）2021 年第 3 期。

三、情感动力机制促进全球人类交流

情感传播作为一种建立在情感基础之上的传播形态，主要通过综合识别情感相关因素、动用情感相关手段、达成情感共鸣与联结来进行体系建构和实践应用[①]。因此，在通过情感传播来传播"中国现代性"之时，洞悉全球民众的情感交集，发掘我国传播中的情感资源，并在多元化诉求中实现二者的有效对接，三者共同构成了其实践路径。

（一）现代性之下的共同心理机制

在现代性作用之下，全球民众不可避免地被卷入到复杂风险中，同时在社会的具体化劳动分工中成为固定和捆绑在"资本工程"中的"一枚零件"，在风险与加速并存的现代社会中，原子化状态的个体面临着身份认同危机和负面情绪积累的"心理症候"。全球现代性之下，过于紧密而错综复杂的庞大世界运行系统在带来发展与繁荣的同时，也滋生了更多不确定因素和风险[②]。全球民众不可避免地被卷入现代风险社会，并通过大众媒体对其中的危机有所了解，[③]但他们却无力进行有效的抵抗。随着现代性对传统社会的解构，人们在摆脱了封建等级、教会宗族束缚的同时，也随之丧失了传统血缘地缘塑造的人与人之间的密切关系和群体归属感。现代性"祛魅"宗教、神话对人桎梏的同时，却无意中助长了"工具理性"和"物欲膨胀"，冷漠与逐利占据了人际交往的主体。由此，现代社会成了"陌生人社会"，个体日益成为孤立无依的原子化存在，无法获得群体庇护与精神皈依的个体无力应对复杂的现代化风险，从而在孤独情绪之外又产生了焦虑与不安。此外，现代性带来的"加速社会"（保罗·维希留、哈特穆特·罗萨）和"乌卡时代"（VUCA，即流动性、不确定性、复杂性和模糊性）将竞争、快节奏、流动性、不确定性加诸社会个体身上，现代人一方面被禁锢在长久的"劳动—短暂休息"单一恒定生活日程中，另一方面却要面临竞争加剧、社会流动加速、未来无法把握、复杂作用力困扰的倒逼，"焦虑不再只是个体层面的一种偶尔的心理不适或症状，而是已成为一种持续的、弥散的社会心态，一种浮动于社会或群体中的、具有普遍性、代表性、基调性的生活体验"[④]。

生活在现代社会的全球民众都面临着同样孤独、焦虑、认同缺失的群体性心理"症候"，但人作为能动的主体，也在努力寻求各种方法与之进行对抗。互联网的发展，给现代人一方抒发情绪、表达需求的空间，网络情感主义的兴起恰恰体现了其寻求身份认同、群体联结、价值皈依与精神放松的情感诉求。网络情感主义集中体现为情感因素在互联网时代占据的重要地位，人们的认知、表达和心理都受到情感、情绪的牵引和形塑。一

---

① 徐明华：《情感传播：理论溯源与中国实践》，北京：社会科学文献出版社，2021年，第148页。
② 唐文玉：《现代性、公共性与风险社会时代的秩序建构——兼论中国缘何能出色应对"新冠疫情"危机》，《内蒙古社会科学》2021年第6期。
③ 吉登斯：《现代性的后果》，田禾译，南京：译林出版社，2011年，第110页。
④ 王小章：《论焦虑——不确定性时代的一种基本社会心态》，《浙江学刊》2015年第1期。

方面，互联网与社交媒体的发展便利了人们的情感表达。社交媒体网络的匿名性与强大传播力为个体情绪情感的抒发创造条件，而分享性与互动性则促进个体情感的保真、扩散与强化，"由分享而共享，由共感而共情"①。人们通过情感的共享和感染，建构彼此间的精神价值认同，从而在情感联系和互动中形成"情感共同体"或"价值共同体"，消弭自己在现实生活中的"原子化孤独"。此外，网络信息的传递不可避免地经过一个个不同的"情感共同体"或"价值共同体"（即网络社群）的过滤、加工，由此呈现出圈层化传播的特征，每个社群组成的圈层中总是传递、激荡和强化着同样的情绪情感、同一种声音、同一类观点，这种一致化的情感表达和认知倾向使得群体内部观点固化、认知封闭，②甚至由于不同网络社群间的情感分化、情绪摩擦与冲突而加剧了圈层间的不通约性。另一方面，情感在互联网新媒体语境下日益显示出其突出优势。在信息量爆炸增长、更新迭代飞速的"速食信息时代"③，新媒介的特性培育出了习惯于碎片化信息接收与惰性信息处理的受众，人们无法专注于对某一信息的深度思考和理性分析，面对纷繁复杂的海量信息，"边缘认知路径"与"认知失调"带来了证实性偏差，诉诸情感的信息比诉诸理性更能博得流量和关注度，"情感主义"虽备受争议，却不可否认地在互联网时代占据着优势地位。

席卷全球的现代性带来了全球性的孤独、焦虑、认同缺失的群体性心理"症候"，而互联网新媒介的发展虽一定程度上为其提供了情感宣泄的空间，却又衍生出其他问题——情绪两极分化造成社会割裂、煽情甚嚣尘上干扰人与社会的发展、网络圈层化使社会价值理念不可调和性加深……网络情感主义并不能从根本上解决现代性带来的心理症候，却一再提示了人们共同的情感需求，并形塑了新媒介环境之下的共同心理特征。

（二）中国文化的情感动力机制

中国现代性提出的"构建人类命运共同体"方案，是从宏观维度上对全球民众"渴望连接感、寻求归属感"情感需求的回应。而将中国现代性方案落地，就需要中国通过满足海外受众共同心理的国际情感传播，让国际受众在潜移默化中提升对于中国之治的理解、认同，并在尊重情感需求的基础之上为网络情感主义的负面影响注入价值匡正。

由于历史文化、社会习俗、意识形态的差异，海外受众在接收来自中国的传播信息时不可避免地遭遇"解读壁垒"和"文化冲突"，加之西方主导的国际话语体系、中国传统对外传播中的宣传色彩残留和西方媒体营造的刻板印象，中国国际传播的信息触达明显受阻。而在传统知识视角以及经验功能主义视角之下，国际传播被视为一个主体性突出的"主—客"传播过程，多立足于自我"主体"身份与固化视角，强调基于"主体性

---

①　王俊秀：《新媒体时代社会情绪和社会情感的治理》，《探索与争鸣》2016 年第 11 期。
②　崔英超：《"后真相"时代网络谣言的情感表达与治理》，《青年记者》2020 年第 26 期。
③　徐明华：《情感传播：理论溯源与中国实践》，北京：社会科学文献出版社，2021 年，第 147 页。

认知"的单一向度话语叙事实践，对于"他者"的客体反映研究也受制于"自我功利主义"。横亘于"自我"与"他者"之间的文化、意识形态壁垒无法在这种"主—客"模式中消融，^①基于"主体性"的国际传播实践反而愈发受制于西方的话语霸权和话语攻讦，主体间的不可通约性在敌意、质疑与偏见中得到强化。

情感传播的视角则以一种内生于中国现代性之中的"主体间性"交往思想^②，超越了传播中单一向度的主体局限性，以"主—主"模式的平等、交流、对话超越了"主—客"模式的倾斜、宣传、对峙，通过对多主体共同诉求、共通情感的关照，体现了中国现代性中强调的"平等对话促进文明互鉴"。情感既是人类的共有属性和本能要素，换言之，即"最大公约数"也回应着全球民众的心理诉求，成为在质疑与偏见之下突围、重建并深化理解和信任、促进民心相通的一条蹊径。基于情感的国际传播通过对他者情感的关注与代入，力求传播的信息内容获得来自不同国族、文化背景主体的同向解读与情感共鸣，进而引发双方的互动、对话、认同。因此，情感传播的实践强调着传播内容的共情作用，在了解传播对象的情感、心理需求的基础上，要做到把我们想讲的与他们想听的结合，^③挖掘具有情感共鸣性的中国故事，建构具有自身情感特色的话语体系，突出文化价值、思维逻辑的融通。

如同"主体间性"内生于中国现代性之中一样，具有情感共鸣的故事和生动多样的表达资源也应反求诸己。中国作为四大文明古国之中唯一"至于今日而岿然独存"^④的文明，有着博大精深、绵延久长的文化。在面向全球民众进行情感传播之时，要汲取中国文化和中国思想的养分，提取出既体现中国特色又契合共同心理的情感表达和话语范畴，发掘中国优秀传统文化的普遍价值。中华文化充满人本思想和人文主义精神，其中的思想精华和哲思成果在充斥着冲突与不安的当下仍然具有积极价值。在传播内容方面，"亲、诚、惠、容"的传统道德理念正契合了我国在周边外交中所秉持的互信、合作理念；以德服人、仁者爱人、和而不同等传统人文价值观体现着我国奉行的和平外交政策和"共商共建共享"的全球治理观；天下为公、天下大同、美美与共等传统精神以"共同体理念"内核超越了西方"二元对立"主体范式，对这些传统思想文化价值观的讲述和故事挖掘能够于无形中塑造可信可爱可敬的中国形象。在传播渠道方面，"以心交心"的人际传播在"情理社会"的中国历史上发挥着重要作用，"己所不欲，勿施于人"，"爱人者人恒爱之，敬人者人恒敬之"，强调通过认知、心理与情感的交换来完成信息沟通、行为

---

① 侯旭，韩雨轩：《"一带一路"倡议下中国对外语言文化传播研究的新思考》，《西安外国语大学学报》2018 年第 1 期。

② 唐润华：《用共情传播促进民心相通》，《新闻与写作》2019 年第 7 期。

③ 秦小青：《"一带一路"背景下疫情常态化时期的跨文化共情传播》，《南京工程学院学报》（社会科学版）2021 年第 4 期。

④ 梁漱溟：《中国文化要义》，上海：上海人民出版社，2016 年，第 7 页。

协作。① 在现代国际传播中，"以心交心"的人际传播同样可以补充大众传播实践的距离感与宏大感，贴近双方的情感距离，有利于中国国际传播话语体系朝着多元性、亲善性、接近性的方向发展。②

越是民族的就越是世界的，汲取根植于中国文化中的共同情感养分供给于国际传播实践，方可在国际领域突出中国特色、体现文化主体性的同时，利用情感语境越过意识形态的障碍，拉近双方心理距离达成价值认同，提高我国国际传播影响力、中华文化感召力、中国形象亲和力、中国话语说服力以及国际舆论引导力。③

（三）多元化诉求中的情感动力机制

由于国际传播环境的复杂性和情感诉求的流动性与不可控性，情感传播在实践中还面临着意识形态摩擦、难以有效识别对接情感需求、理解操作偏差沦为煽情等问题。

人类共同情感虽然存在，但是表达共同情感的话语和方式却各有不同，这就要求在国际情感传播中，运用各国都接受的符号，以契合目标受众的审美标准和接受心理的方式进行共同价值的唤起，努力打造融通中外的新表述、新范畴、新概念。由于意识形态、文化传统的差异，同一表述在中国和西方会遭遇截然不同的解读——"龙"的符号在中国寓意着高贵与成功，而在西方的观念中则代表着邪恶与好斗；"集体动员、万众一心"的话语在崇尚家国情怀、集体主义的中国有着深厚的接受土壤，而在崇尚"个人主义"的西方国家则可能会"水土不服"，甚至沦为西方意识形态抹黑中国的语料资源。不同地区不同国家不同文化的符号体系和解读框架客观上存在着差异，我国的国际传播实践在体现中国特色的基础上，需要寻求稳定性、契合不同地区受众认知图谱的话语表达和情感叙事。

情感本身具有复杂性和变动性的特征，虽然全球民众拥有着共同的情感诉求，人类共享着一些基于"集体潜意识"的共同情感，但在不同情境之下人们的情感需求和情感唤醒机制都是动态变化着的。④ 这就需要对情感数据进行收集和量化，获取参与者处于各种情感状态下的面部表情、情感语音等信息，从而进行情感分析与情感识别。此外，建立在大数据技术和内容分析之上的情感内容分析可以通过提取和总结文本、视频、音频中能够引起人们情绪反映的内容，从而总结出人们在不同情境下的情感需求和一定的情感唤醒话语、方式、策略。随着人工智能、计算技术、认知科学和数学、心理学的发展，情感计算概念为情感传播的发展提供了技术展望。情感计算即赋予计算机识别、理解、

---

① 谢清果，陈瑞：《以心交心：华夏共生交往观念的社会治理基础》，《中国新闻传播研究》2021 年第 4 期。

② 张毓强，潘璟玲：《国际传播的实践渊源、概念生成和本土化知识构建》，《新闻界》2021 年第 12 期。

③ 新华社：《习近平主持中共中央政治局第三十次集体学习并讲话》，2021 年 06 月 01 日，http://www.gov.cn/xinwen/2021 - 06 - 01/content_5614684.htm，2021 年 6 月 22 日。

④ 徐明华：《情感传播：理论溯源与中国实践》，北京：社会科学文献出版社，2021 年，第 188—189 页。

表达和适应人的情感的能力。情感计算和基于该技术的情感建模为有效识别传播中的情感需求和预测情感反映提供了技术愿景。

在跨越了情感解读与情感对接的两道"障碍"之后，在情感传播的实践中，还往往因为情感的难以克制性和非具象性而产生"越界"现象。需要强调的是，情感传播并不是完全建立在强烈的情感情绪的基础上的主观性行为。情感传播中依然有理性的参与，是感性与理性的有机整合，是认知的重要维度之一，其思维模式与行事指导正合乎"情"与"理"之间，[①] 它是一种包含了理性的"抒情"叙述。[②] 情感传播更加注重价值的传播，强调传播主体的文化品格和人文关怀，通过拉近与传播对象之间的心理距离，达到一种互相沟通、彼此理解，继而产生认同的效果。与理性传播是一种注重客观思维的传播方式不同的是，情感传播追求心理距离的接近和价值认同的建构。而就情感传播本身以及共情达成的过程而言，也是有着价值取向和意识形态色彩的，且存在着议程设置的可能性。因此，情感传播的实践也应当时刻抱有警觉与自省意识，防止偏离人类道德、伦理、正义的"共情"出现。[③] 此外，中国在情感传播实践中还往往遭遇"宏大情感叙事难以唤起个体情感体验"的困境，以往的国际传播话语设置多为重视行动层面"中国经验"的话语表达，运用宏大、发展的国家视角和自上而下的话语传播方式讲述中国故事，而从个体关怀出发、自下而上的微观多元视角则相对缺乏，使得情感无法有效连接，共情难以达成。[④] 在这种情况下，将情感细化到个体生命体验则是重要的"破局"方案。情感传播是提升中国国际话语的重要武器，但是由于其本身的特点和局限性而不能适应所有的语境，因此情感传播在未来发展和实践中还需要进行定向的选择与优化。

四、结语

现代性作为现代社会内在规定性的体现，随着不同国家、地区、民族的现代化实践而不断扩张、演变而呈现出多元的特征。随着"经典现代性形式"——西方资本现代性的危机日益加深，基于资本逻辑的"利益诉求"和"丛林法则"激化并加剧了国与国之间的不可通约性和矛盾对冲意识，西方现代性所谓的"普适"和"真理"地位遭到质疑和动摇，居于各类叠加风险之中的世界迫切期待着西方之外的选择和发展道路。在后疫情时代"西方缺位"的语境下，中国在全球治理中扮演了更加重要的角色，世界也将对

---

① 李克，朱虹宇：《人类命运共同体理念的国际传播：共情修辞路径》，《山东大学学报》（哲学社会科学版）2022 年第 2 期。

② 徐明华：《情感传播：理论溯源与中国实践》，北京：社会科学文献出版社，2021 年，第 150 页。

③ 常江，张毓强：《从边界重构到理念重建：数字文化视野下的国际传播》，《对外传播》2022 年第 1 期。

④ 段鹏，张倩：《后疫情时代我国国际传播话语体系建设的价值维度与路径重构》，《新闻界》2021 年第 3 期。

中国方案予以更高重视与更多期待[①]。中国现代性中所蕴含的倡导"共同善"和追求"共义域"的"善治"底色，深刻地体现出不同于西方的价值追求———一种基于"命运与共"思想的和平主义和公共性价值追求，并提出了超越具体的民族国家、差异化意识形态的"共同体"全球价值观，为回应时代之问、响应人类共同诉求提供了"全新方案"，为解决全球分裂与人类命运分化问题提供了一种现实答案，全世界从此不再将其身家性命"系泊于一种单一的文化或现代性"[②]。

让世界全面了解中国现代性的内涵逻辑、价值意义和实践方向，让"中国方案"在国际知识体系中占据其应有的地位并付诸实践，国际传播和相应的话语体系建设必不可少。在复杂多变、利益交织的国际舆论环境中，话语体系作为国家思想表达与知识体系建构的工具，在中国参与全球治理、解决资本主义现代性全球化造成的全球发展困境问题上发挥着重要作用。[③]相比于"西方现代性"建构之下的知识传播维度，"情感"这一兼具中国新现代性色彩和人类认知共性的概念或可成为新的时代背景之下的核心抓手，情感传播以其特有的人类共鸣性、价值认同力和行动影响力[④]成了国际传播话语建设的锚点与转向。我们要通过洞悉全球民众共同心理、发掘中国文化中情感叙事理论、响应多元化情感诉求，让世界理解、认同、悦纳中国方案、中国之路、中国之理，从而在全球范围内开展"命运与共、同舟共济"的新型文明观实践。

---

①　史安斌，刘长宇：《解码"乌卡时代"国际传播的中国问题———基于 ACGT 模式的分析》，《当代传播》2022 年第 3 期。

②　唐·罗沃萨姆：《后殖民性：新现代性的挑战》，《国际社会科学杂志》（中文版）1998 年第 3 期。

③　刘洋：《全球现代性问题与人类命运共同体的重塑》，《厦门大学学报》（哲学社会科学版）2021 年第 6 期。

④　段鹏，张倩：《后疫情时代我国国际传播话语体系建设的价值维度与路径重构》，《新闻界》2021 年第 3 期。

情感分析在跨文化传播研究中的方法意义：
源流、应用与反思

肖　珺　黄枫怡*

（武汉大学媒体发展研究中心、武汉大学新闻与传播学院，湖北武汉，430072）

摘要：人文社会科学领域出现了一种"情感转向"，情感研究逐渐积淀了哲学、心理学等学科的理论基础和社会学、脑科学、人工智能等领域的最新进展。顺应跨文化传播的研究所需，有必要深入思考情感分析法在相关研究领域的功能意义。对情感分析的概念界定、多学科理论发展的追溯可见，将情感分析作为一种研究方法的理论溯源主要集中在计算机科学、心理学等两个学科领域，已积累了逾50年的时间。情感分析在（跨）文化传播相关研究中主要应用在文化现象分析、以情感为维度的跨文化比较研究中，并呈现出情感分析处理的四种路径。从跨文化传播研究的需求出发，情感分析需要拓展的方向主要集中在四点：资源"有限"与情感"无限"的矛盾；跨语言、跨领域的不适用性阻碍了其在跨文化传播应用中的灵活性；情感分析结果的有效性有待商榷；多模态情感分析还不能适应研究所需。

关键词：情感分析；跨文化传播；情感转向

一、缘起：传播学研究情感转向后方法拓展的必要性

在传统的理性主义范式占据主导地位的学术研究领域，情感因素因其非理性、不易测量等特质，长期被排斥在主流研究议题之外。[①] 进入 20 世纪中后期，人文社会科学领域出现了一种"情感转向"（affective turn），[②] 情感研究逐渐积淀了哲学、心理学等学科的

---

　　* 作者简介：肖珺（1974—），女，湖北武汉人，武汉大学媒体发展研究中心研究员、武汉大学新闻与传播学院教授，研究方向：跨文化传播、网络传播。黄枫怡（1999—），女，江苏南通人，武汉大学新闻与传播学院传播学硕士生，研究方向：网络传播、情感传播。
　　基金项目：国家社会科学基金后期资助项目（项目编号：19FXWB024）
　　① 易艳：《传播机制中的情感因素研究》，北京：人民日报出版社，2020 年，第 1—2 页。
　　② Clough, P. T.,Halley, J., *The affective turn : theorizing the social*, North Carolina:Duke University Press,2008,pp.ix.

理论基础和社会学、脑科学、人工智能等领域的最新进展。社会学者曼纽尔·卡斯特曾在《传播力》（*Communication Power*）一书中指出，传播是通过激活心理来分享意义的。最基本的权力形式在于塑造人类心灵的能力，权力建构于我们大脑中的神经网络，是在心灵的风车中生成。①步入 21 世纪后，互联网的普及使得人的主体地位凸显，以往的"理性视角"不断遭遇解释困境，传播研究中长期被忽视的情感视角逐渐上浮，新媒介技术为情感带来了巨大变革。以"愤怒"为例，传播技术不仅改变了愤怒表达的情感规则和权力关系，也通过情感的渲染和吸引，将分散的网民连接成为一个"看不见"（invisible）、但内部成员生活在相同社会位置且共享着一些偏好的意义的"诠释社群"，②当个体愤怒转变为集体愤怒，愤怒表达又进一步唤醒更多人的愤怒体验，从而促成了新媒介中的愤怒文化。③当下，这一"陈述客观事实对民意的影响力弱于诉诸情感（emotion）和个人信念（belief）情况"的"后真相"时代，情感与真相共同存在于传播过程中，情感不是真相的对立面，而是成为一种叙事方式，是事实和真相循环中重要的影响因素。④由此可见，情感在传播学研究中扮演了越来越重要的角色。

那么，如果以情感为研究对象，研究者该如何认知并展开分析？尤其是在面对互联网中涌现的大量文本内容时，又该如何科学地从中提炼情感，或围绕情感进行研究呢？进而，当研究者需要分析（跨）文化传播中的情感问题时，方法本身的适用性和局限性又是什么呢？顺应跨文化传播的研究所需，有必要深入思考情感分析法在相关研究领域的功能意义。本文首先厘清情感分析的理论源流，进而讨论两个问题：其一，情感分析在（跨）文化传播相关研究中的应用现状如何？其二，情感分析对跨文化传播研究的方法论价值是什么？

二、理论源流：情感分析的多学科融合

（一）理解情感分析

情感分析（sentiment analysis）是伴随着计算机、人工智能等技术的发展生成的一种研究方法，其又被称为观点挖掘（opinion mining），旨在利用可计算的方法从自然语言文本中提取观点和情感信息。进入 Web2.0 时代，Facebook、Twitter、新浪微博等社交媒体和 Amazon、YouTube 等商业网站为用户提供了一个分享各类经验、知识和观点的平台，使得互联网上用户生成数据呈指数级增长，利用情感分析进行电影票房预测、股市监控、

①　［美］曼纽尔·卡斯特：《传播力》，北京：社会科学文献出版社，2018 年，第 4，124 页。
②　袁光锋：《互联网空间中的"情感"与诠释社群——理解互联网中的"情感"政治》，《中国网络传播研究》2014 年第 00 期。
③　袁光锋：《"众怒"的年代：新媒介、情感规则与"愤怒"的政治》，《国际新闻界》2020 年第 9 期。
④　肖珺，杨家懿：《情感与真相："后真相"传播观念的文化转移》，《新闻与写作》2021 年第 8 期。

政治选举、产品营销①等各领域、各议题研究不断涌现，可见，尽管情感分析起源于计算机科学领域，但近年来由于其对整个社会的重要性日益凸显，已扩展到社会科学领域。②多领域、多学科的知识采纳一方面拓宽了情感分析的应用范围，使得方法本身日臻完备；另一方面也让人好奇，如果从跨文化视角切入，情感分析是否可看作跨文化传播研究的一种方法拓展路径，为跨文化传播研究注入新的生命力？

情感本身的复杂性导致其一直存在定义松散的问题，感情（affect）、情操（sentiment）、情绪（feeling）、心境（mood）、情感（emotion）等术语在哲学、心理学、社会学等学科研究中不断交错使用，且始终没有得到很好的处理，③理论学家们对基本情绪的划分也没有达成一致，可见，"情感是什么"这一问题至今难以获得统一答案。不过，这并不影响情感分析方法的正常执行。事实上，在实际的书面表达中很难科学地对上述概念进行辨析，而情感分析的关键在于这些感觉如何在自然语言中进行表达，以及如何将其识别出来。④因此，通常情况下，情感分析并不对情感概念进行严格区分。

（二）心理学领域中的情感分析

在心理学领域，对情感的关注有着悠久的传统，对情感进行量化也早有出现。

1969年，美国精神病学家、神经科学家 Gottschalk 和心理学家 Gleser 介绍了一种将内容分析法应用于情感语言的方法，即 Gottschalk–Gleser 方法。该方法从语法句子和句子动词意义的代理者和接受者中得出其衡量标准，通过计算每100个词的内容衍生得分来获得分数，确定的量表包括焦虑、敌意、社会疏离等。⑤

2001年，由德克萨斯大学奥斯汀分校心理学系的 Pennebaker 等人开发的软件 LIWC（Linguistic Inquiry and Word Count）具有重要意义。Pennebaker 等通过一系列研究发现，人们可以通过写下创伤性经历来改善自己的健康状况，因此设计了 LIWC，以找出书写负面经历的哪些特征可以预测未来更好的健康状况。该软件已被翻译成多种语言，并扩展到分析文学、个人叙述和日常对话等中的语言使用。⑥

除上述两种方法外，心理学中对情感的量化还包括范畴法和维度法，范畴法即对情

---

① Singh, N.K., Tomar, D.S. ,Sangaiah, A.K. ,Sentiment analysis: a review and comparative analysis over social media, *Journal of Ambient Intelligence and Humanized Computing*, vol.11,no.1(January 2020),pp. 97–117.

② Keramatfar, A.,Amirkhani, H.,Bibliometrics of sentiment analysis literature, *JournalofInformation Science*,vol.45,no.1(February 2019),pp.3–15.

③ 易艳:《传播机制中的情感因素研究》，北京：人民日报出版社，2020年，第25页。

④ 刘兵:《情感分析：挖掘观点、情感和情绪：mining opinions, sentiments, and emotions》，北京：机械工业出版社，2017年，第28页。

⑤ Puschmann, C.,Powell, A.,Turning Words Into Consumer Preferences: How Sentiment Analysis Is Framed in Research and the News Media, Social Media Society,vol.4,no.3(September 2018).

⑥ Ramírez-Esparza, N., Pennebaker, J. W., García, A., Suriá, R., Psicología del uso de las palabras: un programa de computadora que analizatextosenespaol [the psychology of word use: a computer program that analyzes texts in spanish], Revista Mexicanade Psicología,vol.24,no.1(June 2007),pp.85-99.

感进行具象的简化分析，通过一个或一组词语来描述某一类情感的性质。维度法即寻找情感的基本维度，并设计出关于情绪的基本量表。①

（三）计算机科学领域中的情感分析

在计算机科学领域，情感分析可溯源至 20 世纪 90 年代，美国匹兹堡大学计算机科学系教授 Wiebe 开发的一个可识别虚构叙事文本中的主观性句子和主观人物的算法②可被看作情感分析最早的相关研究。进入 21 世纪后，各类研究进一步展开，但"情感分析"这一概念术语直到 2003 年才由来自 IBM 研究院的日本学者 Nasukawa 和美国学者 Yi 首次提出，他们认为情感分析是为一个给定的主题寻找情感表达，并确定情感极性。③此后，伴随着互联网技术及社会化媒体的迅猛发展，情感分析逐渐积累了三种主要的操作化路径：基于情感词典的情感分析，即基于一个包含已标注的情感词和短语的情感词典对待分析文本的情感值进行计算；基于机器学习的情感分析，即通过大量有标注的或无标注的语料，使用统计机器，学习算法，抽取特征，最后进行情感分析输出结果；基于深度学习的情感分析，即基于神经网络算法进行文本分类。深度学习可被看作机器学习的一个子集，是多层神经网络在学习中的应用，可以解决以往机器学习难以解决的大量问题。④

具体到方法的操作性层面，相关研究认为，情感分析就是围绕表达或者暗示情感的观点信息展开的研究。一般而言，观点可被理解为一个五元组：(e, a, s, h, t)，其中，e 是观点评价的目标实体，可以是产品、服务、主题等；a 是实体中观点评价的一个属性；s 是对实体 e 的 a 属性的观点中蕴含的感受、态度、评价或情绪，通常包括情感类型、情感倾向和情感强度；h 是观点持有者，t 是观点发布时间。当观点针对整个实体进行评价时，e 和 a 共同表示观点评价的对象。⑤基于该定义，情感分析的目标就是在给定的一个包含信息的文档 d 中找出观点五元组，具体挖掘哪几元则视研究问题而定。

相关研究也推动着方法不断更新与完善，主要在四个领域持续发展。

第一，资源建设。基于情感词典的情感分析和基于机器学习的情感分析均十分依赖现有的成熟资源。然而，资源有限且存在局限，情感表达又具有语言特殊性、领域多义

①　徐明华：《情感传播：理论溯源与中国实践：theory tracing and Chinese practice》，北京：社会科学文献出版社，2021 年，第 178 页。

②　Wiebe, J. M.,Identifying Subjective Characters in Narrative,International Conference on Computational Linguistics, *Association for Computational Linguistics*, (August 1990),pp.401-406.

③　Nasukawa, T.,Yi, J.,Sentiment analysis: Capturing favorability using natural language processing, *International Conference on Knowledge Capture,Sanibel Island*, (October 2003),pp.70-77.

④　王颖洁，朱久祺，汪祖民，白凤波，弓箭：《自然语言处理在文本情感分析领域应用综述》，《计算机应用》2022 年第 4 期。

⑤　刘兵：《情感分析：挖掘观点、情感和情绪：mining opinions, sentiments, and emotions》，北京：机械工业出版社，2017 年，第 16, 18 页。

性、更新速度快等特征，这促使研究者不断开发新的资源以提高方法的信度和效度、拓展方法的应用范围。包括构建针对不同语言，不同领域的情感词典和语料库、开发专门用于情感分析的软件工具等。

第二，模型改进。基于深度学习的情感分析近年来越来越受到学者们的关注，卷积神经网络 (convolutional neural networks,CNN)、长短时记忆法 (long short-term memory,LSTM)、双向长短时记忆法 (bi-directional long short-term memory,Bi-LSTM) 等各类深度学习技术及改进模型被应用于情感分析中，不断提升方法的效率和有效性。

第三，多模态情感分析。社交网络的发展促使越来越多的用户倾向于使用图片、视频、音乐、文本等多种媒体形式来表达态度和观点，由此催生了多模态情感分析，其在文本基础上，加入面部表情、语音语气等，往往能提供更生动的描述，传达更准确和丰富的情感信息。已有研究聚焦图片加文字、弹幕视频、短视频等研究对象，提出相应的研究方法，但整体来看，该领域发展时间较短，仍处于起步阶段。[①]

第四，子任务研究。如虚假评论检测、讽刺检测等任务，由于这些因素对情感分析的有效性会产生很重要的影响，因此也吸引了不少学者的关注。

上文对情感分析的概念界定、多学科理论发展的追溯可见，将情感分析作为一种研究方法的理论溯源主要集中在计算机科学、心理学等两个学科领域中。自 20 世纪 60 年代被创建以来，在不同学科的各自发展和相互借鉴中已积累了逾 50 年的时间。那么在具体的文化研究中，情感分析又是如何被应用的呢？

三、情感分析在（跨）文化传播相关研究中的应用

（一）文化现象分析

1.公共事件、议题讨论中的情感呈现。移动互联网和智能设备为人们提供了一个开放讨论的空间，尤其是围绕某一公共事件或议题时，这些讨论不仅体量巨大、内容丰富，可被视为信息、观点、态度等的集合，还承载了人们多元的情感，情感分析可以有效地从大体量的复杂文本内容中提炼出情感的整体样貌，此类研究最为学者青睐。以上述提及的观点五元组来看，这些研究涉及的实体 e、情感 s、观点持有者 h 等均十分多样，包括沙特社会对政府赋予妇女驾驶权的态度、[②] 中国大陆公众对虐童事件的情感、[③] 网民对动

---

① 张亚洲，戎璐，宋大为，张鹏：《多模态情感分析研究综述》，《模式识别与人工智能》2020 年第 5 期。

② AI-Razgan, M., Alrowily, A., AI-Matham, R. N., Alghamdi, K, M., Shaabi, M., Alssum, L., Using diffusion of innovation theory and sentiment analysis to analyze attitudes toward driving adoption by Saudi women, TechnologyinSociety,vol.65,(May 2021).

③ YuWen Lyu,Julian Chun-Chung Chow,Ji-Jen Hwang,Exploring public attitudes of child abuse in mainland China: A sentiment analysis of China's social media Weibo,Children and Youth Services Review,vol.116,(September 2020).

车事故的道德情绪①等。在宏观把握人们情感的同时，学者们通常还会引入其他变量来考察差异性与相关性。其一，引入主体变量，考察情感在不同主体、人群之间的差异。有学者关注拖延症这一全球最普遍的行为，抓取国内外社交媒体共计超过 1880 万条原始帖子，对大规模的相关帖子进行情感分析后发现，人们对拖延症的情感偏向负面，且这在受教育程度较低以及 18—30 岁的男性群体中更为显著。②还有学者将社交机器人的情感纳入研究对象，拓展了更广泛意义上的主体概念。结果表明社交机器人、意见领袖和普通用户的情感关系在网络突发事件的不同阶段具有差异性，社交机器人主要在事件爆发期发挥影响，影响策略具有隐匿性和间接性特点。③其二，引入时空因素，考察情感在时间序列上的变化或（和）不同地域间的差异。公共事件总是会经历一个变化发展的过程，吸引着不同地域的人们在同一个互联网空间中不断跟进、自由表达。探析情感在时间和空间上的演化规律是情感视角下国内外网络舆情研究的主要内容之一。④有研究以带有发布时间信息和带有地理位置信息的微博评论数据为研究对象，分析了人们对新冠肺炎疫情期复工复学的情感在时空上的差异，结果发现，相关衍生事件不断导致用户的情绪波动，疫情反弹时期的北京、湖北、河北等地区的用户对于复工复学的态度更加消极。⑤其三，引入主题，考察针对不同内容的情感差异。公共事件或议题总包含许多侧面，因此，需要了解面向具体问题的实在情感。针对不同主题和内容产生的情感差异引起了学者的好奇。有研究调查了社交媒体上关于机器人技术的情绪化讨论，发现讨论的主题十分影响人们的情感。涉及休闲、金钱和未来主题的讨论情感更积极，而涉及家庭、权力和过去主题的讨论情感更消极。⑥对情感的考察不止于呈现情感本身，有学者尝试追溯其产生的原因。在了解了反腐议题中网民的情绪后，结合情绪归因理论，指出对责任的归因是进一步引发网民情绪的重要因素，且相对于外部归因，与贪腐主体相关的这一内部因素更容易引发情绪化表达。⑦还有研究以跟帖情感词比重与主帖情感词比重间的差值为标准，

---

① 叶勇豪，许燕，朱一杰，梁炯潜，兰天，于森：《网民对"人祸"事件的道德情绪特点——基于微博大数据研究》，《心理学报》2016 年第 3 期。

② Zhiyi Chen,Rong Zhang,Ting Xu,Yaqi Yang,Junyu Wang,Tingyong Feng,Emotional attitudes towards procrastination in people: A large-scale sentiment-focused crawling analysis,Computers in Human Behavior,vol.110,(September 2020).

③ 马晓悦，孟啸，王镇，刘益东：《网络突发事件中社交机器人情感的交互式影响机制研究》，《图书情报工作》2021 年第 8 期。

④ 史伟，薛广聪，何绍义：《情感视角下的网络舆情研究综述》，《图书情报知识》2022 年第 1 期。

⑤ 鲁雨晴，宋行健，张芷铭，王中言，李琛，邱江：《新型冠状病毒肺炎疫情期对复工复学微博评论数据的情感分析》，《中国健康心理学杂志》2021 年第 5 期。

⑥ Savela, N.,Garcia, D.,Pellert, M.,Oksanen, A.,Emotional talk about robotic technologies on Reddit: Sentiment analysis of life domains, motives, and temporal themes, *New Media & Society*,(December 2021),https://journals.sagepub.com/doi/pdf/10.1177/14614448211067259,(June 2022).

⑦ 周莉，王子宇，胡珀：《反腐议题中的网络情绪归因及其影响因素——基于 32 个案例微博评论的细粒度情感分析》，《新闻与传播研究》2018 年第 12 期。

探究网络空间中的情感传染，结果揭示，社交媒体上易于形成优势情感共识的现象，网络情绪的点燃和传染与话题属性、意见领袖的影响力和用户的参与度这 3 类线索紧密相关。[①]

2. 文化产品及其消费中的情感信息。除了围绕公共事件、议题的讨论，受众在消费文化产品的过程中也会产生相应的认知、态度、情感，对受众观点的采集与分析可以为文化产品制作者提供有效参考。有研究提供了一种分析文化类综艺节目网评数据的思路，即采用深度学习中 LSTM 方法对文本进行情感分类，文章以此方法分析了《国家宝藏》这档节目的网络评论数据，从而受众情感可以作为对节目做出客观综合评价的指标。[②] 近年来，作为新兴互动技术的弹幕被频繁用于网络视频，相较于评论，弹幕中呈现的情感更具实时性。有研究梳理总结了网络健康热搜视频的弹幕数据，以 LDA 模型提取用户关注的热点主题，以情感分析得出用户满意度，再搭建用户关注度—满意度分析框架，研究发现面向不同视频主题，用户关注度与满意度有所差异，且满意度会影响用户的关注度。[③] 除弹幕外，字幕也是视频内容中最常见的文本形式之一，它可以集中反映视频传达的内容。有研究通过提取弹幕和字幕两类文本的情感，评判视频内容传达的情感与观众实际产生情感间的异同以及两者之间的影响关系。结果发现，弹幕的情感强度普遍高于字幕的情感强度，在不同的视频内容中，弹幕与字幕的情感趋势存在正相关、负相关的多种可能。[④] 由于弹幕总是依附视频内容存在，将弹幕文本、视频视觉信息等结合的多模态情感分析在相关研究中也有所体现。有研究以弹幕文本、视频片段的双模态表征视频用户的情感特征，多模态数据的结合可以实现情感识别优势互补，从而更全面准确地反映目标特性。[⑤] 由上述纳入字幕、视频视觉信息等研究可知，文化产品本身也蕴含了丰富的情感信息，比如文学作品、新闻内容等。在文学作品的研究中，有通过对古腾堡文学英语语料库和（德国）childlex 语料库的情感分析，考察出儿童和青年文学作品普遍呈现出积极性偏向，即表现出波丽安娜效应。[⑥] 在新闻内容的研究中，有学者对比了多种机器学习算法和情感强度特征词的多个权重，提出了一种面向外汇新闻的细粒度情感分析法，该方法在计算情感倾向和情感强度方面都具有有效性。[⑦] 还有学者聚焦更为具体的新闻内

① 杨洸：《社交媒体网络情感传染及线索影响机制的实证分析》，《深圳大学学报》（人文社会科学版）2020 年第 6 期。

② 周娜，何润奇：《基于文本情感分析的文化综艺节目综合评价——以央视文化类综艺节目〈国家宝藏〉为例》，《中南民族大学学报》（人文社会科学版）2019 年第 5 期。

③ 王文韬，陈千，张肖，张晨：《弹幕视角下的网络热搜健康视频关注度与情感分析》，《图书馆论坛》2022 年第 3 期。

④ 王敏，徐健：《视频弹幕与字幕的情感分析与比较研究》，《图书情报知识》2019 年第 5 期。

⑤ 李稚，朱春红：《双模态情感分析的弹幕网络视频平台营销策略》，《心理科学进展》2021 年第 9 期。

⑥ Jacobs, A. M., Herrmann, B., Lauer, G., Lüdtke, J., Schroeder, S., Sentiment Analysis of Children and Youth Literature: Is There a Pollyanna Effect?Frontiers in Psychology, vol.11,(September 2020).

⑦ 戚天梅，过弋，王吉祥，王志宏，成舟：《基于机器学习的外汇新闻情感分析》，《计算机工程与设计》2020 年第 6 期。

容——葬礼新闻报道，分析其对读者可能带来的影响。通过对新冠肺炎疫情期间发表的相关报纸文章进行语言学调查和情感分析后发现，在葬礼新闻报道中多使用极性名词和极性动词会引起读者的恐惧、厌恶等负面情绪，这里的极性名词可被理解为痛苦、沮丧和屈辱的同义词，极性动词则代表不恰当的行为或动作词。①

3. 文化现象与实践中的情感因素。情感分析还被拓展至研究更丰富的文化现象与实践。互联网迷因（Internet memes）作为一种网络文化的产物，具有传播、模仿、转化等功能，已累积了一些对其进行情感分析的研究，有学者归纳为三个主要类型。其一，幽默类型分析。通过分析迷因内容将其判断为幽默、讽刺、激励等类型。其二，褒贬情感倾向分类。以挖掘用户对某一事件的情感倾向分布。其三，有害迷因识别。自动将迷因分类为有害或无害。情感分析有助于描绘互联网迷因的特征和类别，由于迷因相较其他信息更易传播有害信息，因此，有害迷因识别对于提高舆情治理水平十分重要。②粉丝作为承载着丰富情感的典型群体，在文化实践中不断形塑着自身主观情感。有学者聚焦体育粉丝在比赛期间的真实情感状态，通过自然实验法和情感分析考察了2014年国际足联世界杯比赛期间美国体育粉丝表现在推文中的实时情绪。结果发现，粉丝的身份差异会使情绪产生差异，作为某一球队的粉丝身份会增强其参与度与享受感，当球队失利或平局时，粉丝易产生愤怒、恐惧等负面情绪；作为某项运动的粉丝则主要产生快乐、期待等情感，以享受比赛、释放情绪。③情感分析在教育实践中也体现出较大的应用价值和潜能，有研究归纳得出，情感分析可被应用于改进教学过程、助力智能教学系统、辅助教育决策、挖掘兴趣主题、赋能教育评价等多维度。④

（二）跨文化传播研究

情感社会学认为，情感是由经济、政治、文化等社会因素，以及性别、家庭、同事等社会关系构成的统一体。情感的产生是一定的现实社会情境与人的身体感觉相互作用的结果。⑤因此，在地域、语言、性别等均有差异的跨文化背景下，情感便可能呈现不同的样貌、产生不同的作用效果。将情感分析应用于跨文化的相关研究，目前国内外学者已有初步尝试。

1. 以情感为维度的比较研究。研究者将情感作为研究对象，以地域、国家为界，展

---

① Saraff, S., Singh, T., Biswal, R., Coronavirus Disease 2019: Exploring Media Portrayals of Public Sentiment on Funerals Using Linguistic Dimensions,Frontiers in Psychology,vol.12,(February 2021).

② 郭小宇，马静，Arkaitz Zubiaga，熊建国，郑晨，江艾琪：《互联网迷因研究：现状与展望》，《情报理论与实践》2021年第6期。

③ Yang Yu, Xiao Wang,World Cup 2014 in the Twitter World: A big data analysis of sentiments in U.S. sports fans' tweets,Computers in Human Behavior,vol.48,(July 2015),pp.392-400.

④ 周进，叶俊民，王志峰，蔡霞，李超：《国外情感分析教育应用的进展与启示》，《现代教育技术》2020年第12期。

⑤ 郭景萍：《情感社会学：理论·历史·现实》，上海：上海三联书店，2008年，第39—40页。

开比较研究。有研究考察了 2013 年 9 月至 2019 年 5 月各国新闻媒体对"一带一路"共计 4918 篇报道的框架和情感特征，尤其比较了沿线国家和非沿线国家新闻报道的情感倾向差异。采用词典法分析后的结果显示，总体而言，各国新闻报道正面词汇比例高于负面，但相较于非沿线国家，沿线国家的情感态度更为积极。在呈现情感的异同后，研究者还尝试探讨原因，认为文化距离是重要因素，具体而言，文化距离过远和过近都会阻碍正面情感倾向，只有适度的文化距离才会促进正面情感倾向。[①] 还有研究广泛收集了中西方媒体对中国、西班牙、美国、印度等 10 国的 26 万条新冠肺炎疫情相关报道，详细比较了双方媒体对各国疫情报道、西方媒体对中国和其他国家疫情报道的情感分数和情感极性，进而考察文章情感和各国疫情真实情况间的一致性，以明确双方媒体新闻报道的公正性。结果表明，相较西方媒体，中方媒体的报道更为客观；相较报道他国疫情，西方媒体报道中国疫情存在偏见。[②] 更大规模的数据和更广范围的比较也已被纳入研究中。上述研究较好地将情感分析融于跨文化视域下的考察中，研究多以静态文本，如新闻为数据源，对比同一事件、主题、内容下不同国家、文化的新闻文本情感的异同，进而对差异背后的原因尝试做出解释。

2. 以情感为解释变量的相关性探讨。研究者以情感为解释跨文化议题的可能原因。有研究者关注到 YouTube 平台上科学、技术、工程、数学（STEM）相关内容明显缺少女性传播者，为探讨这一性别失衡背后的因素，对 90 个 STEM 频道的共 450 个视频的观众情绪进行了分析，结果显示，YouTube 观众对于女性主持的视频和男性主持的视频的接受程度不同，女性创作者收到的外观评价、敌意评价、性评价及负面批评更多，可见，YouTube 上的女性科学传播者面临着偏见和社会歧视，这影响了他们在观众中的受欢迎程度和接受程度。[③] 有研究关注 2019 年香港爆发的"修例风波"中的虚假信息传播，指出情感的广泛传播可以使得示威者获得集体性经验，并通过转发、评论、点赞等传播行为进行群体表征，从而跨越地域、群体、文化等差异，形成情感的共同体，尤其是以恐惧和愤怒情感主导的叙事主题，可以具象化"外部敌人"，从而强化了群体边界，进一步拓展了情感共同体的规模。[④] 上述研究充分关注情感的功能和影响，在量化情感后，将其作为可能的解释变量，分析其与跨文化议题之间的相关性。

3. 以情感为衡量指标的跨文化考察。研究者将情感作为衡量受众接受程度的指标，

①　宣长春，林升栋：《文化距离视野下的"一带一路"倡议——基于 4918 篇英文新闻报道的情感分析(2013—2019 年)》，《新闻与传播研究》2021 年第 6 期。

②　陈雪松，毛佳昕，马为之，刘奕群，张敏，马少平：《中西方媒体报道各国疫情的对比及情感分析方法研究》，《计算机学报》2022 年第 5 期。

③　Amarasekara, I.,Grant, W. J.,Exploring the YouTube science communication gender gap: A sentiment analysis, Public Understanding of Science,vol.28,no.1, (January 2019),pp.68–84.

④　汤景泰，陈秋怡，徐铭亮：《情感共同体与协同行动：香港"修例风波"中虚假信息的动员机制》，《新闻与传播研究》2021 年第 8 期。

考察跨文化传播的有效性。有研究以西方普通消费者在电商平台上的评论为研究对象，分析莫言小说的英译本在英语读者群体中的总体接受程度，结果发现约 80% 的西方普通英语读者对莫言的 11 部英译作品持积极的接受态度。① 类似的研究还有对《生死疲劳》英译本海外接受度的考察② 等。上述研究表明，情感分析可以为受众接受效果分析提供更为可靠的量化指标。

四、情感分析在跨文化传播研究中的方法论反思

（一）方法应用的步骤与路径

前文已梳理情感分析作为一种研究方法在文化现象分析、跨文化传播研究中的使用情况。那么，当下方法应用的主要步骤与路径是什么呢？

1. 主要步骤。结合既有研究发现，情感分析方法执行的主要步骤包括：大规模数据挖掘、情感分析处理。第一步，通常需要获取大规模数据，包括数据抓取、数据清洗两个步骤。既有研究多采用 Python 或 R 语言进行网络爬虫，再通过删除重复和不相关数据、删除标点符号、数字、字母等对研究贡献不大的停用词、对文本进行分词等进行数据清洗。第二步，基于大规模数据展开情感分析处理，本文对既有文献的统计发现，处理路径大致有四种，具体详见接下来的分析。

2. 情感分析处理的四种路径。其一，基于情感词典的情感分析使用频率最高。学者们通常依赖现有的权威情感词典，比如由加拿大国家研究委员会（National Research Council Canada）创建的 NRC 情感词典（NRC Emotion Lexicon）、大连理工大学情感词汇本体库、台湾大学 NTUSD 简体中文情感词典等，在此基础上结合具体的研究情境和语料文本特征，对词典进行补充、修正和调试，构建出充分适应本研究的情感词典后，再围绕研究问题选择计算情感倾向、情感强度或得出情感种类。当然，也有研究直接开发了一个全新的情感词典。其二，基于机器学习的情感分析也常被使用。该方法涉及特征项处理、构建情感语料库、训练分类算法、对测试数据集进行分类等步骤，每一个步骤都会对情感分析效果产生影响。其中，特征项处理包括特征项选择、特征项降维、特征项赋权三个部分，特征项既要能够真实地反映文档的情感信息，又要保证分类的速度。情感语料库通常依赖人工情感标注来构建，语料库主要用于训练分类算法。现有研究多安排 2—5 人进行至少 2 轮标注，当结果不一致时，会再进行一轮标注或安排专家定夺。分类算法中采用较多的包括 K 最近邻（K-nearest neighbor, KNN）算法、朴素贝叶斯算法、支持向量机算法（SVM）等。其三，基于深度学习的情感分析技术正在不断完善。现有

---

① 石春让，邓林：《基于情感分析技术的莫言小说英译本在西方的接受程度研究》，《外国语文》2020 年第 3 期。

② 李洁，魏家海：《基于在线书评的〈生死疲劳〉英译本海外接受研究》，《解放军外国语学院学报》2022 年第 3 期。

研究也已有所尝试，如采用卷积神经网络模型实现计算机对情感和归因特征的自主学习等。其四，混合方法的路径探索。比如，将基于情感词典的情感分析和基于机器学习的情感分析结合，在特征选择阶段使用词库来识别更多特征，以提高最终结果的准确性，之后再将训练数据反馈给不同的机器学习分类器，通过最佳分类器对其余数据分类。混合方法结合了机器学习的高精确度与词典法的稳定性，使得研究有更佳效果。

（二）在跨文化传播研究中的方法论价值：适用性及展望

基于上述研究可见，情感分析可适用于跨文化传播研究，原因有二。

第一，可将更大体量、更全面的情感数据纳入跨文化传播研究中。尤其是伴随着多模态情感分析的发展，文本、图像、视频等多感官内容均可作为研究对象，可减少因抽样不稳定导致的样本代表性不足、研究片面性等问题，拓展了跨文化传播研究的量化路径。

第二，可呈现并深探跨文化交流中涌现的丰富情感。现有的情感分析可以为跨文化研究提供研究工具和分析方法，助力研究者高效地从大规模的复杂内容中提炼情感样貌。作为一种研究方法，情感分析也在提示在跨文化传播研究中要高度关注情感因素。情感可被认为是先于意图、意义、理性和信仰等的非表意的（non-signifying）、自发的过程。[1]人作为情感的动物，情感是自然而然涌动的文化表现。跨文化传播的本质即为异文化场域下个体或群体间的沟通、互动，在此过程中必然会产生多元复杂、动态变化的情感。同时，情感又会受到社会文化的形塑，跨文化情境导致的情感差异也值得关注。此外，人类对具体情感的相似性经验使其能够共享情感意义、建构天然会意范围，情感在跨文化传播路径中具备独特优势。[2]可见，丰富的情感内容、情感的重要功能均使得其在跨文化传播研究中不可被忽视。

情感分析作为自然语言处理的新兴方向之一，方法本身仍在不断迭代与完善，目前不存在一套权威有效的操作路径可以实现所有的研究需要。从跨文化传播研究的需求出发，情感分析需要拓展的方向主要集中在四点。

第一，资源"有限"与情感"无限"的矛盾。情感分析十分依赖现有的成熟资源，然而，资源是有限、静态的，语言是多义、变化的，同一文本在不同语境和历史阶段很可能呈现完全不同的情感，因此，情感词典或语料库需要依据具体的研究对象和研究情境进行人工修正或构建，此类基础性工作往往耗费较大的人力与时间，是研究不可忽视的成本。

第二，跨语言、跨领域的不适用性阻碍了其在跨文化传播应用中的灵活性。如上所述，同一表达在不同情境下很可能蕴含着完全不同的情感，这导致情感分析具有很强的语言适用性和领域适用性，而跨文化传播研究往往涉及多元的地域、国籍、语言等背景，这阻碍了情感分析在其中的灵活应用。尽管目前已有研究提出了语言或领域迁移的技术，但仍处于尝试阶段。

第三，情感分析结果的有效性有待商榷。情感分析的本质是让机器尽可能接近人类的认知与判断，情感词典不可能囊括所有情感词、监督学习操作流程中的每一步都会影响最终结果，因此，情感分析结果的有效性还需要研究者依赖准确率（Precision）、召回率（Recall）、调和均值（F-measure）等指标进行判断。

第四，多模态情感分析还不能适应研究所需。媒介技术的发展不断丰富着互联网空间中的内容形态，除了文本外，大量的图文表情包、被广泛传播的音频，短视频，甚至连色彩的运用，都糅合为新的话语实践和话语本身，在跨文化传播中扮演着独特而令人兴奋的角色。[1] 因此，多模态情感分析十分必要，但是，目前相关研究仍处于起步阶段，需要进一步发展。

综上，跨文化传播蕴含着丰富的情感，情感对跨文化传播也有不可忽视的作用，由此，跨文化传播研究需要引入情感分析方法。情感分析为研究者提供了量化与提炼情感的有效路径，拓展了跨文化传播研究的可能性。但另一方面，大数据时代的算法技术会导致人类情绪变化被纳入监控和调整之下，人类深层持久的情感联系可能变为短暂易逝的情绪波动和商品，[2] 情感分析方法又存在可发展、可完善的空间，如何能够提炼出人本身自在、真实流露的情感值得思考。因此，跨文化传播研究在使用情感分析时需要根据研究对象、问题等来调试现有资源，以尽可能提高情感分析的有效性。

---

① 　肖珺：《多模态话语分析：理论模型及其对新媒体跨文化传播研究的方法论意义》，《武汉大学学报（人文科学版）》2017 年第 6 期。

② 　肖珺，郭苏南：《算法情感：直播带货中的情绪传播》，《新闻与写作》2020 年第 9 期。

中华优秀传统文化的国际传播策略研究

——基于共情理论的视角

刘沫潇　李虹*

（北京外国语大学国际新闻与传播学院，北京，100089；

华中科技大学新闻与信息传播学院，湖北武汉，430074）

摘要： 中华优秀传统文化是中华民族的突出优势，也是文化自信的核心要义。当前，国际局势波谲云诡，世纪疫情裹挟着信息疫情喧嚣而上，计算宣传充斥着各类社交媒体，中华优秀传统文化的国际传播工作遭遇了空前严峻的挑战。面对意识形态的对立和文化的差异，诉诸感性的共情传播相比于其他形式具备天然而独特的优势。本文基于共情理论视域下中华优秀传统文化的国际传播现状剖析，结合共情传播的驱动机制，提出以跨文化的情感符号促进中华优秀传统文化之国际表达、以人类命运共同体理念寻求中华优秀传统文化之国际认同和以情感仪式互动深化中华优秀传统文化之国际交流的传播策略。

关键词： 共情；中华优秀传统文化；国际传播

一、研究缘起

文化是综合国力的重要构成部分，是国际竞争中备受关注的"软实力"。放眼国际局势，国家间的竞争归根结底是文化的竞争。而中华优秀传统文化作为中国最深厚的文化软实力，是经过实践检验，能够增强民族凝聚力并推动社会发展的精华部分，也是文化自信的核心要义。加快推动中华优秀传统文化"走出去"，向世界阐释中国道路、中国文化，为世界贡献中国智慧、中国力量，[①] 不仅是实现中华民族伟大复兴的战略选择，也是

---

*　作者简介：刘沫潇（1992—），女，内蒙古赤峰人，北京外国语大学国际新闻与传播学院讲师，研究方向：新闻基础理论、国际传播、媒体融合。李虹（1988—），女，山东青岛人，华中科技大学新闻与信息传播学院博士生，研究方向：国际传播和情感传播。

基金项目：本文系国家社会科学基金重大项目"百年未有之大变局下中国共产党形象全球传播与认同研究"（21&ZD314）阶段性成果。

① 张明，陈波：《中华优秀传统文化国际传播感召力建构研究》，《湖北社会科学》2021 年第 8 期。

重塑当今世界文化格局的必然选择。

当前，国际局势波谲云诡，世纪疫情裹挟着信息疫情喧嚣而上，计算宣传充斥着各类社交媒体。在大数据和算法推送的加持下，国际舆论场域的"信息茧房"效应有增无减。部分西方国家对中国的"抹黑"和话语权打压从来都没有停止，甚至演变成系统性和常态化操作。我国外宣媒体的失灵和话语的失效使得中华优秀传统文化的国际传播工作遭遇了空前严峻的挑战。

在此形势下，传统的理性传播渠道已然受阻，从感性因素中更容易找到可以跨越政治、文化、地域以及种族的人类基础意识和情感的"共振点"，以凝聚社会共识，推动情感共同体的形成。大众对一个国家的看法往往更容易受到情感的左右，高度理性化的传播只是一种理想状态，受情感驱使的趋同效应才是传播的常态，这一点在多元赋权的平台媒体时代表现得尤为显著。因此，诉诸共同情感的范式变迁和方法创新将成为中华优秀传统文化国际传播研究的重要增长点。

二、共情理论概述

（一）共情的内涵

共情（empathy），通常可理解为，人类与生俱来的一种理解他人的情绪或者处境并做出相应情感反应的能力。它与中国文化语境中的"感同身受""将心比心"等有共通之处。神经科学家"镜像神经元"的提出被视为共情的生物学基础[1]，因此，"人类普遍共情"也成为学界的共识。

共情不是简单的情感共享，而是一个动态的过程，可以分为两个阶段：指向自我的情绪感染阶段和指向他者的情感反馈阶段[2]。前者是基于人类本能的生理驱动带来的情绪反应——无意识地产生与对方相同或相似的情绪；而后者是在前者的基础上分化出来的对他者的情感反馈，如担心、同情等，这一情感反馈或将进一步带来亲社会的行为实践，如安慰、支持、鼓励等。这两个阶段的划分得到了心理学、神经科学等领域的普遍认同，在神经科学视角下，也被称之为情感共情神经机制和认知共情神经机制[3]。

共情的过程并非完全没有理性的参与，它隐含着理性的价值观、知识体系以及社会认知的参与和判断，是部分理性支配下的感性。纯粹的感性或理性都是不存在的，人的意识活动是感性与理性的辩证统一。马克思也认为："理性、精神等从属于感性，其本身

---

① 李成家，彭祝斌：《论跨文化共情传播——基于国际互助抗疫的探索》，《现代传播（中国传媒大学学报）》2021 年第 5 期。

② 邓琳，罗品超，王俊芳，方俊聪，郑晓纯，李悦，郑希付：《不对称情绪分享过程中情绪反应自我指向增强效应的初探》，《心理学报》2014 年第 8 期。

③ 竭婧，庄梦迪，罗品超，郑希付：《神经科学视角下的共情研究热点》，《心理科学进展》2017 年第 11 期。

就蕴涵在感性之中，是感性的机能。"① 因此，共情不等同于"非理性"或者"反理性"。相反，共情能够孕育价值理性，反复共情有助于促进个体认知和行为改变，形成长效情感记忆。基于此，共情可以作为跨文化传播研究和实践中有利的工具和策略。

共情与传播有着天然的联系。首先，二者都是主客双方动态互动的过程；其次，共情的过程必然伴随着信息的传播，而传播的效果也有赖于情感共鸣的加持。共情能力具有个体差异，共情效果因人而异，但共情效果与传播效果在绝大多数情况下呈正相关关系。共情的唤起可以通过内容筛选、视觉效果、氛围烘托等手段进行设计，加以激发。利用这一点，可在中华优秀传统文化的国际传播中恰当地实施共情策略，实现基于人类共同价值观的文化认同与国际交往。

（二）共情传播的动力机制

有学者提出，共情传播的动力机制包括情感本能驱动机制、理性引导驱动机制和社交需求驱动机制②。情感本能驱动以"爱"为基础，它是超越文化、种族与意识形态的人类共同的情感，是儒家的"仁爱""恻隐之心"，是《圣经》的"爱上帝，爱他人"，同时也是神经学家所说的外部刺激所引起的人内情感调动。理性引导驱动是指共情的激发也融合了理性的引导和控制，共情能够在理性的操纵下有选择地释放，有目的地培养，甚至有区别地反应。尤其是在文化异质性的传播中，共情不可避免地夹杂着个体基于政治意识和身份归属的判断。所以，共情不单纯是感性的刺激，也有赖于理性的引导。社交需求驱动是基于人本质是社会性动物的考量。回顾人类文明的发展，异质文化间的探索、联系与杂糅贯穿其中。没有文化间的交流互鉴，就没有今天五彩斑斓的人类文明。因此，社交需求驱动的共情也是推动文化融合发展的重要助力。

共情传播的三种驱动机制既可以独自运行也能够互相作用。情感本能驱动是其中最原始的驱动力，是人类与生俱来的能力，可以在不作为的情况下顺其自然地发生。而理性引导驱动和社交需求驱动是相对复杂的驱动机制，它们更像是共情的"开关"，可以开启也能够关闭，既可以强化情感本能驱动，也能够对其进行阻断。

三、共情视域下中华优秀传统文化的国际传播现状

中华优秀传统文化是经过实践和时间检验留下的，能够顺应时代并推动社会发展的中国历史文化瑰宝，也是全人类共有的精神财富。中华优秀传统文化的国际传播关系着民族复兴和国家文化安全，也是政治认同的重要保障。然而，受制于国际传播能力的不足和本土生存土壤的缺失，中华优秀传统文化在国际上的影响力大打折扣。从共情理论

---

① 马克思：《1844 年经济学哲学手稿》，北京：人民出版社，1979 年，第 129 页。
② 李成家，彭祝斌：《论跨文化共情传播——基于国际互助抗疫的探索》，《现代传播（中国传媒大学学报）》2021 年第 5 期。

的视角来看，当下中华优秀传统文化的国际传播存在着"世界主义"共情机制缺失、国家叙事和民间叙事自说自话以及传播内容散点式分布，尚未形成共情合力等一系列问题。

（一）共情机制：缺乏"世界主义"的共情原理

中华优秀传统文化是中国历史积淀和文化内化的产物，它的世代传承已然渗透到中国人民日常生活的方方面面，不需要过多的言语教导和文字传播。它内隐于节日庆典、生活习俗、日常交往以及思想观念之中，通过祖祖辈辈的行为复制和观念传承，实现了在中国的代代相传，经久不衰。然而，切换到横向的国际传播场域，面对文化语境的缺失、历史背景的差异以及数字化产品的包裹，中华优秀传统文化的横向传播体现出极大的不适应性。

一方面，中华优秀传统文化的话语解读存在困难。中国文化属于高语境文化，表达情感含蓄而隐晦，更多地借助语境进行交流，讲究"言有尽而意无穷"。而许多西方国家属于低语境文化，不需要过多依赖语境去揣摩，主要依靠语言的组织和表达的逻辑性传递信息。因此，身处低语境文化中的人在理解高语境文化时极易出现理解偏差。另一方面，部分西方政客基于二元对立思维对中国文化进行恶意曲解，借此展开话语攻讦与舆论攻击。既往中国文化的国际传播实践倾向于"中式"表达，如使用"中国智慧""中国方案"等修辞手法进行叙事，其模糊而含蓄的隐喻恰好落入敌对势力的话语体系圈套。部分西方主流媒体别有用心地将其解读为"中式全球化"以及"霸权主义"，并利用"西强东弱"的国际舆论格局大肆渲染"中国威胁论"。

面对此种现状，中华优秀传统文化急需"世界主义"转译，寻求普适性的共享意义空间和基于人类天然共通情感的价值表达，在对中华优秀传统文化之精髓进行创造性转化与发展的基础上，实现跨越文化差异与意识形态对立的情感共鸣。

（二）共情表达：国家叙事与民间叙事自说自话

国家叙事强调共性，民间叙事强调个性。在中国文化的国际交往中，国家主体的对外表达以"人类命运共同体"理念作为指引，倡导文明的多样性和交流互鉴，在交往与合作中、在冲突与碰撞中，形成借鉴与融合的自觉。国家叙事以丰富多彩的人类文化图景和兼容并蓄的世界文明景观作为共同体的想象，强调共同体的文化合力才是解决当今世界共同难题和推动人类进步的动力。因此，在国家叙事的逻辑中，以世界文化共享理念和人类共同价值作为对话和沟通的介质，以期打破文化差异和群体隔阂，以情感价值带动中华优秀传统文化的传播。

然而，民间叙事常常以个性化、特色化博取关注。这种传播方式虽然能够吸引部分猎奇的受众，但也容易陷入过度娱乐化式的消遣，沦为一时的谈资，而非持久的文化记忆和文化认知。另外，文化的渗透力和作用力与其所在区域的历史发展有着千丝万缕的联系①,特色化内容的选取不利于中国文化的接地性阐释,从而加大文化误读的风险。再者,中华优秀传统文化的传播效果与传播主体的文化素养息息相关。若传播主体的文化素养不够或是一味追逐流量逻辑操纵的"能见度",则容易造成传播内容的低俗化。

当下,国家叙事和民间叙事还没有形成充分有效的协调机制,仍存在自说自话的现象。而缺乏融入共情的中华优秀传统文化国际传播顶层设计,是国家叙事和民间叙事自说自话的根本原因。民间叙事应在统一的战略部署下成为国家叙事的有力补充,避免因情感单一引发"共情免疫"。而现状却是,民间层面缺乏文化传播的自觉性,与国家叙事的协调统一度明显不够。这也将成为未来中华优秀传统文化国际传播工作的发力之处。

(三)共情内容:散点式分布,尚未形成共情合力

中华优秀传统文化的国际传播实践体系是一个复杂的有机体,它的传播效果是多重合力的结果。②在智能传播技术的加持下,"全球本地化"和"在地全球化"成为中华优秀传统文化在国际上具有生命力和感召力所必须把握的命脉。基于此,国际传播的重心下沉,将民间传播作为世界交往和民心相通的重要部署,以及国际社会文化交流与思想交融的重要渠道,也成为历史发展的必然趋势。

在"人人自成媒体"的数字时代,国际传播和国内传播的边界逐渐模糊,时空的距离感逐渐消失,社交媒体上的每一条动态、每一张图片都可能成为海外受众眼中的文化符号,无意识的国际传播每天都在发生。各自为战无法解决文化国际传播这类复杂性议题,系统设计、多层次参与的协同创新才是解题的关键。而当前,全民国际传播素养的培育明显不足,总体统筹、多方推进的传播格局仍然有待协调。多数传播内容呈现散点式分布,缺乏统一的目标、系统化的部署以及前置的议程设置,因此,无法触及受众深层次的心理认同,形成情感共鸣的合力。

传播内容共情合力薄弱的另一突出表现是,缺乏针对同一共情基点的线上线下有机融合模式,无法形成情感刺激的"组合拳"。数字时代,传播的竞争力正由传播内容向传播服务迭代升级。尤其是文化的国际传播,不能只是单纯的内容输送,还应为受众提供线上、线下匹配的沟通和反馈渠道,以及文化体验和周边服务,使受众从作品中汲取的情感能量得以表达和传递。但目前中华优秀传统文化的国际传播大都将精力倾注于内容的打磨,传播的智能化、场景化和服务化探索不够,因缺乏与海外受众的情感交流而导致亲和力不足。仅依靠内容共情不利于受众对异域文化形成整体感知,且共情点过于单一,容易导致共情审美疲劳,无法形成多层次、多维度的情感"共振"。

---

① 徐明华:《情感传播:理论溯源与中国实践》,北京:社会科学文献出版社,2021年,第163页。

② 张毓强,庞敏:《新时代中国国际传播:新基点、新逻辑与新路径》,《现代传播(中国传媒大学学报)》2021年第7期。

四、共情驱动机制下的中华优秀传统文化国际传播策略

基于共情视角下中华优秀传统文化国际传播中所面临的问题，立足于实现中华优秀传统文化"跨文化共情"的实践目标，本文着眼于共情传播的驱动机制，提出以跨文化的情感符号促进中华优秀传统文化之国际表达，以人类命运共同体理念寻求中华优秀传统文化之国际认同和以情感仪式互动深化中华优秀传统文化之国际交流的传播策略，以激活共情传播的情感本能驱动机制、理性引导驱动机制和社交需求驱动机制。

（一）以跨文化的情感符号促进中华优秀传统文化的国际表达

全球化趋势下，传播技术的更新迭代和媒介的深刻变革，一方面强化了"媒介即人体的延伸"，将媒介的研究由物理范畴扩展到心理范畴，受众的情感被赋予更多的关注；另一方面，国际传播实践也在互动中形成了新的权力格局。站在这样一个转型节点上，需要融通中外的新概念、新范畴和新表述来创新国际传播实践。

5G 时代，文字已不再是唯一的主流传播符号，图像和短视频成为流量时代的新宠儿。不同模态符号的组合应用和场景切换，能够高效凝聚多重符号意义。符号叙事学认为，符号是传递信息和表达意义独一无二的方式。文化是一个国家最典型的符号，人们通过符号可以识别文化，符号便成为不同文化之间交流和表达的主要工具。[①]但由于国际传播的特殊性，符号在异质文化间流动，其传输和解码的过程中难免出现"损耗"，以致文化符号在国际传播中存在传播失效的问题。基于此，文化间共通意义空间的符号构建和共同情感的符号表达就显得尤为重要，它不仅能够减少文化解码的误差，也能够激发情感本能驱动的共情传播。

1. 共通意义空间的符号构建

符号的所指具有多义性，传播内容和媒介形式携带着被符码化的意义和传播者的意图进入受众的视野，经过接收者译码转变为解释意义。这一译码过程经过不同文化主体的个性化阐释，使原本的文本表意出现多重流变，文化内涵在向多元方向拓展中大打折扣。因此，中华优秀传统文化的国际传播更应注重符号作为意义载体的构建。[②]

文化间共通意义空间符号的构建应择取具有最大通约性的主流但非强意识形态的价值符号。"主流"代表着既被国际社会普遍认同又符合时代发展要求。"非强意识形态"意味着不容易产生政治对立的解码联想。二者可以达成一定语境下的完美契合，实现传者与受者之间同频同质的符号互动和意义接收。同时，文化符号要尽可能简约化，便于传播与记忆。既往中华文化国际传播的经验告诉我们，越是简单的符号，越容易突破文化的阻隔，收获预期之外的认同。

---

① 杨懿：《符号学视域下中华传统文化的国际传播：基于贵州茶的观察》，《现代传播（中国传媒大学学报）》2020 年第 11 期。

② 肖珺，张弛：《短视频跨文化传播的符号叙事研究》，《新闻与写作》2020 年第 3 期。

另外，共通意义空间的符号构建需要在文化自信基础上基于共同体意识实现中华优秀传统文化的"世界主义"转译。中国文化是世界文化的一部分，中国文化与世界文化的交融有利于消解文化冲突，促进多元文化的共存。具体做法是，在尊重文化差异的前提下，寻找可通约的共通价值，以融通中外的符号调适文化距离，加强对话和交流，从而实现"世界主义"的文化共情。

2. 共同情感的符号表达

文化间共通意义空间的构建是共同情感表达的基础，而共同情感的国际表达是实现共情传播的前提。不同国家和民族的文明发源、历史进程、思维模式等大相径庭，对文化的解读和情感的解码方式必有所异。因此，以受众为主导成为中华优秀传统文化国际传播的有益思路。即从"受众视角"出发，尝试从他者文化和语境进行理解，揭示潜藏的文化冲突和解码困境，进行预先调试，减少实践中的"文化折扣"。

共同情感的符号表达要注重从情感本能层面驱动文化认同。最容易激发情感本能的无疑是人类最质朴的亲情、友情与爱情。无论国籍、种族与地位，作为父母、朋友、爱人的共同身份是跨越文化差异，凝聚情感共识的首选。首先，识别中华优秀传统文化中的上述情感符号，辅之以视觉效果的加工，声音氛围的烘托和虚拟现实技术赋能的沉浸体验，唤醒异质文化受众的情感共鸣；其次，以多元化的文化周边和文化产品推动情感分享，使受众自发地产生分享欲，生成线上线下同步的文化传播。在此基础上，中华优秀传统文化基于个体社交网络逐级扩散，最终通过情感的汇聚、交流，沉淀为文化记忆，形成基于情感本能驱动的群体共情。

（二）以人类命运共同体理念寻求中华优秀传统文化的国际认同

文化认同是一种意向性反应，具有对内增强凝聚力和捍卫群体利益的正向功能。认同的过程必然也是"排异"的过程，是群体内成员对塑造生活方式的价值体系和文化氛围的维护。以中国为代表的东方价值体系起源于儒家文化，崇尚"和而不同"的文明观、"怀柔远人"的天下观和"以义为先"的义利观；以美国为代表的西方价值体系起源于古希腊的哲学思想，崇尚个人本位和自我中心，追求平等与自由。这两种价值体系起源不同、价值取向和交往观念也不相同，但不存在优劣之分。国际传播，是异质文化间的交流与碰撞。在中华优秀传统文化的国际传播过程中，应避免站在制高点进行价值判断与指摘，而应关注人类整体诉求，在价值中立中寻找价值关联，求同存异，共同发展。

人类命运共同体理念根植于中华优秀传统文化，它是对中华优秀传统文化的继承和在新时代条件下的创新与发展[1]。同时，人类命运共同体理念也是当前国际交往的最佳理念，它没有明显的价值导向，而是基于对人类共同命运的关切，寻求不同文化共生共荣的合力。以人类命运共同体理念作为中华优秀传统文化国际传播的战略指引框架，可以

---

① 郝文欣，刘汉一：《人类命运共同体思想的中国传统文化意蕴》，《江南论坛》2020年第3期。

统一各层级对外叙事的话语体系，解决目前中华优秀传统文化传播中国家叙事和民间叙事自说自话的现实问题。

中华优秀传统文化是共情的文化。"老吾老以及人之老，幼吾幼以及人之幼"是一种共情的"敬爱"观，"己欲立而立人，己欲达而达人"和"己所不欲，勿施于人"是一种共情的"忠恕"观，"兼爱非攻""恻隐之心"是一种共情的"博爱"观。人类命运共同体理念作为中华优秀传统文化精髓的体现，其本身也是共情的价值观①。它蕴含着"天下和合，共为一家"和"民吾同胞，物吾与也"的大局观，体现了"天下兴亡，匹夫有责"的大国担当和博大情怀，同时又具有时代的创新性和逻辑的度越性。从理性层面来讲，在世界普遍交往，各国各民族唇齿相依的今天，全球疫情形势依然严峻，经济一体化更加深入，气候问题异常突出，人类命运共同体理念也应是当前各国作为地球村成员的理性选择。全球各国只有共商共治、共建共享，才能实现共赢共荣，一起走向人类更美好的明天。因此，以人类命运共同体理念聚焦人类共同的价值追求和情感诉求，引导理性驱动的共识达成，唤醒异质文化他者的潜在共情，能够助力中华优秀传统文化的国际传播。

（三）以情感仪式互动深化中华优秀传统文化的国际交流

仪式起源于宗教的祭祀活动，是人类社会特有的秩序形式。它是特定文化意义和精神的表征，也体现着一定的社会关系。戈夫曼曾说，仪式代表了设计行动符号的意义以及呈现给特有对象的价值②。此后，他受社会仪式研究的启发，提出了"互动仪式"理论。该理论认为，互动仪式可产生强大的情感能量，这种情感能量是对群体仪式互动充满热情和认同的能量，能够生发共同的情感认知以及文化认同。仪式互动创造了一种具有文化符号的情境，这一符号被群体成员共同关注与认可，通过有节奏的仪式互动分享意义，激发群体成员形成想象的共同体，推动实现"集体兴奋"以及"集体团结"。仪式互动可以形成强有力的共情效应，产生理想的文化传播效果。

针对目前中华优秀传统文化国际传播内容分散、无法形成共情合力的现状，跨文化的仪式互动，形成共同体想象，无疑可以弥补这一缺憾，增进异质文化间的理解。如今，低延迟高并发的流媒体技术为虚拟在场的仪式互动提供了天然的际遇空间。无论现实相距多远，实时同步的画面与声音都能打破空间的阻隔，形成可视化虚拟在场。通过中华优秀传统文化元素的设计与融入，以及互动场景和权益挖掘，吸引个体的加入。随着有节奏的仪式互动和反馈强化，群体凝聚力和共同体认同逐渐加强，文化的交流与讨论更加深入，共同体内的"自己人"和"局外人"产生了隐形的区隔。与此同时，群体成员

---

① 马龙，李虹：《论共情在"转文化传播"中的作用机制》，《现代传播（中国传媒大学学报）》2022 年第2 期。

② E.Goffman:*Interaction Ritual*,New York:Doubleday,1967,pp.2.

逐渐稳定，在情感能量的刺激下产生从"围观"到"参与"的关键行为转化，群体共情也内隐地完成了由认知共情、情感共情到行为共情的过渡。中华优秀传统文化在这一过程中趋于具象化、可理解、有吸引力。仪式能够激发情感，情感也会进一步提升和回应仪式体验。经过固定频率的情感仪式互动强化，共情的合力得以凝聚。

在如今开放性的网络交互情境下，情感需求成为参与互动仪式的内在动力。透过微观互动仪式有节奏地推进情感体验，使受众全身心投入到互动链条之中，并享受其带来的情感满足。在虚拟共在的仪式互动之外，基于共同情感和彼此认同的亲切感往往会引发附加的线上及线下社交活动，超越仪式的"圈层"就此形成。互动仪式与社交需求彼此成就，也孕育了积极的群体共情。文化传播贯穿始终，并在共情的推动下指引着深层次的文化探索与交往融合，最终达到中华优秀传统文化与其他文化深入交流的目的。

五、结语

随着中国逐渐走向国际舞台的中央，文化日益成为综合国力竞争的主战场和前沿场域，中华优秀传统文化的国际传播肩负着民族复兴和重塑世界文化格局的重要使命。在智能传播技术迅猛发展的趋势下，基于个性化的情感需求不断增长，共情理论视角的文化传播实践或可成为中国增强国际传播力的重要突破口。但不能忽视的是，中华优秀传统文化的国际传播之路任重而道远，不仅需要政府、媒体、企业和学界的共同努力，也需要全体国民不断培育国际传播意识，提升国际传播素养，形成文化传播的自觉性。

四、新媒介技术场景下的性别文化传播研究

主持人语

  性别文化是中华传统文化的重要组成部分，也是当今媒介化社会再现的重要人文景观。媒介作为优秀传统性别文化和先进性别文化传播的重要载体和渠道，面对当前新媒介技术场景的多元性与复杂性，面对传统、现代、后现代性别文化的碰撞和冲突，该如何融通、创新与自洽成了一个显性而重要的时代命题。马克思说过："人的本质并不是单个人所固有的抽象物，在其现实性上，它是一切社会关系的总和。"这就说明人们关于男人和女人的认识是与一定的社会文化环境分不开的，而这个社会文化环境很大程度上是由媒介来传递和塑造的。由于媒介传播的广泛性和深入性，它使人们在日常生活中会不知不觉地接受到来自媒介文化意识形态的影响，这种影响不仅涉及男性的观念结构，也渗透到女性的心灵深处，从而不断地改变着女性看待自身的价值标准。

  本栏目从新媒介技术场景出发，以具有生命体验的性别文化实践为着眼点，探讨与建构女性的主体精神，致敬性别意识觉醒、触摸媒介性别敏感、发现性别创新力量。如曾丽红、钟洁柔以经典游戏《恋与制作人》为研究个案，采用文本分析、参与式观察和深度访谈法，探究乙女向游戏对女性受众的主体性与认同感的建构。徐来、艾奕嵘从社交传播时代下的女性消费主义视角出发，对"网络拼团名媛"群体的行为进行了分析，探寻该现象背后的文化批判价值，揭示现象中网络"群氓狂

欢""商品拜物教"等问题的本质。王艺、黄琦超则从打造电子口碑、构建社会场域和打造IP圈层三个层面，剖析当下剧本杀发展的创新路径，并从融合文化元素、游戏化医疗、产业跨界融合和探索元宇宙建设四方面，前瞻性地探讨剧本杀行业发展实践与性别秩序建构的新趋势。尽管专栏文章研究进路和理论视角不同，但共同致力于探索和解决媒介性别与文化传播议题，给人启思。

（广州大学新闻与传播学院教授　曾丽红）

鼓浪屿的回忆（水彩）　作者：罗萍

探析乙女向游戏对女性的主体性与认同感建构

——基于《恋与制作人》的个案研究

曾丽红　　钟洁柔*

（广州大学新闻与传播学院，广东广州，510006）

摘要： 随着国内游戏产业的持续发展，以女性玩家为主要目标受众的女性向游戏逐步涌现。2017 年底一炮走红的乙女向游戏《恋与制作人》迅速打开了国内游戏市场，同时催生了女性意识的萌动和觉醒。本文选取其为研究个案，采用文本分析、参与式观察和深度访谈法，探究乙女向游戏对女性的主体性与认同感的建构主题。研究发现，《恋与制作人》通过彰显女性意识话语、建构女性叙事视角、凸显女性权力体系三个维度建构了女性的主体地位。与此同时，女性在游戏互动与社交互动的过程中形塑和加深了自我认同与群体认同感。

关键词： 乙女向游戏；女性；主体性；认同感；《恋与制作人》

近年来中国游戏产业持续增长，据《2020 中国游戏产业报告》数据显示，中国游戏市场 2020 年的实际销售收入 2786.87 亿元，比 2019 年增加了 478.1 亿元，同比增长 20.71%，而游戏用户规模达 6.65 亿人，同比增长 3.7%。[①] 其中移动游戏市场持续升温，占据国内游戏市场主要份额。游戏已然成为大众日常娱乐活动，尤其是伴随着互联网的发展，游戏从 PC 端向移动端转移，更多年轻玩家加入游戏阵营，女性玩家成为游戏市场中越来越重要的消费群体。2017 年《恋与制作人》横空出世，吸引了国内大批女性玩家

---

　　* 作者简介：曾丽红（1976—），女，湖南邵阳人，广州大学新闻与传播学院教授，研究方向：社会性别与媒介文化。钟洁柔（1998—），女，广东茂名人，广州大学新闻与传播学院网络与新媒体系本科生，研究方向：媒介文化。

　　基金项目：本文系国家社会科学基金一般项目"社会性别视角下女性媒体工作者的职业发展研究"（项目编号：18BXW034）的阶段性成果。

　　① 中国产业信息网：《2020 中国游戏产业报告》，2020 年 12 月 17 日，http://www.cgigc.com.cn/gamedata/22132.html，2022 年 07 月 01 日。

的视线。上线 15 天内，该游戏首月玩家数量突破 700 万，日活跃用户高达 200 万以上，[①]
女性玩家占游戏总用户比例超过九成[②]。《恋与制作人》开拓了国内乙女向游戏市场，"乙
女"意为未婚少女，乙女向游戏最初的受众群体是年轻女孩，旨在满足少女们对美好恋
爱的憧憬。当下越来越多的年轻女性通过代入游戏中的女主角色在虚拟环境中体验恋爱
感，领悟游戏传播的主旨内涵与人生真谛。作为一种娱乐化媒介，乙女向游戏是现实生
活的镜像，它通过游戏规则隐而不宣地完成了女性主体性与认同感的建构，因此深受女
性喜爱。然而，如何建构？为何建构？这个问题值得深入探究。

一、研究方法

本文选择个案研究法、文本分析法、参与式观察与深度访谈法相结合的质性研究方
法。《恋与制作人》于 2017 年进行全平台公测，如今其背后衍生的 IP 价值——动画、线
下主题活动、同人大赛、周边开发、异业合作与品牌联动等 IP 生态逐步多元化。研究者
通过亲身体验《恋与制作人》的游戏过程，对游戏中的剧情、人物关系、规则设定、互
动体系等进行观察，并参与到游戏社区中对游戏内容和游戏玩家进行观察，从而获得第
一手数据资料。文本分析法包括详细阅读和分析游戏文本和相关评论，深入解读文本背
后的深层意涵，如通过游戏剧情设置、人物关系、游戏规则剖析游戏角色的性格特征与
价值观等。研究者对《恋与制作人》的游戏文本进行反复观摩，深入探究文案、人物设
定，力图解读文本中关于女性形象、两性关系等内涵，揭示其中包含的深层意义。此外，
研究者从性别意识、互动行为、游戏趋势三个维度与 22 位女性玩家进行了直接的、一对
一的深度访谈。据极光大数据显示，《恋与制作人》70% 的玩家在 24 岁以下。[③]本文选取
的访谈对象年龄大部分在 24 岁以下，访谈对象均为使用游戏超过 3 个月以上的女性资深
玩家。由于访谈对象所处地域不同，访谈主要通过 QQ、微信、微博等线上平台进行，每
次访谈时间约为 1.5 小时。受访对象信息如下：

表 1　受访者信息表

编号	姓名（游戏 ID）	年龄	职业	学历	使用游戏时长	采访方式
F1	声声	16	学生	高中	1 年	微信
F2	花井雅晴	17	高中	本科	3 年 1 个月	微博私信
F3	柒柒	17	学生	高中	3 年	QQ

---

① 极光大数据：《极光洞察:〈恋与制作人〉有多火？上线不足一月，玩家突破 700 万》，2018 年 1 月 12
日，https://mp.weixin.qq.com/s/8I0-cP88VcoqY_FxP4IwbQ，2022 年 07 月 01 日。
② 极光大数据：《数据报告：2018 年 2 月女性手游用户研究报告》，2018 年 3 月 22 日，https://mp.weixin.
qq.com/s/X8sAPG-h1P7wfOBnXbOOxw，2022 年 07 月 01 日。
③ 极光大数据：《极光洞察:〈恋与制作人〉有多火？上线不足一月，玩家突破 700 万》，2018 年 1 月 12
日，https://mp.weixin.qq.com/s/8I0-cP88VcoqY_FxP4IwbQ，2022 年 07 月 01 日。

编号	姓名（游戏 ID）	年龄	职业	学历	使用游戏时长	采访方式
F4	薯片小姐	17	学生	高中	1 年	微博
F5	俞木川	18	学生	本科	1 年	QQ
F6	意欢	19	学生	本科	2 年 6 个月	微博私信
F7	赵琳曦	19	学生	本科	3 个月	微博私信
F8	婕婕	20	学生	本科	4 个月	QQ
F9	南山	20	学生	本科	3 年 3 个月	QQ
F10	静静	21	学生	本科	3 年 3 个月	微信
F11	路寻何处	21	学生	本科	3 年 1 个月	QQ
F12	筱智	21	学生	本科	1 年 6 个月	微信
F13	徐子雨	21	学生	本科	2 年	微博私信
F14	徐徽雯	22	学生	本科	3 年 3 个月	QQ
F15	蓝泽鸢黎	23	学生	本科	3 年	微信
F16	灵魂	24	自由职业	高中	3 年 2 个月	QQ
F17	十一	24	待业	本科	1 年 1 个月	QQ
F18	天台伤别离	24	学生	博士	2 年	QQ
F19	璇	24	待业	专科	6 个月	微信
F20	野崎	24	学生	硕士	2 年 3 个月	微信
F21	拾玉	25	公司职员	本科	3 年	QQ
F22	舔酸奶盖的仙女	25	公司职员	本科	2 年 3 个月	微信

二、《恋与制作人》游戏攻略

在乙女向游戏中，玩家通过代入游戏中的女主角色，与两个或两个以上男性可攻略对象一起经历各种故事，产生情感体验。自 2012 年起，受当时"玛丽苏"网文和同人潮流的影响，以霸道总裁、宫廷争斗、江湖侠义为题材的作品得到国内女性喜爱。橙光游戏则借助轻松简单的互动创作，为乙女向游戏提供了载体，孕育了本土化的乙女向作品。芜湖叠纸网络科技有限公司研发制作的《恋与制作人》自 2017 年 12 月上线以来，深受女性玩家追捧，开启了国内乙女向游戏市场。

（一）游戏剧情设置

作为一款超现实恋爱经营类游戏，《恋与制作人》融入了软科幻的背景元素，主要以抽卡养成的玩法开展。在游戏世界中，玩家作为女主角需要运营公司、提升卡牌战斗力，以此解锁剧情，探寻世界真相。父亲去世后，女主角继承了父亲创建的影视公司。为完成与父亲的约定、挽救即将倒闭的公司，女主在毕业后全身心投入到公司的运营和节目制作当中。在制作节目的过程中，女主先后与五位可攻略男性角色相遇，与他们联手查明真相、化解危机。剧情整体是从女主角的视角展开,让玩家以"自我"的视角关注剧情走向,揣测"自我"与可攻略男性角色的未来发展。

（二）游戏人物设定及相关解释

游戏共有五位可攻略男性角色,游戏人物设定和相关解释如下:女主角:22 岁,曾失去幼时记忆,是特殊的超能力者,拥有激发他人 Evol 的超能力,是黑天鹅组织计划启动的关键因子。李泽言:28 岁,华锐集团总裁,Souvenir 店长兼主厨,超能力是时间操控。他威严霸气,只讲规则和利益,商业头脑出色,领导能力极强,实则内心柔软。许墨:26 岁,天才科学家,恋与大学客座教授,黑天鹅组织高层之一,超能力是复制。他儒雅清俊,双商极高,深谙为人处世之道,同时神秘莫测。白起:24 岁,超能力特警,超能力是风场控制。他我行我素,桀骜不驯,但勇敢果断,崇尚正义,坚毅的眼神里隐藏着不为人知的温柔。周棋洛:22 岁,超级巨星,世界顶级黑客,黑天鹅组织高层之一,超能力是绝对吸引、绝对控制。他阳光开朗、真诚坦率,深谙现实的黑暗面却不受影响,在关键时刻机智沉稳。凌肖:20 岁,恋与大学考古系研究生,超能力是雷电控制。他个性张扬,性格强势,内心沉静温柔细腻。

红皇后假说:游戏中遵循的行为准则。在残酷的自然竞争中,一个物种要比别的物种进化得更快才能在生态系统中获得有利地位,因此人类应该主动寻求进化,才能成为自然的主宰。Evol:游戏中只体现在极少数人身上的特殊超能力。拥有 Evol 的人被称为 Evolver,也就是超进化人类。BLACK SWAN:统称 B.S 组织,亦称黑天鹅组织。它对外宣称自己是一所基因科学研究机构,最早是一所由科学家和商人成立的秘密地下研究所,经过发展、重组,成为一个庞大而神秘的跨国组织。BLACK SWAN 计划:又名"完美人类基因改造计划"。这个计划试图通过研究 Evol 基因找到改造人类基因的方法,让正常人通过基因改造成为 Evolver。BLACK SWAN QUEEN:Evolver 中的特殊超能力者。QUEEN 的基因能够唤醒、增强 Evolver 的超能力,是 BLACK SWAN 计划启动的关键因子。

（三）游戏沉浸式体验

游戏的核心玩法是卡牌养成,卡牌主要是五位可攻略男性角色,每张都有不同的卡面形象和卡牌数值。玩家通过代入女主阅读剧情,在主线剧情推进的过程中,玩家需要制作节目,即通过合理安排已有的卡牌应对挑战,获取经验和升级材料。除主线剧情外,游戏中还有与可攻略男性角色的约会剧情,约会场景基于现实,剧情大都贴近现实情侣的互动。《恋与制作人》设有手机互动和陪伴系统,玩家具备控制权和主动权,可根据自身喜好选择与男性角色之间的互动。玩家可以通过抽卡、养卡等方式累计好感度和活跃度,触发手机互动系统,接收短信、电话和朋友圈等。玩家可以选择性回复,触发可攻略男性角色的不同回答,甚至可以利用手机主动与男性角色分享心情,玩猜拳、投骰子等。陪伴系统则分为"在你身边"和"去见他"两大板块。"在你身边"是模拟场景语音，玩家戴上耳机，听游戏语音，能感受到男性角色仿佛在耳边私语。"去见他"则可以与男性角色互动，选择出行的衣服、场景。同时还有"日夜陪伴"，玩家可选择男性角色陪你一起学习、工作、背单词，甚至利用 AR 相机一起拍照，或设置闹钟，让他在某个时间提醒你该做的事情。此外，游戏推出 live 2d 系统，让男性角色动起来，使陪伴系统更具现实感，增加玩家对虚拟人物的互动倾向和情感沉浸。

三、《恋与制作人》对女性的主体性建构

乙女向游戏《恋与制作人》叙述的是"发生在一个虚构的，但原则上是可能产生的模式世界中的戏剧性事件"。[①] 在虚构的游戏世界里，女性玩家能够摆脱现实社会中传统性别秩序的羁绊，重构两性关系和女性主体地位。

（一）彰显女性话语意识

话语权力是福柯的核心理论。福柯曾在《话语的秩序》中表明：话语就是权力，话语和权力联系紧密，不可分割，话语体现权力，而权力能够控制和影响话语。在游戏市场中，男性向来掌握话语权。主流游戏大多以男性为主要受众，站在男性视角设置剧情、塑造人物角色，因此女性在游戏中成为"在场的缺席者"。作为国产首款乙女向游戏，《恋与制作人》突破市场主流游戏中以男性玩家为主要目标群体的设计，大胆地以女性话语展开叙事，将爱情、职场、现实、软科幻等元素与女性主义理念融合。游戏以女性为主角创设故事情节，打破女性刻板印象，展示出男权社会制度下的另一种话语体系。在叙事的过程中，女性扮演主角，可以自行选择"话语"，话语选择影响部分游戏情节走向。这种女性话语权力的实现"负载着某种能够超越私人领域和虚构范围、在新兴的公共'圈子'里建立女性主体地位的因素"。[②] 女性玩家被赋予自行选择"话语"的权力，同时还背负着成长的使命，"爱和梦想都要棋逢对手"充分体现在游戏剧情中。由玩家扮演的女主不仅拥有话语权，还努力追逐梦想和爱，代表了女性在游戏中的性别权力优势，彰显其为表达女性话语和建构女性主体地位所做出的努力。

（二）建构女性叙事视角

"权势总是存在的，它隐藏在一切话语之中，即使当话语产生于权势以外的某处亦然。"[③] 从游戏情节的叙事上来看，《恋与制作人》将女性置于叙事中心，站在女性的视角展开游戏剧情。

---

① 克里斯蒂安·黑尔曼：《世界科幻电影史》，陈钰鹏译，北京：中国电影出版社，1998 年，第 2 页。
② 张兵娟：《电视剧叙事：传播与性别》，开封：河南大学出版社，2009 年，第 293 页。
③ 罗兰·巴尔特：《符号学原理》，李幼蒸译，北京：生活·读书·新知三联书店，1988 年，第 3 页。

1. 女性成长的叙事主题

游戏中女主的职业是影视节目制作人，全权负责节目的制作与导向，同时是一家影视制作公司的管理者，负责公司的日常经营及管理。她受到公司员工的爱戴，也得到相关投资方和专家的一致好评。"在这个国度中，必须不停奔跑，才能使你保持在原地"是游戏世界奉行的行为准则，游戏里塑造了一个虚拟的、促使女主成长的环境，为探寻真相、拯救世界，女主必须主动寻求成长，摆脱现实中柔弱、附属于男性的形象，成为游戏世界中的最强者。为拯救濒临倒闭的影视制作公司，女主主动寻找投资方赢取机会；超能力开始觉醒时，女主经过挣扎后接受现实，主动寻找真相，摆脱困境；面对心仪的男性角色，女主从害羞被动到主动示爱，收获了爱情的甜蜜。不管是能力方面，还是感情方面，女性成长的故事主题始终贯穿主线和剧情，在游戏中，女性不再是软弱的代表，而是坚强勇敢、积极进取的化身。

在游戏里，女主的工作并非一帆风顺。在工作当中，游戏中的女性角色只有职业方向的不同，不存在性别歧视。游戏中的女性在面对职场困境时，语言是理性的、富有逻辑的，她们与男性处于平等的职场地位。游戏中的爱情关系亦是平等的。可攻略男性对象会通过发信息、朋友圈和打电话等方式主动与女主进行互动，由玩家扮演的女主也可以自行选择回复。在互动过程中，可攻略对象始终保持着友好、爱护的态度，他们会支持女主的工作，也会主动为女主分担家务。面对爱情，除了接受示好，女主也会勇于表达并主动追求，为对方策划惊喜，安抚对方情绪。在游戏的爱情关系里，女性不再被动地等待，而是与男性一起主导恋爱关系的走向，共同用心经营彼此的感情。

2. 风格迥异的女性气质

男权主导的社会秩序建构了一套标准化的两性性别气质，男性通常被塑造成为豪爽坚强的阳刚气质，女性则被赋之以温柔软弱的阴柔品格。这种二元对立的性别气质被广泛认同，进一步强化了传统性别规范。《恋与制作人》的女性角色并非局限于固化的性别气质，她们有着风格各异的精神面貌，如表2：

表 2 《恋与制作人》女性角色设定统计

女性角色	精神气质	角色设定
安娜	言而有信、沉稳可靠	制片主任
顾梦	脾气暴躁、成熟专业	现场导演
娇娇	性格外向、专业自信	美妆博主
金刚女	外向叛逆、热爱搏击	街头老大
丽丽娜	细心爱美、自信坚定	网红
林萌萌	可爱纯真	甜点师
牛鲜花	嘴硬心软、热情机敏	教导主任

续表

女性角色	精神气质	角色设定
佩姬	理性严格、有学识	心理学教授
乔伊	理性专业	造型师
秦碧玉	醉心史学、彬彬有礼	历史学者
苏菲	热情幽默、乐观外向	空姐
孙小蒙	迷糊宅家、细心认真	作家
泰森娜	勇敢叛逆、喜爱健美	健身教练
脱兔	害羞、喜欢极限运动	编剧
杨婕	脾气暴躁、果敢毅力	导演

《恋与制作人》中的女性都拥有独特的精神气质，她们在游戏中担任着不同的角色，对推进游戏进程有着重要作用。这种打破刻板化的传统性别范式、弱化传统性别气质的人物设定，赋予了女性作为能动主体所能具备的生动复杂意涵。

（三）凸显女性权力体系

"话语即权力"，权力生成话语，话语反过来影响权力。在现实生活中，"男尊女卑"的性别秩序一直以秘而不宣的形式存在着，话语的实践往往映射出两性的权力关系，受男权体制影响，身处劣势的女性总是处于"失语"状态。但在《恋与制作人》剧情里，可攻略男性角色却对女主说出这样的话：

就算你想要这个世界陷入混乱，就算你想要它立刻灭亡，都是你能做的选择。

不过呢，没有时间留给你继续犹豫了，这个世界迄今唯一的Queen。

如果说人类是自然的造物，那Queen可以说是不可能存在的造物。

这世界唯一的变数是你，不能回头就继续往前。

游戏话语遵循着一套规则：女主是独特且关键的存在，游戏剧情运用了独特性、唯一性和决定性的词语，明确指出女主是影响剧情走向最关键的一环。女性话语受到肯定，而话语作为权力的载体，为女性实现权力提供了空间。在游戏塑造的虚拟世界里，只有极少数人拥有"Evol"，拥有超进化基因的人被称为"Evolver"，即超能力者，他们与普通人相比，有绝对压倒性的能力。玩家扮演的女主被设定为"Queen"，具有唤醒和激发他人"Evol"的能力，位于权力体系的顶端，是影响游戏世界走向的最重要因素。在超能力面前，由男女性别带来的差异是微不足道的，游戏借助超能力的设定重新分配性别的权力，重构一个新的权力体系。女主位于话语与权力的中心，具有天然的优越身份以及对剧情走向的控制权，解构现实性别秩序中的男权倾向，为女性权力体系背书和代言。

女性成为"凝视"主体，在凝视中，凝视者是主体或自我，被凝视者被称为客体或他者。"凝视的一个重要方面就是其性别化的观看权力"①，受男权文化影响，凝视并非普通的观看，而是承载着观看者的欲望，"被凝视"成为女性的桎梏，长期生活在男性凝视中的女性变成被男性操控的对象。《恋与制作人》一反常态，将男性转换成凝视客体，女性在游戏中拥有了凝视的权力，成为凝视主体。在游戏过程中，"看"这个动作反复出现，尤其是在女性选择可攻略角色的卡牌时。男性角色在游戏中出现露肌肉、秀身材的场景，作为被凝视的一方，男性变成承载女性欲望的客体，这种对峙无形中消解了以男性凝视为中心的男权社会体系。当"男性凝视"变成"女性凝视"时，男性变成"他者"，承载着女性的主体欲望。一旦女性拥有凝视的权力时，其作为主体的性别意识开始苏醒与生长。

四、《恋与制作人》对女性的认同感建构

随着新媒体技术的发展，传播的主客体互动性得到加强，受众作为信息传播的最终交汇点，由过去单纯的信息接收者转变为信息生产者与创造者。在此学术语境下，女性主义衍生出新的派别——赛博女性主义。赛博女性主义是女性主义在互联网时代新的理论实践，主要指在虚拟空间带有女性特质或女性主义特点的互动行为。"赛博格概念有利于对自我的重新建构，能促进人们包括女性敞开自我，与世界融合，以此促进社群主义。"②女性玩家借助《恋与制作人》这一赛博空间，突破二元对立的性别身份，在游戏和人际互动中重新建构新的身份认同。

（一）游戏互动中女性的自我认同建构

游戏互动是玩家与游戏内容之间发生的互动，主要包括使用游戏内容和创建与游戏相关的内容。不管何种形式的互动，玩家都会将自身的思想行为投射到游戏之中，接收到游戏内容的反馈。经过参与式观察及与多名女性玩家交流发现，《恋与制作人》女性玩家与游戏之间的互动主要包括她们对女主角的代入和对可攻略男性角色的选择、对游戏内容的消费以及对游戏内容进行相关二次创作。游戏搭建了一个虚拟空间，供女性玩家与游戏进行信息互换，这个互动过程是女性发现自我、寻找自我的过程，也是游戏反作用于玩家的过程。

1. 角色代入及选择映射自我认同

在与游戏互动的过程中，玩家投射了个人情感，这种情感也会作用于玩家自身，折射出玩家的自我认同。美国社会学家雪莉·特克提出虚拟世界中的"化身"这一概念，她

①　陈光霓：《凝视：莎乐美主体性的建构与解构》，《外国文学研究》2013 年第 2 期。

②　金春枝：《赛博女性主义对性别二元论的突破及其价值体现》，《求索》2021 年第 2 期。

指出"化身"是人们在虚拟世界中的一种自我替代，是一种理想的自我认同。① 游戏里的女主角代表的是玩家自己，这个化身可能是她们现实生活中个人形象的投射，也可能包含她们理想中自我形象的构建。

　　"游戏里的'我'是个善良且勇敢的人，即使'我'能力不够，也会尽力解决事情，勇敢面对困难……选项互动中，我更偏向自己的真实选择。"（受访者 F12）

　　"面对不同的男性角色，游戏里的'我'性格有所不同，比如面对李泽言的'我'有些幼稚，面对许墨的'我'则会温柔一些……这么多种性格的'我'，还是能找到代入点的。"（受访者 F14）

　　"恋与给我带来很多正能量……在现实中我比较沉闷，我希望自己能活泼、坦诚一些，像游戏里的女主角一样，去发现生活中的闪光点。"（受访者 F9）

　　乙女向游戏主打的是代入感，玩家以第一视角体验游戏，代入自身感情解读游戏内容。访谈发现，《恋与制作人》玩家或多或少都会将游戏中的情感和现实中的情感交织在一起，形成自我认知结构。此外，每位玩家对男性可攻略角色的选择都保留其独特的想法，并借助角色选择来表达和建构自己的恋爱观和择偶观。

　　"我最喜欢白起，说到现实择偶的话，还是倾向于自己喜欢的类型。我男朋友就是和白起同一类型的。"（受访者 F21）

　　"我在现实中的择偶观和游戏角色选择一致，我是一个有感情洁癖的人，他喜欢女主，会和其他女生保持距离，这一点比较符合我的期待。"（受访者 F10）

　　"我最喜欢李泽言，他可太甜了。但哪有这么完美的男朋友，现实中我更期待相处舒服的、双向奔赴的爱情。"（受访者 F7）

　　玩家代入角色，实则将现实中的自我投射在游戏角色上，塑造出一个理想的自我形象，而对男性角色的选择隐喻了她们对择偶观的建构。在这个虚拟化自我成长的过程中，玩家认清了自己，形成独特的恋爱观和价值观，从而构建出自我身份认同。

　　2. 游戏消费满足自我认同

　　《恋与制作人》的消费项目主要是卡牌。游戏角色的卡面设计大都精致细腻，玩家出于审美的追求和对男性角色的"凝视"欲望，产生了对卡牌的占有欲。卡牌的获取无须耗费玩家大量精力，也不需要复杂操作，每张可攻略角色的卡牌都附带一定的互动，激

---

　　① 雪莉·特克：《虚拟化身：网络时代的身份认同》，谭天、吴佳真译，台北：远流出版事业股份有限公司，1998 年。

励女性玩家不断花钱买卡，与男性角色产生恋爱情感体验。

> "氪金就是很快乐，给自己男人花钱，别人管不着。"（受访者 F3）
> "氪金当然是为了累充卡，因为卡好看！这大概是颜狗的日常。"（受访者 F17）
> "为了满足游戏需求，氪金也是值了。我这么说吧，可以满足自己的少女心，体验不同性格角色带来的心动感觉。"（受访者 F22）
> "现在比较吸引我的就是卡面了，超喜欢收集的乐趣，看着图鉴慢慢满起来就有一种成就感。"（受访者 F7）

从玩家个人角度来看，游戏消费在一定程度上满足了她们的主体欲望。通过花钱获取卡牌，得到满意的卡牌收集进度，可以让玩家获得成就感，进而肯定自己。女性玩家拿到卡牌，实则是实现自身对男性角色的凝视欲望，将自己在现实中无法实现的情感转移到游戏角色身上，反映出玩家在追求和幻想恋爱关系中对男性的控制欲和占有欲。

3. 游戏二次创作加强自我认同

作为一款乙女向游戏，《恋与制作人》具有开放性、可加工的特点，这就为游戏玩家提供了足够的想象空间以及与游戏相关二次创作的可能性。相当一部分玩家热衷于二次创作，这种通过二次创作衍生出来的游戏文化产品被称为"同人作品"，主要有游戏攻略、同人文章、同人画作、同人视频等等，这些二次创作作品受到游戏官方支持和游戏玩家认可。这时的玩家摆脱了单纯的消费者身份，成为具有自主性的内容生产者。

> "创作过同人文章，无非是为了成全他们的值得，成全我们的意难平。"（受访者 F6）
> "会做一些同人图和剧情分析。我记得有投稿过，自己的成果被认可还是挺高兴的。"（受访者 F15）
> "我写过许墨同人文，比如在我学习的时候，有了灵感，就写了。如果我能成为一个优秀的写手该多好。"（受访者 F20）

玩家不只是单纯接收游戏给予的信息，而是带着对游戏的热爱和表达情感的冲动有选择地、主动地创造，衍生出游戏相关的同人作品，以获得情感上的满足。有些玩家还愿意将自己的作品公之于众，收获其他玩家的关注及认可。在二次创作的过程中，玩家不仅满足了情感表达的冲动，还获得了自身对话语权的掌握，这有助于她们打破传统女性的从属地位，对性别形成新的认知和建构，更加独立、主动地表达自我。

（二）社交互动中女性的身份认同建构

玩家有注重社交的特性，通过访谈发现有不少玩家是被朋友推荐去玩这款游戏的，她们会在社交平台上发布游戏相关动态，活跃在游戏社区里，形成了一个个小群体。在人际互动传播中，没有固定的传者和受者，每一位玩家都作为主体进行活动，《恋与制作人》成为承载着复杂社会关系、以自我为行为主体的虚拟社会。她们在这个虚拟社会里接触其他游戏玩家，与所属的玩家群体产生互动，找寻群体身份感，进行群体身份认同建构。

1. 在专属语言中构建群体身份认同

"语言是文化的媒介，是认同或身份的象征符号。"① 语言在群体身份认同中起到确认作用。自《恋与制作人》上线以来，大批玩家建立起拥护游戏可攻略男性角色的阵营。她们在各个游戏社区中进行互动，组建群聊，探讨游戏剧情，研究游戏攻略，制作游戏相关作品，参与和游戏相关的线上或线下活动。通过不断的互动，她们确认自己对游戏和喜爱角色的认同，肯定自身身份，构建出群体的专属语言。

微博超话是《恋与制作人》玩家最为活跃的场域，很多玩家会在超话发表言论，最终汇聚形成这一群体的共享观点和文化经验。例如，《恋与制作人》制作方在 2020 年 6 月对早已发布的部分剧情做了修改，结果引起众多不满，微博超话出现了大量对这一事件的讨论——

"原来想着叠再怎么做，文案质量还是不错的。但是现在，这小学生文笔真是不敢恭维。为什么还要修改原有剧情而不是顺着原有剧情的风格写？前面那么好的剧情怎么就越来越偏了？"（微博 @Brnzwss-）

"我觉得现在部分夫人的思考方向有误，新改的剧情是不好，但也不要神话从前的文案……我们之所以要求改回原先的剧情，不是因为原先的剧情有多好，文案有多优秀，笔力有多传神，是因为那就是我们记忆里的故事，是我们早已接受的羁绊，是我们的情之所起。"（微博 @ 百里棠 tales）

"面对这次更改剧情一事，我着实感到愤怒。对于很多热爱恋与的太太来说，四个男人并不单单是纸片人，而是一种真实的情感依靠和羁绊。叠纸却把最美好的初遇更改了，那我们付出的感情怎么办？……请叠纸一字不落的回档，将我们付出的感情如数奉还。"（微博 @ 耶啵爱喝呆桃茶）

玩家通过浏览微博超话，及时回应其他玩家，主动分享观点，提高自身作为个体的参与感。玩家在互动的过程中，更关注彼此作为主体的感受，即玩家群体共同拥有的情感。共有情感在玩家的互动交流中起到关键作用，她们分享自己的看法，也不断汇聚其

---

① 李继东，吴茜：《近五年网络流行语的青年身份认同与话语实践》，《现代传播（中国传媒大学学报）》2020 年第 8 期。

他玩家的情感，传达出同一意义的话语。此时她们既代表自己，也代表着所属玩家群体。她们在这个过程中建构了属于玩家群体的共同回忆和专属语言，加深了她们对这一群体的认知，继而对群体身份形成高度认同。

2. 在合作交流中寻求群体归属感

基于《恋与制作人》建立起的专属语言环境，女性玩家大都以"太太""夫人"自称，并自觉按喜欢的男性角色划分为某一阵营，各阵营的玩家虽拥护不同的男性角色，但也并非相互敌对，她们更愿意与其他玩家和睦相处。

"遇到的姐妹们都很好，和她们交流感觉挺好的，和大家一起喜欢同一个人就很快乐。"（受访者 F19）

"我在豆瓣比较活跃，会分享一些游戏经验。毕竟我也是被朋友带入圈的，比较有归属感，主要是觉得我们不仅能从生活中找到共鸣，也可以在游戏中增进感情。"（受访者F22）

《恋与制作人》并非竞技类型游戏，因此玩家在游戏中的合作不多，主要是通过分享一些心得、攻略帮助新手玩家了解游戏。合作的关系更多地体现在女性玩家在各大社交平台上的交流和探讨，比如《恋与制作人》官方微博每发布一则消息，评论区都会出现一些玩家提出的诉求，其他玩家往往会评论附和。这种合作关系并不只体现在玩家一致对抗游戏制作方，还体现出玩家共同一致的态度。

"有在游戏里认识的朋友，夫人们都很温柔，像之前上热搜的事情，就觉得大家好团结，像一家人。"（受访者F1）

上述热搜事件是玩家在社交平台上合作交流的典型事件，事情经过大致如下：2020年8月，时代少年团一位成员在一次直播中表演配音，配音内容是李泽言的话语。这位成员在配音过程中发表了不当言辞，引起游戏玩家和偶像团体粉丝之间的冲突。经过发酵，此事登上微博热搜，引发了更大范围的影响。在舆论平息前，《恋与制作人》玩家团结一致，抵制偶像团体粉丝的攻击，向游戏制作方统一申诉，维护李泽言的角色形象。此时的游戏玩家不再是"某夫人""某太太"，她们统一站在《恋与制作人》玩家的阵营，坚决保护游戏角色，为游戏正名。她们在微博上通过文字、图片等方式密切配合，一致对外，成为同一战线的合作伙伴，共同抵御外来入侵，由此塑造出群体认同感，加深群体归属感。

3. 在行为改变中收获群体存在感

当玩家认为自己是群体中的一员，就会自觉认同这个群体的价值观和行为方式。在游戏社区中，喜爱《恋与制作人》的玩家汇聚一处，形成了她们的专属群体。玩家作为个体会自动寻求在群体中的身份，改变自己的行为，将群体的行为或价值观内化为个体属性，进而获得群体身份资格。

"这个游戏让我和很多网友有了共同话题和交流的机会。有一天，我刷到一个询问夫人们学历的帖子，有一位白夫人有哈佛的双硕士学位，突然觉得挺自卑的。自己喜欢的男人那么耀眼，却选中了平凡的我，头一次有了努力的动力，我可能成为不了很厉害的那一类人，但我可以成为更厉害的自己。"（受访者 F6）

"现实中的我比较内向。之前有一个非官方团队组织玩家去录生日祝福，我就去参加了，能够留存一点点自己的声音，感觉挺好的。"（受访者 F16）

"个体有赖于群体的需求，无论在正式还是非正式的群体中，成员都有归属于群体的共同心理特征。"① 从访谈中可得知玩家在加入《恋与制作人》玩家群体后，能够结识到兴趣相投的人，获得群体身份，玩家在这个过程中按照自我意愿去爱、去追求、去实现自我，从而获得在群体中的存在感。这种存在感对玩家而言具有重大意义，因为她们与群体交往互动后，将自身的情感和群体价值观相映射融合，形成了不同的自我认知，并做出了相应的行为改变。这种行为改变的驱动恰恰来源于玩家的群体身份，它为女性提供了心理归属感和存在认同感。

五、结语

在传统游戏市场中，女性一直都是"在场的缺席者"。乙女向游戏迎合了当下女性的自我娱乐和自我满足需求，为女性创建了一个实现自我价值的虚拟空间，提升了女性的主体地位和存在感：一方面，它建构女性意识话语，突破传统角色规范，契合现代女性标举的主体性；另一方面，它颠覆了女性在现实社会中被凝视的客体地位，女性掌握凝视权，释放出女性的个体诉求与主体欲望。作为乙女向游戏的中坚力量，女性在接收娱乐信息的同时，也在建构身份认同。她们在游戏中投入情感、金钱和精力，重塑自我和群体认同。因女性共同的性别身份而结缘，在游戏互动与社交互动中建构对自我和群体的认同感。作为新兴的娱乐媒介，以《恋与制作人》为代表的乙女向游戏尊重女性主体欲望，彰显女性主体意识，凸显女性独立人格，成功刻画出丰富饱满的女性形象，这种游戏传播实践有利于建构平等和谐、全面发展的性别文化。

---

① 古斯塔夫·勒庞:《乌合之众》，冯克利译，北京：中央编译出版社，2000 年。

社交媒体时代女性消费主义视角下的"拼团名媛"现象解读

徐　来　艾奕嵘*

（广州大学新闻与传播学院，广东广州，510006）

摘要： "名媛"一词的含义解读折射出不同时代的关注要点。在过往传统媒体对"名媛"形象的"他塑"到社交媒体时代下媒介形象的"自塑"过程中，大众传播的准入门槛不断被降低，"名媛"的形象亦不断被消解与再建构。其中，通过拼团消费奢侈品以凸显"名媛"符号价值、打造"名媛"鲜明人设的"网络拼团名媛"事件，即是以女性消费主义为引领的网络狂欢现象。本文从社交传播时代下的女性消费主义视角出发，对"网络拼团名媛"群体的行为进行分析，探寻现象背后的文化批判价值，揭示该现象中网络"群氓狂欢""商品拜物教"等问题的本质，以期引发当前社会盲目追求商品符号价值行为的关注与反思。

关键词： 社交媒体；女性消费主义；"拼团名媛"

"名媛"一词，自诞生以来便与身份相关联。随着互联网技术的普及和社交媒体的发展，大众传播的准入门槛被大大降低，民众具有了在社交媒体上建构自身网络人设的可能。过往传统媒体呈现的他者形象——吸睛"名媛"在社交媒体时代通过一批年轻女性群体的组团拼单、低价进行奢侈品消费并借助商品符号进行"名媛"形象的自我塑造行为，进行了重新诠释与建构。参与此类拼团及网络"名媛"形象建构行为的女性消费群体，则被舆论指称为"网络拼团名媛"。这一社交传播时代下女性消费主义行为的呈现及对网络"名媛"形象的自我构建，体现出当下女性消费主义引领下的网络狂欢及商品拜物教下人的异化，需要我们对此进行积极的观察与思考。

---

* 作者简介：徐来（1982—），女，四川南充人，广州大学新闻与传播学院讲师，研究方向：媒介变迁与社会发展、媒介文化。艾奕嵘（2000—），女，江西新余人，广州大学新闻与传播学院播音系本科生，研究方向：媒介文化。

一、"名媛"含义的时代变迁

"名媛"一词，顾名思义，"名"即有声望和名气；"媛"字则最早见于《诗经·尔雅》，《说文解字》解释，即姿态端正、品德美好的美女。据考这一词汇最早出现于明清小说中，借报纸的兴起与广泛宣传而盛行于民国时代。沿用至今，《辞海》中对此亦有释义，指"名门闺秀"。[①] 由此可见，"名媛"与家庭、品性、才情、相貌、姿态等相关联，并随不同历史阶段的不同文化考察因子的强调而产生含义的侧重。

中国晚清时期，女诗人沈善宝编撰诗作纪事，上涉唐、宋，下及清咸丰中期，载录有名姓可考的女性文人七百余位，述才女生平、记才女事迹、录才女作品、对才女品评，将诗作汇编命名《名媛诗话》，体现出女性独有的生存体验及女性意识的觉醒。尽管其创作主旨为彰显女性才学，实则亦扬女性美德，[②] 但从文中所选文本来看，并非仅身世显赫、被世人熟知的美丽女子才有机会成为"名媛"，反之，才能和品性才是最重要的因素。民国时期，"名媛"含义进一步转换，报纸的"名流消费"使"名媛"一词广为人知。京沪都市小报不仅在标题中频频选用"名媛"一词，[③] 内容也常围绕"名媛"主题大做文章，如为名动一时的陆小曼授"交际界名媛领袖"头衔来吸引大众眼球。[④] 然而，西学东渐下的社会变革，使民主思想与性别平等渐入人心，接受新式教育的女子开始在学识、阅历、知名度等方面与男子齐名，如康同璧、吕碧城、何香凝等，皆是为中国近代女权运动及女子教育做出重要贡献的巾帼英豪，亦在舆论所及的民国"名媛"之列。正如作家程乃珊在《上海 Lady》中所列当时"名媛"须具备的三个条件：一要出身名门，即使家道中落，也要有世代熏陶的贵族气质；二须才貌双全，相貌中上即可，但才华要出众；三是影响力，要为整个女性群体做出贡献。[⑤] 可见，这一时期影响力和社会贡献成为"名媛"评定的重要标准，一定程度上体现出时代女性对性别意识的回应、平等思想的强调，以及对女性形象的方向性展望。

新中国成立以来，轰轰烈烈的社会建设场景中，处处都有女性成员工作者的身影。"妇女能顶半边天"的口号号召下，女性在社会家庭中的作用日益重要，独立成熟、坚强能干的女性形象逐渐占据媒体版面。虽然"名媛"一词的使用热度沉寂下来，但其中所蕴含的对女性才华和社会担当的强调，依然体现在新时期妇女媒介形象的呈现上。

二、"网络拼团名媛"的兴起及消费主义行为解析

2020 年 10 月 12 日，一篇题为《我潜伏上海"名媛"群，做了半个月的名媛观察者》

① 参见《辞海》（网络版）：http://www.cihai123.com/cidian/1113055.html，2021 年 6 月 30 日。
② 虞蓉：《沈善宝〈名媛诗话〉》，《苏州大学学报》（哲学社会科学版）2009 年第 2 期，第 51—53 页。
③ 如《名媛提倡国货牺牲色相——妇女国货年之佳话》，《申报》1934 年 3 月 8 日，第 4 版。
④ 《模特儿展览会参观记》，《金刚钻》1926 年 12 月 22 日，第 3 版。
⑤ 程乃珊：《上海 Lady》，上海：文汇出版社，2003 年，第 3 页。

的公众号文章占据各类社交媒体。该文作者潜入一个名为"上海名媛群"的微信群，观察到群里女性通过各种名牌"拼团"消费行为，小至共拼五星级酒店下午茶、名牌包、轮流入住豪华酒店，大至共拼私人飞机、顶级跑车等，"高贵符号"在短暂拥有时加身只为拍下照片或视频，上传到社交网络上。由于该事件中的"拼团"并非寻常意义上的"团购"，其目的在于通过社交平台上自我展示基于对"名媛"生活想象下的"奢侈生活"和"名媛人设"，以图获取受众艳羡目光、甚至吸引到真正拥有经济实力的人，因此事件曝光后不断发酵，接连登上微博热搜，"社交""媒体""呈现""表演""平台""品味"等词汇成为如下图1所示、舆论中与"名媛"最为密切相关的词汇。其拼团消费建构"名媛"形象的行为，亦呈现出如下特征：

图 1: 舆论涉及"网络拼团名媛"的大数据词云

（一）拼团分担的"品位"呈现——低成本的印象管理

戈夫曼提出"拟剧论"，[①] 借助戏剧的类比来对日常生活进行研究。在他看来，社会和人生是一个大舞台，人们在社会生活中以不同的角色、在不同的场次进行表演，在他人心目中塑造一个自己所希望的形象的策略，即"印象管理"。表演即为印象管理的策略，在社会交往中，人们往往努力展示自身良好的一面来进行"理想化表演"，甚至会为了实现某种目的而进行"误解表演"，以获得利益或满足虚荣心。

"拼团名媛"通过与拼团共享的奢侈品合影并上传到社交媒体上，频频展现诸如"我

---

①　美国著名社会学家、符号互动论的第三代重要代表人物，欧文·戈夫曼在深入分析人际互动中的行为模式、角色扮演及符号隐喻基础上，总结出个人与他人在人际交往中的互动策略及成效，凝练为"拟剧理论"。简言之，即人们所处的社会即一个巨大的舞台，舞台二十四小时不间歇地上演着形形色色的表演。人们在生活的不同情境中扮演着不同的社会角色，角色的呈现，包括角色主次的分工、术语的表达、出场的先后及仪容的呈现等等，都受到表演具体规则的规限。具体参见 [美] 欧文·戈夫曼著：《日常生活中的自我呈现》，冯钢译，北京：北京大学出版社，2008 年，第 94 页。

能买得起××品牌""我能住得起××酒店"的物质能力，以凸显自身作为"名媛"的特质，即属社交媒体时代的"误解表演"行为，这种使观者产生错觉、得到假印象的表演，往往离不开对"品位"的体现。品位本是人们在生活与成长的过程中逐渐形成的一种倾向性选择框架，体现着个体与个体之间的差异性以及赋予生活情感价值的能力。布尔迪厄在《区分：判断力的社会批判》中提出，诸如饮食、服饰、休闲、娱乐等消费品位不仅体现个人认知社会的框架，更能在无意间展示个人在社会中所处的文化地位。[①]例如"拼团名媛"在社交媒体上发布自己在豪华酒店的照片，常常会有英文报纸位居显眼位置——当精通一门外语暗含国际化含义时，英文报纸的存在便承载起名媛并非"腹中空空"的文化品位形象表达功能。这种"品位"的呈现，表面看来是个体层面的表达，实质则是标榜自己所处的圈层，恰如孔乙己在穷愁潦倒时也不愿放弃"之乎者也"的文言文表达，即是通过品位表演来反复确认与稳定个人与目标圈子间的既有联系，并以此与其他群体进行割裂。然而，建立在对"名媛"形象想象基础上的品位表演需要高昂的印象管理成本，并非每一个女生都能承受得起名牌包、豪华酒店、名表豪车的消费行为，因此社交媒体为通过拼团分担成本的自我呈现提供了技术可行性，这也在一定程度上解释了社交媒体时代"拼团名媛群"诞生的原因。

（二）场地共享的名媛派对——"群体非理性"的消费狂欢

为了在他人心目中塑造理想化的"名媛"形象，"拼团名媛"在角色扮演时亦会重视对环境和位置的选择，选择一种与理想中的"名媛"活动相一致的背景，例如上千人共租一艘游艇举办游艇派对，每个人轮番上游艇拍照，人均平摊下来的"高光时刻"甚至仅有几分钟；或组队拼出想象中的"名媛"酒会，穿着拼团来的礼服把盏言欢。在群体的共同演绎下，共享场地的"拼团名媛"们感情与思想都转向了"伪装"与"展示"，努力使观者对其参与的具体活动产生误解，以偏执维持着自己的"名媛人设"。

这种共享场地的"名媛"派对，恰如古斯塔夫·勒庞在《乌合之众》中所指出的，个体一旦进入到群体中，其个性就湮没了。聚集成群的人们形成一种"群体非理性"的集体心理，表现为冲动急躁、易于轻信、情绪夸张及偏执、专横、保守的心理特征。[②]桑斯坦亦进一步引用"群体盲思"概念，认为群体可能助长轻率的一致以及危险的自我审查，因而不能综合信息、扩大讨论的范围。这一特征同样延伸至算法时代的"信息茧房"，"茧房"中的信息不断固化强化，使人身处其中无法倾听到外部空间不同的声音，将自身追求的符号奉为真理，将自己探寻到的"捷径"视为归宿。[③]场地共享下的"拼团名媛"在被消费符号裹挟的狂欢热潮中，迷失于对物质"精神"的沉醉及对"享受至上"的向往，

① 皮埃尔·布尔迪厄：《区分：判断力的社会批判》，刘晖译，北京：商务印书馆，2015年，第13页。
② 古斯塔夫·勒庞：《乌合之众：大众心理研究》，戴光年译，北京：新世界出版社，2010年，第47页。
③ 凯斯·桑斯坦：《信息乌托邦——众人如何生产知识》，毕竞悦译，北京：法律出版社，2008年，第113页。

在"群体非理性"的共同演绎下完成"名媛"派对活动，并通过社交媒体扩散形成传播效力去同化其他观看的女性受众，使拼团群体的边界不断发酵与扩张，席卷各种缺乏独立立场和理性解读的盲目跟随，进而成为一种消费主义文化下的网络"群氓狂欢"实践。

（三）"延时""片面"的框架建构——景观社会下制造的完美人设

居伊·德波认为，社会的本体基础已经变成了"视觉表象"，资本主义的物化时代已经过渡到一个景观社会的王国，其引发的后果即对景观的过度崇拜，真实反而成了某种情形下的虚假。① 景观社会下的自我呈现和品位表演并非互联网发展所延伸出的新兴产物，但社交媒体的出现促进了人们对自我存在感的追求，并为人们的自我呈现带来新变化、提供了新的场景，社交媒体"框架"选取的"片面性"与素材呈现的"延时性"，为"拼团名媛"们打造社交媒体平台上的完美人设提供了技术上的便利。景观社会中对"物"的显现位于首位，真实拥有反在其次。因此，"拼团名媛"们并不在乎她们是否真正拥有奢侈品、是否真的每天都能吃上精致昂贵的下午茶，而是在意是否能留下图片视频、成为社交网络上可供展示的素材以获取他人的艳羡目光。换言之，只有能被看到的，才是值得拥有的；只有出现在社交媒体上的，才是"真实"存在的。

然而，"被看到"也并非意味着全部内容的呈现，而是框架内容的选取。在社交媒体平台中，如抖音、快手等社交媒体平台主要以动态音频声效相结合的多媒体视频为主，而小红书、微博、微信朋友圈等社交媒体平台则多以图片展示为主，视频、文字说明为辅，因此，"名媛"的形象建构往往选取后者为平台，通过后期编辑剪辑及图片处理等"框架"（framing）处理，选取拼接符合"名媛"形象建构的素材图景，确保传播效果的可控性。除了内容的片面呈现，"拼团名媛"在传播对象方面也往往选取只针对部分特定人群进行展示，例如通过微信朋友圈的内容设置可见进行"观众隔断"，确保内容抵达至理想的目标受众，不断促成自我身份与目标群体关系的反复确认，实践阿尔都塞言下的"个体与世界的想象性关系"不断地被激活、被确认、被认同。②

与此同时，社交媒体传播的"延时性"亦为"拼团名媛"的表演提供了便利，传者不必呈现"当下"的状态，而是在上传之前可以提前做好一切美化修饰工作。"拼团名媛群"中曾有女生分享去画展的经历，遇到一位"个子又高人又帅的天菜"，但由于她现场许多画作常识都不甚了了，遗憾只得与"天菜"失之交臂。然而，画展现场对艺术知识的把握不足，可以借助社交媒体平台信息分享的"延时性"特点来弥补，事后美颜的修饰、言语的粉饰、资料的查阅和场面的选取，辅以视频材料的剪辑与声画效果的配合，"拼团名媛"可以成功地在社交媒体空间中建构起媒介景观社会下的完美人设，通过各种社交媒介技术的便利搭建起层层伪装的"名媛"形象，在享受羡慕目光带来的心理满足

---

① 居伊·德波：《景观社会》，张新木译，南京：南京大学出版社，2007年，第81页。
② ［法］路易·阿尔都塞：《保卫马克思》，顾良译，北京：商务印书馆，2010年，第120页。

感的同时，获得更为关键的"名媛"身份的认同。

三、"拼团名媛"的消费主义符号解析

（一）基于"名媛"想象的语言符号——"凡尔赛文学体"中的隐喻

"网拼名媛"现象中的语言符号，体现为参与者在社交媒体平台上进行自身形象建构时所配的文案，而这些文案内容正是她们基于对"名媛"的想象、对自己的"名媛"身份进行的隐喻表达。对"隐喻"的概念界说，学界各有侧重。从符号学角度而言，学者张艳云提出："隐喻的本质就是通过另一类事物来理解和经历某一类事物，用已知的具体的事物来理解和经历未知的和抽象的事物。"[①] 其中，"本体"和"喻体"是语言符号中体现隐喻现象的两个基本要素，完成对本体符号的内容体察是进行隐喻表达的前提，通过喻体符号的理解性呈现从而达到诠释本体符号意义是其表达的目的。"拼团名媛"事件中的隐喻，"本体"是真实的"名媛"身份，但与过往"名媛"所指涉的学识、阅历、才华及社会担当不同，"网拼名媛"们呈现的"喻体"与以上要素成功剥离，仅与消费主义文化下的符号价值相关联。诸如她们在社交媒体中所进行的"第二十三次坐私人飞机""20岁通过自己的努力买入人生第一辆玛莎拉蒂""21岁靠自己年入百万，经济独立就是爽"等夸张的文本表述，即是其试图通过对"本体"的解构与夸张话术的表达以达到"名媛身份"再建构的目的。

同样，"拼团名媛"们各种隐喻的背后，体现出强烈的社会区隔功能。布尔迪厄在对上述品位的表述中，亦进一步提出品位成为区分社会等级标识的观点。[②] 例如"拼团名媛"们在社交媒体文本中对各种品牌符号的展示，无论是"玛莎拉蒂"还是私人飞机，都是通过对价值的刻意强调来进行消费文化的"示同"与"示差"——在向"上流社会"招手"示同"的同时，又在向社会普通阶层挥手"示差"——以达到"社会区隔"的效果。有趣的是，无论是对任何价值不菲的消费品牌的描述，"拼团名媛"的文本中都尽量选取一种风轻云淡的描述语气，例如"不知道多少钱包的（飞）机，第二十三次坐私人飞机""香奈儿大托特非常能装，短途旅行很方便"等，这种字里行间透着"淡淡"优越感的话语模式，被网友们总结为"凡尔赛文学体"，即"以低调的方式进行炫耀"[③]。想象着真实"名媛"的消费场景，将展示的社交媒体生活用名牌符号塞满并辅以风轻云淡的语气，通过反复的"示同"与"示差"行为，将自己不断陷入建立在"误解表演"基础上

① 张艳云：《新闻标题中隐喻的符号学阐释》，《今古文创》2020 年第 11 期，第 64—65 页。
② 皮埃尔·布尔迪厄：《区分：判断力的社会批判》，第 27 页。
③ 2020 年 12 月 4 日，"凡尔赛文学"入选《咬文嚼字》2020 年度十大流行词，即指"用朴实无华的语气来表达高人一等的感觉"。小红书等社交媒体平台被认为是"女性凡尔赛"的聚集地。具体参见《咬文嚼字》"2020 年度十大流行词"，2020 年 12 月 4 日，http://baike.baidu.com/item/2020 年度十大流行语 /55244404?fromtitle=2020 年度十大流行词 &fromid=55241500，2021 年 6 月 30 日。

的狂热消费主义与虚无的媒介现实中。

（二）奢侈品消费的非语言符号——"名媛"身份的转喻

"拼团名媛"事件中呈现的"名媛"生活状态被泛物质化，充斥着"奢侈品服装只穿一次就扔，手挽昂贵名牌包包，出行由开着顶级跑车的私人司机接送，频繁出入定价高昂的高档场所"的极度物质化的女性形象，生活由昂贵下午茶、显贵穿搭、高级晚宴等奢侈品牌符号拼接而成，这实际是对想象中"名媛"生活的转喻表达。

从认知语言学的视角来看，转喻是比隐喻更为基本的存在。所谓转喻，即当某事物与另一个事物不近似却密切相关时，可以以另一个事物的名称来代替某事物，换言之，转喻是以观念的临近性引起概念的联系，如"我在读李白"的表述即是以作者李白来指代李白的诗作，它连接起索绪尔言下"能指"与"所指"的意义。"拼团名媛"消费狂欢中所充斥的奢侈品牌及高档消费，则是"拼团名媛"们用来转喻自身"名媛身份"的符号，对这些符号的强调代表着"名媛"们消费从"能指"到"所指"的完全过渡，物品的使用价值无人在意——哪怕"拼"来的名牌手表指针已停止转动、借来的名牌套装根本不合季节无法抵寒——只要能够通过"所指"体现出区隔性，便已达到"拼团名媛"们的目的。物品的使用价值屈从于符号价值，展现个人身份阶层的符号价值上升为消费社会的终极价值，最终实现商品符号"能指"与"所指"的完全脱离。然而，尽管"拼团名媛"们呈现的商品符号价值是被抽取了能指后符号的膨胀，她们的消费是主动的，但作为消费主体的她们在让"能指"与"所指"脱离的过程中却是被动而软弱的，对商品的诠释始终逃不开消费主义下媒介构建的商品符号认知结构。

四、"拼团名媛"现象的原因分析及批判反思

"拼团名媛"们通过拼单将自己伪装成"名媛"，不能仅用一句"爱慕虚荣"来简单概括，事件背后有两个极为重要的主导因素，即社交媒体与消费主义——社交媒体的兴起在加速消费主义传播的同时，亦为大众提供了人设表演和传播自我的平台；消费主义将世人眼光投向对品牌符号的追求，使消费者在商品拜物教中逐渐迷失成为"单向度的人"，而社交媒体与消费主义的不断互促则促成了"名媛拼团群"的诞生。

（一）"媒介即讯息"——自我形象的网络建构

"媒介即讯息"。媒介技术的发展推动传播形态的变化，影响着整个社会结构的深刻变革以及"我们理解与思考的习惯"。技术帮助人类不断冲破时空的束缚，在媒介营造的

信息世界中得以延伸、连接与发展。① 一方面，我国已进入互联网时代，② 网络媒介为民众消费提供了更多便利，网上购物、拼团消费正日益改变着国人的消费形态；另一方面，移动互联网技术的发展成功地将传统纸质媒介下的"媒介建构现实"转移到网络空间上，移动社交平台成为人们社会交往的重要平台空间，进一步呈现出 C. 怀特·米尔斯所言的"二手世界"，③ 并使形象建构由媒体的"他者建构"转换为自媒体用户的"自我建构"——具体到"拼团名媛"事件，正是因为拥有了微信，才能为"拼团行为"提供一个固定的"拼单场地"；正因为借助"小红书"的平台，才能将自己营造的"人设"展示给更多的"趣志相投"的人观看；正是因为拥有了"微博"，才能窥见陌生人的生活并加以效仿……尽管互联网技术的核心精神是分享，但信息时代思维的碎片化与多元化，明显体现在社交媒体平台对人们思维方式的影响上。例如作为目前中国市场上女性用户比例最高平台之一的小红书 APP，已经从最初的美妆、穿搭社区，转变为分享一切生活方式的"公共广场"，里面聚集着大量明星、网红，绵绵不断地向大众输出自己日常穿搭、护肤、美妆等经验。它的诞生，不仅仅为博主提供了自我呈现和品位表演的舞台，也向人们不断展示和输出着"精致生活"模样，潜移默化地影响着人们的思维方式与生活方式。

网络媒介对"拼团名媛"们的影响，已经超越内容表征的层面，从本质上促使她们的生活状态以及传播讯息方法的嬗变。在社交传播中，"拼团名媛"为了打造有利于获得情感支持、社会信任与社会资本的个人形象，不断一味进行"误解表演"塑造自身"名媛"形象，这种"经过精心设计的理想自我"反复以各种符号场景设定在小红书、微博、微信朋友圈等平台进行表演，满足了"拼团名媛"在社交媒体平台上被认可崇拜的需求幻象，但却使人沉沦于"自我中心主义"的个人呈现与表演狂欢之中，与真实的生活场景渐行渐远。个体的虚荣心满足与资本利益驱使着她们在媒体上过度地自我披露与"媒体呈现"，与此同时也导致了她们对现实生活中的自我呈现需求被削减、比例不断缩小，最终完全被网络媒介所吞噬，成为退缩于"媒介现实"而不愿面对真实现实的个体。

（二）"建构即真实"——"拟态环境"下的名媛想象

所谓"拟态环境"（Pseudo-environment），即传播媒介通过对象征性事件或信息进行选择和加工、重新加以结构化之后向人们提示的环境，④ 例如我们日常接触的媒介，无论

① 徐来，黄煜：《"新闻是什么？"——人工智能时代的新闻模式演变与新闻学教育之思》，《全球传媒学刊》2017 年第 41 期，第 25—39 页。

② 截至 2020 年 6 月，我国网民规模达 9.40 亿，互联网普及率达 67.0%，我国网民通过手机上网的比例达 99.2%。数据来源：中国互联网络信息中心 (CNNIC)：第 46 次中国互联网络发展状况统计报告，2020 年 9 月 29 日，http://www.cac.gov.cn/2020-09/29/c_1602939918747816.htm，2021 年 6 月 30 日。

③ 米尔斯认为，理解人类处境的第一条原则即人们生活在一个二手世界中。……他们关于世界以及自身的印象是由他们从来不曾遇见、将来也不会遇见的众多的目击者所给予的。转引自 Mills C. Wright. *Power, politics and people: The collected says of C. Wright Mills.* New York: Oxford University Press, 1967, p.23.

④ 沃尔特·李普曼：《幻影公众》，林牧茵译，上海：复旦大学出版社，2013 年，第 6 页。

地铁里的知名品牌广告、传统时尚杂志、都市情景剧，还是社交媒体关注的网红大 V、时尚女性，都无时无刻不向受众展现的"繁华大都市"和"高尚生活"形象，建构起"人人拥有精美奢侈品"的"表征世界"，但现实世界中，截至 2020 年 3 月，我国依然有 6.5 亿网民月收入不足 5000 元。[①]这种经媒介加工、选择和结构化的环境呈现容易被受众等同于生活的客观环境，从而在理想与现实的悖论中产生自卑与"过度补偿心理"。[②]"拼团名媛"对"名媛"一词的解构便是"过度补偿心理"的现代群体影像，由于该现象中的女性主体多为居住在北上广深等一线城市、渴望实现阶层跃迁的年轻女性，在所处城市繁华精致的媒介现实与自身阶层巨大的心理落差感下，部分女性本能选取心目中的"捷径"、通过拼团及网络人设建构跃升为存在于网络空间中的"名媛"。

"拼团名媛"事件的产生离不开媒介"拟态环境"的外部营造，更与当下社会媒体的推荐算法息息相关。数据时代下算法根据用户年龄、性别、兴趣、经济状况、社会关系等社会特征及信息使用、阅读习惯等数据进行信息分发，不断向"拼团名媛"推送其原本就关注的"名媛"议题和信息内容，而"拼团名媛"们通过自身媒介形象建构又进一步放大了她们对名媛形象的想象、加深其固有印象和看法，形成个人信息接收的"信息茧房"[③]，在这一媒介与受众共同编织的"拟态环境"中，世界上人人都使用奢侈品，人人都住顶级酒店，长此以往为自己戴上一副将自己困在"茧房"中的镣铐，禁锢在对"名媛"的想象与"呈现"中不能自拔。因此，在自身条件有限的情况下，为了追上"大众的脚步"，她们选择了拼团，通过拼来的奢侈品展示将"名媛"这一词汇粗暴的符号化。在媒介建构与"拼团名媛"的行为互动下，其共同建构的"拟态环境"不断吸引到对此捷径感兴趣的年轻女性，共同追求投入并非真实的"媒介现实"中，产生更多缺乏创造性、批判性的"单向度名媛"。

（三）"消费即正义"——女性消费主义下的商品拜物教

大众媒介在建构"媒介现实"的同时，也加深着消费至上的舆论环境。图、文、声并茂的商品信息在社交媒体平台的传播下刺激着浸染其中的消费者的感官，不断激发消费者的消费欲望："买买买"的网络流行语、"你值得拥有"的广告词，无不简单粗暴地道出当下消费社会的本质；网络购物和快递的便捷性，使消费者动动手指便能"一键下单"；隔三岔五的网络购物节，次次掀起网络狂欢；社交媒体基于大数据平台通过各种智能数

---

① 具体数据参见中国互联网络信息中心 (CNNIC)：第 45 次中国互联网络发展状况统计报告，2020 年 04 月 28 日，http://www.cac.gov.cn/2020-04/28/c_1589619527364495.htm，2021 年 6 月 30 日。

② 个体心理学创始人阿德勒（Alfred Adler，1907）提出"自卑与补偿"理论，认为"人们无法长期忍受某种紧张状态，便通过一定的方式来缓解自己的紧张状态，这些方式就是补偿"。针对个体在摆脱自卑的过程中采取的病态夸张的方式形成自卑情结的情形，阿德勒称之为"过度补偿心理"。具体论述参见：吕翠凤：《自卑与内趋力——关于阿德勒自卑与补偿理论的评述论》，《上海电机技术高等专科学校学报》，2004 年第 3 期，第 201—204 页。

③ 凯斯·桑斯坦：《信息乌托邦——众人如何生产知识》，第 87 页。

据进行客户传播的精准匹配，将商品的符号价值传递给每一个终端用户，传达着"消费即正义"的理念与价值观。而社交媒体时代，女性相较男性消费者具有更为明显的消费主义倾向，[①] 据国家统计局 2019 年底发布的监测报告显示，中国女性就业者占比超四成，[②] 独立的经济来源与收入情况的改善使中国进入"她经济"时代，女性消费者不仅掌控着家庭消费的话语权，而且更易与受情绪感染的"网红种草""剁手党"[③] 等冲动性消费行为相连，出现攀比消费、炫耀消费、过度消费等女性消费异化问题，因此，消费至上的网络媒体舆论环境与女性社会经济地位提升下的消费主义文化相互促进，发展到极端便幻生出类似"拼团名媛"式的商品拜物教。

马克思在《资本论（第一卷）》中便提出商品拜物教的理论。在马克思看来，商品被人们看成某种具有神秘力量的东西，它所散发出的迷人魅力让它本身成了价值，蕴藏其中的人和人的劳动反而被隐藏起来。当这一特殊的社会精神现象弥漫开来，劳动者的付出正逐渐被淡忘，商品的价值开始作为权衡人价值的存在，甚至出现人的价值屈从于商品价值的现象。[④] 这一理论由乔治·卢卡奇进一步提出"物化"理论，认为"物化"中蕴涵着物与物的关系逐步取代人与人的关系的过程。[⑤] 人在物化过程中通过商品意识进行自我观照，从而完成一个欲求主体的确认过程。

在"拼团名媛"事件中，欲求主体的第一重确认是在人的价值被商品的价值所权衡的过程中进行的。"拼团名媛"们作为欲求主体最先的目的是实现"获得所有渴望的商品"的愿望。她们一次又一次的拼团成为"获得所有渴望的商品"的集中隐喻，在拼单成功后享受自己短暂的"战利品"并立刻发文展现"淡淡的优越感"的同时，正是马克思言下"人的价值正被商品价值所权衡"的商品拜物教的真实特征写照；第二重确认则是在"物化理论"中进行的。"名媛们"选择拼团最终目的就是"建构自身身份、提升自身价值"。如前所述，不同时代的"名媛"虽有不同的定义与特性，但往往与家世、才华、学识，甚至对社会的贡献联系在一起，某种程度上强调的是"以人为本"；但到"拼团名媛"这里，"名媛"被简化为与外貌及商品价值相连的"白富美"形象。"人与人的关系体现为物与物的关系"在"拼团名媛"的行为中获得最大程度的体现——"让自己有价值"首先就是通过"物的价值"、即穿戴奢侈品、出入高级场所的表象来体现，最终实

① 刘雪珺：《基于新媒体传播的女性消费现状和新特点分析》，《新闻传播》2017 年第 1 期，第 29—30 页。

② 数据来源参见：国家统计局：2019 年国家统计局政府信息公开报告，2020 年 1 月 30 日，http://www.stats.gov.cn/ztjc/xxgkndbg/gjtjj/202001/t20200120_1724156.html，2021 年 6 月 30 日。

③ 为 2015 年"十大流行语"。指沉溺于网络购物的人群，以女性居多。具体参见：《咬文嚼字》2015 年度"十大流行语"，2015 年 12 月 15 日，http://xh.5156edu.com/page/z2379m7754j20212.html，2021 年 6 月 30 日。

④ 中央编译局译：《资本论（第 1 卷）》，北京：人民出版社，2004 年。

⑤ 乔治·卢卡奇是"西方马克思主义"创始人之一，1923 年提出"物化"理论，"物化"实际上即"异化"的同义词。1932 年，马克思遗著《1844 年经济学哲学手稿》首次公开发表，里面论证的"异化"理论即与"物化"理论相似。转引自李菊霞、王埃亮：《法兰克福学派对过度消费的文化反思》，《兰州学刊》2013 年第 2 期，第 183—186 页。

现从"物的消费"转移到"符号的消费"这一物化的逻辑，[①] 即人的商品化外表成为人际沟通和人际交往的有效桥梁。当社会中一切人与人之间关系的温情与敬意被商品价值的权衡所取代，名词阐释的核心精神只会被不断消解，剩下以商品符号取代其表征的肤浅外衣。

五、结语

综上所述，"名媛"含义的阐释折射出不同时代的关注核心。若明清时期是借"名媛"诗话实谈妇女品性，民国时期的妇女解放运动浪潮则更强调女性的社会贡献和社会价值。随着百年来国力的强盛，商品经济的发达极大改善了国民的生活，却也带来一定程度上对消费主义的追求；社交媒体的兴起看似赋予受众更加多元化的内容选择和更为主动的传播权力，却也成为新时期"拼团名媛"们带来借拼团消费奢侈品以低成本建构"名媛"形象的技术捷径和在"拟态环境"中不断固化群体非理性的"信息茧房"效应。当"名媛"词汇的价值核心被一层层剥落，只剩下当下演绎的物质浮华表面时，我们更应看到社交媒体兴起和消费主义刺激的双重交织作用下部分年轻女性消费者的心理落差感与"过度补偿心理"，当她们从便捷的网拼购物中不断释放自身欲望的同时，也正加速迈向网络下的"群氓狂欢"与商品拜物教下人的异化场景。然而，技术是中立的，终究是人性的投射，因此，有必要进一步提升社交媒体时代下民众的媒介素养、树立正确的消费价值观，清晰认知"技术赋权"之下对人类观念的"隐形制约"，并对诸如此类的"技术捷径"抱以警惕。

---

① 孔明安:《从物的消费到符号消费——鲍德里亚的消费文化理论研究》,《哲学研究》2002 年第 11 期, 第 68—80 页。

从社交游戏到元宇宙：
剧本杀的三维发展模式、现实问题与创新路径

王　艺　黄琦超*

（广州大学新闻与传播学院，广东广州，510006）

摘要：剧本杀凭借"内容＋社交"这一游戏传播，数年间迅速开创了一条文创新赛道。本文从内容社交、想象与存在的二元融合、身份展演三个维度解读剧本杀的发展模式，并从剧本杀低俗营销和剧本版权保护薄弱两个角度剖析现实问题，提出解决建议。此外，本文结合市场案例，从打造电子口碑、构建社会场域和打造IP圈层三个方面，剖析当下剧本杀发展的创新路径，并从融合文化元素、游戏化医疗、产业跨界融合和探索元宇宙四方面，前瞻性地探讨剧本杀行业实践发展与性别秩序建构的新趋势。

关键词：剧本杀；游戏；社交；性别；元宇宙

引言

时下流行的剧本杀，是一种主要依托于剧本，由若干名玩家组局，在主持人的引导下共同对剧本进行沉浸式体验的桌面游戏，其剧本常常围绕一件凶杀案设计，玩家经过全程的游戏体验后指认"凶手"，因此得名"剧本杀"。从2019年起，剧本杀凭借"内容＋社交"的游戏传播模式，市场规模一路飙升，成为文娱实体经营的新风口，引起了文娱产业的广泛关注。目前学界和业界对于剧本杀行业的评论和研究，都聚焦于剧本杀行业的集成历程、运营特点以及产业发展等方面的分析，以事实陈述为主，对其内在发展逻辑、模式和趋势关注较少。本文从游戏传播理论着手，通过用户体验视角切入，结合剧本杀的研发特点、娱乐场景和用户需求等方面，对其运营传播模式进行探讨，并对其目前存在的问题提出优化建议，从实践应用的角度上分析创新路径，前瞻性探讨剧本杀行业的发展趋势。

---

* 作者简介：王艺（1974—），男，湖南涟源人，广州大学新闻与传播学院副教授，研究方向：社交媒体、创意传播。黄琦超，（1997—），男，广西钦州人，广州大学2020级广播电视专业硕士，研究方向：影视艺术、创意传播。

一、剧本杀运营发展的三维模式

（一）"内容＋社交"：通过游戏化参与式艺术激发消费者的体验意愿

"参与式艺术"是由 Claire Bishop 提出的概念，他认为在参与式的艺术实践中，艺术作品不再是确定的、有限的创作产物，而是由艺术家与观众作为共同的情境生产者和协作者合力完成，公众在这种交互性的模式下激发新的社会交往模式。[①] 剧本杀以"内容＋社交"作为核心营销理念，将内容游戏化和社交休闲化巧妙地结合在一起，博得消费者的青睐，其市场规模预测从 2018 年的 65.3 亿元到 2022 年的 238.9 亿元，扩张接近 400%（见图 1）。

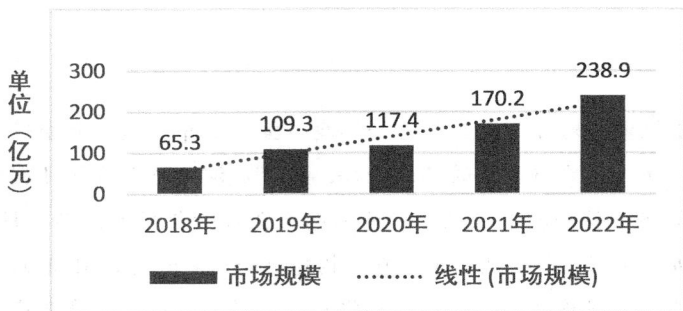

图 1　剧本杀市场规模预测图

（来源：美团发布的《2021 实体剧本杀消费洞察报告》）

1. 场域沉浸化与内容游戏化

赫伊津哈认为，游戏是指"在特定时间和空间中开展的活动，呈现明显的秩序性及需要参与者接受广泛的规则，没有时势必需的物质和功利"，具有五个特性，分别是自愿性、虚拟性、隔离性与局限性、规则绝对性、乐趣第一。

剧本杀虽是内容产品，但却采用游戏化的方式营销内容，使读者得以根据自己的喜好挑选剧本，并且自愿沉浸其中扮演相应的角色。剧本杀为读者营造一个完整的世界观，玩家可以在这个虚拟的世界中体验形形色色的故事。剧本杀为所有玩家营造了一个限时封闭的场域，玩家在沉浸剧本的过程中可以暂时和现实世界剥离，但一旦剧本体验结束，玩家又可以重回现实。在剧本杀过程中，玩家将接受主持人的引导体验剧情，主持人的指引作为规则的化身被所有玩家遵循。玩家在剧本体验结束后，不仅可以获得身心的愉悦，而且其在推凶过程中的紧张、严肃等情绪也能得到回味。因此，剧本杀的设计与赫伊津哈对游戏的理解是高度重合的，这是其内容游戏化成功的基础（见图 2）。

---

① 林世华，李蕾蕾：《日常生活的民间创造性与可沟通城市建构：基于社会场地艺术的个案研究》，《新闻界》2021 年第 8 期。

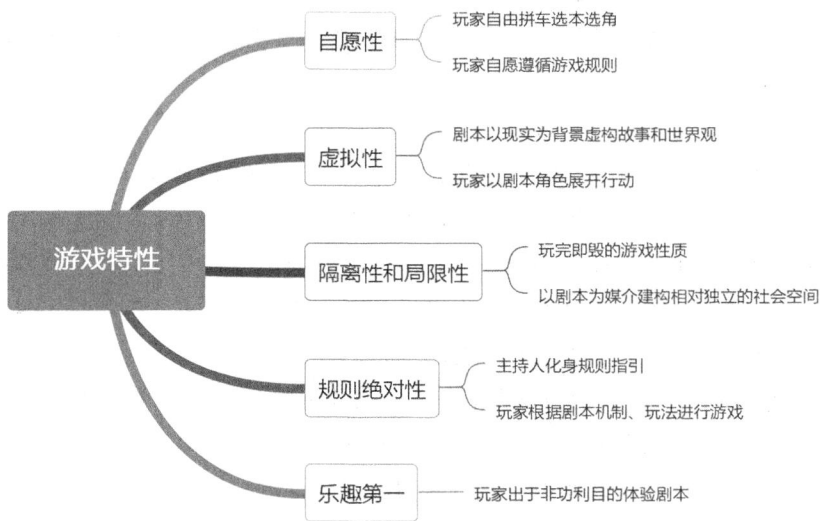

图2　剧本杀的游戏属性解析

2.构建游戏化的社交生态

史蒂芬森进一步发展了赫伊津哈的游戏传播理论，他提出了"社会控制"与"选择性会聚"、"游戏"与"工作"四项二元互补概念。他认为游戏使人们从平时受社会控制的社交关系中解脱出来，得以根据自主意愿抒发真情实感；"游戏"与基于现实的"工作"不同，是具有某种拟态性的一种社会活动，它让人通过角色扮演而自觉地将义务性的工作和精神需求切分开来。

剧本杀通过游戏化的方式，为玩家提供了两重社交生态：一重是基于现实世界的社交生态，其"内容＋社交"的营销风向鼓励了大量年轻人跳脱熟人社交的"社会控制"，跨越生人社交屏障开展"选择性会聚"，极大地刺激了玩家的自愿性，减少了玩家面对熟人而碍于自我表达的顾忌。剧本杀为玩家创造的第二重社交生态在于，其以丰富的剧本世界为玩家拟构了一个虚拟生态，玩家在游戏赋予的场域中对剧本中的角色进行自我投射，从而达到与现实世界隔绝的短暂的忘我，将自己带入剧本人设与其他玩家进行社交，其他玩家也是如此。于是，在这个剧本杀所赋予的游戏性的媒介场域里，玩家之间的社交是现实存在的，但其在社交中所言说的台词、话术却又是基于剧本需要而非自我本心而出，每个人都在这样亦虚亦实的游戏体验中得到社交满足和事后回味。

（二）想象与存在的二元融合：以传奇驱动消费想象

赫伊津哈在《游戏的人》一书中将人群分为三种：工具人受资本压迫而成为劳动生产的工具，理性人受利益至上的驱使而缺乏娱乐的心态，唯有游戏人从解脱于外在力量的压迫和内在欲望的驱使，在自由自在的生态中感知自己。尤瓦尔·赫拉利在《未来简史》中提出，人与动物的区别在于，动物生活在主观体验和客观现实的二重世界里，而人所生活的世界除了上述二重世界之外，还由第三重世界构成——想象与虚构中的世界。

神话为远古人类提供了理解世界的一种渠道，同时也将传奇想象的冲动刻在了人类的基因里。为了满足传奇想象，古人先后创造了诗词歌赋和戏曲，今人又发展出了戏剧和影视，但年轻人在通过上述形式进行传奇消费时，大多处于被动的状态，其只能被动地观赏、感知故事，因其主动性的丧失而难以实现真正意义的消费。与之相比，剧本杀玩家在打本过程中是主动地以第一视角代入情境中去的，他们可以主动地替剧本中的人物发声、争取，在行动中塑造剧本人物本身，并因此获得强烈的角色体验，因此说剧本杀的游戏性则极大地满足了玩家的消费想象。

尤瓦尔·赫拉利认为，人们不仅生活在现实的体验之中，还生活在叙述的体验之中。依此观点，在剧本杀所创造的场域里，所有玩家沉浸在彼此的共同叙述之中行动，其因为拥有一段共同的叙述体验，而将想象中建构的真实转化为叙述体验中的存在。人们受制于有限的人生与现实，往往对惊心动魄的传奇充满向往欲和体验欲，剧本杀则通过赋予现代人关于传奇人生的想象，在现代社会中为堂吉诃德式的人在现实中提供了一席栖息之地。

（三）身份展演：消费者的自我实现与拟剧场域的秩序重建

1.建构即时性社会场域，激发参与者自我效能的实现

根据美团发布的《2021实体剧本杀消费洞察报告》，剧本杀的核心消费群体中，35岁以下的人群占比逾75%，其消费者画像为喜欢逻辑推理、角色扮演和新鲜体验的年轻人。剧本杀以剧本为媒介，糅合小说的情境代入、话剧的戏剧演绎以及桌面游戏的竞争机制建构了一个即时性的社会场域，玩家沉浸其中，既是这个相对独立的社会场域的消费者和解码者，也是生产者和重塑者，他们在对这个即时性的场域不断编码与解码的过程中建构群体价值认同，并在一系列的情感体验中建立情感认同乃至文化认同。[①] 从企业经营消费者满意（CS）战略的角度来看，产品所满足的消费者需求层次越高，其消费黏性就越强。[②] 剧本杀以剧本类型化将剧本划分为情感本、恐怖本、机制本、硬核本等等，为玩家提供了可选择的游戏体验模式；以如经营、竞拍、营救等多样化的社交玩法将玩家划分为多个阵营，满足其归属需求；以机制化的游戏任务满足玩家的胜任需求，从而激发玩家的自我效能的实现（见图2）。

斯蒂芬森认为，"自我"是个体追求情感表达和个体认知过程中自我意识和自我精神的综合展现，但人往往生活在社会习俗、生活环境和舆论等构成的社会控制之下，"自我"就不得不因受到各种随之来的制约而逐渐被克制、压抑，从而表现出"自己"，人们在

①　郑媛媛，齐月：《用户体验视角下游戏化营销的应用与发展》，《现代商业》2021年第27期。
②　王军：《融合出版企业商业模式的构造、机理及其创新》，《出版发行研究》2021年第9期。

游戏的过程中突破"自己"，认识"自我"。剧本杀所营造的，就是一个拟构的媒介场域，玩家在角色扮演中逐渐认识自己、发现自己，最终根据自己的情感决断角色命运，成为介入剧本的主动者，而各个玩家的强烈自我意识的共振也使剧本杀的场域环境复调化，原本充斥着作者意图的剧本在游戏过程中被玩家解构、重塑，激发着玩家自我价值的实现（见图3）。

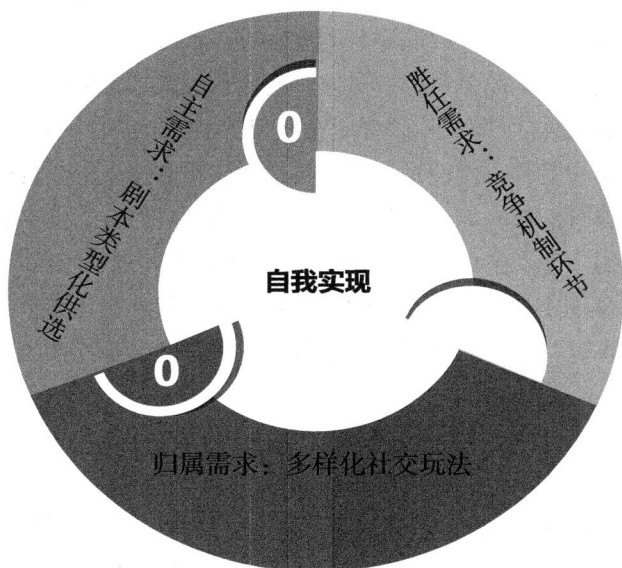

图3　剧本杀激发玩家自我效能实现的三环节

2. 身份展演下的博弈：性别秩序重建的场景赋能

剧本杀在建构一个即时性社会空间的同时，也为玩家进行身份展演提供了具体的互动条件和行动语境，这为社会秩序的重建提供了非常大的弹性。剧本杀的模式非常符合巴赫金的狂欢理论，其通过角色扮演的形式，使艺术作品（剧本）中的角色在玩家的身份展演中复苏过来，原本沉睡在剧本中的角色就不再是沉默的"纸片人"，而是可以借由展演玩家抒发自我见解的艺术形象——通过戏拟的场域，剧本杀赋予每个艺术形象强烈的主体思维，从而达到众声喧哗的"狂欢"效果。

根据戈夫曼的拟剧理论，人生如戏，每个人在舞台前都不会，也不能充分地展示自我。剧本杀通过游戏化的方式将玩家社交划分为表演的前台和内心的后台，玩家在狂欢的身份展演中塑造了自己的虚拟化身，并根据剧角色的人设和自我情感代入，通过一系列自主行为建构自身在此场域中的人物形象，围绕对应人物的身份对相关的社会秩序问题展开话语博弈，"革新"的一方常常表现出对社会刻板印象和歧视的反抗与辩驳，而

"守旧"的一方则常常表现出对社会偏见的增量性玩弄行为。①许多剧本常常以"性别颠覆"作为独立的玩法机制设置剧情。所谓"性别颠覆",其一是指某位角色需要玩家反串饰演,或者玩家出于自我娱乐的目的自主选择反串出演角色,有时甚至会出现"全员反串"的情况,男性与女性随即在此性别倒转的社交场域中,以自身对对立性别的理解(甚至是偏见)进行展演。"性别颠覆"的另一表现形式则是在女性角色中设置男性向情节,用以突出女性视角与女性抉择。例如,剧本《东君书院》就以南唐乱世为背景,讲述一群年少书友报国的故事。剧本最后的环节为所有玩家设置了一个抉择机制,在家国天下面前,是要成全儿女情长,还是要舍身保国?面对强敌,是为生民主和投降,还是为国权主战?女性玩家也必须和男性玩家一样对这些问题根据角色的身份做出取舍、辩驳——但在剧情所描述的历史时代,女性是不可能被赋予这样的权力的。这样,原本在历史中沉默的女性,就很有可能在剧本杀的身份展演中实现社会僭越。这也意味着,以现实为基础虚构的剧本人物,可以在戏拟的场景中通过玩家的沉浸式身份展演充分地展开对话,其话语权也必将突破现实社会中所受制的社会规范和身份抑制,在平等、多向的话语释放和狂欢化的身份展演中实现身份超越、性别超越,从而达到某种重建性别秩序的可能。

二、剧本杀的现实问题与解决建议

剧本杀瞄准了新一代年轻人的社交痛点,以"内容＋社交"作为营销痛点,在营销游戏化的社交体验的同时,满足了消费者的故事消费需求,使他们在短暂抽离于社会控制的场域中开展身份展演,在狂欢化的语境下赋予了年轻人更多的话语权弹性,增强了年轻人与社会的对话与思考。但是,在剧本杀产业急速扩张的两三年里,也出现了一些现实问题,下面将问题与建议结合起来分析。

(一)针对剧本杀文创产品的低俗化营销,加强审核和监督力度

2021年9月,新华社撰写报道《变味的"剧本杀"》指出,"一些商家开始在游戏内容、场景设置等环节宣扬暴力、灵异,以此为商业噱头吸引年轻人,引发公众担忧"。②许多剧本杀的原创作者在构思剧本时,为了掩盖原创剧本中文化价值的缺失而故意将重点放在恶趣味的设计上营销引流,不惜编写大量涉黄、涉暴的情节,并且在剧本流程中设置摇骰子、抽卡、拍卖对赌等游戏,一些发行厂商更是以此作为卖点大肆营销,诱导受众沉浸在黄色、暴力和赌博欺诈等不良活动的快感中,降低了玩家的道德评价标准和自我道德要求,对一些心智未开的未成年人影响尤甚,长此以往将不利于社会道德的建设。虽然游戏传播理论希望人们能通过游戏达到自我认知和自我实现,但并不意味着游

---

① 黄典林,张子萌,苏际聪:《在"他"与"她"之间:网络游戏玩家的性别转换与身份展演策略研究》,《新闻界》2021年第09期。

② 陈春园,彭菁:《变味的"剧本杀"》,《新华全媒》2021年9月21日。

戏存在的意义是满足人们的自我放纵。凯尔纳在《媒体奇观》一书中指出，文化工业大量制造的媒体奇观现象正在成为组织当代整体、经济活动和日常生活的基本原则之一，并在制造奇观的过程中麻痹受众在消费社会中的知觉。因此，剧本杀的发行方应该在运营过程中坚持文化自觉，在游戏传播的过程中坚持健康传播、文明传播，相关审核部门亦应加强管理。

（二）针对剧本杀的大量盗版现象，建立以传播权为中心的数字化版权保护制度

剧本杀作为以内容为王的文创产品，在发展过程中仍然无法避免盗本和洗稿的荼毒。一些厂商为了加快盈利周期，只注重运营速度，而忽视版权保护。纸牌屋沉浸式剧本馆的负责人卢晓琦在接受《每经头条》的采访时提道[①]，目前剧本杀面临的版权问题主要存在于传播阶段，剧本杀的发行盈利不在于印刷，而在于版权买卖，一般盒装剧本的单价剧本在500元左右，城限本的单价则在2000—3000元左右，但在盗版产业链里，一本电子版的剧本只要4元，极端的情况下，甚至有人以15元1000本的价格在盗版市场中疯狂抛售他人辛苦研发的原创成果。其次，囿于版权保护制度不够健全，部分发行商为了压榨原创作者的利益，对优质的原创稿件恶意退稿，转而寻找专门的洗稿团队窃取他人成果，即使有原创作者提出签署保密协议，但也因立法技术的问题难以保全自身的知识产权成果。对此，相关产业应该联合有关部门对此问题进行研讨，完善版权制度的知识系统，利用区块链技术加强版权保护，健全以传播权为中心的数字化版权保护制度以及版权补偿金制度等等。[②]

三、剧本杀发展的创新路径

（一）打造电子口碑，激发目标消费者和参与者的活跃度

卡斯特认为，所谓"信息权力"，体现在人们表达价值接受和意义认同的过程，而网络社会则以其任意沟通、任意链接的特点，为人们对信息权力的形式赋权。运营要想获得回应，首先就要打造电子口碑。[③]目前剧本杀的运营社群大多为一般的运营性社群，主要由店家运营通过建立微信群的方式集成留存消费者，并直接在群里发布拼车信息和优惠活动等，大多数消费者在进群之后，通常和群内的成员没有交流，只是被动地等待拼车信息，因而他们在选择车友的时候，也只是像开盲盒一样地期待跟自己同玩剧本的人是符合自己的社交喜好的人，群成员之间缺乏信息互动，直接影响了群成员的活跃程度。

---

① 孙嘉夏：《剧本杀火热背后的版权之痛：盗版者嘲笑作者收入没他高》，《每经头条》2021年10月22日。

② 张丽，徐婧：《理论旅行：当前我国版权研究的理论聚焦与前沿讨论》，《编辑之友》2021年第9期。

③ 曹漪那：《英美学界中国社交媒体研究的现实功利性轨迹——以商业营销功能研究为例》，《新闻界》2021年第10期。

要想刺激私域流量的活跃度，运营方首先可以开发一个专门供剧本杀玩家交流的社区网站，这样一来，不仅可以突破微信群人数的限制，使得更多的玩家可以进行实时互动，而且玩家之间的互动和交流可以被网站记录下来，吸引更多访客了解相关内容。

例如，运营方可根据不同的剧本设计单独的网站论坛，论坛界面应该围绕相应剧本的风格和内容进行设计，同时发布与剧本相关的话题引发访客讨论。剧本杀是一种一次性即时体验的游戏，大多玩家对一个剧本只会体验一次，这种玩完即走的特点既是剧本杀体验的吸睛之处，但对于大多数拥有美好剧本沉浸体验的玩家来说却也是一种遗憾。前文已经分析，剧本杀可以使玩家在沉浸体验中完成自我实现，建立剧本专属论坛可以将这样的满足感延长，玩家在剧本体验之后，可以将自己因受制于打本过程中的种种因素还未来得及抒发的情感和观点发表在论坛上和其他玩家交流。剧本网站的开发将为广大的剧本杀玩家提供更多的交流空间，同一剧本的不同车队的玩家可以隔空交流剧本体验，也可以将他们的角色扮演在网站交流的叙述中得以延续。从社交方式上看，这拓宽了游戏传播的隔离性和区隔性；从内容上看，这使得剧本的内涵被更深刻广泛地谈论，对原创团队的精进提供了大量的参考意见；从运营模式来看，则深度刺激了私域流量的活跃度，使得游戏传播的范围和效率都大大提升。

（二）视听矩阵联动打造社会场域，以符号消费激发二度传播

电子口碑打造成功后，运营方要通过口碑的电子信息化集成网络社区，并以丰富的媒体活动建立社会在场，以电子口碑可视化为切入口打造与推广剧本相关的视听景观，允许消费者在消费之前通过网络窗口进行低成本的预体验。

让·鲍德里亚认为，人在社会中进行消费时，其实是在消费物品背后的符号价值，并通过对符号的消费获得身份认同或情感满足，这就启发运营方将剧本中的元素通过符号化的呈现，刺激受众消费，促进二度传播。运营方可以根据推广剧本制作相关的视听符号，并在不同的平台建立运营矩阵并发布相关的符号信息，引导受众到其他矩阵号寻找相关的符号。例如，运营方可在抖音平台发布剧本的精彩桥段或者宣发桥段的短视频，在网易云平台发布相关的音乐，在豆瓣或者微信公众号等平台发布相应的剧情番外等文字作品，在玩家结束剧本体验之后重新唤起他们的符号记忆，刺激其符号消费冲动。其次，将不同运营矩阵的发布的影像符号、声音符号和文字符号进行活动联动，通过设置集成贴合剧本人物的口令吸引观众将其串联。这一步是将运营传播的过程再度游戏化，在观众进行符号消费的过程中激发其参与意愿。最后，对经过运营矩阵的诱导成功串联相关符号的受众进行激励，例如赠送剧本杀优惠券，或者赠送剧本的相关周边等等，并引导受众分享在此过程中的体验，打造社会在场。这样，观众既在运营方提供的剧本符号中重温故事，又在参与的过程中促进了二度传播。

（三）价值模块共襄融合，通过打造 IP 促进产品溢价

剧本杀作为一个新兴产业，其开发集原创生产、出版发行和线上线下运营为一体，具有丰富的价值模块，因此未来的运营就不仅仅要考虑线下实体店运营的部分，而要结合文创服务、产权延伸开发和增值服务三个板块协同考虑，以价值模块共襄融合打造集成经济，促进价值共创。

2021 年 4 月，一篇行业报道《剧本杀的大 IP 想象》就指出："剧本杀可以'让 IP 会说话'，经过剧本杀作者的改编，让 IP 释放出新的生命力。"剧本杀产业的价值共创核心在于 IP，但由于剧本杀的一次性体验的性质，其 IP 消费难以延续和集成。在影视界，一部影视作品能否成功，很大程度与其主演的明星有关。这是因为，明星的背后是以情绪作为核心资本的"粉丝经济"，其运营手段在于，将消费的主导权交给受众，通过打造满足受众心理期待的明星人设商品来换取其消费支持。以此思路倒推，剧本杀的运营亦可以通过粉丝经济催生价值衍生。首先，剧本杀的发行商可以通过消费者调研建构每个爆款剧本中受众心目中最喜欢的人物形象，根据该人设形象完善其人设，打造虚拟偶像，实现优质剧本的内容资源转移；其次，不仅根据虚拟偶像的形象生产玩偶、服饰以及各类玩具道具强化虚拟偶像的在场性，还可根据虚拟偶像的人物小传打造其公众形象，为相关的文化传播服务，强化虚拟偶像的社会性，以此吸引粉丝自愿参与虚拟偶像的打造中来，以粉丝经济实现价值创收。最后，一旦一个剧本的虚拟偶像打造成功，便可以围绕此虚拟偶像打造系列剧本，同时，也可围绕多个虚拟偶像联动联合打造剧本，并利用剧本里的话题进行相关运营，激发迷群热情，促进下阶段的 IP 增值与价值共创。

四、文化元素、游戏医疗、产业跨界融合、元宇宙：剧本杀行业的发展前景

展望未来，剧本杀行业的开发目前出现的一些新的方向，有望成为剧本杀行业未来发展的新趋势。

（一）讲好中国故事，打造文化输出型剧本

剧本杀作为文创产业，应该紧贴国家战略谋求发展。十八大以来，习近平总书记一直在多个场合提出要弘扬中国优秀的传统文化，树立文化自信，建立文化强国。目前的一些剧本出现了架空历史、戏谑历史的不良风向，极易遗留颠覆文化认同、篡改历史记忆的隐患。未来剧本杀产业的发展，在纠正上述弊病的同时，还应该善于将创意与传统结合，剧本杀产业亦可围绕相关主题打造剧本，充分发挥游戏传播的优势，以广大年轻人喜闻乐见的方式弘扬、发展中国的优秀传统文化。例如，剧本《千佛梦》的主创团队就曾耗时五年研究敦煌文化，在剧本中以敦煌文物拍卖为故事起点，串联敦煌文物流失始末的历史记忆，以寓教于乐的方式，向消费者普及了相关的敦煌文化。剧本杀起初源于海外的欧美派对游戏，是本土化的文创舶来品。在今后的发展中，我国剧本杀产业要

善于紧密贴合中华传统文化打造精品剧本，不仅要做国内的文化传播，还要致力于打造文化输出型剧本，讲好中国故事，将传播中华文化的优质剧本推向海外市场，夯实文化强国，助力文化输出。

（二）以剧本杀为载体，探索产业跨界融合新思路

自"双减"政策实施以来，大量教培公司纷纷宣布关闭义务教育阶段的学科类校外培训服务：据21世纪经济报道称，学而思截至2021年2月底，在北京（最重要的布局城市）的教学点减少了65.8%，新东方2021年净利润同比下降35.03%，市值缩水近八成，并由此引发一系列产业重组的问题。对此，熊猫传媒董事长申晨在社交平台上透露，接下来有望围绕剧本杀与新东方展开合作，开发历史知识剧本杀甚至物理知识剧本杀。早在2019年12月19日，申晨就在安徽互联盛典上发表了题为《产品升级、消费升级与营销升级》的主题演讲，称"万物皆媒万物皆内容"，"未来，人们不再只看品质生活，人们希望有文化的创新和文化的加持，给予人民文化创新下的高品质生活，这在中国市场未来是非常大的机遇和机会"。教培行业拥有成熟的运营模式和研发团队，如果通过剧本杀实现内容资源嫁接，未必不是一条探索产业跨界融合的新思路。

（三）开发游戏化医疗，关注精神疗愈

国外有关游戏化医疗的研究认为[1]，心理情绪会影响人们的认知和决策，游戏化因为能促进个体精神的自我效能和心理授权而被纳入治疗精神障碍和提高幸福感的干预设计中，用于帮助患者进行心理健康促进。因此，在未来，开发商可以根据对抑郁症、焦虑症等心理疾病患者的社会调研，联合专业的心理专家团队共同开发针对某些心理疾病或精神疾病患者的治愈系剧本，使参加剧本体验的患者玩家们可以在剧本沉浸的过程中获得充分的沟通，在游戏的过程中引导受众完成情感体验、情绪宣泄，从而达到自我认知和心理治疗的目的（见图4）。

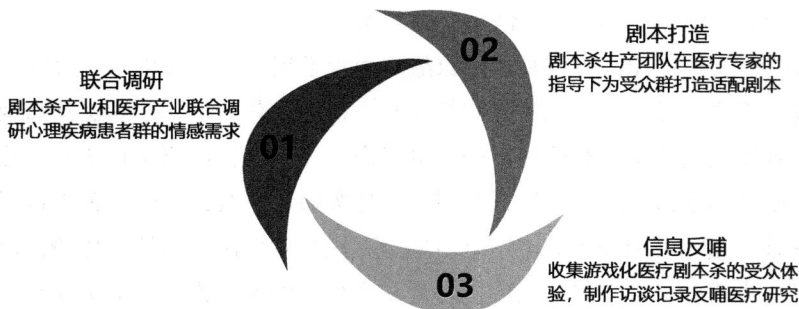

图4 以剧本杀开发游戏化医疗的流程构想

---

[1] 蒋凤，黄金，赵梅村 等：《国外游戏化在医疗健康领域中的应用现状》，《解放军护理杂志》2020年第37期刊。

4.多元化探索元宇宙，构建虚拟未来世界

剧本杀的玩法特点与元宇宙高度重叠，可通过以下四个方向探索与元宇宙的接轨：第一，开发多人协作的即时剧本，建立可编辑开放的世界观叙事模型，将虚拟世界建立在更多人的想象之中，将其存在的虚拟性转化为叙述化的存在，以实现"传奇落地"；第二，利用智能算法、5G 技术与 AR 科技融合开发孪生拟真的社会环境，以视觉、听觉和触觉的高度仿真将原本建立在二维空间的桌面剧本杀三维立体化，增强玩家的场景体验；第三，以高新信息化技术削薄玩家在现实世界与虚拟世界中的穿梭壁垒，营造高沉浸度社交体验；第四，开发更多创造性游玩机制，增强旧秩序与新秩序之间的碰撞，为拥护新世界的情绪号召力与维护旧世界的旧体制反噬之间的博弈提供充分的空间，以"元宇宙"促"元叙事"，探索人类性别秩序和文明跃迁的未来方向（见图 5）。

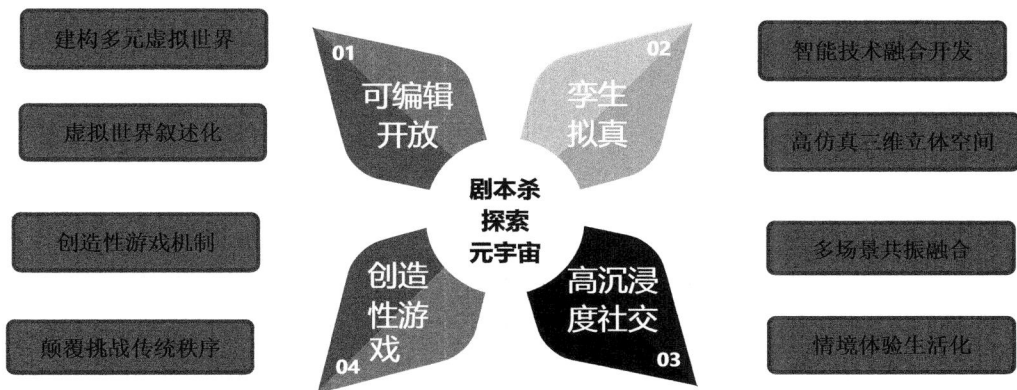

图 5　剧本杀向元宇宙进化的四个方向

五、课程思政与教学改革

主持人语

2022年4月25日，习近平总书记在中国人民大学考察调研时强调：培养社会主义建设者和接班人，迫切需要我们的教师既精通专业知识、做好"经师"，又涵养德行、成为"人师"，努力做精于"传道授业解惑"的"经师"和"人师"的统一者。这段话，对于立志争做"大先生"的高校教师而言，具有鲜明的启示意义。

中国特色新闻传播学知识体系的构建，既离不开广大新闻传播学者在专业领域深耕拓土，也离不开广大新闻传播学教师在职业领域立德树人。面对新形势、新要求、新挑战，新闻传播学如何以更符合中国国情、更贴近人民之需、更回应时代之问的姿态汇天下英才而教育之，这显然需要我们立足教师本位，做好教育之思、教学之思、教材之思、教法之思，并且围绕人才培养、课程体系、课堂设计、考核形式等一系列具体问题开展深入思考与实践探索。

为此，本栏目邀请天津师范大学陈娜劳模创新工作室团队成员聚焦新时代新闻传媒人才培养的若干重要话题展开笔谈，四篇文章从不同角度对"课程思政""金课""新文科""马克思主义新闻观"等当前高等教育热点问题进行论述，广泛涉及教学改革、考试改革、人才培养转型等若干重要议题。本组文章既有政策理论的解读，也有经验做法的分享，既有定性分析，也有定量统计，既有理念，也有对策，是长期奋战在新闻传播学领域教学一线的教师们源于实践又高于实践的理性思考，更展现出了研究者们热爱教学、钻研教学、投入教学、反哺教学的情怀与风貌。

值得一提的是，本栏目四组文章的作者均荣获过省级高校青年教师教学竞赛的殊荣，他们以扎实的教学基本功和严谨的治学态度，为新闻传媒人才的培养躬行践履、笃行深思。

基于上述，谨以本期组稿，以飨读者。

（天津师范大学新闻传播学院教授　陈娜）

惠安渔歌（水彩）　作者：罗萍

新闻传播学"课程思政金课"建设之道

陈　娜*

（天津师范大学新闻传播学院，天津，300387）

摘要： 本文从"课程思政"与"金课"被提出的政策背景及其所折射出的历史使命出发，依次梳理了"课程思政"与"金课"在根本任务与根本标准、根本手段和根本路径这两大方面的内在一致，以及在格局定位和问题侧重点方面的内在不同，并由此而对建设新闻传播学"课程思政金课"之道提出了相应见解。文章认为，建设新闻传播学"课程思政金课"，需要实现针对新闻传播学的教师队伍"主力军"、课程建设"主战场"和课堂教学"主渠道"这三个方面的突破，并应当基于实践探索和理论挖掘对新闻传播学"课程思政金课"建设之道展开深入研究。

关键词： 高等教育；新闻传播学；课程思政；金课

一、"课程思政"与"金课"的提出与时代必然

党的十八大以来，习近平总书记对我国教育事业做出了一系列重要指示，对如何坚持中国特色社会主义教育发展道路提出了一系列明确要求。党的十九大报告更是从新时代坚持和发展中国特色社会主义的战略高度，做出了优先发展教育事业、加快教育现代化、建设教育强国的重大部署。在2016年12月召开的全国高校思想政治工作会议和2018年9月召开的全国教育大会上，习近平总书记均针对教育事业培养什么人、怎样培养人、为谁培养人这一根本问题做出了深谋远虑、举旗定向的再三强调。由此可见，准确把握高等教育事业发展面临的新形势、新任务，对齐找准高等教育事业内涵式发展的

---

*　作者简介：陈娜（1983—），女，江西南昌人，天津师范大学新闻传播学院教授，研究方向：媒介意识形态、口述历史、教学艺术。

突破点、着力点，成了新时代高校各项事业发展中不可回避的时代命题。

正是在这一背景下，"课程思政"建设与"金课"建设成了当前中国高校必须高度关注并且切实推进的重要改革课题。近年来，教育部陆续下发多项文件通知，先后对这两项工作做出了明确要求和具体阐释。其中，教育部于 2017 年 6 月 22 日在上海召开的高校思想政治理论课教学质量年上海调研片会暨高校"课程思政"现场推进会，是正式吹响"课程思政"在全国高校推广试行的一次冲锋号，而 2020 年 6 月 1 日由教育部印发的《高等学校课程思政建设指导纲要》则是高等学校课程思政建设工作即将全面推进的重要标志。与此同时，2018 年 6 月 21 日，教育部在四川成都召开新时代全国高等学校本科教育工作会议，教育部长陈宝生在会上首次提出"金课"概念，谈道：对大学生要合理"增负"，提升大学生的学业挑战度，合理增加大学本科课程难度、拓展课程深度、扩大课程的可选择性，激发学生的学习动力和专业志趣，真正把"水课"变成有深度、有难度、有挑战度的"金课"。同年 9 月，教育部印发《教育部关于狠抓新时代全国高等学校本科教育工作会议精神落实的通知》，再次明确提出高校要全面梳理各门课程的教学内容，淘汰"水课"打造"金课"。这既是"金课"一词在教育部正式文件中第一次使用，也是"金课"作为既定专有名词全面释放出课程改革理念和课程改革目标的标志。

实际上不难看出，"课程思政"建设与"金课"建设都是新时代中国特色社会主义思想对教育事业发展的必然要求，也都是高校基于课程层面提升教育教学质量、写好高等教育"奋进之笔"的重要抓手。换言之，"课程思政"与"金课"的提出既符合高等教育自身发展规律的必然要求，也符合新时代立德树人的人才培养之需，是高等教育实现回归常识、回归本分、回归初心、回归梦想的具体实践，是检验人才培养质量和效果的突破口与试金石。中国的高等教育事业也只有扎扎实实从课程改革与课程建设入手，才有可能在世界新一轮高等教育竞争中突出重围、获得话语权，进而承担起国家和时代赋予的历史使命，奏响新时代教育强国的奋进华章。

二、"课程思政"建设与"金课"建设的内在一致

在落实我国新时代高等教育事业蓝图的大背景下，"课程思政"与"金课"体现出了根本任务与根本标准、根本手段和根本路径的内在一致。具体如下：

首先，"课程思政"建设与"金课"建设的根本任务与根本标准是一致的。在"金课"首次被正式提出的《教育部关于狠抓新时代全国高等学校本科教育工作会议精神落实的通知》中，就明确指出："聚焦教育工作的'两个根本'，深刻领会培养社会主义建设者和接班人是学校的根本任务，立德树人的成效是检验学校一切工作的根本标准。"在教育部《高等学校课程思政建设指导纲要》中，同样明确提出："全面推进课程思政建设是落实立德树人根本任务的战略举措。培养什么人、怎样培养人、为谁培养人是教育的根本问题，立德树人成效是检验高校一切工作的根本标准。"由此可见，为新时代中国特色社会主义

培养又红又专、德才兼备、全面发展的社会主义建设者和接班人是"课程思政"建设与"金课"建设的一致任务,而以此作为任务的人才培养质量和立德树人成效则是检验和评价"课程思政"建设与"金课"建设是否合格的根本标准。可以说,两项课程改革建设事业同行同向,具有本质上的内在一致。

其次,"课程思政"建设与"金课"建设的根本手段与根本路径是一致的。顾名思义,无论是"课程思政"还是"金课",都是以课程建设为手段,聚焦课堂教学管理与学习过程管理,将价值塑造、知识传授和能力培养三者融为一体的课程教学改革。也就是说,基于以师生作为双主体的一线课堂教学这一微观层面,是实现"课程思政"建设与"金课"建设这两项重要教学改革上述宏观宗旨的直接抓手。不仅如此,在实现路径方面,这两项课程建设也并非零敲碎打、各自为政,而是带有系统性、全面性的课程体系建设。这其中,"课程思政"建设的系统性、全面性体现在要求高校从人才培养方案的修订着手,加强顶层设计,全面规划,分类指导,推动以点带面、循序渐进的系统工程建设。同时,《高等学校课程思政建设指导纲要》要求"课程思政"建设覆盖公共基础课程、专业教育课程、实践类课程等不同课程类型,并对文史哲、经管法、理工农医、教育艺术等不同学科类型进行了思政教学内容的全面提示。

对于"金课"建设而言,系统性、全面性的要求则体现得更为鲜明。在2018年11月24日召开的第十一届"中国大学教学论坛"上,教育部高等教育司司长吴岩对"建设中国金课"做了主题报告,明确提出:"建设中国'金课',没有旁观者,都是建设者",以及"'金课'建设要在文、理、工、农、医类全面精准发力,特别要在'新工科、新医科、新农科、新文科'建设中率先发力"。由此可见,无论是"课程思政"建设还是"金课"建设,都不是当前高等教育教学改革事业的选择题,而是一道有规划、有指导,必须全过程覆盖、全员参与的必答题。

三、"课程思政"建设与"金课"建设的现实区别

当然,"课程思政"与"金课"的提出,均是着眼于当前中国高等教育所面临的不同现实问题,因此在各自的格局定位和问题侧重点等层面是不尽相同的。

首先,在定位方面,"课程思政"建设是"三全育人"格局的题中之义;而"金课"建设则是在"双一流"和"双万计划"背景下学科、专业、课程协同建设的必然要求。

2017年2月27日,中共中央、国务院下发了《关于加强和改进新形势下高校思想政治工作的意见》,这一文件的总目标是:以习近平新时代中国特色社会主义思想为指导,坚持和加强党对高校的全面领导。正是在这个《意见》中提出了"三全育人"格局的构建,即要"使思想政治工作体系贯通学科体系、教学体系、教材体系、管理体系,形成全员全过程全方位育人格局"。也就是说,基于教学体系而言,高校要充分利用所有课程发挥思想政治教育的作用与功能,建立起"一核三环"的"大思政"格局,即以"思政

必修课"为核，以"思政选修课""综合素养课""专业课"为三环，共同作用于思想政治育人工作。2018 年 10 月，教育部在印发的"新时代高教 40 条"中，明确要求把思想政治教育贯穿高水平本科教育全过程，坚持正确办学方向，坚持德才兼修，提升思政工作质量，强化课程思政和专业思政。从这个意义上可以看出，抓住专业课这个"大思政"格局中不可或缺的主阵地，进而有的放矢地开展"课程思政"教学改革，是构建"三全育人"格局落实到高校教学体系中的大势所趋，也是高校各学科专业教师回应新时代对教育事业新要求而无可回避的历史使命。

与"课程思政"有所不同的是，"金课"建设是国家为做强一流本科、建设一流专业、推动高等教育内涵式发展、提升高等教育整体水平而提出的具体要求。2015 年 10 月，国务院印发《统筹推进世界一流大学和一流学科建设总体方案》。时隔仅一年多的 2017 年 1 月，教育部、财政部、国家发展改革委就联合印发了《统筹推进世界一流大学和一流学科建设实施办法（暂行）》，并于 2018 年 8 月印发了《关于高等学校加快"双一流"建设的指导意见》。"双一流"建设是党中央、国务院做出的重大战略决策，为我国高等教育综合改革指明了方向，正是在这一背景下，2018 年 10 月，教育部印发《关于加快建设高水平本科教育全面提高人才培养能力的意见》（简称"新时代高教 40 条"），决定实施"六卓越一拔尖"计划 2.0，并由此提出了教育部将全面实施"双万计划"，即加快一流专业与一流课程建设，围绕"一流人才"培养，发力打造高校的"金专"和"金课"。很快，启动一流本科专业建设的"双万计划"于 2019 年 4 月 9 日由教育部的《关于实施一流本科专业建设"双万计划"的通知》正式发出；实施一流本科课程的"双万计划"于 2019 年 10 月 31 日由教育部印发《关于一流本科课程建设的实施意见》正式传达。就此，经过三年左右时间，建成万门左右国家级和万门左右省级一流本科课程，推动我国本科教育质量整体提升的这一宏观要求，成了"金课"建设进一步落地的重要指针。

由此可见，"课程思政"建设与"金课"建设有着不同的政策背景与导向定位，是全面振兴本科教育同行同向的一体之两翼。

其次，在问题侧重方面，"课程思政"是以育智与育德并重的课程建设要求来针对和解决只注重育智不注重育德的课程模式；而"金课"是以对高阶性、创新性、挑战度这一教学标准的倡导来针对和解决低阶性、陈旧性、不用心的"水课"这一痼疾。

从本质上看，"课程思政"既是一种教改思路，也是一种教育理念，既具有鲜明的实践导向，又彰显出深刻的育人哲思。实际上，教育在其本质上就是价值观的传递，是实现价值塑造、知识传授和能力培养三者融为一体的育人过程。全面推进"课程思政"建设，就是要寓价值观引导于知识传授和能力培养之中。而立足新时代，推动"课程思政"的重要意义，与其说是要努力将价值引领注入知识传授，不如说是要明确何种价值观必须被注入知识传授。一言以蔽之，就是要明确中国特色社会主义意识形态的核心地位和马克思主义的指导作用，坚决摒弃在价值观上随波逐流、不加检视的观点和立场。

作为意识形态工作的主阵地，高校的"课程思政"建设具有不可忽视的战略意义。加快推进高校"课程思政"的教改探索，不仅是拓展思想政治教育阵地的招法创新，更是升华专业教育终极追求的思维整合。"课程思政"建设的成功实际上就是育智与育德的并举，在这个意义上，要着力唤起专业教师作为课堂教学第一责任人的主体意识，明确站位、掌握技巧，充分认识和划分不同类型专业课程的差别与特点，具体课程具体分析，找准专业知识传授中有待挖掘的思政资源的着力点，实现春风化雨、润物无声的施教过程。也就是说，"课程思政"建设既要借鉴思政课程的价值引导艺术，又要坚守专业课程的知识传授和能力培养阵地，在提供"主菜"和广泛"撒盐"中做到相映成趣相得益彰，分层次达到让学生获益的育人功效。

相较而言，"金课"更偏向于一种动态的复合性概念，是指课堂教学为适应当代社会多元化发展的高素质人才培养要求而相应建设的高质量课程体系。也就是说，鉴于对高素质人才的要求不是一成不变的，在这种可持续发展语境下的"金课"内涵也不是一成不变的。"要上好一门'金课'，教师需要更多从理论化和认知视角来把握教育的本质与核心，深刻理解'金课'内涵以及产生的时代背景，进而进行认知、教学和教育技术等全方位的调整。"① 实际上，早在2018年的第十一届"中国大学教学论坛"上，教育部高等教育司司长吴岩就对什么是"金课"做了解释，提出"两性一度"的标准。"两性一度"就是指高阶性、创新性、挑战度。所谓"高阶性"，就是知识能力素质的有机融合，是要培养学生解决复杂问题的综合能力和高级思维。所谓"创新性"，是课程内容反映前沿性和时代性，教学形式呈现先进性和互动性，学习结果具有探究性和个性化。所谓"挑战度"，是指课程有一定难度，需要跳一跳才能够得着，老师备课和学生课下有较高要求。在这次大会上，吴岩司长还提出了五种"金课"类型，包括线下"金课"、线上"金课"、线上线下混合式"金课"、虚拟仿真"金课"和社会实践"金课"，并强调"打造金课，要充分重视课堂教学这一主阵地，努力营造课堂教学热烈氛围。要合理运用现代信息技术手段，积极推进慕课建设与应用，开展基于慕课的线上线下混合式教学。要抓好虚拟仿真实验实训项目建设，开辟'智能＋教育'新途径"②。

需要强调的是，"金课"绝不仅仅是教学语言流畅、课堂气氛活跃这么简单，更重要的是能够引导与训练学生的批判性思维和创新性思维。换言之，无论是教学内容陈旧、教学方法呆板、教学过程沉闷、教学效果差的课堂，还是教学目标不明确、教学准备不充分、教学设计不完备、启发性不足的课堂，都是需要改造和提升的"水课"。一言以蔽之，"金课"是对有效教学的生动阐释，也是对有效教学之应然结果的高度概括。

---

① 梁燕华：《高等教育"金课"的认知特征与效应研究》，《齐齐哈尔大学学报》（哲学社会科学版）2020年3月。

② 吴岩：《建设中国"金课"》，《中国大学教学》2018年第12期。

四、以道驭术：建设新闻传播学"课程思政金课"的三个突破点

着力打造新闻传播学"课程思政金课"，是在准确把握"课程思政"与"金课"的政策背景、核心宗旨与课程建设目标之后，对新闻传播学学科体系、学术体系、话语体系全面创新构建进而反哺教学体系的一个必然结果。所谓"课程思政金课"，就是指将思想政治教育元素等德育内容合理融入专业课程教学内容，并符合高阶性、创新性、挑战度标准的高品质课程。

文无定法，课无定则，"课程思政金课"的建设也有着不同层面、不同角度的途径渠道与保障要求。然而，若仅仅基于"术"的层面去追求打造金课的方法，而不从"道"的层面基于对教育教学规律的洞悉去探索金课建设，则往往容易事倍功半并难以达致佳境。"术"者技巧、方法，"道"者境界、法则，重术轻道则容易浮于皮毛，以道驭术才能有章有法行稳致远。基于此，本文分别从新闻传播学的教师队伍"主力军"、课程建设"主战场"、课堂教学"主渠道"这三个突破点谈一谈新闻传播学"课程思政金课"的建设之道。

首先，建设"课程思政金课"，需要实现教师队伍"主力军"的突破。教育者应先受教育，高校"课程思政金课"的建设绝不能忽视教师主体这一"供给侧"尚待解决的诸多问题，只有紧密结合新闻传播学教师群体的特征与需求，才能有的放矢地破解"主力军"面对的各项实际难题。

其一，要突破新闻传播学教师的学术独立与政治认同这一理念共融之难。高校是思想文化交流和科学技术创新的重要领地，高校的发展离不开教师队伍开放多元的学术视野、批判反思的学术精神、独立自主的学术追求，而这一切的实现又有赖于以"学术共同体"的性质特征和"学术独立"的价值取向作为重要保障。换言之，高校教师不同于其他社会群体的职业属性使得他们在思想的自主性、活跃性、深刻性、超前性等方面往往表现得更为鲜明，也更为必要。然而，随着中国社会转型的不断深入，受复杂因素的影响，一些高校教师在思想深处尚不能处理好学术独立与政治认同之间的关系，存在着或政治意识淡漠，或政治素养薄弱，或政治立场偏误等实际问题。有些严重者甚至将学术独立与政治认同看作二元对立的抗衡关系，以自由之名将消极、错误思想带进教学科研阵地，背离立德树人的职业使命，这些问题都给"课程思政金课"的建设带来了隐形的屏障。因此，要以"金课"标准推动"课程思政"教学改革，首先就要从思想上帮助教师群体打通学术独立与政治认同的理念共融之难，打破二元对立的僵化思维定式，大力推动以一元共识为前提的多元价值取向在校园文化中的形成，以实际招法引导广大新闻传播学教师积极追求以政治认同为基础的学术独立发展空间，并且在这一原则之上打造政治素质与业务素质双高的新时代高校教师队伍。

其二，要突破新闻传播学教师育德能力与育智能力的方法并进之难。教学是育人的途径，育人是教学的目标，要把高校教师队伍打造成以教书育人为职责、以立德树人为

使命的新时代中国特色社会主义的明道、信道、传道者，缺少过硬的综合教学能力作为保障是难以实现的。事实上，当前绝大多数高校教师的知识体系主要建立在具体学科的专业领域之上，缺乏相对系统完善的教学能力培养和实践训练过程，而知识体系既不会自动转化为教学素材，也不会自动转化为教学能力，这往往成了摆在高校教师前的一道难题。此外，根据高校育人环境的现状，一部分教师还存在或重科研轻教学，或重教学轻育人，或重智育轻德育的现实情况；一部分教师还没有树立起"课程思政"的主责意识，对立德树人的根本任务理解不够到位，或者不善于将思想引领融入专业教学，或者还没有把"如何培养人"这一关乎"术"的问题和"培养什么样的人"以及"为谁培养人"，这一关乎"道"的问题结合起来考虑，也就是说，还没有把"培养党和人民放心的新闻工作者"作为事业宏旨。因此，如何把育德和育智结合起来，以"阵地意识"打造课堂，这无疑是新时代高校教师在业务上不得不面对的考卷。基于以上，要以"金课"标准推动"课程思政"教学改革，还要善于承担起为教师赋能的使命，通过一系列切实的手段，为普遍缺乏教学训练的教师补上这一课，帮助新闻传播学教师学会把思想引领贯穿到专业知识传授中，把价值观导向渗透到对社会问题的判断中，从方法上提升其育智与育德并进的能力。

其次，建设"课程思政金课"，需要实现课程建设"主战场"的突破。课程建设的最直观体现就是教学内容和教学设计。"建设金课的真正动力一定来自课程本身而不是外部刺激。真正的改变是思想的改变，真正的动力来自认知升级后的内驱力。面对一门实践性和思辨性都非常强的学科，面对学科体系所针对的日新月异快速变化的媒介社会，如果新闻传播学的教师数年来一成不变地进行授课，过程中鲜有对于教学设计事件的更新和迭代，那么就容易产生单调重复感甚至形成职业倦怠，严重影响教师的自我效能感。相反，如果每堂课教师都按照有效教学的框架和原则导向对教学事件进行设计和规划，就会关注教学事件和教学效果之间的关系，关注教学策略所发挥的作用和价值。"①

一方面，要突破教学内容中专业知识与思政元素不相融的"两张皮"现象。高等教育的教学内容一忌空，二忌浅，三忌陈旧，而高品质的教学实践一般都具备如下几个内容特点：贯穿始终的丰富的信息含量与系统的专业知识；时刻彰显的鲜明的学科特色、厚实的专业基础与适宜的学理深度；紧贴前沿的学术吸纳姿态和与时俱进的知识更新节奏。能符合"金课"标准的课程思政课程，在教学内容方面既需要保证专业知识的完整准确传达，又需要彰显马克思主义新闻观的指导性地位，做到打通基于立场、观点层面的认识论和基于方法层面的实践观之间的桥梁，实现教学内容从"解释理论"上升到"按照理论本质去分析和处理问题"的层面，避免出现凌空蹈虚、坐而论道的"空心化"倾向。

---

① 周付安:《建设金课需要全面升级对于有效教学的认知》,《北京教育（高教）》2020 年第 1 期。

另一方面，要突破教学设计中忽视学情认知规律的"满堂灌"现象。教学设计是教学传播过程的某种框架、层次、逻辑的具体体现，是教学效果的重要保障，更是教学语言的另一种展示。新巧的教学设计不仅能有效地提升学生的兴趣，更有利于达到良好的传播效果，是教师教学智慧的潜在表现。要通过课堂教学实现寓价值观引导于知识传授和能力培养之中的教学效果，就必须在教学设计上下一番功夫。只有通过贴近实际的问题导入、高度凝练的课程核心、合理安排的重点难点、鲜明有序的逻辑层次、形态丰富的教学元素，以及收放自如的参与方式等方面的综合安排，才能够调动起课程的内在生命力，实现提升审美素养，拓展广度、深度和温度，增强勇于探索的创新精神等方面的教学追求。因此，既不能让教学过程陷入一种单向灌输的刻板模式，使得学生产生抗拒心理，又不能将其置于一种机械的业务培训或是讳莫如深的意识形态宣讲层面，使得无法与学生达致精神深处的共鸣以实现入脑入心。而应当紧紧抓住为学生解惑这个关键点作为突破口，通过巧妙的教学设计，将学生对专业领域的认知困惑作为着眼点，直面敏感问题、释惑争议问题，才有可能获得学生发自内心的认同。

最后，建设"课程思政金课"，需要实现课堂教学"主渠道"的突破。无论是"三全育人"格局下的"课程思政"建设，还是"金课"建设中的"两性一度"要求，都充分表明了"课程思政金课"本质上就是以课程为载体，以课堂教学为渠道，不断吸纳人才培养需求、专业技术领域发展前沿以及先进教育技术等新资源和新理念的深层教学改革。因此，要实现课堂教学"主渠道"的突破，离不开对和谐师生关系的经营和良好教学呈现效果的追求。

第一，要突破或漠不关心或敬而远之或紧张对立的师生关系。《道德经》第17章有云："太上，下知有之；其次，亲而誉之；其次，畏之；其次，侮之。信不足焉，有不信焉。悠兮，其贵言。功成事遂，百姓皆谓：我自然。"这段话对于理解师生关系之境界同样有借鉴意义。最和谐的师生关系既非师生彼此相轻的"侮之"，也非师生之间心生隔膜的"畏之"，亦非因高下有别之念而产生的"亲而誉之"，而应该是相忘于本心自然之中，不显迹于外且师生一体的"下知有之"。和谐师生关系的建立往往就意味着课堂教学效果的成功，教师如何看待与学生之间的关系，将直接影响到教学艺术和课堂效果。换句话说，师生关系的营造其实酝酿着最隐蔽也最核心的教学理念，而教学理念既是教师对教学活动的某种理性认识与理想追求，也是基于"为什么要教学"这一根本问题的回答，它所反映的是教师对于教育境界、教学宗旨和与学生关系的深层理解。因此，最深入人心的课堂教学往往能体现出如下几个方面的理念特点：第一，与知识传授并行的人文关怀的突显，以及育人为本的教学理想；第二，以启迪为主、引导为上，注重与学生平等交流，强调培养学生自身学习能力、反思能力，创造力与想象力的教学思路；第三，既立足本学科，又做到开放多元、兼容并包的跨学科教学视野；第四，源于生活、真切实用、贴合实际的教学风格。所以，要实现"课程思政金课"的建设目标，缺少和谐良好、彼此信任的师生关系作为支撑，的确是不可想象的。

第二，要突破单调乏味、缺乏吸引力和感染力的教学呈现效果。所谓教学呈现是一个相对综合的考量维度，良好的教学呈现既包括教师教学语言的优美、教学过程的流畅、仪表教态的端正，又包括板书书写的得体、课件制作的精良、教具运用的恰当等。但归根结底，教学呈现之美都是为了保障教学效果的成功，其最终目的是以师生共同参与教学过程的和谐共鸣作为追求。在"课程思政金课"建设过程中，无论是专业知识讲授还是实践能力演练，教学呈现的成功与否都应当始终以学生的价值立场和价值体验为前提，都应当以吸引学生的关注和思考为手段，以师生之间基于立场、观点、方法的相互认同作为方向。因此，教师应当全方位高标准要求自己，始终以一种与学生对话、沟通的带路者姿态完成施教过程，力求呈现出一种深邃隽永的教学之美。在这一过程中，教师既要根据教学内容和教学目标科学规划课程安排，又要密切关注学生的成长特点和社会环境的发展变化，善于使用学生喜闻乐见的语言、方式来传递深刻思想。一方面可以巧借互联网平台拓宽课堂边界，充分运用影像资料、经典案例等元素丰富教学素材，另一方面也可以大胆尝试教学改革满足不同学情，积极引进先进教学模式，创新求变、成风化人。总而言之，"课程思政金课"的核心点在于对"价值塑造"的培养，而"价值塑造"的形成需要由内至外化育而成。因此，注重教学呈现的综合品质，以云行雨施不着痕迹的育人之境全方位提升课堂教学这一"主渠道"的呈现效果，无疑是具有积极意义的。

结语

在一流本科课程建设如火如荼推进的当下，一流"课程思政"本科课程的建设无疑是值得高校密切关注且精耕细作的教学改革阵地。"课程思政金课"不仅应成为"金课"中的重要组成部分，并且应当以扎实的实践探索和深厚的理论基础形成带有自身特点的，既符合高等教育教学规律，又符合思政政治教育规律，同时还满足专业学科规律的教学理念、教学方法与教学模式。尽管目前国内各大高校对于"课程思政"以及"金课"的基本共识认知和总体建设进度仍处于起步阶段，对"课程思政金课"这一概念更是尚处于缺失内涵界定、缺少规律遵循、缺乏学术支撑的状态，但是新时代中国特色新闻传播学的学科体系、学术体系、话语体系的建立终究离不开一大批新闻传播学"课程思政金课"的建设这块重要基石，因此，以深谋远虑的远见卓识启动对"课程思政金课"的实践探索与理论研究是极其有必要且势在必行的。

新时代的中国高校呼唤以立德树人铸就教育之魂的创新理念和创新实践，呼唤保障"又红又专、德才兼备、全面发展"人才培养目标的课程建设，也呼唤通过对教书育人规律的合理运用将其转化为培养社会主义建设者和接班人的能力。而这一切的实现，着实需要对符合"两性一度"标准的"课程思政金课"建设的大力推动与深入研究。以符合新时代中国特色新闻传播教育事业宗旨的教学改革作为研究对象，着眼于教学全过程中师生共同为实现教学目标而采取的具体手段和行为方式，进而勾勒其背后的指导原则与方法论哲学，彻底摆脱把课堂教学作为一种逃避教学情境之差异性、独特性、动态性、复杂性的普遍性知识，彻底摆脱把课堂教学作为一种因循机械一律、配方主义、模式主义的公共性知识，彻底摆脱把课堂教学作为一种形式可以与内容相互割裂的机械主义、执行主义的程序性知识的种种误区，进而将其作为一种强调课堂场域内诸多教学要素之间互动协商的境遇性知识，作为一种切实基于学生的角度、教学情境的角度以及学科知识的角度从而追求创造性生成的个体性知识，以及作为一种在教学实践中等待改变的筹划性、开放性的策略性知识，这才是真正总结并建构起中国特色新闻传播学"课程思政金课"外在呈现与内在理路的关键之所在。

中国新闻传播学"课程思政"建设现状研究

张　驰*

（德州学院文学与新闻传播学院，山东德州，253023）

摘要： 本文对我国具有新闻传播学博士点，并在第四轮教育部新闻传播学学科评估中获得 C 级以上评定的高等院校中新闻传播学"课程思政"建设现状展开梳理，并概括出如下特征，即：重视教师之间的交流与切磋、重视课程内容中思政元素的深层融入、通过成果导向促进课程思政建设、逐步形成特色型课程思政理念及策略倾向。与此同时，也发现各校还存在重视教师建设而忽视学生反馈、课程思政理念尚未主动渗透至课程整体，以及理论课程与实践课程的思政教学差异明显等现实问题。针对这些问题，高校与学院层面应采取动员、行动、形成特色、行为自觉的四阶段策略，以推动教师层面形成语言与课程内容的渗透、行动的潜移默化以及"共鸣"达成的三层境界。

关键词： 新闻传播学；课程思政；课程建设艺术

教育的目的在于培养全面发展的人，在于通过教育给予人们知识技能、开拓人们的认知视野，引导人们发现幸福并探寻获得幸福的实践路径，做到"立德树人、德福一致"。目前，我国的德育教育面临着三重危机：以价值秩序的重构为特征的价值危机、以自治承诺的违背与多重异化为特征的环境危机和以"去同步化"病状为特征的实践危机。[1] 这也正是在"加速社会"的历史背景下，重塑"课程思政"体系的必要性。大学阶段是一个人的人生观、价值观与世界观形成的最为关键的阶段，对大学生思想品德的引导不能仅仅依靠思想政治通识课的专项教育，还应当将思政教育根植到大学教育的其他环节与课程中。新闻传播学"课程思政"的建设应当具有整体视野，基于我国学科发展的现状探究立体化、协同式的综合发展策略。

---

* 作者简介：张驰（1988—），女，山东德州人，德州学院文学与新闻传播学院讲师，天津师范大学新闻传播学院博士生，研究方向：媒介史、影视创作、教学艺术。

[1] 张彦，李岩：《"德福一致"何以可能："加速社会"中的德育危机与理念再造》，《教育研究》2022 年第 2 期，第 110—121 页。

一、中国新闻传播学"课程思政"研究综述

通过对中国知网"新闻传播学课程思政"相关文章的梳理与概括发现，目前，我国关于中国新闻传播学"课程思政"的研究开始于 2019 年。当年关于"新闻传播学课程思政"的论文主题主要集中在"人才培养""新闻传播人才"以及"部校共建"等主题。2020 年，随着各类新闻传播学院校"课程思政"建设的进一步发展，相关研究主题进一步丰富，出现了关于"马克思主义新闻观""内容编创"以及"教学模式"等主题的课程思政类研究。如郑卓和陈莹在《马克思主义新闻观课程思政的教学设计与探索》中，围绕目标设定、元素挖掘、方法选择、评价建构四个方面进行了课程思政的教学设计与探索。[①]2021 年，关于新闻传播学"课程思政"的研究成果数量快速增长，主题主要围绕具体新闻传播学课程的思政建设路径展开。2022 年关于新闻传播学"课程思政"的研究呈现出持续上升的热度。文章的主题分布也进一步丰富，对新闻传播学课程思政"实践路径"的主题研究增多。在这一年度，也涌现出对"新文科"背景这一特定环境中新闻传播类课程建设的研究，如《新文科建设背景下新闻传播学科课程思政的融合创新研究——以"当代媒介"素养课程为例》一文，从理念、内容、方法三方面出发探讨新闻传播学科课程思政的融合创新，进而提出新闻教育应该面向全人教育，回归人的全面发展和人格的全面培养。[②]

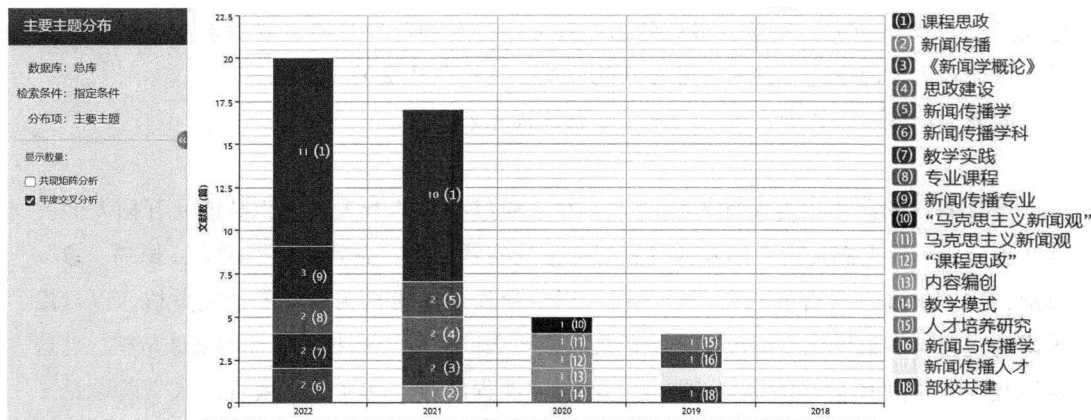

图 1 中国知网新闻传播学"课程思政"主题分布

综合以上文章的主题与内容发现，目前我国关于新闻传播学"课程思政"建设的文章多集中于"实践路径""建设路径"等方面的研究，特别是关于新闻传播学专业课程的个案类研究数量较多。而关于我国新闻传播学"课程思政"建设整体现状的梳理较少涉

---

① 郑卓，陈莹：《马克思主义新闻观课程思政的教学设计与探索》，《出版广角》2021 年第 20 期。

② 姜红，鲁曼：《新文科建设背景下新闻传播学科课程思政的融合创新研究——以"当代媒介素养"课程为例》，《中国新闻传播研究》2022 年第 01 期。

及，关于策略的研究也多集中于从教师个人经验层面出发探索如何将思政元素创造性地融入课程中去，其研究深度也有所欠缺。

二、我国新闻传播学"课程思政"建设现状研究

新闻传播学作为人文社科类学科之一，本身具备开展"课程思政"建设的优厚土壤。根据 2020 年 6 月教育部发布的《高等学校课程思政建设指导纲要》，国内各高校结合实际情况，制定了相关政策与措施，在贯彻执行该指导纲要的过程中，纷纷创新课程形式，调整人才培养结构，并逐步形成了具有各自特色的新闻传播学"课程思政"建设体系。

本文针对我国具有新闻传播学博士点并在第四轮学科专业评估中获得新闻传播学学科评估 C 级以上的 28 所高校的官方网站、教务处网站以及新闻传播学院网站课程思政相关文件、通知以及报道展开梳理，并对其开展课程思政工作具有特色的相关措施进行如下概括：

表 1：各高校新闻传播学"课程思政"建设措施汇总

高校	课程思政相关文件、通知、报道	具体措施
复旦大学 A https://www.fudan.edu.cn/	《复旦大学课程思政建设工作细则》 2020.12.1	制定二级单位课程思政建设工作清单及考核指标体系。 机制建设、教师队伍建设、课程建设、研究成果、社会影响力等角度量化分值
	《复旦大学召开课程思政表彰会暨课程思政骨干教师培训班》 2021.11.15	讲座、印发优秀示范资料、开放视频课程
	《复旦大学拟推荐申报 2021 年上海市课程思政示范项目（普通本科教育项目）公示》 2021.11.29	参与组织课程思政相关项目的申报
	《课程思政视域下综合素养课程建设研讨会在复旦大学举办》 2021.10.21	承办课程思政研讨会、联合外校共同推进课程思政进程

续表

高校	课程思政相关文件、通知、报道	具体措施
中国传媒大学 A+ http://www.cuc.edu.cn/_web/_search/api/search/new.rst?locale=zh_CN&request_locale=zh_CN&_p=YXM9NSZ0PTg2JmQ9Mjk3JnA9M-SZtPVNOJg_	《新闻学院召开课程思政建设专家论证会》2019.10.10	专家专项研讨
	《课程思政示范课（2020）公示》2021.3.12	评选优秀课程思政示范课
	《新闻学院和马克思主义学院赴上海调研学习课程思政建设经验》2019.11.12	外出调研学习
	《我校召开课程思政金课建设主题培训会暨 2019 年第三期实践实验师资队伍建设专题培训会》2019.11.27	专家专项讲座
中国人民大学 A+ https://www.sohu.com/a/429794399_174356	《"双一流"建设｜人大新闻深研会第 42 期：新文科背景下的新闻实务课程教学改革》2021.11.10	相关领域专家深入研究探讨
	《人大新闻 65 ｜ "双一流"建设巡礼：传承创新红色新闻文化 筑牢学科精神命脉》2020.11.6 《中国人民大学教师思想政治工作规划（2019—2020）》 《中国人民大学"吴玉章课程思政名师工作室计划"实施办法（试行）》	推出课程思政示范课、教学名师和示范团队；组织编写课程思政教材；推进全体教师做思政，创新思政教学科研模式，开展第二课堂建设与教学实践基地调研等实践项目。启动红色新闻文化数字记忆工程；开办课程思政专项计划，创建课程思政名师工作室等
兰州大学（2019年新增）B-	《兰州大学"五抓五促"推进课程思政建设》2020.12.24 http://www.moe.gov.cn/jyb_xwfb/s6192/s133/s220/202012/t20201224_507283.html	抓规划引领，促进上下联动，增强"推动力"。 抓课程建设，促进载体创新，增强"内动力"。 质量保障，促进考核评价，增强"执行力"。 抓典型引领，促进示范带动，增强"影响力"
	《关于举办课程思政教学竞赛参赛教师专题培训的通知》2020.9.21 http://jwc.lzu.edu.cn/lzupage/2020/09/21/N20200921162608.html	教学比赛

续表

高校	课程思政相关文件、通知、报道	具体措施
清华大学 A-https://www.tsing-hua.edu.cn/jsjg/jsjg.jsp?wbtreeid=1008	《如何做好课程思政？清华青教赛文科团队的探索》2019.9.20	经验交流
	《清华大学举办课程思政专题报告会暨北京市第十一届青教赛获奖教师示范课第二次巡讲会》2019.12.10	示范课以及点评
	《教育部召开课程思政建设工作推进会 清华大学课程思政教学研究中心获评示范中心》2021.6.22	建设课程思政教学研究中心 跨院系"同行备课会"、分享教学经验"同行锦囊"、重点院系"一院（系）一策"的培育方案等活动
	《"1+X"合力撬动课程思政杠杆，部处携手一线教师为课程思政作答》2021.12.8	"1+X"创新形式，"1"指部处层面代表宣讲学校关于课程思政工作的制度、环境和方案，"X"指院系层面及一线教师代表宣讲落实课程思政的具体路径、方法和经验。 从制度、环境、方案到路径、方法、经验，将学校政策、院系方案以及教师做法等三方面内容通过系列活动向广大教师进行宣讲、示范和交流
	《同向同行——清华大学课程思政实践》	开辟网站专栏，通过文字与音频展示优秀课程实践"肖薇：戏剧创作的主题来自自我资源的整合"
武汉大学 A-https://www.whu.edu.cn/vsballsite_search.jsp?wbtreeid=1009	《武汉大学深挖课程内涵、集聚高水平教师、巧妙融合思政元素——全力大众课程思政"金课群"》	2021年成立课程思政教学研究示范中心，通过专家讲座、教学工作坊等多种形式。 课程内涵往"深"里挖 教师队伍往"高"处走 思政元素往"巧"里融
	《学校召开课程思政"一院一策"及分类指导工作推进会》2021.6.17	一院一策，精准施策
	《武汉大学推出课程思政工作坊——专业课教师与思政课教师一起"磨课"》2021.4.12	专业课教师与思政课教师一起"磨课"

续表

高校	课程思政相关文件、通知、报道	具体措施
华中科技大学 A	《华中科技大学关于进一步加强课程思政建设的实施方案》	新闻传播学院课程思政教学观摩活动 举办课程思政建设与创新实践专题报告会 开展课程思政教学研讨沙龙
	《我院举行"推动课程思政 助力立德树人"专题报告会暨教学竞赛颁奖仪式》2021.12.13	举行"推动课程思政 助力立德树人"专题报告会暨教学竞赛
南京大学（2015年新增）B+ https://www.nju.edu.cn/_web/search/doSearch.do?locale=zh_CN&request_locale=zh_CN&_p=YXM9MiZ0PTMxMCZkPTEyYNDYmcD0xJm09U04m	《关于组织开展南京大学第二批课程思政案例推荐认定工作的通知》	新闻传播学院宗益祥《实践中的马克思主义新闻观》入选
	课程思政系列活动	各学院推选优秀课程思政课程分享经验
	《关于组织开展2020年度研究生课程思政教学名师和团队培育项目的通知》2020-07-09 15:24	培育一批在研究生课程思政建设方面育人成效突出、深受研究生喜爱、获得校内外同行认可，起到示范引领作用的优秀教师或团队
	《关于推荐认定研究生课程思政标杆课程的通知》2020.6-9 14:04	推荐认定研究生课程思政标杆课程
	《我校课程思政教学研究中心举办专题培训会》2019.12.18	专题培训报告
北京大学（2010年审核增列，原有传播学二级学科博士点）B+ site:pku.edu.cn	《北京大学关于开展2021学年春季学期教材研究与建设基地遴选、数字化教材建设立项、课程思政教材专项建设等工作的通知》	硬件建设
河北大学（2010年审核增列）B https://www.hbu.edu.cn/ssjg.jsp?wbtreeid=1001	《河北大学推进"课程思政"工作实施方案》 《关于组织"课程思政"成果展示的通知》 《关于申报省级课程思政示范项目的通知》 《关于建立教学单位"课程思政研究中心"的通知》 《关于举办"课程思政"路径与方法专题的通知》	全面推进课程思政工作会议 "课程思政"研修班

高校	课程思政相关文件、通知、报道	具体措施
华东师范大学（2010年审核增列）B+ https://www.ecnu.edu.cn/jzbg/ssjg.jsp?wbtreeid=1001	《关于开展2020年度课程思政教育教学改革示范专业建设申报工作的通知》 《关于开展2020年研究生"课程思政"示范课程立项建设工作的通知》 《华东师范大学"理念·实践"课程思政征稿启事》	修订培养方案和教学大纲、建立常态化教研、建成系列示范课程群； 开展专项课题申报与研究工作； 开展丰富多彩的文娱活动
上海大学（2010年审核增列，原有传播学二级学科博士点）B+ http://edu.cyol.com/content/2017-04/14/content_15936603.htm	上海大学团队讲述课程思政："领航课程思政落实立德树人" 《上海大学举办"思政＋课程思政"建设论坛》2021-12-23 11:37（《新民晚报》）	开展课程思政领航校建设，建设领航学院、领航团队领航课程，遴选校级示范课程和党史学习教育与课程相融合试点课程，立项编撰专业类课程思政教学指南等举措
	《上海大学：把思政课作为人才培养核心课程》2017.4.14 12:46	深化课程内容建设：一是深入研究教材，发挥中央马工程统编教材优势。二是开展集体备课，将党的创新理论融入课堂教学。三是推出"大国方略"等一批中国系列课程 加强师资建设 加强教学方法改革，用问题导向增强教学有效性：一是开展"问题解析式"教学方法改革。二是注重话语体系转化，贴近学生思想特点。三是注重运用信息技术，贴近学生接受习惯
	上海大学云上思政系列公开课	"经国济民，战'疫'脱贫" "生命智能"课程的第五讲——"致生命以青春的名义"等
浙江大学（2010年审核增列，原有传播学二级学科博士点）B+ https://www.zju.edu.cn/	《关于举办浙江大学第二届教师教学创新大赛"课程思政"微课专项赛的通知》	举行微课专项比赛
	《浙大马院等单位联合召开高校课程思政与思政课程协同育人研讨会》2021.12.6	线上研讨会
厦门大学（2010年审核增列，原有传播学二级学科博士点）B+ https://www.xmu.edu.cn/	《学院成功举办课程思政专题培训会》2021.7.12 《关于2021年第二批本科"课程思政"建设项目立项公示的通知》2021.9.14	专题培训会、开设专题项目

续表

高校	课程思政相关文件、通知、报道	具体措施
山东大学（2010 年审核增列）B-https://www.view.sdu.edu.cn/info/1016/146384.htm	《山东大学承办全国课程思政高质量推进高级研修班》2021 年 07 月 10 日	"一个中心"，构建"六大体系"，实施"九项举措"，打造"五个一批"的课程思政建设整体方案
	《丰富价值内涵，培养卓越新闻人才》2020.5.28	《广播电视概论》知识案例紧密结合，授课形式创新多样，注重能力培养；挖掘思政教育资源，培育综合素质
	《深化课程思政与思政课程协同育人效应》2021.6.21	让思政渠道实现从"单课程"向"全课程"的转变，覆盖高校各类通识教育课程、专业课程、实践课程等，有效拓宽思政课育人平台；坚持"协同融合"育人 推进两类课程互构互通：一方面，尊重各门学科及其课程之间特有的独立性和差异性。另一方面，要推进各门学科及其课程间的开放互通
	《以赛促教，以赛促创，持续提升课程思政教学水平——学校举办课程思政教学大赛》2021.9.19 《关于开展暨南大学教师教学能力提升"砺金计划"第九、第十期课程思政专项培训的通知》2021.9.10	教学比赛、专项培训
暨南大学（2010 年审核增列，原有新闻学二级学科博士点）A-https://www.jnu.edu.cn/	《我校三门课程入选教育部首批课程思政示范课程公示名单》2021.5.19	《新闻采写》入选教育部首批课程思政示范课程（刘涛、林如鹏、支庭荣、陈伟军、方惠）
四川大学（2010 年审核增列，原有新闻学二级学科博士点）B+https://lj.scu.edu.cn/	《我院 27 门次课程被认定为四川大学"课程思政"榜样课程》2020.9.11	树立"榜样"效应，激发教师积极性 经验交流

续表

高校	课程思政相关文件、通知、报道	具体措施
南京师范大学（2017 年增列，原有新闻学二级学科博士点）B+ http://jwc.njnu.edu.cn/	《新闻与传播学院召开课程思政教学沙龙暨青年教师成长营活动》2021.06.24	操瑞青："方位意识、问题意识和服务意识" 曹刚认为，课程思政元素的关键在于"融入"，而不是简单地对课程贴上"红色"标签 张晓锋：新闻传播专业人才培养要以培养"上会看天气，下能接地气，心中有正气"的新闻人为目标，要做到"专业教学实战化、课程思政实体化、浸润教育实浸化，全媒联动实时化、跨融结合实效化"，使课程思政真正做到"落到实处、更加实在、取得实效"
	《南京师范大学关于公布 2021 年度课程思政教改示范专项课题立项项目的通知》2021.9.17	钱珺《课程思政背景下的专业课教学实践与路径探索》立项教学优胜专项立项
	《关于举办第二期课程思政教学工作坊的通知》2020.12.11	专项培训活动
	《课程思政教改项目研讨：课程思政背景下的专业课教学实践与路径探索》2021.9.13	钱珺老师课程思政教改项目经验分享：线上＋线下"翻转课堂"；"课前任务，专题讨论、成果展示，课后实践"全方法提升学生素质；培养学生学习思维、创新思维和批判思维。
天津师范大学（2017 年增列）C+ http://www.tjnu.edu.cn/search.jsp?wbtreeid=1020	《天津师范大学课程思政建设攻坚计划（2020 — 2023 年）》 《教师教育模块课程"课程思政"建设工作方案》 《天津师范大学"课程思政"创新改革实施方案》 《天津师范大学关于启动首批"课程思政"系列优质课程立项建设的通知》 《天津师范大学关于启动第二批"课程思政"系列优质课程立项建设的通知》	（一）完善组织机构，协同推进"课程思政"建设 （二）构建"一核三环"机制，持续完善"课程思政"体系 （三）落实全员育人责任，有效保障"课程思政"运行 新闻传播学院陈娜"当代中国新闻改革与发展"获批 2021 年天津市高校课程思政示范课程。 新闻传播学院孙卫华"宣传与说服"、钱静"经典诗词诵读技巧"获得天津师范大学第二批"课程思政"系列优质课程建设项目立项

续表

高校	课程思政相关文件、通知、报道	具体措施
上海交通大学（2017 年增列）A-https://search.sjtu.edu.cn/search-news/search.html?keyword=%E8%AF%BE%E7%A8%8B%E6%80%9D%E6%94%BF	《上海高校课程思政高级研修班在上海交大开班》2020 年 11 月 23 日	出台课程思政指南 整体编制要立足学科特色，做到师德师风、培养方案、课程体系、教学大纲、教学设计五要素协同，以及专业学习与课程思政协同育人。在基本建设方面，要以培养方案牵引专业课程思政的设计，围绕课程设置结构，调整专业课程体系；以 OBE 模式，重构教学大纲；推动示范课程建设，分步骤重构教学案例，提取并强化课程思政元素；衔接国家需求与学科前沿，以一流科研支撑起一流的课程思政；以大工程、大情怀为抓手，重构以野外实践教学为特色的专业思政；最终将课程思政 2.0 升级版从上海溢出服务全国
	《关于公布课程思政示范项目推荐结果的通知》2021.3.24	推荐新闻传播学院马克思主义新闻观课程思政建设示范中心申报教学研究示范中心
安徽大学（2017 年增列）B http://jwc.ahu.edu.cn/2022/0117/c10314a279172/page.htm	《安徽大学"课程思政"实施方案》校党字〔2019〕43 号 2021.6.5	两年实现"课程思政"全覆盖。建设一批学生真心喜爱、终身受益、毕生难忘的课程思政示范系列课程，打造一批课程思政示范专业，培养一批具有亲和力和影响力的课程思政教学名师和团队，提炼一系列可推广的课程思政教育教学改革典型经验和特色做法，形成一套科学有效的课程思政教育教学质量考核评价体系 1. 挖掘、激活、利用各类课程的思政元素 2. 精准把握课程思政的教育教学重点
	安徽大学关于本科生课程思政教学案例第一批评选结果的公示 2022.1.17	章玉政"新闻采访"入选国家一流课程、蒋含平"中外新闻史（上）"、姜红"当代媒介素养"以及王天跟"中国近现代媒介与政治"入选省级"双基"示范课
	《关于做好全校教师"课程思政"建设能力专题培训的通知》2021.8.18	专题讲座培训
	《关于参加全省高校"课程思政"教学观摩暨经验交流视频工作会议（南昌大学主会场）的通知》2022.2.25	经验交流

高校	课程思政相关文件、通知、报道	具体措施
郑州大学（2017年增列）B	《关于征集课程思政案例上线"新华思政"平台的通知》2021-07-23 《关于推荐申报河南省本科高校第二批课程思政项目的通知》2021.9.10	通过评选及立项激发教师课程思政积极性。
湖南师范大学（2017年增列）B	《关于深入学习贯彻〈高等学校课程思政建设指导纲要〉的通知》2020.6.18 http://www5.zzu.edu.cn/jwc/info/1125/3145.htm	提出指导方针，号召各学院创新课程思政形式
深圳大学（2017年增列）B	七大类专业课程思政元素要点挖掘 2021.6.18 http://teacher.szu.edu.cn/info/1178/1767.htm	文学、历史学、哲学类专业课程要在课程教学中帮助学生掌握马克思主义世界观和方法论，从历史与现实、理论与实践等维度深刻理解习近平新时代中国特色社会主义思想。要结合专业知识教育引导学生深刻理解社会主义核心价值观，自觉弘扬中华优秀传统文化、革命文化、社会主义先进文化
	《关于开展教师课程思政教学能力培训的通知》2021.11.23 http://teacher.szu.edu.cn/info/1007/1837.htm	课程思政 13 讲：政策解读、地方课程思政建设、分学科建设讲座

高校	课程思政相关文件、通知、报道	具体措施
西南政法大学（2017 年增列）C+ https://www.swupl.edu.cn/cms/search/searchResults.jsp	《西南政法大学课程思政教学研究中心发展规划》2021.4.19	培训活动采取"1+1+4"的培训方式，即以教师为对象、以培训周为载体，重点通过专家讲授等多元途径落实培训。 多元途径："专家讲授＋小组实践＋现场演录＋成果指导"培训周以 5 天为一周期进行线下学习，并连带形成典型案例、课程视频、教辅资料、共享平台等课程思政教学成果。 举办课程思政教学研讨会、打造一批课程思政名师团队、打造课程思政示范课群、建立课程思政教育实践教学平台、建立课程思政融媒资源库
	《新闻学院举行课程思政培训会》2022.4.24	万曼璐：对于通识课，首先，目标设定、文明主线。其次，内容重构、价值引领。对于专业课，要有效激活思政元素，将思政教育有机融入课程教学的各个环节、各个方面，在专业教学中开展精神指引在内的综合素质教育，实现立德树人、润物无声的综合教育理念 刘海明指出业务实践类课程思政应秉承大道无形的理念，做到"万课皆导"。
重庆大学（2019 年新增）C+	《课程思政教学设计与实施》网络直播工作坊顺利进行 2020.10.21 site:cqu.edu.cn	山东大学教学促进与教师发展中心副主任、北京大学教师教学发展中心国际专家委员会专家李赛强教授指出课程思政教学设计的四大基本原则：一致性原则、系统性原则、学术性原则和实效性原则
北京师范大学（2019 年新增）C+ https://jwb.bnu.edu.cn/zyykc//tzggzyykc/ab7ec46cd9774d0dab475025ddbdfd3a.htm	《北京师范大学优势专业建设、课程思政建设和体育、美育、劳动教育建设优秀案例公示》2022.1.10	艺术与传媒学院周星"影视学科课程思政建设路径探索与经验梳理——以"中国电影经典影片鉴赏"为例"课程思政建设优秀案例拟推荐到北京市
	《全面部署 扎实推进——北京师范大学"课程思政建设"交流与动员会召开》2020-7-2	经验交流、行政动员

（以上资料均来自对各高校官方网站相关文件及通知的梳理，排名不分先后）

三、中国新闻传播学课程思政建设特色解析

教育部《高等学校课程思政建设指导纲要》指出，立德树人是教育的根本任务，而要落实这一任务，则需要将价值塑造、知识传授和能力培养三位一体，加强公共基础课、

专业教育课以及实践类课程全面的思政建设，而具体落实到新闻传播学这一学科的教育中，就是要在课程教学中帮助学生掌握马克思主义世界观和方法论，从历史与现实、理论与实践等维度深刻理解习近平新时代中国特色社会主义思想。要结合专业知识教育引导学生深刻理解社会主义核心价值观，自觉弘扬中华优秀传统文化、革命文化、社会主义先进文化。①《高等学校课程思政指导纲要》也指出了课程思政建设所涉及的主要内容包括习近平新时代中国特色社会主义思想进课堂、培育和践行社会主义核心价值观、中华优秀传统文化教育、宪法法治教育和职业理想和职业道德教育等方面。以上各校结合教育部《高等学校课程思政建设指导纲要》及各自办学特色及优势，采取了丰富多彩的课程思政建设方案。综合来看，各校采取的新闻传播学课程思政建设主要有以下特点：

（一）重视教师之间的交流与切磋

各校均举行了各类沙龙、工作坊以及研讨会等各种形式的活动，通过优秀案例的分享，使更多教师得到启发，从而使有效措施在较短时间内得到大规模推广，提高学校课程思政的整体水平。各校采取的教师间的交流与切磋包括三个层面，第一个层面是校与校之间的交流，比如中国传媒大学在2019年赴上海复旦大学调研学习课程思政建设经验，在实地调研中学习了复旦大学课程思政与专业学科体系、理论体系的融合的做法，并进一步了解了复旦大学传播学的本土化思政内容挖掘，以及打造精品课程过程中课程思政内容的融入等方面的具体措施与成果。第二个层面是同一高校内不同专业之间的经验交流与学习，这一做法在各高校中普遍采用，并在一些院系形成了跨学科经验推广。如武汉大学推出课程思政工作坊，组织专业课教师与思政课教师一起"磨课"，将不同学科在课程思政中获得的经验汇总，并同思政课教师的课程经验相结合，全面提高各类学科课程思政建设水平。第三个层面是同一院系范围内教师之间的经验交流与推广，比如南京师范大学新闻与传播学院召开"课程思政教学沙龙暨青年教师成长营活动"，会上多名教师做了专题讲座，并提炼出课程思政的建设理念以及具体措施。

（二）重视课程内容中思政元素的深层融入

各高校均对课程思政建设具有较高层次的理解，对专业及实践课程中思政内容的融入要求做到并非浮于表面的硬性嵌入，而是结合专业特点及课程特色进行更为深入的思考，并在一定程度上完成思政元素在专业及实践课程中的深层融入。特别是在实践课及业务课中，有很多教师将课程思政巧妙融入了课程设计及教学中。如重庆大学刘海明老师指出，课程思政应秉承大道无形的理念，业务类专业课程需要做到"万课皆导"；在电视新闻实务课中，通过视听手段达到思政教育效果；同时将红色文化融入流行文化，用

---

① 《教育部关于印发〈高等学校课程思政建设指导纲要〉》的通知，2020年05月28日 http://www.gov.cn/zhengce/zhengceku/2020-06/06/content_5517606.htm，2022年4月24日。

年轻人喜闻乐见的方式进行渗透式传播。① 在武汉大学，赫爽老师在 2019 级本科生"视听内容创作综合实践"课程中，确定"红色武汉"为综合实践的最终作品主题，使这一思政主题贯穿在整个实践课程的创作中，并通过师生互动细化这一主题，发挥同学们的创造力，在创作中主动提高自身道德素养。

（三）通过成果导向促进课程思政建设

本文所汇总的这 28 所高校，均采用了"以成果促思政"的措施，该措施可具体分为两大类。第一类是通过申报课题立项的方式，这类措施又细分为不同级别课题的申报：第一层级是积极申报教育部组织的课程思政课题；第二层级是申报地方（省级、市厅级）课程思政类课题，如《复旦大学拟推荐申报 2021 年上海市课程思政示范项目（普通本科教育项目）公示》，北京大学《关于申报省级课程思政示范项目的通知》，郑州大学《关于推荐申报河南省本科高校第二批课程思政项目的通知》等；第三层是申报学校组织的校级思政课题。比如《天津师范大学关于启动第二批"课程思政"系列优质课程立项建设的通知》中公布了新闻传播学院孙卫华老师"宣传与说服"、钱静老师"经典诗词诵读技巧"获得天津师范大学第二批"课程思政"系列优质课程建设项目立项。

第二类是通过举行各类教学比赛的形式促进课程思政建设。该措施被各高校普遍采用。比如清华大学在官网发布《如何做好课程思政？清华青教赛文科团队的探索》，文中指出，清华大学组成了清华青教赛文科团队共同钻研竞赛技巧及课程思政的提升措施，通过高强度的备课及磨课，清华青教赛文科团队也钻研出了一些可以复制推广的经验及措施，具体可以概括为三点：第一，紧密联系中国国情，通过揭示中国公共事务复杂性，培养学生形成有建设性的批判思维。第二，深刻挖掘学科元认知，通过探索学科内和学科间共通的底层逻辑，培养学生求真务实的科学精神。第三，连通知识性和感受性，通过唤醒人类共有的美好情感，培养学生的共情能力和人文精神。② 《上海大学关于举办浙江大学第二届教师教学创新大赛"课程思政"微课专项赛的通知》，以微课专项赛的形式促进课程思政形式及内容的创新。暨南大学《以赛促教，以赛促创，持续提升课程思政教学水平——学校举办课程思政教学大赛》以校内竞赛的形式激发教师进行课程思政改革的积极性。

（四）逐渐形成独具特色的课程思政理念及策略倾向

各校经过各种方法及措施，均已基本实现了课程思政常态化建设。在各方努力之下，各校也都取得了一定的成绩并积累了一定的经验，在课程思政建设过程中，各校因具体

---

① 《重庆大学举行课程思政培训会》，2022 年 4 月 24 日，http://sj.cqu.edu.cn/info/1015/8110.htm，2022 年 4 月 24 日。

② 《如何做好课程思政？清华青教赛文科团队的探索》，2019 年 9 月 30 日，https://www.tsinghua.edu.cn/info/1694/69992.htm，2019 年 9 月 30 日。

环境不同，采取的方法不同等原因，也逐渐形成了各自的课程思政建设理念及策略倾向。比如，中国人民大学新闻学院形成了一套立体化全方位的课程思政建设模式，主要包括推进全体教师开展课程思政，并建设了一批课程思政示范课、教学名师和示范团队；组织编写"新时代新闻传播课程思政教材"；基于"人大新闻传播学科核心课程创新行动计划"和"前沿特色课程创新行动计划"，在算法新闻、社会化计算与舆情分析、公共传播等课程中全面融入主流价值观引领、凝聚社会共识、专业理想与公共精神等教育教学内容。另外，创新思政教学科研模式，开展"马新观指导下的红色新闻传承与学生第二课堂建设""新闻学子走基层""中国共产党新闻事业之路与马新观教学实践基地调研""青年卓越新闻人才浙江见习采访行动"等实践项目；组织师生在全国红色新闻事业旧址进行多次社会调查和现场教学，启动红色新闻文化数字记忆工程。[①]同时，中国人民大学还开办了课程思政专项计划，创建了课程思政名师工作室。这一系列的举措，不仅调动了教师的积极性与创造力，并且动员学生们通过实践活动实地性地得到了思政教育，立体化地推进了课程思政效果的实现，并形成了基于本校传统以及风格的课程思政特色。

四、我国新闻传播学课程思政建设存在的问题

（一）重视教师建设而忽视学生反馈

我们通过对各校课程思政相关报道及文件的梳理可以看出，各校均非常重视课程思政建设，但各校均是在如何进行课程思政的建设方面下功夫，而对于课程思政教学效果的评价以及学生在经过改革后课程的学习之后，思政及道德水平的实际提高方面的反馈均未进行研究，也未出台相关文件及政策。

（二）课程思政未真正主动渗透至课程整体

"课程思政"作为一种教育理念和教改导向，在我国新闻传播学教学领域中体现出较强的针对性，各高校也均形成了各自的建设特色。但依据目前的课程思政建设格局来看，依然是以政策带动课程思政建设，教师在课程思政建设方面的行动依然具有被动的成分，还没将思政教育转换为一种思维和理念贯彻到课程设计与教学实践中。

（三）理论课程与实践课程的思政教学差异明显

目前，各高校在理论课程的思政设计方面均取得了一定的经验，并围绕课程思政的内容建设展开了各类交流及研讨活动，但在实践环节，不同课程侧重的方向和创新的程度不同。有些高校采用了较为宏观的实践策略，比如中国人民大学，在实践方面启动红色新闻文化数字记忆工程，创建课程思政名师工作室。还有些学校成立了课程思政中心，

---

① 《"双一流"建设巡礼：传承创新红色新闻文化 筑牢学科精神命脉》，2020 年 11 月 05 日，https://www.sohu.com/a/429794399_174356，2022 年 07 月 01 日。

专门从事相关专业及课程的思政建设。更多数学校是在微观层面，即在新闻实践类课程中依托教师的课程设计贯彻课程思政政策，因此各校在实践环节的课程思政建设还有较大的发展空间。

五、推动中国新闻传播学课程思政建设的对策思考

综合目前我国新闻传播学课程思政建设领域所积累的经验以及尚存在的局限性，本文提出宏观层面的四个阶段和微观层面的三层境界，以作为进一步提升新闻传播学课程思政建设的对策途径。

（一）宏观层面：学校及学院层面

学校层面在进行课程思政建设时，有四个阶段。

第一个阶段是动员阶段。即告知各级学院及教师关于课程思政建设的整体情况，包括分析其重要性，发布具体实施要求和建设安排等内容。

第二个阶段是行动阶段。为具体组织建设阶段，此阶段的措施比较丰富，又可以分为四大类行动：第一类为交流型行动，主要包括各校组织的各类研讨会、外出调研；第二类为经验推广型行动，包括组织校内校外、线上线下培训会；第三类为成果奖励型行动，包括组织课题申报、组织编写课程思政类相关教材等各项工作；第四类是竞赛激励型行动，包括组织并参与青年教师教学比赛以及课程思政专项活动，这一阶段是各校进行课程思政建设的最为重要的阶段，也是各校最为重视的阶段。

第三个阶段是形成特色阶段。新闻传播学院的课程思政建设应该形成自己的体系特色。应当增加新闻传播学通识类课程中时政新闻的比例，强化新闻传播学特色；在理论课程中强化人才的责任意识、探索意识、时间意识以及舆论意识；实践课程中强化学生自身挖掘主题、发现问题以及解决问题的能力，引导学生在实践中体验社会，在新闻挖掘与解析中端正立场，不断完善自身的世界观、人生观与价值观。在形成特色阶段还应注意不能同整个学校的课程思政建设与社会的整体发展脱节。

第四个阶段是行为自觉阶段。在这一阶段是在高校已经实施了课程思政立体性综合措施，并将其转化为常态化工作之后，学校各个层面各个体系内已经对课程思政形成了深入的认识之后，教师及工作人员身体力行，将思政教育转化为内在的意识，自觉提升自身言谈举止，以高尚的情操、端正的世界观与价值观渗透的自己的言行中，以渊博的知识与精湛的专业技术与创新能力全方位感染学生，做到课上课程思政潜移默化化，课下教师榜样言谈言传身教化，形成具有风格教师的特色新闻传播学课程。并最终实现全员育人、全程育人和全方位育人的"三全"育人体系。

目前，各校采取的课程思政措施，更多属于第一层面动员阶段和第二层面行动阶段。各校之间采取的措施以及进行的阶段也存在一定的差异。结合目前高校新闻传播领域进

行课程思政建设存在的问题，各类高校可采取以下各类措施：

1.形成新闻传播学课程"课程思政"常态化、协同立体化以及特色化运作模式

对于课程思政的建设，不是通过一两门课就可以实现的，也并非一两节专门课程就可以完成的，要完成课程思政的整体建设目标，就需要形成课程思政常态化、协同立体化运作。目前国内各高校新闻传播学领域均采用了各类行之有效的课程思政建设措施，但较少高校的新闻传播学领域形成了立体化和常态化的协同运作机制。这就使得课程思政建设在实际运作过程中变为阶段性工作，并有很多环节流于形式，难以形成真正的"立德树人"的效果，并在一定程度上工作任务过于分散产生不必要的人力付出。因此，这就需要相关院系结合自身特色，探索不同类别课程中课程思政建设模式，并与专项思政课巧妙结合共同促进学生的思想道德教育。

具体来说，新闻传播学课程可以分为三大类课程：第一类通识类课程，第二类专业理论类课程，第三类专业实践类课程。通识类课程应将硬性思政转化为学生喜闻乐见的乐于接受的软性思政，用更多的中国传统文化故事、历史故事以及身边的先进人物和文化填充思政理论，使思政理论知识变得鲜活且具有说服力。

专业理论课程可以选择鲜活的新闻案例填充课程内容论证理论，用事实阐释思政，用真实点燃激情，一方面更加有效地传授课程知识，另一方面体现课程特色，寓教于乐，将理论与思政教育结合起来。

而对于新闻传播学实务类课程，中国人民大学新闻学院执行院长周勇教授指出，现阶段新闻实务教育面临着三个变化：一是技术的变化使新闻信息更加泛化；二是应用场景的变化引起了泛就业状态；三是社会需求变化要求改革新闻实务教育。因此，面对这三个变化，新闻实务类课程思政建设也应当做出相应的变化。鉴于此，周勇院长也提出了三点期待：一是要进行体系化的课程改革，既有包容又有所坚守；二是实务课的改革离不开研究；三是实务课的改革是开放的，应当与业界和社会的变化相结合。[①] 由是观之，对于新闻实务类课程，其课程目标不仅限于提高学生的实际操作能力，其课程思政建设还有更多的形式与空间。具体来说，首先实务类课程可以吸纳更多的跨学科知识融入课程，另一方面实务类课程可进行更多的创新，发挥师生的创新能力并培养学生的研究思维，第三是结合社会实际，根据社会现实需要与变化，建设相关实验实习基地，更新课程形式与内容，强化实践环节的设计与落实，让学生们有更多机会实地接触社会需求，树立与时代和社会相接轨的实际目标并为之不懈努力。

2.重视学生思政素养的提高，建设合理的新闻传播学课程思政评价体系

我们通过对各校课程思政建设策略的梳理发现，各高校均高度重视各类专业课程的思

---

① 《"双一流"建设 人大新闻深研会第 42 期：新文科背景下的新闻实务课程教学改革》，2021 年 11 月 10 日，http://jcr.ruc.edu.cn/zw/xwgg/xwdt/b09ac149a1ab4fe58c75c731512d8f84.htm,2022 年 07 月 01 日。

政建设以及教师思政素养和教学水平的培养，但是较少学校着手课程思政效果的评价体系建设，也并未对各类课程思政的实际效果展开有效评估。由于思政素养在一定程度上属于意识形态范畴，因此其评价体系的建立具有一定的难度，评估标准也较难以量化，如若采用笔试的形式又会在一定程度上加重师生学业负担，因此，本文提出以下几点措施：

第一，通过阶段性主题写作的方式考察学生思政提高程度，可以选择具有较强时政性的话题，让同学们谈一下自己的认识，在检验学生思政水平的同时，锻炼学生研究思维与对学科知识的综合运用能力。第二，可以利用相关软件以线上调查问卷的形式检验学生的思政提高程度。这一方法一方面不会占用学生过多的学习时间，另一方面可直接形成直观量化数据图，方便教师进行分析与整合。第三，开展主题活动课程，教师给定活动主题及任务和目标，学生按一定人数分组，由小组内同学自行分配各自职责最终完成任务，教师从任务执行过程中同学们各自的表现和最后学生任务的完成情况评定学生思政水平。综合而言，课程思政建设的最终目的是要提高师生的思想道德水平，因此其评价体系应当与通识类以及专业理论类课程的评价方式有所区分，应更加重视学生思想意识以及行动倾向方面表现的评定，而且此项评定工作应当具有实际的意义并嵌入常规课程评价体系中，以免给教师和学生造成不必要的额外工作。

3.重视同其他院校之间的经验交流与互动，贯彻大中小学德育一体化理念

在课程思政建设经验的交流方面，上述高校均做到了在校内各专业以及院内各门课程之间展开交流与互动工作。但在校外展开经验交流与互动的院校较少。因此，各类高校在完成各自课程思政建设的同时，也可以组织教师到其他院校交流探讨，学习并传播行之有效且具有实际操作可能性的策略。高校的课程思政建设还应当注重同中小学的课程思政体系保持连贯性与一致性，加强与中小学之间的沟通，保持教师同中小学教师之间的交流以及对中小学课程体系的基本了解，并进一步加强中小学及高等学校课程思政基础理论的创新。

（二）微观层面：教师的课程设计及实施

在微观层面，主要是教师层面在进行课程设计时采取的策略，要将课程思政作为一种理念及艺术于无形中贯穿于课程设计中。争取突破三层境界，第一层境界为语言与课程内容的渗透，第二层行动的潜移默化，第三层是"共鸣"达成。

第一层是语言与内容层面的渗透。主要表现为通过采用启发引导式教学语言的嵌入来实现教学思政的目的，比如在一节专业课程之后，教师以思政性的语言对课程内容进行总结与升华，启发同学们在思想与道德方面得到启发。这一层面的课程思政建设是最为基本也是最为表层的措施。在整个课程的思政设计中必不可少，但是相对来说，如果单一使用，显得过于牵强，说服力较差。内容方面又可以进一步划分为理论内容和实践内容两类。首先在理论教学方面，可以选择鲜活案例嵌入理论知识的讲述中。着重选择

那些包含中华优秀传统文化、革命文化、社会主义先进文化及创新精神与拼搏精神的典型案例以及具有专业特色的新闻作品嵌入课程，在丰富课程内容、提升课程趣味性的同时，潜移默化地实现课程思政的引入。另外，在实践教学方面，弱化"硬思政"与"满堂皆思政"的设计，隐思政于课程整体价值观中。强化学生在"做中学、学中悟"的思政理念，在实践任务的安排方面，可以设计以中国传统文化、红色革命文化以及社会主义先进文化为主题的实践活动，安排学生深入社会挖掘新闻、深度分析与思考现实问题。在具体任务的设计中注重对学生综合素质以及责任意识的实践与引导。

第二个层面是行动的潜移默化。在以上两个层面的基础之上，教师自身应不断提高思想认识，以高尚的情操、端正的态度投入教育，隐课程思政教育于潜移默化的思维中，从而将良好的言行体现在言谈身教中，"为人师表、诲人不倦，教学相长，百世之师"。教师应以高度的热情及端正的态度投入教学工作中，不断丰富自身专业学识与技能；端正自身立场，提高自身政治觉悟，树立自身高尚的人生观、价值观和世界观，养成良好的生活习惯，保持自律，维持良好的人际关系，以实际行动感化学生，做到行动层面的课程思政。

第三个层面是"共鸣"达成。教育从来都不是单向的，教育必须注重师生之间、学生之间的互动以及学生对课程与教学的反馈。因此课程思政的最终目的不是要学生获得思政知识，或是沉浸在别人创造的经验世界中，其最终目的应是实现师生之间、课程与学生之间的思想"共鸣"，使学生无限靠近"德福一致"的境界。即在学习过程中，学生们逐渐提高自己的道德修养，并通过道德修养的提高形塑获取幸福的路径，实现精神世界的极大满足，从而获得幸福，因此道德的提高与幸福的获得是相辅相成的。

然而，在德育所面临的社会加速环境下，时间紧迫程度超越价值重要排序造成了价值危机、人们与外部环境之间的疏离造成了环境危机，而教育领域滞后于经济发展引发了教育实践危机，在这三重危机支配下所形成的教师、学生与教育材料之间冷漠、排斥和敌对的态度构成了加速社会给教育界带来的"异化三角形"。要抵制"异化三角形"造成的危害，重新实现共鸣与德福一致，则需要重建"共鸣三角形"。罗萨指出建立"共鸣三角形"需要四个条件：第一，师生间要建立起有效的互动关系，彼此感兴趣并能在互动中感受到自我效能感；第二，教师需要建立起对教育材料价值的信任，教育材料对教师具有吸引力；第三，学生必须公开接触教育材料，愿意参与其中并被其所感动，而且必须相信他们能让材料有变化；第四，学生之间要形成开放的、良好的互动关系。①

而除了上述三者之间的关系外，笔者认为，还应注重三者与社会之间的互动以及学生与教师个体内部认知的协调。教师一方面既不能与社会脱节，又要具有"反环境"的

---

① 张彦，李岩：《"德福一致"何以可能："加速社会"中的德育危机与理念再造》，《教育研究》2022 年第 2 期。

认知能力，能够反思社会中存在的问题并思考解决路径。而教学材料的编排与选择既要具有历史性，又要兼顾现代性与社会性，学生在学习过程中也要不断了解社会的风云变幻与反思自身价值理念的变化。唯有教师、教材、学生与社会实践达到"共鸣"之境界，新闻传播学的课程思政建设便实现了水到渠成的境界。

新文科背景下新闻传播专业教学改革与考试改革刍议

高 杨*

（天津师范大学新闻传播学院，天津，300387）

摘要：《新文科建设宣言》和教育部新文科研究与改革实践项目的相关通知吹响了我国新文科建设的号角。新文科重在融合创新，着眼于大文科视野，培养学生跨领域知识融通能力和实践能力，推动建设跨学科、多学科交叉融合专业课程体系。新闻学一度被认为是"无学"或"杂学"，传播学则被认为过于重理论而轻实践，新闻传播学又是实践性高于理论性的应用型学科。这一尴尬的处境使新闻传播学虽然在人才培养目标上很明确——即培养融媒体复合型人才——但在培养教育过程中无论是思路还是做法都不够明晰。本文旨在探讨新闻传播专业如何在新文科建设的大背景下，改革教学和考试方式，以凸显大文科的交叉融合特色，并倡导技能教育与价值教育的均衡。

关键词： 新文科；新闻传播专业；教学改革；考试改革

已故美国传播学者詹姆士·凯利曾在《新闻教育错在哪里》这篇文章中疾呼："新闻应该与政治联系，这样才能理解民主生活和民主机构；和文学联系，这样才能提高语言和表达能力，并深刻理解叙述的方式；和哲学联系，由此确立自己的道德基准；和艺术联系，这样才能捕捉到完整的视觉世界；和历史联系，在此基础上建立自己的意识和直觉。"[1]凯利教授显然给新闻学和新闻教育提出了一项美好且艰巨的任务。虽然新闻学是一门独立的学科，但如果它不敞开怀抱跟其他学科联系，那么新闻学必死无疑。而学科融合也正是我国"新文科"理念的题中应有之义。可是，这项艰巨的任务是如此难以完成，就连有着最悠久新闻教育历史的美国哥伦比亚大学，也认为是"职业教育和意识形态，而不是知识或者职业素养，成为这种教育的主要内容"[2]。而中国新闻教育的情况恐怕更令

---

* 作者简介：高杨（1982— ），女，辽宁沈阳人，天津师范大学新闻传播学院副教授，研究方向：媒介批评，传媒与社会。

① 詹姆士·凯利：《新闻教育错在哪里》，《国际新闻界》2002年第3期。
② 詹姆士·凯利：《新闻教育错在哪里》，《国际新闻界》2002年第3期。

人担忧，且不说新闻系毕业生在校期间大多掌握不到最前沿的职业技能，进入媒体后都是白纸一张重新学习，就连最基本的通识基础知识都所剩无几。这当然有学生个人的原因，但我们的新闻教育实在难辞其咎。

中国新闻学教育最大的问题在于，想关起门来搞经院式办学，没搞好！以至于历史、哲学、文学等人文学科一直以来对新闻有种骨子里的轻视，认为"新闻无学"，只是一种技术活儿。"人文科学对新闻学的鄙夷构成了将新闻学和人文学术研究分开的天然鸿沟。"[①]想打开门来搞实践式办学，搞不了！因为新闻教育与实践脱钩，新闻系教师鲜有丰富的媒体从业经验，甚至从未涉足媒体。[②]教学过程也是重理论轻实践，重灌输轻启发，至于与媒体联动进行新闻业务教学，更是凤毛麟角。面对这种理论与实践两手都抓了一点儿，又两手都不硬的尴尬局面，新闻学的教学改革以及与之相应的考试改革确实迫在眉睫了。2020年11月3日，由教育部新文科建设工作组主办的新文科建设工作会议在山东大学召开，会上发布《新文科建设宣言》，并对新文科建设做出全面部署。在全面建设"新文科"体系的大背景下，笔者试从以下几方面提出改革的建议：

一、教学改革方面

（一）课程设计注重通识课的重要性

新文科最大的"新"便在于学科交叉与融合。因此，在大一阶段，可以集中开设政治学、经济学、法学、文学、哲学、历史学、国际关系、社会学、自然科学等方面的基础课程。也可以把这些通识基础课分散在四年内开设。如今媒体招聘的现状是，财经类媒体愿意招经济类的学生而非新闻类，法制类媒体愿意招法学专业的学生而非新闻专业，就连综合性媒体的招聘，新闻专业的学生也需要与其他专业的学生同等竞争，而多数情况下，新闻专业的学生在竞争中并没有显著优势。唯一的解决之道就是让新闻专业的学生多掌握其他专业的知识。清华大学政治学副教授刘瑜在哈佛大学读博士后期间曾经介绍了该校的核心课程体系："所谓核心课程，就是学校提供给本科生的一系列基础课，学生必须从中选出几门作为必修课。这些基础课的目的是让学生在进入知识的细枝末节之前，能够对他所置身的世界有一个框架性的理解和探索。"[③]

哈佛大学的核心课程包含外国文化、历史、文学、道德判断、数理判断、科学、社会分析七个板块，每个板块都有十几门课程可供选择。以科学板块为例，课程包括：光

---

① 詹姆士·凯利：《新闻教育错在哪里》，《国际新闻界》2002年第3期。

② 需要说明的是，新闻专业当然有理论课，对于讲授理论课的教师没有媒体从业经验尚可。但是诸如新闻采访、编辑、写作等实践性强的实务课程，是需要由一名有丰富媒体从业经验的教师来讲授的。媒体和新闻操作日新月异，实际采访中遇到的情况也是多种多样。作为教师如果对这些情况未曾经历，只一味地照本宣科，那也难怪新闻教育与实践如此脱节了。

③ 刘瑜：《送你一颗子弹》，上海：上海三联书店，2010年，第324页。

与物质的性质、爱因斯坦革命、音乐和声音的物理学、观察太阳和恒星、科技与公共政策、能源环境与工业发展等 13 门。此外，还有"本科新生研讨会"的课程（freshman seminar），包含人的进化、象棋与数学、疾病的话语、道德判断的本质、关于意识的科学研究、一个社区的研究、苏格拉底及其批评者、怎样读中国的诗歌、酷刑与现代法律等几十门课程。这些课程就好像给学生种了一整片茂密的森林，"最好能够把这个森林地图印在大脑上，以后走到再细小的道路上，也不会迷路"①。哈佛大学之所以有这样的核心课程，可从第 26 任校长陆登庭（Neil L. Rudenstine）在北大百年校庆前夕的演讲中一窥究竟："大学帮助学生寻求实用和令人满意的职业是必要的。然而更重要的是，大学教育的杰出性是无法用美元和人民币来衡量的。最好的教育不是使我们在自己的专业中提高生产力，而是使我们善于观察、勤于思考、勇于探索，塑造健全完善的人。它帮助我们的科学家欣赏艺术，艺术家欣赏科学，它帮助我们看到用其他方法无法掌握的不同学科之间的联系，它使我们作为个人和作为社区成员的生活更加丰富多彩。"②在新文科建设大力提倡学科交叉融合，尤其是文理交叉（文科与工科融合、文科与医科融合、文科与农科融合）的"大文科"视野下，哈佛大学的"核心课程"设置或许可以给我们以启示。

当然，想要达到"大文科"的目标，开设基础通识课程只是第一步。接下来，教师还应该启发学生自主学习的能力，让学生们广泛涉猎不同学科的书籍。另外，面对如今广告、公关、摄影、播音主持、编导、新媒体、出版等专业都归到新闻传播大类中的现状，也应该把这些学科的基础概论课程打通。让新闻专业的学生学习广告和播音；让播音的学生学习摄影和新闻；让广告的学生也学习编导和摄影，这也是媒介融合现实下的必由之路。

（二）采用多样化教学方式

多样化教学的提法早已不新鲜了，课堂小组讨论、案例教学、情景模拟教学、线上线下混合教学等早已经改变了过去那种教师填鸭式的教学局面。只不过，对于新闻专业来说，"多样化"的范围还可以更大一点，比如课堂播报。每堂课让 2—3 名学生上讲台把最近社会上热点的新闻事件用自己的方式播报出来，可以制作 PPT，可以运用视频、音频等辅助手段，可以字正腔圆地播报，也可以用特色方言播报。播报完基本事实之后，最重要的是要说出自己对这一事件的看法。新闻专业的学生必须关注国内外时事，关注社会，关注热点。这既是培养学生新闻敏感的途径，也是提升学生社会责任感和开拓国际视野的有效方式。而且，对于一名新闻人来讲，独立思考问题的能力、多角度思考问题的能力和良好的语言表达能力都是至关重要的。这些能力都可以通过一个几分钟的播报慢慢来培养。

① 刘瑜：《送你一颗子弹》，上海：上海三联书店，2010 年，第 325 页。
② 许知远：《那些忧伤的年轻人》，南京：江苏凤凰文艺出版社，2019 年，第 343—344 页。

从笔者的教学实践来看，课堂播报的效果很好。最开始，学生们还有点放不开，后来不但事实播报行云流水，针对事实所发表的观点也新颖独特。最开始还需要笔者点名来选择每堂课播报的人员，后来自愿播报的人越来越多，不得不有所筛选。当然，学生所选择的社会热点有时候会偏离应有的方向，这时候就需要教师的引导，尽量选一些公共性事件。如果教师认为最近的某个社会热点事件非常适合学生们各抒己见、发表见解，而课堂播报中并没有涉及这个事件，那么，教师也可以参与到课堂播报中来，自己播报出这一事件并说明自己的观点，再引导大家共同参与讨论。实践证明，没有不爱表达的学生，只有不给表达机会的老师。只要激发起学生思考和表达的兴趣，他们是不吝啬自己的想法的。

此外，课堂辩论也是不错的方式。新闻领域中有很多问题都是存在争议的，比如说隐性采访的争议、记者采访伦理的争议、新闻侵权方面的争议等。这些议题都是可以拿来辩论的。教师可以根据教学内容适当选择辩题，事先确定好正反两方辩手，给予充分的课后准备时间，然后在课堂上正式辩论。辩论后，教师总结，并给其他同学发表看法的机会，其他同学可以根据自己支持的观点再去发表看法。其实，教师在理论讲授过程中也可以随时抛出一个个问题，让学生独立思考，发表观点，并与学生形成互动。媒体人许知远在《灵魂导游者》一文中有这样一段描述："我读到一本有关哥伦比亚大学教授艾德勒的书。这位教授的授课方式是这样的，他每周布置一本经典著作让学生阅读，在下周的课堂上，将就这本书展开讨论。每个学生都必须阐述其独特的观点，而艾德勒像一位窥探者一样，深入每一个发言者的内心世界，逼迫它进行更深入的思考，诱导他进入一个更宽广的空间。于是，每一次讨论都演化成了一次心智上的格斗。"[1]艾德勒教授的方法颇有点"置之死地而后生"的意味，不过也只有唯其如此才能锻炼学生独立思考的能力。另外，真理不辩不明，"心智格斗"的过程同时也是教学相长的过程。

另外，还可以借鉴美国大学课堂的常用方式，即小组作业。教师可以根据教学内容布置一个调查作业，比如新媒体使用情况调查、城市受众接触不同类型媒体的调查、受众对于媒体内容煽情化娱乐化看法的调查等。把学生分成几个小组，每组成员分工合作，把调查过程和结果汇总成 PPT。然后每组找一个代表在课堂上做陈述。这既能培养学生的实践能力、总结整理的能力、语言表达能力，又能锻炼学生的团队合作精神。

随堂小作业对于一些理论性比较强的必修课来说，也具有不错的效果。教师可以随堂布置一些跟课程内容相关的题目，让学生在课堂的规定时间内完成。

（三）加强业务实践教学

国务院《关于深化教育改革，全面推进素质教育的决定》中强调：高等教育要重视大学生的创新能力、实践能力和创业精神，普遍提高大学生的人文素质和科学素质。重

---

① 许知远：《那些忧伤的年轻人》，南京：江苏凤凰文艺出版社，2019 年，第 216 页。

视培养学生收集处理信息的能力、获取新知识的能力、分析和解决问题的能力、语言文字表达能力以及团结协作和社会活动的能力。对于新闻专业来说，《决定》中提到的"创新能力、实践能力、分析和解决问题的能力、语言文字表达能力以及团结协作能力"更显重要。毫无疑问，新闻学是实践性很强的学科。为了培养学生的实践能力，除了目前普遍在用的情景模拟教学（采访情景模拟、新闻发布会模拟），也可以考虑跟媒体合作的可能性。以新闻采访和新闻写作课程为例，让学生走进媒体，跟着记者去采访（由于学生仍处在学习阶段，故不建议独立采访），并可在采访中适当提问。采访回来后，自己独立完成采访稿件。如果是电视媒体，可以独立完成片子剪辑，当然要在不影响媒体正常工作的前提下。然后把学生独立完成的稿件让记者过目，记者可以根据稿件的质量和学生在采访中的表现给出一个综合成绩。这项成绩记入这门课程的期末总成绩。如果没有这项过程性的成绩，学生便没有资格参加期末考试，这门课程就需要重修。甚至这项过程性成绩可以作为学生以后找工作的一项硬性指标，用人单位把这项指标作为可以进入本单位的前提。这种方法类似美国的大学申请，美国高中生在校期间必须完成定量的社会公益实践活动（比如去敬老院做工、为穷人盖房子等）才有资格申请大学。当然这是一个任重而道远的任务，需要在整体的教育政策上予以改善。

清华大学新闻与传播学院的实践教学同样给我们提供了一个可借鉴的模式。清华大学引导学生以古今中外的优秀新闻人为榜样，"读万卷书，行万里路"，将书本知识、社会经验和专业能力融会贯通。李希光教授主讲的国家精品课"新闻采访与写作"和新生研讨课"走在路上的叙事艺术"，采用了大篷车课堂、情景模拟、案例教学、现场体验等方式，生动、具体、灵活地开展新闻业务教学，取得良好效果。主讲教师还经常邀请记者与学生一道下煤矿、登太行、穿越罗布泊，重走长征路，走访"一带一路"沿线国家，既使学生真切了解社会现实，亲身感受人民生活，又使学生的专业能力得到有效锻炼。[①]2012 年暑假，李希光教授又带着学生把大篷车开到了图瓦。图瓦现属俄罗斯联邦，但在 100 年前却是清朝属地，所以跟中国有着千丝万缕的联系。学生们在李希光教授的带领下参观图瓦博物馆、拜访图瓦大学，听图瓦总理演讲，游叶尼塞河，跟图瓦人同吃同住，并采访普通的图瓦人。这样的实践教学活动不仅培养了学生的广博学识和专业技能，也增加了他们的社会经验，更重要的是启迪和激发学生的文化自觉。当然，这一系列实践教学任务真正实行起来还需要经费及管理方面的保障。

不仅如此，"实地教学 + 业内人士访谈"也是不错的选择。2018 年，教育部、中共中央宣传部发布《关于提高高校新闻传播人才培养能力实施卓越新闻传播人才教育培养计划 2.0 的意见》。《意见》指出，在更新教学内容，改进教学方法方面，可以创新教学组织形式，采取案例式、现场式、任务型等多样化教学手段。"实地教学"便是"案例式 + 现

---

① 李彬：《新闻与社会的交响》，北京：清华大学出版社，2009 年，第 101 页。

场式"的有益尝试。教师提前联系好需要访谈的嘉宾，访谈地点即嘉宾的工作场所或工作室。嘉宾带领师生参观工作室，并针对某个主题进行一场小型讲座。讲座之后是提问互动环节，师生均可提问，嘉宾回答，在沟通互动的过程中，教师也可以根据讨论内容进行知识扩展。这种方式可以让学生与嘉宾零距离接触，获得更加鲜活的业界资讯，也方便学生拓宽人脉，为将来与社会接轨创造机会。

近年来，受新冠肺炎疫情影响，新闻传播专业实践教学的实施相应减少。为了弥补学院教育实践不足的缺陷，2020 年，由教育部、中宣部联合创办的中国新闻传播大讲堂正式开讲，邀请优秀的一线新闻人作为讲述者，汇集优质的新闻资源，将新闻实践融入新闻院校的课堂教学，让师生能够近距离地感受到传媒人的风采，从而更好地提升学生的专业能力，有助于培养有理想、有情怀、有担当、有本领的新闻传播人才。

（四）专业教育与劳动教育相结合

2020 年，中共中央、国务院出台《关于全面加强新时代大中小学劳动教育的意见》，随后教育部也印发《大中小学劳动教育指导纲要（试行）》。《纲要》强调，劳动教育是新时代党对教育的新要求，是中国特色社会主义教育制度的重要内容，是全面发展教育体系的重要组成部分，是大中小学必须开展的教育活动。具体到高等学校的劳动教育而言，要强化马克思主义劳动观教育，注重围绕创新创业，结合学科专业开展生产劳动和服务性劳动，积累职业经验，培育创造性劳动能力和诚实守信的合法劳动意识。因此，高等学校的劳动教育可以有机纳入专业教育和创新创业教育中。结合新闻传播专业的科学特点，可以让学生在社区服务、校园服务、行业服务、社会公共服务等劳动中，针对某个服务主题撰写特稿、拍摄系列摄影作品或者制作劳动主题短视频。通过专业作品表达出学生对劳动的理解与思考，既能提高学生为社会做贡献的思想意识，也能实现产教融合以适应新时代人才培养的需求。

高等学校的劳动教育目前还处于起步探索阶段，有些学校已经把"劳动教育"作为一门独立课程添加到培养方案中，有些学校是在专业课程的实践环节增加劳动教育比重，或者作为创新创业教育的一部分，要求有劳动实践环节。无论哪种形式，重点都在于找到与专业的契合点，拓展实践劳动场所，多渠道引入社会力量协同共育。同时做好诸如师资建设、经费投入、风险防范、评价激励等保障工作。

（五）在教学中平衡好"专业学术"与"实践应用"的关系

众所周知，新闻传播学是实践性较强的学科，对学生理论素养和学术素养的培养一直较弱，这在每届学生的毕业论文中就有明显体现。但随着考研人数的逐年增加，对传媒专业学术的需求也水涨船高。随之而来的一个问题是，有些学生选择新闻传播专业是出于对传播实践的热爱，而有些学生一进大学便立志读研，将来走学术道路。还有一些学生即便将来不做学术，也想通过读研来增加未来就业的筹码。因此，这些不同需求的学生如何在大学期间获得恰当的教育，也是教育者要权衡的问题。

从目前的新闻传播专业教学来看，还是更多倾向于专业技能训练，学术训练极其薄弱。《普通高等学校本科专业类教学质量国家标准》中强调新闻传播专业课程设置要以产出为导向，以国家政治、经济和文化建设发展需求为基本原则，培养具有全媒体新闻传播知识和能力的应用型、复合型人才，并且要在课程设置上进一步提高实践教学比重。由此可见，想在培养方案中增加专门的学术训练课程并非易事，只能由任课教师在某门课的教学过程中根据授课内容适当添加一些专业学术指导的内容，或者由教师带着有志于此的学生做科研项目。学术讲座和读书会也是非常态化的学术训练手段。因此，可以充分利用"第二课堂"来满足有学术需求的学生。

以天津师范大学"第二课堂"为例，共设有思想成长、实践实习、志愿服务、文体活动、创新创业5个模块。每个模块下有活动类、竞赛类、成果类、荣誉类等若干内容可供学生选择性参与。思想成长和创新创业模块中的活动类内容通常是学术讲座、研讨会、报告会等，成果类也包含发表不同级别的理论研究文章。学院可以完全依托"第二课堂"来开展专门的系列学术讲座，从而使学术训练常态化、制度化、课程化，并形成规范化的赋分规则，以便于学生操作。进而言之，可以逐渐使学术指导培训像"大学生职业规划与就业创业指导"这类培训一样，成为大学通识课中必不可少的一环。

二、考试改革方面

事实上，以上所提出的教学改革建议还应该与考试改革结合起来。考试是检验教学成果的有效手段。有学者总结了目前国内高校考试存在的问题：考试目的功利化，考试内容教材化，考试方式单一化，考试题型标准化，考试评判精量化。更有甚者，有些高校和教师甚至考前重点化，试题商品化，评分情感化、货币化。[①]而学生面对考试的现状是平时不积累，考前现突击，作弊现象也时有发生。针对现行考试制度的种种弊端，教育界普遍呼吁应该注重学生的过程性学习和其他综合能力的考查。结合新闻专业的特点，过程性考查和实践能力考查尤显重要。

（一）提高过程性考核的比重

对于考试课来说，平时成绩可以占总成绩的50%。笔者在前文提到的课堂上的教学方法都可以做量化之后作为平时成绩记入期末总成绩。并且可以让学生也参与打分，这就避免了教师一人给分的主观随意性。比如小组演示作业，其他同学听完每组的陈述后，可以针对每组的表现给出一个分数，教师也给出一个分数，最后综合两方面的分数给出最终分数算作平时成绩。对于选修课来说，平时成绩的比例可以更高一点，除了前文提到的各种方法可以算作平时成绩之外，也可以给学生布置期中论文或写书评。期末考试

---

① 刘桂荣：《我国高等教育考试制度改革的几个问题》，《黑龙江高教研究》2003 年第 5 期。

也可以采取口试，把课程内容与社会热点结合起来出几道题目，分别写在纸条上，学生随机抽取，抽取题目后给 10 分钟左右的准备时间，然后像答辩一样说出自己对抽取题目的看法。口试可以避免考前的死记硬背，考查学生的反应能力、综合分析能力、独立思考问题的能力、语言表达能力以及与教师交流沟通的能力。

（二）与业界合作设计考核

前文提到的与媒体合作是考查学生实践能力和应用能力的有效途径。媒体记者根据学生的采访表现给出的成绩是一个重要的过程性指标。前文已论及，不再赘述。

（三）寓"考"于乐

柏拉图在《理想国》中谈到教育问题时提道："不要强迫孩子们学习，要用做游戏的方法。你可以在游戏中更好地了解到他们每个人的天性。"[1] 虽然柏拉图没有继续说明"要做何种游戏"以及"如何做游戏"，但在 2500 多年后的现代教育中，我们确实可以借由柏拉图的提示来思考如何"让孩子们做游戏"来达到学习效果和学习目的。

游戏研究学者刘梦霏曾经在清华大学的历史课堂上设置了一个以"大航海"为背景的游戏。让学生分成两组，一组走哥伦布的航线，一组走达伽马的航线。学生会拿到第一手的史料包，他们必须要在 6 分钟之内完成各自的航线，并且要经过史料包里提到的所有港口。在"航行"过程中他们会遇到风向不定、水手叛乱、老鼠吃光了船上的粮食等困难。虽然很少有学生能在 6 分钟内完成航海任务，但他们在游戏过程中通过体验对历史有了不同以往的理解与认知。[2] 其实，新闻传播的专业教育同样可以引入游戏。笔者不建议将游戏作为常规教学方法，那样势必要围绕某款游戏进行更多的教法设计，但却可以把游戏用到考试中。诸如新闻史或新闻采写的相关课程，完全可以让学生通过玩一款游戏回到新闻事件发生的现场，尤其是历史上发生过的重大事件。比如肯尼迪遇刺事件，当时合众国际社的记者梅里曼·史密斯写出了《我看见历史在爆炸》。如果把这一事件设计成一款游戏，游戏中可以设置不同的角色，总统角色、记者角色、目击者角色、相关当事人角色、凶手角色等，学生以某一种角色进入游戏，然后以这一角色为作者写出一篇事件通讯作为期末作业。学生通过游戏对历史事件既可以获得基于临场感的体验，同时也以某个视角充当了记者的角色，从而锻炼了采访与写作的能力。当然，这一切的实现还有赖于游戏研发者做更多的设计与投入。

在没有非常适合的与专业相关的游戏时，教师也可以选择专门的新闻游戏。获得第 18 届美国网络新闻奖（Online Journalism Awards）之"杰出创新视觉与数字辅助报道奖"的《uber 的游戏》（The Uber Game）便是一款互动新闻游戏。游戏基于对 uber 司机们的

---

[1]　柏拉图：《理想国》，郭斌和、张竹明译，北京：商务印书馆，2018 年，第 308 页。
[2]　《新京报·书评周刊》：《游戏与历史》，2020 年 9 月 5 日，第 B04 版。

访谈以及他们经历的真实事件设计而成。游戏玩家是一位有两个孩子的全职 uber 司机，每周要还 1000 美元房贷。学生通过一个个小故事切身体会到 uber 司机的生活，即便艰辛劳累，收入却往往杯水车薪。游戏结束后还有相应的延伸阅读《令人不舒服的司机座位视角》。游戏体验后，可以让学生以司机的视角写一篇非虚构文章。

一直以来，教育工作者和家长都把游戏看作"洪水猛兽"，认为孩子沉迷游戏会影响学习、影响视力。但游戏恰恰是实现人与人连接互动、扩大集体共情意识、透过体验加深认知的不二之选。关键是如何培养教师与学生的"游戏素养"，正如我们总是强调的"媒介素养"一样，让游戏可以在新闻传播的专业教育中发挥正向的作用。

（四）无领导小组讨论

可以借鉴企业面试时经常使用的无领导小组讨论（Leaderless Group Discussion）作为考查方式。学生 4—8 人为一组，针对教师提出的开放性问题或操作性强的问题开展自由讨论，时间在 40 分钟左右。教师只在讨论开始之前说明题目和讨论规则，一旦小组讨论开始，教师即退出，不参与讨论，不能提问，也不能回答学生的任何问题，这也是"无领导"的意义所在。如果条件允许，教师最好退出讨论场地，用现场的摄像机拍摄讨论全过程用于教师事后评价。自由讨论的步骤有三：第一，学生可针对教师提出的讨论问题独立思考，列出发言提纲（5 分钟）。第二，每位学生轮流发言阐述自己的观点（每人 3 分钟）。第三，学生自由发言，群言讨论。可以继续阐述自己的观点，也可以针对别人的发言进行理性对话。如果是开放性问题，最后每人可以总结陈述。如果是实操性问题，则每组要给出一个一致的操作方案或解决问题的方案。讨论过程中，教师要针对学生的人际沟通能力、思维理解能力、创新能力、分析总结并解决问题的能力、应变能力、语言表达能力等方面的素质进行观察，并针对每一位同学形成评价表，几项能力的平均分即为学生最终的综合成绩。

无领导小组讨论的优势在于，相比于笔试和过程性评价来讲，它能考查出学生的个性特质和多方面的综合能力，从而使教师对学生形成更全面、更合理的评价。当然，无领导小组讨论对题目的要求较高，对于新闻传播的专业课程来说，最好出一些实操性更强的题目，诸如让学生完成一场大型专题报道的策划。教师也要尽量摒弃对某位学生的主观好恶，客观公正地对学生进行评价。建议同时有两位教师担任评价者，一位是该门课程的任课教师，另一位是未承担过该班课程教学任务的教师，这样能够避免任课教师对学生过于熟悉而产生的倾向性评价。

无领导小组讨论已经广泛应用于各企事业单位及公务员的面试环节中，如果把它纳入大学阶段的考试中，也能让学生提前熟悉并掌握流程规则，为将来应聘面试奠定基础。

（五）完善考试的反馈机制

学生们考试后根本就看不到评分后的试卷，更不用说教师进行试卷讲评了。至于试卷分析更是表面功夫。这样对教师而言，不利于发现自己在教学中存在的问题并加以改善。对学生而言，也不知道自己哪些知识掌握得不好，低分数低在哪里。建议把考试反馈机制作为一项制度固定下来，教师评分结束后，专门找时间上一堂考试反馈交流课，真正发挥考试"发现问题，解决问题"的积极作用。当然这也无形中加大了教师的投入，所以考试管理部门也应该在教师工作量的认定上以及考试改革经费上予以支持。

三、结语：写给教育者

笔者曾经跟多位留学欧美和我国香港地区的学生沟通过国内外授课差异的问题。他们反馈的一个共性信息是，中国的大学有一种家的感觉，更稳定更有安全感。欧美及香港的大学更像一个公司，注重培养学生的独立性，并通过大量的社会活动让学生或主动或被动地接触社会，没有中国大学这种象牙塔的感觉。究其原因，问题还是出在包括专业教师在内的所有教育者身上。

于大学各层级的管理者而言，似乎还把大学生当成未成年的高中生一样去对待。如果说遍布教室和校园各处的摄像头是出于教学质量和校园安全的考虑，那么以爱之名实行的"早请示晚汇报"式"圈养"已然挤压了大学生作为有尊严、有思想的独立人的精神空间。在这种"大家长式"氛围中培养出来的学生能具有健康正常的心理已属不易，又何谈能动性与创新性？试问，作为成年人的我们，有谁希望时刻在一双眼睛的注视下工作？中小学时那双时不时出现在教室后门窗户上的眼睛在大学里应该消失了。汪曾祺曾在《新校舍》的结尾写道："有一位曾在西南联大任教的作家教授在美国讲学。美国人问他，西南联大八年，设备条件那样差，教授、学生生活那样苦，为什么能出那样多的人才？——有一个专门研究联大校史的美国教授以为联大八年，出的人才比北大、清华、南开三十年出的人才都多，为什么？这位作家回答了两个字：自由。"[1] 大学培养的是"人格"而非"人力"，否则走出校门的大学生连同他的专业知识都只能是爱因斯坦所说的"一条训练有素的狗"，而不是"一个和谐发展的人"。[2]

于专业教师而言，要不断更新知识和观念，提升专业能力。首先要加强与业界的联系，部校共建已经为教师提供了接触业界前沿的契机，但据笔者了解，业界专家多以讲座形式在高校开展教学，而教师在业界的挂职更是有名无实。教师唯有怀着开放的心态对当下传媒环境和业务技能的巨变有深刻的理解和认知，才能教好每一门课。其次，教师应定期参加业界新技能与新知识的培训。长期以来，高校"重科研轻教学"的评价体系让教师在参加学术会议方面比较积极，但是对新知识新技法的培训却不屑一顾，从而导致课程内容陈旧，一本教案讲十年的情况。这固然有所在学校是否有政策及经费支

① 刘仰东：《汪曾祺忆母校——西南联大》，《人民政协报》2011 年 1 月 27 日，第 5 版。
② 阿尔伯特·爱因斯坦：《我的思想与观念：爱因斯坦自选集》，张卜天译，天津：天津人民出版社，2020 年，第 79 页。

持的原因，但更重要的是教师在主观上对此就不够重视。最后，要加强针对教学方法的学习和训练。教师教学水平直接决定教学质量，教师的专业背景和授课时带来的相对开放活跃的氛围是国内外高校在教学上最大的不同。而教学方法是可以经过训练来提升的，比如 BOPPPS 教学法［由导言 Bridge-in、学习目标（Objective/Outcome）、前测（Pre-assessment）、参与式学习（Participatory Learning）、后测（Post-assessment）和总结（Summary）六个教学环节构成］、ISW 教学技能培训（Instructional Skills Workshop）、FDW 教学技能引导员培训（Facilitator Development Workshop）、TDW 教学技能培训师（Trainer Development Workshop）等，都对教法提升有很大帮助。

许知远把大学教育者称为"灵魂导游者"。他讲了一个芝加哥大学教授阿兰·布鲁姆的故事。布鲁姆教授认为他得到的最大奉承是他欣赏的一个学生在游历意大利时寄给他的一张明信片，上面写道："你不但是一个政治哲学教授，而且还是导游。"教授感慨道："作为一个教育者，没有什么比这能更好地表达我的动机。他认为我已经为他的所见所闻做好准备，然后他可以独立思考了。在我们的时代，教育应该去发现学生们渴望完美的任何东西，重建一种知识体系，能让他们自发地去追求完美。"① 教师教给学生的固然是知识，但比传授知识更重要的是自主掌握知识的能力、独立思考的能力，这样才能激起学生的文化自觉，让学生们"自发地去追求完美"。正如柏拉图"洞穴隐喻"所提示的，教育者不要灌输，甚至也不需要那么多创造，他们只需在学生的头脑中点亮一盏灯，把灵魂中本来就具有的探知能力照亮，启蒙并引领学生找到正确的方向从而走出"洞穴"。如何成为"灵魂导游者"，是摆在中国教育者面前的一项艰巨任务。

---

① 许知远：《那些忧伤的年轻人》，南京：江苏凤凰文艺出版社，2019 年，第 214—215 页。

融媒体时代影视编导专业人才培养的
理念革新与模态转型

颜　彬　韩红梅*

（天津师范大学新闻传播学院，天津，300387）

摘要： 在信息技术所驱动的媒介融合时代，传统的以理论教授与拍摄实践结合的广播电视编导专业人才培养体系显露出理念陈旧、技能不适配、方向不清晰等结构性问题，建构适配当下媒体环境的影视编导人才培养体系，成为燃眉之急。基于以全民视听生产为形态的产业需要，融媒体时代的编导专业教育应该在充分考量产业现实的基础上进行跨媒介、跨流程、跨学科的理念调整，通过构建开放性的课程平台、重构课程内部结构，以情境化教学方式应对新的产业现实，实现教学模态的有效转型。

关键词： 融媒体时代；编导专业；人才培养；理念革新；模态转型

一、问题的提出

近年来，媒介技术频繁迭代，形态日渐多元，媒介以互联网技术为核心形成了融合的新态势。在这一理念的观照下，广播电视、电影等传统媒介的组织结构、生产方式以及传播形态都发生了新的变革，形塑了影视行业的产业形态，影视编导教育已经不再是单一的影视艺术教育或者影视技术教育，而是形成了一种以"媒介艺术"为特征的新的专业面向。媒介融合将原本作为"内容"形态的视听作品引入到了以传播、消费为核心的媒介形态之中，影视（视听）行业的形态归属开始模糊。事实上，面对渐近的产业变局各大高校并未停滞不前，而是以一种"改良"性的、微调整的方式迎合着产业变迁，进行着教学体系的不断调整。而近年来，以短视频为主要形态的视听内容生产开始进入"全民时代"，影视编导专业的培养方向，面临着被改写的命运。既往精英化的、专业性的影视内容生产出现颓势的同时，新的以全民视听生产为形态的产业需要逐年递增，出

---

　　* 作者简介：颜彬（1986—），男，山东枣庄人，天津师范大学新闻传播学院讲师，研究方向：影视产业、影视艺术、影视教育。韩红梅（1979—），女，山东济南人，天津师范大学新闻传播学院副教授，研究方向：广播电视文化研究、影视艺术教育。

现了很多不同以往的产业特征，向影视编导专业人才培养提出了新的要求。

从文本形态上看，内容质量的优劣不再是影视作品唯一的标准，传播力成为更重要的行业元素。在过去相当长的时间内，影视剧、电视节目的生产是影视视听行业的主要内容，以电影厂、电视台等内容制作机构为主体的组织化的生产与传播方式决定了传统电影电视内容生产的精英化。对视听语言的考究、对戏剧性的追求、对画面场面的营造保证了内容优质的同时，也导致了一定的"疏离感"，成为少数人的、基于精英文本的"艺术创作"。当然，这种精英生产并非为了曲高和寡的艺术表达，而是通过精英化路径保证内容的稀缺性，在相对贫瘠的内容时代巩固自身强大的传播势能。而近年来，以短视频为主要类型的新的视听内容形态被广泛接受，影视视听行业的产业环境发生了翻天覆地的变化，概念进一步泛化。一方面，面对短视频等新内容形态的攻击，各大视频网站、电影电视剧制作公司、各级电视台纷纷发力，加大了电影电视剧等影视内容生产的"内卷"程度，顺利搭上了互联网的专车，IP影响力、播放量、播放热度等平台数据的考量进一步强化了影视剧内容的"精英化"，影视剧的制作水准与生产要求逐年拉升，行业分工日渐明确，影视内容生产进一步"专业化"；另一方面，以抖音、快手为代表的短视频平台的产业分量逐年加大，用户消费习惯、用户停留时间均对传统影视行业形成威胁，影视产业的概念加入了对视听内容的涵盖，具有情绪价值与传播能力的视听产品得到广泛喜爱。简单来说，影视产业的内容性并未弱化，但"媒介性"却在增强。短视频作为一种极短的视频文本，瞬时刺激超越经典叙事，以一种"盛景"的方式，在短时间内抓住观众，靠的不再是影像的质量，而是带有猎奇、悬念、情绪刺激等媒介元素的"黄金三秒"。感性的艺术审美变得没有那么重要，理性的、规律化的理性生产才能得到算法的认可。

从生产机制上来看，影视视听行业也开始出现了两极化的路径，在传统的影视内容强调精细化、合作化生产的同时，融媒体时代的视听文本侧重全产业链运营模式的运转路径。无论是生产主体、发布平台、传播渠道、表达符号、互动模式，媒介融合时代的视听内容产品都显示出明显的全媒介特征，媒介不再是割裂、分立的独立个体，而是以一种整合的方式，将广播、电视、报纸、电影、网络等媒体结合成的新型内容生产组织和发布平台。原本专业化的、链条式的内容分工不再清晰，内容的生产过程、运作模式、交互方式呈现为一种跨媒介、跨流程的共时性生产。创作者不再只是内容生产流程中的螺丝钉，而是同时兼顾文本创作能力、视频剪辑能力、内容发布能力、营销发行能力的产品经理。内容选题不再强调题材内容的完整性，而是强调在叙述过程中的冲突性与奇观性，内容的传播能力背后，要求从业者产品思维、市场思维与内容思维同时具备，以适配融媒体时代的内容创作。要认识到，当前的视听内容生产区别于既往各种内容类型彼此割裂的传播形态，其生产的是"一种共时态分屏共时、历时态多屏共在的复合文本"，这是一种完全不同以往的产业形态。生产者、传播者、接受者、经营者的界限不再分明，

UGC 成为与 PGC 同样重要的内容创作主体，他们不仅需要懂内容创作，还要懂数据分析、内容营销、IP 打造，对能力的需求也更倾向于复杂化、平台化、开放性，"在具有创作生产能力和人文底蕴的同时，更强调以自我学习能力为核心，以综合运用技术所提供的文本表现手段和创作方法"①的复合型能力，是一种在开放的产业体系内完成具体生产实践的新型人才。

作为实践性较强的艺术类专业，广播电视编导的人才培养始终围绕着产业的转型升级不断变革，形成了一种产学融合、共生共荣的学科传统。面对新的媒介变迁，编导教育从业者并未忽视短视频等新的媒介形态在影视产业、视听内容产业中形成的影响，"守本"还是"慕新"的争论不绝于耳。与相对冷静的几大艺术类院校不同，原本培养方向就不甚清晰的综合性高校开始积极迎接挑战，甚至开始筹建"新媒体艺术学院""视听传媒学院"，拍抖音、开直播等内容纷纷进入课堂，呼应时代的同时，却难免进入了"矫枉过正"的窠臼。由此，在媒介融合时代，编导专业应该进行怎样的理念变革和模态转型，以一种怎样的形式迎接融媒体时代视听内容生产的变迁成为一项亟待考量的问题。

二、理念变革：跨媒介、跨流程、跨学科

美国媒介学家 Pool 于 1983 年提出了媒介融合的概念，认为未来各种媒介在报道中呈现出多功能一体化趋势②，实质上强调的是新闻工作中基于报道与动员为目的的"技巧性"融合。伴随着互联网的发展，媒介融合出现了新的含义，融合以一种交互、替代、转换的方式，形成了一种"叠加"与"融合"的态度，是几种分立的职业媒介的交互与转换。而近年来，这一概念被进一步深化，5G 信息通信技术、大数据技术、可穿戴设备、虚拟现实技术引领着万物皆媒时代的到来，不同于"职业媒介"的共存性，万物皆媒的结果实质上已经超越了介质层面的丰富和多元、形态层面的更迭与共存，而是"复制了先前所有交流媒介的特征，并重新整合所有媒介"③，形式与内容、媒介与关系对象融为一体，"世界作为一种媒介"，"它们的交往实践构成我们感知现实世界和虚拟世界的方式"④，媒介融合成为重构世界的一种方式。既往分包化的、各自独立的媒介形态的功能属性被保留的同时，媒介进入了一种跨媒介、跨流程的"形态归隐"时期，短视频、流媒体、社交化、交互性等呈现形态成为媒介"表征"世界的共性方式。影像不再是内容的专属，而是变成一种表达、一种介质，甚至是一种识别手段，它混合着数据、图像和声音，构成了万物皆媒的是视听化社会。在这一背景上看，影视编导人才培养方向变革不应该是

① 王冬冬：《"产学研创"教育平台构建：融媒体创作人才培养》，《现代传播》2020 年第 1 期。

② Lthiel de Sola Pool: *Technologies of Freedom*. Cambridge MA: Harvard University. 1983. pp. 65-68。

③ ［丹麦］延森著，刘君译：《媒介融合：网络传播，大众传播和人际传播的三重维度》，上海：复旦大学出版社，2012 年，第 73 页。

④ 黄旦，李暄：《从业态转向社会形态：媒介融合再理解》，《现代传播》2016 年第 01 期。

对不同媒介技术、层出不穷的媒介形态的"追逐",而是在重新理解"融媒体"的核心逻辑的基础上,将内容、生产链条、营销、服务等产业价值链的深度融合;跨媒介平台化发展的媒介生态移植到课程体系和培养方向的考量之中,形成跨媒介、跨流程、跨学科的全新的课程思路与培养理念。

(一)跨媒介:逻辑基础与核心价值

视听内容生产在媒介融合的背景下与新技术、新媒介和新方法融合,形成了一种跨媒介的结构性转换,由此带来了一种全新的美学配置与价值整合。传统电影作品的读解以艺术性的表达与观众的"解码"为特色,电视作品以娱乐和叙事刺激为主,但短视频时代的视听作品则偏重"视迷狂欢"的特色,视听内容产品的媒介特质被强化,兼容着符号、情绪、表达与反差的新影像文本决定了它本身的跨界性,成了一种融汇社会学、传播学、营销学与产品思维的新内容文本,这成为影视编导专业培养方向调整的基础逻辑。

简单来说,这里的跨媒介性存在两个不同的层次。一方面,原本影视艺术作为一种差异性的分立文本,已经缺少了"随物赋形"的基础,原本作为"中介"的艺术形态,被多屏化的、多媒体化的表达拉平,原本"有意味的(不同审美)形式"都被屏幕改写,影像美学开始向屏幕美学靠拢;另一方面,原本的非影像文本、非影像艺术形态也开始呈现为某种影视化的过程,雕塑、音乐、文字、图像、广播等不同的艺术类型都被影像收编,成为一种类似"剧场"的影像幻觉,介于两种艺术形态之间的"跨媒介"视听产品成为新的影视内容类型。

在相当长的时间内,影视编导专业教学都是以电视台、电影制作公司作为培养面向,是专才教育思维之下的艺术专业培养思路。而伴随着互联网等新媒体工具的发展,部分高校也开始纷纷增设新媒体类课程,以"适配和迎合"时代,但遗憾的是,这样的调整实质上只能是"治标不治本",只知"术",不知"道"。跨媒介相对于纯媒介而言,其实就是要解放艺术品本身的"物"性,强调不同内容之间的协同性。也就是说,跨媒介性实际上是一种典型的关系属性,而非作品属性,创作者和教育从业者应该放低作为创作者的立场,提升记录者、参与者、生产者的思维,强化教学内容之间的联系性与贯穿性,从关注艺术表达到关注社会情绪,以关注艺术形态之间内在的联系性,降低对所谓"通俗文本"的排斥心理,探究影像艺术的跨文本表达。

(二)跨流程:全维分工与融合生产

跨媒介的结果,是跨流程。与传统影视内容生产的精细化分工不同,多屏时代的视频生产如个人VLOG、个人短视频更偏重于个人性与自发性。互联网所提供的算法机制,将影像的审美性权重降低,融媒体时代的视听文本中内容的交互频率、观众的停留数据成为新的传播标准。内容生产者开始把资源和注意力转移到更具传播力、更具成长性、更有社会呼应度的领域,内容创作开始向商业运营转型。越来越多的产业从业者,并不具备丰富的影像艺术、技术能力，但他们对社会的情绪更为熟悉、对观众的情感更加真挚，同样可以生产引发情绪共振的新的视听作品，影像不再是束之高阁的艺术，而是建构创作者与接受者情感关系的媒介。

在这样的背景下，影视内容的生产难度被降低了，创作的流程开始从精细化分工向个人化的、工作坊化的小团队式集合生产靠拢，创作人才开始兼顾影片拍摄能力、后期剪辑能力、文案撰写能力、情绪捕捉能力和运营管理能力，形成了一种打通流程的全维分工的融合化生产形态。当然，这并非只是分工层面的调整，融媒体时代的视听传播实质上是线上文本线下行动、受众交互互相拓展形成的一种综合性的文本形态，传播渠道也始终以社交媒体和自媒体为主，电视时代的大众传播在新的时期开始呈现为某种向人际传播转移和回归的态势，生产可被消费的审美内容向生产可被理解、被感知的情绪内容转换。以短视频平台中的视频大 V 为例，他们通过自身带有个人化表达、个人化情绪的内容生产，成为一种"自我赋权"的权威，影像文本是链接他者的手段，而非只是供给他人消费的文本。相对粗糙简陋的创作基础并未降低观众的喜爱，相反成为他们接受创作者的理由。大量的传统影视行业从业者在转战新媒介平台时的失利，也从侧面证明了专业化的制作并不是新的视听产品的核心。

高校的影视编导专业应该针对业界的内容生产实践中出现的全产业链生产、个性化推荐、情绪文本需求，积极调整自身的培养思路，将跨流程作为人才培养体系建构的基础逻辑，重新调整教学内容，增加心理学、社会学等课程，提升营销、策划、管理类课程的总量，扩容艺术学相关理论，在保证经典审美的基础上，增加对屏幕审美的研判和理解，构架一条符合当下的人才培养路径。

（三）跨学科：学科结构的体系转向

20 世纪中叶，以北京广播学院、中央戏剧学院、北京电影学院等为代表的影视专业院校开始筹建，开启了我国影视编导教育的起点。伴随着广播电视事业的蓬勃发展，影视编导专业在为行业培养和输送了大量专业人才的同时，也基本奠定了我国影视教育的培养方向。90 年代开始，伴随着广播电视事业、新闻传播事业的东风，我国电影电视专业院系也开始从专业院校渗透到综合类院校之中，开办影视编导专业的高校越来越多，基于新闻传播学、文学筹建电视编导专业成为新的专业建设路径，至此，以艺术学、文学、新闻传播学为参照性学科的影视编导专业教育的另一体系基本形成。以艺术类院校为代表的"创作专才"培养和以综合类院校为代表的"影视通才"培养相互鼎立，互相影响、演变，学科结构相对完备的同时，也面临着学科定位不清的现实问题。市场无法消化体量庞大的以艺术人才培养为落点的影视人才教育，以电视新闻为落点的培养模式又与广播电视专业缺乏区分。不仅如此，现有的影视专业学科构建，无法满足相对复杂的影视行业的现实处境。影视产业资源配置失衡，主要分布在以北京、上海、杭州、长沙等一二线代表性的城市，除了它们有较好的产业资源配套之外，大多地方的影视产业配置微乎其微，地方性的影视产业实质上约等于一家市县电视台，形成了老师在课堂上讲授世界性的经典影视案例，学生却在市县电视台实践的强烈反差，这导致大量地方高校的影视专业教学停留在单纯理论培养层面，缺乏相应的实践教育，高校影视编导专业的学科结构亟待转向。

2011 年艺术学科调整，广播电视编导、影视编导等专业被放置在艺术学学科之下，强化专业的艺术性和审美性屡让影视编导专业的艺术学属性进一步加强。但如上文所述，融媒体时代，影视行业出现了新的产业面向，传统影视艺术在日益精益化的同时，以短视频为代表的新媒介形态为众多地方性院校提供了新的机会。面对时下的学科现状，学科负责人应该积极呼应融媒体时代的视听生产，在充分立足自身实际的基础上，确立学科结构的新体系，形成专业建设的差异化竞争。地方性高校可以在培养学生创作生产等基础能力和人文底蕴的同时，积极培养学生的综合能力，发挥综合性院校的学科优势，积极培养其文本表现能力、内容传播能力、影像整合能力和产品培育能力，以融媒体视听内容生产能力作为新的培养需求。这一能力是对既往影视内容生产能力的重构，需要在适应新技术的发展下，以产品化思维和传播学思维，重新确立拍摄选题，对现有的影影像文本进行市场化的生产。单一的学科体系已经无法满足新时期的影视编导教学，应该构建兼顾社会学、心理学、管理学、影视艺术等不同学科范畴的跨学科体系。

三、模态转型：平台、流程与结构

融媒体时代的影视专业人才培养体系建设应该在宏观层面构建符合影视艺术创作、视听产品创作与运营规律的理念和教育协作机制[①]。参照上文的论断，融媒体时代的视听内容生产的专业度进一步提升的同时，生产流程凸显出开放性和自足性的新特征，它要求新时期的影视人应该在掌握传统影视艺术知识的同时，构建以视听媒体的生产与传播为核心的综合性知识体系。这也决定了影视编导专业人才培养的思路不应该再是闭合的，而应该是一种平台化思维，进而实现与社会、与市场、与平台与算法等业界实践积极结合的新路径。过去先单项技能培养后综合实力提升的教学流程也应该得到相应的调整，形成一种强化综合实力的"课程树"模式，充分利用互联网手段，将过去的课堂授课向媒介实践上转移，以一种场景化的、情境化的手段，强化课程的复合性。

（一）构建课程平台：强化与产业的链接

产业形态的变化要求高校的影视编导人才的课程设定要进行相应的调整。不同于传统影视产业以"能力"为切入的课程建构，融媒体时代的影视内容生产，应该以任务为导向，重构教学理念，搭建开放化的课程平台，打通课堂教学与产业互动的关系。"高校

---

① 王冬冬：《"产学研创"教育平台构建：融媒体创作人才培养》，《现代传播》2020 年第 1 期。

的媒体内容生产人才培养体系，也要不断地与外界交换物质和能量，使系统转变为一种在功能上有序的新状态，实现人才培养适应性的提升。"[1]利用项目管理的思路，引导学生将课堂教学、作品拍摄的过程与项目生产的过程联动起来，充分调动学生的主动性，利用新媒体平台，提升课堂的开放性，联通内容生产、内容传播与社会互动，形成一个与产业、与社会实践直接接轨的课程平台。

融媒体不仅改变了内容生产的形态，也提升了产品面向受众的效率，这为高校教学与社会实践的直接链接提供了可能。过去的影视编导实践教学尽管也讲究产学联动，但实质上并未从根本上将专业教学与产业实践勾连起来，实践教学以一种假想化的模式实现对学生创作技能的检验。而从理论上讲，在融媒体时代，短视频平台为内容的制作、播出提供了可以与课堂直接联动的产业关联，课程作业开始成为可以直接在市场上检验的文化商品。尽管我们不应该也不建议将影视课程教学变成"新媒体视听培训"，但以开放的视野、以平台化的思维，将之前束之高阁的课程教学与产业实践、观众互动、地方媒体、产学配套等相关资源联系起来，构建一种开放化的教学平台，可以更好地提升学生的综合实践能力和市场思维，形成更符合时代的人才培养方向。

融媒体时代的影视教育，应该融合市场化的产业实践、师资精英化的艺术审美、观照社会现实的内容主体，尝试引导学生形成一种以自生产为切口、以新媒体平台为市场、以产业化思维为落点、以艺术化审美为基础的思维逻辑，培养学生强化视听运作的逻辑理解力、对数据算法的读解与运用能力，以及对现有影像、内容的资料整合能力与内容生产能力。积极引入项目制教学思维，开发适合大一大二教授的综合性项目化课程，以开放化的模式将心理学、社会学、营销学等跨学科课程引入进来，强化学生的项目思维和对产业现实的宏观感知，进一步引导学生以行动为导向、以项目制为模式、以社会现实为选题的全方位内容生产与运用的能力，以达成编导人才培养、新型自媒体与社会责任的三方共赢。

（二）重构教学流程：从"专业包"到"课程树"

传统的影视编导教学侧重理论与实践并重，根据影视项目、影视节目采编播的生产流程，设置了艺术理论、视听语言、电视节目编导、电视节目编辑、影视摄像、后期剪辑、影视项目管理等专项课程以及纪录片创作、专题片创作、影视剧作、微电影创作、电视节目创作等复合性课程，这一根据创作流程设定的"专业包"模式构成了一种闭环性的"内容创作课程"体系，课程之间根据流程相互链接，但彼此分立，是一种技术能力的叠加，而非融合。值得注意的是，影视编导专业并未完全脱离文科大类，实质上仍是一种表达手段教育，在时间轴上的位置关系不同于工科专业严谨的生产流程，可以不用

---

① 蒋为民：《传统媒体实施"全媒体战略"的两种路径——以上海东方传媒有限公司（SMG）为例》，《新闻界》2012年第5期。

完全参照创作流程进行课程设定，加上，融媒体时代影视视听内容形态的改变和内容生产组织流程的变化，高校的影视编导人才培养的流程上也可以进行顺序和性质层面的调整。2016 年第四届世界教育大会上，专家提出了新闻传媒教育的"课堂厨房"模式认为课堂应该是"理解、实践与尝试"①三位一体，既懂得烹饪方法（理解），还要在老师的身体力行中进行烹饪（实践），并在厨具、食材的创意搭配和方法组合中进行创新（尝试），②成为影视编导课程流程调整的有力参照。

通过开放化的课程平台建设，任务型、项目型的综合课程让影视编导课程拥有了培养学生"可持续发展的创作基础能力和创新能力"③的可能，因而在具体的培养计划层面，应该改变以往先理论后专业实践的培养方式，形成全产业链化的情境化教学模式。在基础性的学年增加综合性的课程，提前让学生熟悉媒介融合背景下的视听传播规律，为学生创作具有创新性的融媒体视听产品奠定基础。通过经典理论的授课与综合类规律性的课程建设，让学生从艺术审美和市场生产两个角度建构基础性的宏观理解，先知其然，再设置相关的技能型课程、方法论课程，让学生知其所以然。这种贯穿性的设定可以提升学生对后续课程的理解力和综合性的利用能力，过去分散的专业包，形成了以综合化的视听内容生产能力为驱动的"课程树"，课程之间的联系得以加强。在具体的理论部分，除了经典影视艺术的审美理论之外，引入社会传播理论、社会心理学、产品营销理论、管理学基础等综合性理论，为学生创作奠定艺术审美之外的其他社会科学理论；在实践课程方面，可以引入云计算技术、数据研读、新媒体运营、新媒体文案创作等新兴的产业课程，以一种专业自选的方式，提升学生前瞻性的实践能力。但值得注意的是，这些课程都应该成为综合性情境课程的关联课程，以一种相关和衍生的方式，形成完整的课程体系。经过增加和强化这种综合性的、与社会生产直接相关的能力驱动型课程，可以将学生从作业创作引入行业实战之中，提升了学生应对媒介融合的基本能力，形成以影视艺术审美为底色，以传统创作能力为基础、新兴视听内容生产运营能力为补充的综合性影视人才。

（三）调整课程结构：建构全方位情境化教学

梅罗维茨在继承了戈夫曼戏剧场景理论与麦克卢汉媒介理论的基础上，提出了场景理论，认为："对人们交往的性质起决定作用的并不是物质场地本身，而是信息流动的模式"④，随着互联网技术的发展，信息的流动以一种场景建构的方式影响和形塑着人们的行

①　材料来源：http://www.stanford2025.com/axis-flip，访问时间：2017 年 7 月 20 日。
②　张卓，吴占勇：《绕轴翻转：媒介融合时代广播电视教育的理念革新与范式转型》，《现代传播》2018年第 3 期。
③　王冬冬：《"产学研创"教育平台构建：融媒体创作人才培养》，《现代传播》2020 年第 1 期。
④　[美] 梅罗维茨：《消失的地域：电子媒介对社会行为的影响》，北京：清华大学出版社，2002 年，第33、34 页。

为与心理，人们所形成的类似在场感的体验，成为媒介（包括视听媒介）建构世界的落点。有专家认为，现代的知识生产已经开始逐渐脱离纯理论，向生产实践领域转移，应用化的教学代替纯粹的理论授课成为新的教育倾向，既往以教室、图书馆、实验室为核心场景的"知识场景"也开始被"产业实践场景"替代，成为学生接受知识、应用知识、全面发展的新的教育空间。剧组、电视台演播室作为传统的影视行业的主要生产实践场景与高校教学割裂，无法为影视编导专业提供充分的教学"场景"，教学与实践并重成了一定程度的空话。伴随着网络视听行业的蓬勃发展，内容生产的现场直接下移到了日常生活场景之中，在课堂中搭建工作坊式的情境化教学成了可能。

利用传统影视行业生产的特定优势，将传统的内容生产模式与新视听产品的市场化路径结合，通过引进业界教学资源的方式，打造第一课堂与第二课堂之间的中间化、综合性实践课堂。值得注意的是，场景化课堂的综合性应该被充分重视起来，鼓励学生利用所学知识解决模拟或真实的问题，并将相对零散的知识合成一个整体[①]。在具体的执行层面可以从以下几个方面进行：第一，充分利用互联网视听产业的便捷性特点，积极构建理论课程与专业媒体、自媒体的积极对接，强化学生的主题作用，实现学生与真实视听内容生产的场景无缝对接，培养学生直接面对内容发布平台、专业生产流程的勇气。第二，积极利用短视频平台服务教学，建构短视频的内容生产与发布场景。构建短视频的内容生产场景并非鼓励学生经营自媒体，而是锻炼学生内容生产的产品与营销意识，在充分体验网络视听内容生产运作的各个流程的同时，实现能力的整合。第三，充分利用地方性影视生产资源，将地方全媒体中心、高校实验室、区域性影视基地等现存影视资源利用起来，构建影视编导教学的真实场景，将学生从影视内容生产的边缘向中心转移，利用业界专家的情境化实践，提升学生的行为认知能力。

情境化视听场景的构建将编导教育从书斋引向复合性的内容生产场景，强化学生的社会交往以及与生产环境的互动，让学生获得了影视内容生产的基础逻辑、行为认知能力，学习不再只是内容的理解和感知，而是变成了对产业的直观"在场"，是一种从情境到现实生产的直路。

结语

在融合共生、多元交织的媒介版图上，影视内容的视听化变革"倒逼"着影视编导专业教育理念的更新，由此寻求契合产业背景、符合时代特色的新的理念和范式成为影视教育工作者重要的任务。面对日新月异的影视视听行业变迁，既往以修补和改良为主要对策的人才培养方案调整已经无法满足影视内容生产的现实处境，对教学理念、体系进行"革新"势在必行。要看到，影视行业的变迁并非技术的提升或者传播方式的改变，

---

① Robert J. Durel: The Capstone Course: A Rite of Passage. Teaching Sociology, vol. 21, no. 3, 1993. pp. 223 - 225.

而是内容生产与传播逻辑的革新，新的传播规律决定了影视编导课程的体系建构应该在遵循新时期影视视听内容生产的开放性的基础上，积极呼应社会情绪与产品思维，通过构建开放性的课程平台，重新调整课程设定的顺序，以场景化、项目化的方式改变课程结构等方式，重构影视编导人才的课程体系，形成跨媒介、跨流程、跨学科的人才培养新方向。当然，培养方向变革不是一蹴而就的，师资的配套、教学模式的调整、师生教学习惯的扭转需要相当长的时间，需要多方资源的调配，任重道远。同样，内容生产经验正在潜移默化地影响着编导专业教学，为课程体系的整体变革提供着滋养，越来越多的影视教育从业者意识到了融媒体时代下新的视听内容生产的独特性，成为影视编导教育人才培养方式变革的推动者，新的影视编导教育未来可期。

六、铸牢中华民族共同体意识研究

主持人语

中华民族共同体意识是国家统一之基、民族团结之本、精神力量之魂。2014 年 5 月，习近平总书记明确提出"中华民族共同体意识"。此后，习总书记在多个场合都论及"中华民族共同体意识"这一重要概念，党的十九大把其写入党章。十九届六中全会指出："铸牢中华民族共同体意识，形成海内外全体中华儿女心往一处想、劲往一处使的生动局面，就一定能够汇聚起实现中华民族伟大复兴的磅礴伟力。"中华民族共同体意识反映了中华民族共同的道德追求和理想风貌。铸牢中华民族共同体意识就是要促进各民族像石榴籽一样紧紧抱在一起，通过团结奋斗，共同繁荣发展，最终实现中华民族伟大复兴的中国梦。

"多元一体"是中华民族的显著特征，时间为表、空间为里，多元彼此依存、构成一体。要让经济获得感、政治尊严感以及文化自豪感成为联结港澳台地区民众的重要纽带。铸牢中华民族共同体意识的意义在于：政治上加强海内外华人文化认同和国家认同，促进中华民族团结和祖国和平统一；经济上加快海内外贸易往来，壮大华人经济圈；文化上丰富中华民族符号，巩固文化联通和心灵契合，促进民族精神的弘扬。

当前中华民族共同体意识的研究虽然已经从民族学拓展至政治学、文化学、社会学、哲学等诸多领域，但传播学的声音不多，这是一个遗憾。本栏目从传播学角度研究中华民族共同体意识形成的传播机制，为该领域的研究注入新鲜血液。

本期栏目收集了三篇相关论文。《中庸思想下港澳台地区铸牢中华民族共同体意识研究》一文认为，中庸思想作为中国传统文化的重要组成部分，对于铸牢港澳台地区的中华民族共同体意识起到整合作用、动力作用、导向作用，但也存在着传播缺乏深度与形式创新、中庸内涵被误解、传播力度不够等问题。要通过打造民族文化 IP、强化青年群体的知识普及、增强传播力与互动力等方式，最大化地发挥中庸思想在港澳台地区铸牢中华民族共同体意识中的积极作用。

《百年党史的民族记忆与故事创新——基于 2021 年党建百年红色主题剧展演研究》一文，选取 2021 年 1 月至 2021 年 11 月在全台网展播的 26 部纪念中国共产党建党百周年的红色主题电视剧进行内容分析，集中探讨建党百年纪念中这些红色主题剧目在建构家国记忆、党史历程的传播价值，结合代表剧目观众的评价，分析当下红色主题电视剧在党史教育、爱国精神培育下的传播效果。结果发现，红色主题剧激发了大众超越年龄区隔的情感共振，激发了从历史中汲取前进的智慧和力量，形成了对红色文化和中国精神的高度认同，并成为铸牢中华民族共同体意识、实现中华民族伟大复兴的力量源泉。

《"内生"视角下少数民族旅游村寨建设对民族文化传播的影响——基于罗平县腊者村的研究》一文，以云南省罗平县腊者村布依族为主要研究对象，并以民族旅游村寨建设作为探寻布依族内部日常生活以及民族文化传播的切入点，沿用媒介环境学派的媒介观，打破把媒介作为中性信息传送工具的观念束缚，跳出大众传播研究中对媒介的狭义限定，将民族村寨本身看作媒介（一种空间的向度），不拘泥于"自上而下"的文化传播路径，而从"内生"视角出发进行探究。主要探寻布依族村民自身的感受，试图了解民族旅游村寨建设是否会激发民族村寨的"内生发展能力"，是否会激发布依族村民在自身文化传播中的积极性与创造性。作者通过问卷调查发现，需要发掘民族文化的内生动力，激起本民族进行文化传播的自觉性，以此为基础进一步开展对外文化传播。这种由内而外的民族文化传播更有助于构建中华民族共同体意识，有利于平等团结互助和谐的社会主义民族关系的巩固和发展。

上述三篇论文分别从思辨、内容分析和问卷调查等方法切入，剖析了铸牢中华民族共同体意识的传播机理，权当抛砖引玉。中国是一个具有 5000 多年悠久历史的国家，中华民族共同体是中国历史发展的结晶。千百年来，各民族不断交流交融，在"大一统"思想的主导下形成了"自发"和"自在"的中华民族共同体意识，在共同命运、共同诉求、共同家园、共同理想的综合作用下逐渐产生了中华民族共同体意识。传播学视角的研究有助于形成百花齐放的中华民族共同体意识研究格局，这种格局是中国国情所决定的。只有深入研究中华民族共同体意识的传播机制，才能为建构起完整的中国特色华夏文化传播体系贡献力量。

（暨南大学新闻与传播学院广告学系教授　林升梁）

本栏目为国家社科基金重大研究专项项目"铸牢中华民族共同体意识宣传机制研究"（项目编号：21VMZ004）阶段性成果。

海之恋（作者：罗萍）

中庸思想下港澳台地区铸牢中华民族共同体意识研究

林升梁　　汪韵珂*

（暨南大学新闻与传播学院，广东广州，510632）

摘要： 巩固和发展最广泛的爱国统一战线，最大限度团结一切可以团结的力量，就需要汲取中庸思想的文化精华。中庸思想作为中国传统文化的重要组成部分，对于铸牢港澳台地区的中华民族共同体意识起到整合作用、动力作用、导向作用，但也存在着传播缺乏深度与形式创新、中庸内涵被误解、传播力度不够等问题。要通过打造民族文化IP、强化青年群体的知识普及、增强传播力与互动力等方式，最大化地发挥中庸思想在港澳台地区铸牢中华民族共同体意识中的积极作用。

关键词： 中庸思想；铸牢；中华民族共同体意识；港澳台地区

2014年9月，习近平总书记在中央民族工作会议中首次明确指出要积极培育中华民族共同体意识，2017年中共十九大报告则将"铸牢中华民族共同体意识"作为民族工作指向与政治理念写入党章。2021年8月的中央民族工作会议上，习近平总书记再次强调要将铸牢中华民族共同体意识作为主线，促进各民族交往交流交融。[①] 由此可见，党中央及政府高度重视中华民族共同体意识在增强民族凝聚力和促进社会和谐方面的地位与作用。中华民族共同体意识的理论基础就是中庸思想。中华文明历史悠久，中庸思想是儒家文化的核心，是中华文化的根与魂，是中华民族智慧的结晶，她形成于政治并服务于政治，是港澳台地区共有的文化底蕴。我们要充分挖掘中庸思想的文化精粹，用中庸思想作为武器，团结力量，达成共识，汇聚人心，在多元中铸造整体，在整体中百家争鸣，共同凝聚在中华民族的伟大旗帜下，像石榴籽一样紧紧拥抱、不可分割。铸牢港澳台地

---

* 作者简介：林升梁（1977—），男，福建莆田人，暨南大学新闻与传播学院教授，博士，硕士生导师，暨南大学国家级"铸牢中华民族共同体意识研究基地"研究员，研究方向：文化传播。汪韵珂（2000—），女，安徽芜湖人，暨南大学新闻与传播学院硕士研究生，研究方向：文化传播。

① 人民日报评论员：《深刻认识铸牢中华民族共同体意识的重大意义——论学习贯彻习近平总书记中央民族工作会议重要讲话》，新华网，2021年08月29日，http://www.news.cn/2021-08/29/c_1127807156.htm，2022年07月01日。

区中华民族共同体意识是实现中华民族伟大复兴的中国梦的前提和基础。

一、中庸思想的发展过程与传播形式

（一）起源与发展历史

1. 起源和内涵

中庸思想最开始源于《尚书》当中的一句话："人心惟危，道心惟微；惟精惟一，允执厥中。"意思是：人心变化莫测，道心中正入微；因此要真诚地坚持惟精之道，使人心与道心合一，执中而行。而《论语·庸也》里"中庸之为德也，其至矣乎"则最早提出了"中庸"这一具体概念[①]，将中庸视作道德最高层次，表明孔子对"中庸"这一道德境界的高度重视。

中庸的"中"即"合适"、"适中"、恰到好处；"庸"意为"实用"，"中"与"庸"相结合就是认识与实践的"合一"[②]，中庸的内涵便主要体现在"中"字。在孔子等儒家学者看来，"中"是道德水平的一种衡量尺度："仁"为中庸的内在体现，"礼"为中庸的外部形式，"诚"则为中庸思想的一个重要核心，是"天道"与"人道"相连接的桥梁。每个人心中都有对"诚"的体会，要想达到"诚"的境界，就必须追求至仁至善，才能"天人合一"。而中庸的另一大准则——中和，即天下根本之道，用不偏不倚的中和之道待人处事就是中庸思想。因此要提倡为人处世"执中"，各尽其责，"无过无不及"，进而实现整个社会的和谐安康。

儒家学者提出了与中庸相关的一系列理论，使中庸思想逐渐融入儒家的道德伦理体系当中，并成为儒家思想文化的一部分，对中国历史发展和社会文化习俗都产生了深远的影响。

2. 古今发展历程

中庸思想早在商周时期就已出现。《尚书·盘庚中》中记载，商王盘庚迁都到殷，告知百姓"汝分猷念以相从，各设中于乃心"，这里"中"指合乎标准、服从政治命令。周朝时，周公指出"惟良折狱，周非不中"，才能够安民[③]，这里的"中"已经有了适度之意。

春秋战国时期，孔子提出"中庸"这一概念，并做了基本的概括阐述，指出世间万物都是"时中"的，要"执两用中"，以达到"时中""中正"。孔子的后裔子思则作《中庸》一书，较为系统地构建了"中庸"的思想体系。

汉武帝时"罢黜百家，独尊儒术"使儒学成为正统，董仲舒等汉儒学者结合中庸思想提出的"天人合一"更是成为官方强调的思想。到了唐代，李翱、韩愈等人将中庸思

---

① 丁丹丹：《浅析儒家中庸思想的具体内涵及发展影响》，《商》2016 年第 33 期。

② 陈奕曼：《跨文化交际中的中庸之道》，《齐鲁师范学院学报》2011 年第 6 期。

③ 朱健刚：《中庸思想的历史流变及其现代意义——兼论儒教文化的适应性转换》，《求索》1996 年第 1 期。

想与佛学巧妙地融合，以佛家"心性论"来阐释丰富中庸"诚"的思想内涵。[①]宋代则是中庸思想影响力扩大的重要时期，在朱熹等人的推动下，《中庸》被统治阶层推崇，逐渐确立其在儒家中的经典地位，并成为科举选拔人才的重要考核标准之一。

近现代中庸思想又有了新发展。孙中山、毛泽东等人非常重视中庸思想的作用，毛泽东将其与马克思主义理论相结合，以指导中国革命与新中国建设。21世纪以来，中庸思想在促进个人发展、群体团结与社会和谐方面的精神引导效果也愈发明显，越来越多的学者结合现实需求，就中庸思想在当代人际交往、现代企业管理或跨文化交流等过程中的独特作用展开研究和应用，中庸主义作为我国的一门古老的学说在新时代再次焕发生机。

（二）传播形式

1. 官方

在中国古代，中庸思想的官方传播多以经典书籍、礼仪纲常等形式呈现，统治阶级往往通过规定科举考试必备书目的方式来大力宣传儒学及中庸思想。例如南宋朱熹所编写的《四书章句集注》被钦定为科举出题教科书之后，在士大夫当中广为流传，"无过无不及"这一常理成为士大夫阶层的重要意识形态。

在现代社会技术的支持下，中庸思想的传播方式更加多样化，也常常与传统文化传承相关联。值得注意的是中庸思想的官方传播已不仅局限于国内的知识概念普及和学界探讨，而更加着眼于国际上的传播实践，将中庸思想的讨论推向国际交流，在外交中体现和灵活运用中庸策略。

除了大陆（内地）以外，港澳台地区也大力推动中庸思想的传播。明清时期台湾的书院、社学、书馆等教育机构主要进行以儒家思想为核心的文化教育，其中就有包括《中庸》在内的"四书"经典阅读。新中国建立后，台湾地区也通过组织注译四书、开展中小学传统道德教育等方式促进中庸等传统文化的传承。[②]通过当地的推广，中庸的"慎独、忠恕、至诚"等思想得以扩散，成为港澳台地区与大陆（内地）连接的共有文化底蕴。

2. 民间

儒家"中庸之道"强调不偏不倚、和谐统一，这一哲学观念潜移默化地影响着普通民众的生活文化与传统习俗。在大陆（内地）的民间艺术创作中，书画、文学作品、建筑、服饰、中医药、戏剧等无不体现出中庸思想均衡、适度与和谐的特点。譬如中国传统建筑设计讲究对称、平衡，注重空间意识，室内外空间并非互相独立，而是里外相生，

---

① 朱汉民：《宋儒〈中庸〉学的学术渊源与思想发展》，《北京大学学报（哲学社会科学版）》2019年第4期。

② 崔榕、尹旦萍：《国外及我国台湾地区传统文化传承的实践经验与启示》，《湖北行政学院学报》2016年第4期。

让人感受到居住者与自然环境的内在通融，体现出"天人合一"的思想。[①] 又如中国古典舞蹈，主张动中有静、静中有动、刚柔相济，这正是中庸思想里中和之道的表现。[②]

港澳台地区受历史、地理等因素的影响，其民间中庸思想的传播形式有独特的表现，最突出的莫过于建筑风格和饮食习惯。建筑方面，明显地融合了中西方建筑的特征，在中国传统建筑风格和西方近代建筑风格之间找到平衡点，体现了中西方文化"和谐统一"的中庸之道。而饮食文化方面，香港饮食主张清淡少盐、营养均衡，实现人体内部机制的"和谐"，独具特色的港式早茶文化则体现了在快节奏生活与闲暇时间中寻求一种中庸式的和谐与平衡。除此之外，港澳台一些当地习俗也蕴含着"中庸"的观念，例如台湾地区少数民族的农事祭、河川祭等祭祀文化主张间歇耕作、对自然资源适度获取，在这些习俗开展的同时，通过群体性的仪式行为，无形中传递和巩固了"适度"与"和谐"的中庸思想文化。

二、中庸思想在铸牢港澳台地区中华民族共同体意识中的作用

（一）整合作用：增强港澳台的中华民族凝聚力与向心力

1. 个体层面

港澳台地区的个体是文化传播作用机制发挥的基本单位和重要主体。中华民族共同体意识呈现出中国人所特有的国民性，它需要建立在个体的自我意识和族群意识基础之上。[③] 中庸思想的积极内涵正是对中华民族道德精神以及优秀文化价值观等的充分阐述，它能够塑造个体对中华传统文化和民族共同体的正确认知，增强每个公民自身的文化认同和民族身份认同，在潜移默化中引导民众树立民族统一体的观念和国家整体意识，为扎实铸牢中华民族共同体意识奠定群众思想基础、汇集不同个体的力量。

2. 社会层面

建设和谐富足的社会既有利于增强港澳台人民的民族认同感和自豪感，同样也是铸牢中华民族共同体意识的重要途径，中庸思想中"和而不同"的价值观念，为全面建设港澳台和谐社会提供了思路。"和而不同"强调在坚持"和谐"的同时也要允许有"异"的存在，即"求同存异"。和谐社会应当是一个容纳多样性的社会，不同的种族人群、社会团体和文化习惯之间要彼此包容、平等尊重，以宽容的态度接纳差异，调和矛盾，解决冲突。唯有认识到中庸"和"文化的真正含义，才能建成丰富多彩的和谐统一社会，

---

① 阳静，贾强：《中国传统建筑与传统文化——论建筑的矛盾性、复杂性与中庸之道》，《中外建筑》2000 年第 5 期。

② 尚珂：《舞之中庸——浅析儒家文化的中庸思想在中国古典舞中的影响与体现》，《大众文艺》2015 年第 4 期。

③ 魏健馨：《从民族认同到国家认同：铸牢中华民族共同体意识的进路》，《中央社会主义学院学报》2021 年第 1 期。

发挥不同社会群体各自的特长和积极作用，并在此基础上进一步提升人们对当前社会的满意度，从而强化港澳台地区民众对中华民族共同体意识的接受与认同。

3. 国家层面

中华民族共同体意识的核心体现在民族认同和国家认同，而中庸思想中所主张的整体性思想与之相契合。我国是由多民族组成的统一国家，在历史上形成了多元一体的民族相处格局。虽然港澳台地区都有着自己的文化习俗和经济发展背景，但是从中庸的整体性思想来看，必须以维护国家整体统一性为出发点，注重加强港澳台地区的文化交流，推动港澳台地区与大陆（内地）之间的良好互动，提升港澳台地区人民对中华民族文化的认同感与归属感，发挥国家整体意识的感召力和凝聚力，铸牢港澳台地区的中华民族共同体意识。

（二）导向作用：向港澳台地区传递正确的价值观

1. 个体层面

中庸思想体现了一种内在的道德规范，即强调每个人自我修养的塑造和精神境界的提高，这些思想观念直至今日也对提升个体的人文素养和道德情操起到重要的作用。例如《中庸》一书当中提及了"天"这一道德准则，并指出在连接天与人的过程中赋予人以道德自觉性，而"仁、智、勇"就是具体的道德规范，人们通过主动遵守道德准则，用"择善、自明、慎独"的方法来约束自己，从而实现个体思想道德觉悟的提升。这些思想观点不仅有助于提升港澳台地区民众个体的道德素养、促成和谐社会的建成，而且其本身作为中华传统美德和优秀文化价值观的一部分，也能加强港澳台地区民众对于传统文化的理解与认可，使得基于民族共有传统价值观发展的中华民族共同体意识在无形之中以文化传承的方式融入港澳台地区人民的思维之中。

2. 社会层面

约翰·费斯克指出"媒介话语传播的实质就在于意义、快感和身份的流通"。媒体在消解话语旧意义的同时不断建构出新的意义，在此过程中进行自我认同的塑造。但当今港澳台社会媒体的流动性和复杂性导致了身份认同建构基础的改变，使得原本建立于历史认同、民族认同之上的自洽消失，给人们带来心理上的恐慌和相对剥离感[1]，并由此导致社会的普遍性焦虑情绪盛行。而中庸思想里的"致中和"思想则为应对这一问题提供了解决思路："致中和"即指将不同的因素和力量合理搭配，使它们处于相对平衡的和谐状态。要想达到"中和"，就要以中庸的平和心态面对社会上的种种变化，避免陷入极端焦虑的情绪困境中；同时以"至诚"的态度进行沟通交往，重新建立起诚信友善的社会价值取向，唤回当今港澳台社会中缺失的身份认同感，最终将其转化为铸牢中华民族共同体意识的内在引导动力。

---

[1] 刘娟：《媒介流动性：身份认同与集体焦虑》，《今传媒》2018 年第 10 期。

3.国家层面

中华民族共同体意识在国家层面的体现，主要就在于"统一"与"和谐"。"统一性"强调各民族"多元一体"，同为中华民族这一整体的组成部分；而"和谐"强调"时中"，指根据具体的环境条件而"执两用中"，把握内部矛盾对立的两个方面，通过不偏不倚、无过无不及的中庸方式来治理国家。学者陈天林认为，我们国家之所以被称作"中国"，除了地理位置原因以外，"中"这个字所蕴含的思想也代表了我国自古以来的民族特征和智慧，古人将"中"这样的称谓给予这片土地，其中正包含了以"中和""时中"来建设繁荣和谐的国家的美好憧憬。[①] 从这个角度来看，中庸文化对于铸牢港澳台地区中华民族共同体意识的当代价值同样表现在"和谐文化"，它既强调保护和延续港澳台的地域特色、传递民族先进文化与主流价值观，又尊重不同的文化成果，承认文化的多样性，在包容性的文化交流中开阔眼界，在不断补充和谐文化内涵的同时加强对中华民族共同体意识的理解与巩固。

（三）动力作用：激发港澳台地区民众的国家意识和自觉行为

1.个体层面

儒家的内向传播强调责任意识，即个人对社会的责任与担当，要求个体将中庸思想中的"慎独"作为日常行为范式，在社会实践中不断提升自己的道德涵养，以个人行为促成"天下大同"为终身目标。[②] 每位港澳台地区民众都是中华民族共同体意识传承的主体，中庸思想中对个体责任意识的重视将有利于引导港澳台普通民众增进国家意识和社会参与感。从个体层面来看，这要求港澳台地区民众个人不仅仅是在思想上继承和增强中华民族共同体意识，而且要在日常行为和实践中贯彻民族共同体意识的精神内涵，树立主人翁意识，提升个人道德能力水平，真正将参与社会建设和维护国家发展繁荣视为己任。

2.社会层面

如果中华民族共同体意识只体现在对港澳台地区社会群体的精神激励部分，是无法真正发挥它在港澳台社会中的价值作用的，只有将其内化为实际行为，才能促成港澳台地区和谐统一社会的构建。而中庸思想包含着诸多自古以来为人们所认可的道德规范，其传播能有效激发港澳台地区不同社会群体的自觉行为，推动中华民族共同体意识由内在认知转化为具体的外在实践。典型例子就是社会人际交往中"中庸之道"的应用，针对港澳台社会人际关系淡漠的情况，中庸的核心思想"仁"和"诚"主张坦诚相待，树立友好的交往态度，积极主动与他人进行交流，促进社会人际交流网络的畅通发展，在此基础上增进不同群体的相互理解与帮助，从而减少社会矛盾，增加港澳台地区的社会

---

① 陈天林：《中庸：中国传统和谐文化的基本精神》，《社会主义研究》2006年第5期。
② 谢清果：《中庸的传播思想》，北京：九州出版社，2018年，第15—19页。

共识和民族凝聚力，在大众的社会实践行为中体现和铸牢中华民族共同体意识。

3. 国家层面

铸牢中华民族共同体意识的目标是为了凝聚民心与社会共识，建设富强文明的国家，实现中华民族伟大复兴之梦，但反过来看，也唯有在和谐统一的国家发展背景下，才能为巩固增强港澳台地区中华民族共同体意识创造良好的社会条件。中庸思想当中所蕴含的一些观点可以从实践方面为建设和谐稳定的港澳台社会提供参考：例如《礼记·中庸》中"执其两端，用其中于民"提出治理社会要"适度"，处理重大事务时要实事求是，寻求一个最恰当的平衡点，而不能"过"或"不及"。而"时中"要求因时而变、与时俱进，与身边的环境保持和谐一致，反对因循守旧的僵化思想。我们党提出的"一国两制"方针，正是中庸思想应用于港澳台地区管理的有效实践。它灵活结合国际背景和我国发展形势，尊重港澳台地区政治制度与经济文化的差异，渐进式唤起港澳台地区人民的中华民族共同体意识。由此可见，中庸思想为当今港澳台地区的管理和建设提供了理论参考和路径指南，也为中华民族共同体意识在实践中的铸牢强化提供了支持。

三、中庸思想铸牢港澳台地区中华民族共同体意识的思考及建议

（一）当前存在的问题

1. 中庸思想的价值深度挖掘不足，传播形式缺乏创新

中庸思想是我国传统文化当中的重要哲学思想，自古流传至今，然而当前却面临着价值深度挖掘不够、传播方式固化的问题。一方面，无论是学界关于中庸文化的学术研究，还是普通民众对"中庸"的概念理解，多局限于"中庸"含义本身的单一诠释，较少思考中庸思想解决港澳台地区具体问题中的功能作用和实践价值。另一方面，目前国内缺乏官方对中庸思想文化传播有意识的关注、引导和系统规划。在新媒体技术发展的背景下，中庸思想在港澳台地区的传播仍然重复以往较为晦涩难懂的书籍文字叙述方式。这已经难以适应时代对传统文化传播的需求，更不易引起港澳台地区大众尤其是年轻人的兴趣，也使得港澳台地区民众对中庸文化的了解常常浮于表面，而难以进一步了解它的深刻内涵与深层次价值。

2. 中庸思想的实际内涵被大众误解

许多人认为中庸就是追求妥协折中、得过且过，为了维持原有的平衡而不愿做出改变，是一种"和稀泥"的消极保守态度，因而不适合应用于解决港澳台地区的社会问题，但其实这是对"中庸"一词莫大的误读。中庸的"适度"不等于一味退让忍让。孔子曾说过"乡愿，德之贼也"，意为不分是非、伪善欺世、处处讨好的"老好人"实际上是"德之贼"，真正的君子应该既能让好人称道，又令恶人痛恨。如此看来，孔子主张的"中

庸"不仅不是无原则的忍让，恰恰还反对折中主义。[①]此外，中庸也不是不变，而是要因时而变。荀子说："夫道者，体常而尽变，一隅不足以举之。"坚持"中"的一个必然要求就是要能通达全变，中庸之道反对拘束于一时，而强调通过综合考虑得出大家都能接受的改变，顺应时代进行变革，以达到新的平衡。对中庸思想的错误解读阻碍港澳台地区民众对中庸文化的接受和深入了解，使得中庸思想的文化传播无法达到良好的效果。因此必须正确向港澳台地区传达中庸的思想内涵，才能为港澳台民众铸牢中华民族共同体意识提供帮助。

3. 港澳台地区中庸思想的文化传播力度有待提升

港澳台地区受到西方文化和思潮的影响很深，形成了多元文化激荡、互动的格局，这不仅使传统文化受到极大冲击，也让铸牢中华民族共同体意识的实践面临着前所未有的挑战。在经历了西方列强多年的殖民统治后，港澳台地区许多原先同大陆（内地）共有的传统文化被边缘化、碎片化，导致港澳台地区青年在国家认同和民族认同方面出现了一些心理隔阂。推动港澳台地区的文化传承和创新交融，树立和突出港澳台地区共享的中庸文化符号，可以增强港澳台地区的"五个认同"。当前中庸思想在港澳台传播的力度和广度很有限，尚且难以形成较大的文化影响。大陆（内地）需要有意识提升中庸思想在港澳台地区的传播力度，不断增进两岸同胞的中华民族共同体意识。

（二）对策与建议

1. 深入探究中庸思想的现实价值，积极打造民族文化 IP

当下我国对中庸思想的传播和研究不应只关注普通的概念定义，而要深入挖掘其内涵中所蕴藏的实用价值，为解决港澳台地区现实社会矛盾提供思路。比如把中庸思想中的"慎独自修"作为个人道德修养提升的途径，"至诚尽性"思想当成处理人际关系的准则，将"中和之道"视作应对港澳台社会焦虑和浮躁风气的启发，"和而不同"作为港澳台社会求同存异、和谐共生的理论支撑，彰显中庸思想的人文关怀与社会性意义。以文化为载体的共有价值观能够增进港澳台地区的民族凝聚力，而为大众所喜闻乐见的文化传播方式将进一步强化人们在认知情感和行为方面的高层次认同。[②]结合这一点大陆（内地）可以开拓文化产业式传承的新思路，引入市场机制，促成中庸思想的文化传播与市场的接轨。同时大陆（内地）也需要丰富传播形式，通过数字营销等手段创新式呈现中庸思想的文化内涵，在文化创意产品中融入中庸元素，打造中庸文创品牌，形成特定的民族文化 IP，从而扩大中庸思想在港澳台地区的影响力。

---

① 李昕昌:《"中庸"的妥协精神及其政治局限》,《贵州社会科学》2015 年第 12 期。

② 宫丽:《铸牢中华民族共同体意识的文化路径》,《中南民族大学学报（人文社会科学版）》2019 年第 4 期。

2. 注重港澳台地区青年群体中庸思想的普及与传播

传统中庸思想之所以被误解甚至被异化为"伪中庸",其中一个重要原因是民众缺乏深入了解的渠道和认知途径,导致接收到的信息残缺甚至错误。[①] 然而,港澳台地区民众特别是青年群体是传统文化继承者和发展者,只有引导他们从误读中庸文化思想中走出来,才能正确面对铸牢中华民族共同体意识的意义。大陆(内地)应尤其重视在港澳台地区青年群体当中普及中庸思想,创办知识竞赛、文化展览等一些团体活动,并结合人工智能、VR、AR 等新媒体技术,运用音视频、动画、沉浸式场景呈现等年轻人喜爱的方式传递中庸思想内涵,增进中庸文化互动交流,纠正对中庸思想的认识误区,为铸牢港澳台地区的中华民族共同体意识提供主体支撑。

3. 增强港澳台地区中庸思想的传播影响力与互动力

中华民族共同体意识的认识主体和实践主体具有广泛性,无论是长期受到儒家思想熏陶的大陆(内地)民众,还是热爱祖国并坚定维护祖国统一的港澳台同胞、海外侨胞,都是铸牢中华民族共同体意识过程当中不可或缺的一部分。但当前港澳台地区包括中庸思想在内的许多传统文化传承都遇到了困境,这使得中华民族共同体意识的构筑和铸牢面临巨大挑战。大陆(内地)有必要正视这一事实,设立专门的中庸思想传播委员会,鼓励民间传承式中庸文化团体的建设[②],积极组织创办相关的中庸思想传播活动、开展中庸文化学术研究等工作。此外,大陆(内地)与港澳台之间要加强交流互动,例如中国文化传媒集团 2018 年 8 月分别在香港、澳门地区举办"温馨之约——中华文化(港澳)大讲堂"活动,分享了中医文化里的中庸哲学智慧,取得了很好的效果。可以创办如两岸暨港澳中庸思想交流协会等文化交流机构,共同探讨和推动中庸文化在港澳台地区的传播,促进大陆(内地)与港澳台地区民众之间的精神共鸣与心灵契合。

四、结语

儒家文化一直作为中国封建社会统治者的治国根本,中庸思想一直贯穿其中。中国古代中庸思想的功能主要是强调道德修养的理想境界,为确立社会规范和维护社会秩序提供道德支撑,这其中包含不少政治、经济、文化等因素的影响,因而其目的是为了巩固封建统治阶级的地位而服务。随着时代的发展,社会背景发生了翻天覆地的变化,中庸思想的功能内涵也应适时而变,并在引导和增强港澳台地区民众的民族认同、文化认同和国家认同方面起着举足轻重的作用。我们的文化和而不同,这是中华文化的大智慧,要在继承中不断发展、不断创新,才能形成坚不可摧的中华民族共同体意识。

---

① 唐颖:《伪中庸文化背景下的群体意志及个体价值重塑》,《四川理工学院学报(社会科学版)》2009 年第 S1 期。

② 崔榕、尹旦萍:《国外及我国台湾地区传统文化传承的实践经验与启示》,《湖北行政学院学报》2016 年第 4 期。

　　中华文明拥有宽广的胸襟、海纳百川的肚量和包容万物的宽容。它对于外来文化从来是以融合、接纳的态度对待，面对众多周边民族，在长期的相处中形成了相似的民族性格。作为中国传统文化的重要组成部分，中庸思想在长期的历史进程中逐渐形成了系统化的思想体系，在促进港澳台地区的民心相通、命运与共方面有着无法比拟的优势。面对当前各种新兴思潮的冲击与挑战，我们有必要借鉴参考古代中庸思想中的智慧，通过矫正误读、创新传播形式、打造文化IP等，将中庸思想散播在港澳台地区，为铸牢中华民族共同体意识和祖国的统一大业贡献应有的一分力量。

百年党史的民族记忆与故事创新

——基于 2021 年建党百年红色主题剧展演研究

韩红星　　张静彤 *

（华南理工大学新闻与传播学院，广东广州，510006）

摘要：在建党百年之际，《觉醒年代》《理想照耀中国》《功勋》《百炼成钢》《山海情》等一批红色主题剧目的展播，以革命历史题材为主，通过讲述党史、新中国史、社会主义发展史，以家国叙事打动人心，建构了党的百年记忆，成为传承红色基因、弘扬革命精神、铸牢中华民族共同体意识的重要途径。

关键词：红色主题剧；党史；民族记忆；故事创新

2021 年是中国共产党建党一百周年，影视创作者深耕党史，紧贴时代命脉，创作出了一大批优秀红色主题电视剧，通过讲述党史、新中国史、社会主义发展史，反映建党百年以来的革命精神、民族精神、时代精神，以及不同阶段的家国理想，唤起人们的红色记忆，传承红色基因。红色主题剧从数量到质量都达到新的高度，在叙事主题、叙事方法、叙事风格上实现新的突破，《山海情》《觉醒年代》等剧目赢得大众好评与强烈反馈。

红色主题，就其概念内核而言是指中国共产党领导中国人民进行革命、建设，以及改革开放过程中形成的以中国化马克思主义为核心的红色遗存和红色精神。[1] 根据电视剧所体现的红色主题，本文选取了 2021 年 1 月至 2021 年 11 月在全台网展播的 26 部纪念中国共产党建党百周年的红色主题电视剧（如表 1）进行分析，集中探讨建党百年纪念

---

* 作者简介：韩红星（1970—），女，贵州安顺人，华南理工大学新闻与传播学院品牌传播系，教授，硕士生导师，研究方向：品牌传播；张静彤（1999—），女，广东广州人，华南理工大学新闻与传播学院硕士研究生，研究方向：品牌传播。

基金项目：本文系 2021—2022 年度广州青年与共青团工作研究立项课题"粤港澳大湾区背景下港澳青年在粤认同感研究"（2021TSW12）阶段性成果。

① 沈成飞，连文妹：《论红色文化的内涵、特征及其当代价值》，《教学与研究》2018 年第 1 期。

中这些红色主题剧目在建构家国记忆、党史历程的传播价值，结合代表剧目观众的评价，分析当下红色主题电视剧在党史教育、爱国精神培育下的传播效果。

表 1　2021 年 26 部红色主题电视剧

题材	红色主题电视剧（首播时间）
革命历史题材	《跨过鸭绿江》（2020.12.27）、《觉醒年代》（2021.2.1）、《铁道风云》（2021.4.9）、《绝密使命》（2021.4.18）、《啊摇篮》（2021.5.4）、《大浪淘沙》（2021.5.11）、《中流击水》（2021.5.15）、《向警予》（2021.5.25）、《光荣与梦想》（2021.5.25）、《叛逆者》（2021.6.7）、《大决战》（2021.6.25）、《烽火抗大》（2021.7.20）、《代号·山豹》（2021.9.2）《霞光》（2021.10.8）、《前行者》（2021.10.22）、《香山叶正红》（2021.11.22）
现代农村题材	《江山如此多娇》（2021.1.10）、《山海情》（2021.1.12）、《经山历海》（2021.3.23）、《理想照耀中国》（2021.5.4）、《红旗渠》（2021.10.17）
当代重大题材	《百炼成钢》（2021.6.13）、《我们的新时代》（2021.6.16）、《功勋》（2021.9.26）
工业题材	《美好的日子》（2021.6.34）《火红年华》（2021.9.25）

一、红色主题剧的叙事分析

红色主题电视剧以党史、社会主义发展史、新中国史中的红色故事为支撑，是集中反映民族精神、时代精神和不同阶段家国理想的文艺作品。红色主题电视剧的创作，经历了从注重政治性，到政治性与艺术性并重，诞生了许多优秀作品。它们基于革命历史题材，以家国叙事打动人心，成为讲好中国故事、凝聚中国力量的重要渠道。

1. 叙事主题：从革命历史走近当代生活

从统计的题材来看，2021 红色主题电视剧呈现出多样化的特点。首先，红色剧目仍是以革命历史题材为主，既有《大决战》《觉醒年代》《跨过鸭绿江》这类重大革命历史事件，还有《啊摇篮》《绝密使命》等鲜为人知的革命历史事件，其中《绝密使命》聚焦中央红色交通线，讲述主要战场之外的红色故事，《啊摇篮》则讲述战争年代中央托儿所从无到有的发展，并融入了延安乃至中国红色血脉的历史。此外，当代题材尤其是现代农村题材是红色剧目中的亮点，《山海情》《经山历海》《花开山乡》等讲述了基层党员参与农村建设的故事，与新时期在中国共产党带领下打赢脱贫攻坚战这一历史性成就相呼应，回应了党百年来不忘初心、牢记使命的宗旨。《理想照耀中国》《功勋》《百炼成钢》三部单元剧跨越了革命、社会主义建设、改革开放、大国复兴四个时期，展现中国革命的发展历程，突出中国特色社会主义的当代面貌，从青年党员出发讲述红色血脉在当代的延续，体现了红色文化的沿袭与传承以及与时俱进的特点。这些电视剧立体架构了党建百年纪念史中的主题叙述，在时间跨度上、空间范畴上、历史纵深上、题材视野上覆盖了各年龄段的观剧需求，建构了党建百年纪念史的历史记忆与生活记忆，易与观众产生时代共鸣。

虽然题材各有侧重，但红色主题剧集中反映了中国共产党带领中国人民从探索救亡图存道路到实现民族复兴的历史进程，展现了中国共产党人不怕牺牲、坚守理想的精神品质。2021年中央宣传部公布了第一批纳入中国共产党人精神谱系的伟大精神①，结合红色主题剧目的内容创作，可概括为其中的14种中国精神，包括新民主主义革命时期的建党精神、抗战精神、长征精神；社会主义建设时期的抗美援朝精神、红旗渠精神；改革开放时期的改革开放精神、劳动精神、工匠精神、"两弹一星"精神；中国特色社会主义新时期的脱贫攻坚精神、抗疫精神、"三牛"精神等（如表2）。这些精神主题涵盖了从建党到实现民族解放、从社会主义建设到改革开放、从民族复兴到实现脱贫致富的中国故事，共同展现了中国共产党建党百年以来经历的风雨历程和辉煌成就。

表 2　2021 年红色主题剧的精神主题

精神主题	红色主题电视剧	精神主题	红色主题电视剧
伟大建党精神	《觉醒年代》《绝密使命》《理想照耀中国》《大浪淘沙》《中流击水》《光荣与梦想》《百炼成钢》	劳动精神	《理想照耀中国》《美好的日子》《火红年华》
伟大抗战精神	《铁道风云》《理想照耀中国》《啊摇篮》《光荣与梦想》《百炼成钢》《大决战》《烽火抗大》《代号·山豹》《叛逆者》《香山叶正红》《前行者》	工匠精神	《理想照耀中国》《美好的日子》《火红年华》
伟大长征精神	《理想照耀中国》《百炼成钢》	"两弹一星"精神和北斗精神	《功勋》《百炼成钢》
红岩精神	《向警予》《霞光》	脱贫攻坚精神	《江山如此多娇》《山海情》《经山历海》《理想照耀中国》《百炼成钢》《我们的新时代》《花开山乡》
抗美援朝精神	《跨过鸭绿江》《理想照耀中国》《光荣与梦想》《百炼成钢》《功勋》	伟大抗疫精神	《理想照耀中国》
红旗渠精神	《红旗渠》	科学家精神	《理想照耀中国》《功勋》
改革开放精神	《理想照耀中国》《百炼成钢》	"三牛"精神	《功勋》《我们的新时代》《理想照耀中国》

2.叙事视角：宏大叙事与人物事件架构有温度的故事

视角是叙事学中非常重要的概念，它指"叙述者或人物与叙事文中的事件相对应的

---

① 央广网：《中国共产党人精神谱系第一批伟大精神正式发布》，2021年09月30日，https://baijiahao.baidu.com/ s?id=1712303791292706841&wfr=spider&for=pc，2022年07月01日。

位置或状态"，或者说，叙述者或人物从什么角度观察故事。① 红色主题电视剧的叙事视角中，一是采用了宏大叙事展现了史诗般的历史场景，二是从个体叙事视角挖掘宏大历史背后的动人故事，还原有血有肉的历史人物。宏大叙事将个体置于国家和民族的集体话语中，突出历史、国家、民族对于个体命运的统摄性影响，而个体叙事深入个人的性格和细节，突出个体的生活痕迹、人生变故和思想道德。

以《绝密使命》《经山历海》《觉醒年代》《跨过鸭绿江》和《山海情》五部庆祝建党百年的优秀剧目为例，都融合了宏大叙事与个人叙事两大视角，在人物塑造方面更加注重挖掘人物个性、生活细节，将人间世态具象化，让观众体会到宏大历史中的温度感，进一步深化了红色主题剧的家国叙事传统。

表3　建党百年优秀展播剧的叙事视角

优秀展播剧	宏大叙事视角	个体叙事视角
《跨过鸭绿江》	中国与美、俄、朝鲜的国际交涉；毛泽东、彭德怀等军事领袖指挥抗美援朝；志愿军奋勇战争	村民自愿为志愿军筹备补给；士兵马金虎与爱人王珍珠之间的生死离别
《觉醒年代》	陈独秀、李大钊等进步青年在街头和校园进行演讲；学生组织运动；巴黎和会的举办、拒签和约与全国抵制；陈独秀、李汉俊、俞秀松等人成立上海的共产党早期组织	陈独秀与妻子君曼的育儿理念和家庭生活场景；工人葛树贵与其妻子关于穷人乞讨的矛盾分歧；李大钊与胡适关于杂志风格之间的分歧；愚昧无知的民众争抢血馒头来治百病
《山海情》	基层干部与福建专家协力落实帮扶政策；劳务输出大会的宣讲；张树成村委班子开座谈会	油滑的李大有阻碍吊庄移民；水花、得宝等村民的生活场景和人际纠纷；村里年轻人的友谊长情
《经山历海》	村民们因不理解扶贫政策围堵镇政府大门；村里遭灾，吴小蒿带领村民撤离；组织搜救队开展救援行动，拯救落海村民	吴小蒿与丈夫之间的分歧与和好；副镇长吴小蒿与镇长贺丰收种种意见分歧；吴小蒿面对村民质疑陷入自我怀疑；基层党员的家庭生活场景
《绝密使命》	被国民党追杀并惨烈牺牲的红军战士们；交通线战士们坚定共产主义信仰，隐秘地组织运输任务	交通员邹叔宝家人之间的担心和关爱照顾；交通员在执行任务中展现的智慧与勇气

《跨过鸭绿江》从中央领导决策、军队指挥、国际谈判等集体视角展示了抗美援朝全景式场景，同时穿插个体视角，从士兵之间的友情、爱情，以及生死离别中的愿望寄托，描述了残酷战争中的人性余辉，展现了战士在战场上的铁血柔情；《觉醒年代》通过描绘普通百姓的悲苦流离、备受压迫的生活困境，具象化地展现了新文化运动、五四运动的时代背景。同时将历史人物的生活细节、人物性格、命运抉择融入探索救国之路的宏大

---

① 胡亚敏：《叙事学》，武汉：华中师范大学出版社，2004年，第19页。

框架中，立体呈现了李大钊、陈独秀、毛泽东等一批先进热血青年追求真理，力图唤醒、挽救中国的故事；《山海情》《经山历海》《绝密使命》等剧从大背景出发，细致刻画了村民们的思想变化、农村基层干部成长经历、革命小人物蕴含的强大力量，隐含着"家是最小国，国是千万家"的家国情怀，展现了祖国开拓者、建设者们作为"平民英雄"平凡而伟大的一面。

宏大叙事与个体叙事相互交织，不同时代的红色人物鲜活地呈现在观众面前。他们不仅仅是推动时代社会进步的英雄人物，更是有血有肉的、有过失败挫折、存在性格瑕疵的普通人，他们所经历的人生抉择、情感体验与当代观众生活情感相互照应，更是拉近了红色故事与广大观众的距离。尤其当个体命运与国家利益冲突时，真实地还原历史人物在宏大叙事支配下的心理场景，增强观众对历史时代的切身感受，激发观众与剧中人物、时代背景的情感共振。这些具有立体感的红色人物能够直入人心地向观众传达出国家意志和民族精神，是新时代的精神引领，汇聚起社会凝聚力、民众向心力，促发了实现中华伟大复兴道路上应该保有的热血激情。

3. 叙事结构：多线式线性叙事与跨时空对话

建党百年历史的回顾成为述往思来、向史而新、复兴中国梦的必要途径。《理想照耀中国》《百炼成钢》《大浪淘沙》《光荣与梦想》等剧目展现了中国共产党从革命时期、建设时期、改革时期到当下复兴时期的奋斗历程与历史经验，其叙事结构均遵循着党的建设、发展的历史脉络，要重述这段历史，必然牵涉到复杂庞大的叙事素材，既有历史背景的波谲云诡，也有不同诉求立场的行动者。因此，在叙事结构搭建上，作品多采用多线性的叙事结构，呈现出时空跨度大、叙事结构恢宏的特点，多条情节线融入真实历史构建的叙事主结构中，书写出一幅惊心动魄的历史画卷。如扶贫剧《山海情》，故事以村干部和福建扶贫专家带领大家将飞沙走石的"干沙滩"建设成寸土寸金的"金沙滩"为主线情节，在主要情节外，还包括了以阻碍移民、吊庄年轻人闯天地、村民家庭生活等多条情节线，这些情节线跨越25年，按照故事中的重要时间节点设置了六大章节："吊庄1991年""移民1996年""双孢菇1998年""梦的翅膀2001年""迁村2004年""美丽家园2016年"等，叙述了吊庄移民这一伟大的扶贫攻坚壮举，通过多线式线性叙事全面多角度地讲述了西海固的人民和干部们响应国家扶贫政策的号召，完成吊庄易地搬迁的故事。

同时，跨时空对话的叙事结构创新点，突破了以往聚焦单一历史时空的结构特征。如讲述中国共产党建国奋斗史的《大浪淘沙》，在叙事时间上创新性地将近代史与当代联系起来，实现了跨越百年的对话。电影符号学家麦茨曾说："叙事是一组有两个时间的序列——被讲述的事情的时间和叙事的时间，这种双重性使一切时间畸变成为可能。"《大浪淘沙》将叙事的时间聚焦到现代，而被讲述事件的时间则聚焦到近代，在剧中现代大学生陈启航以微博博主的身份，通过制作发布"学习百年党史"的微视频，带领观众回望中国共产党那段革命史，剧中的校园空间和社交平台空间与年轻观众记忆息息相关，实现了跨时空对话的年轻化表达。《美好的日子》《光荣与梦想》等剧目则采用了倒叙或插叙的叙事结构，同样是通过当代人回望历史，以当代的视角，将观众带入那段风起云涌的年代。现代和平场景与近代革命斗争等苦难场景的交替呈现，更能感染观众，显露出人民选择中国共产党的必然性和正确性，坚定人民对共产党的理想信念，也时刻提醒人们铭记中国共产党所流下的血汗与泪水，珍惜这来之不易的幸福生活，激励人们在和平年代发扬光大红色先辈流传下来的中国精神。正如习总书记所说："一切向前走，都不能忘记走过的路；走得再远、走到再光辉的未来，也不能忘记走过的过去，不能忘记为什么出发。"①

二、红色主题剧的传播效果

2021 年红色主题剧大力热播，为中国共产党建党一百周年营造了良好氛围，也增强了红色文化的传播力，让红色记忆、民族记忆铭刻在人民大众血脉里，筑起无形且坚韧的万里长城。

1. 传播方式：矩阵传播和 IP 传播

融媒体时代，充分整合传播资源，发挥新老媒体联动优势，占据传播高地，有效传达红色主题剧的价值观与红色文化。2021 年的红色主题剧采取了多矩阵传播方式，进行全媒体布局，覆盖了传播的广度和深度。在电视端，充分调动起总台内部优质资源，拓展红色剧目宣传渠道。比如《新闻联播》对《觉醒年代》《香山叶正红》《红旗渠》做出播出报道，报道了《山海情》《功勋》的创作座谈会；在新媒体端，充分布局移动端的社交媒体和视频平台，如通过广电独家、第一制片人等影视评论公众号为红色主题精品剧发布口碑剧评，在 CCTV 电视剧官方抖音号、微博号等新媒体平台发布红色主题剧的精彩看点、创作花絮，与观众进行互动交流，获得了广大网友关注。此外，26 部红色主题剧均通过新媒体版权分销，通过爱奇艺、优酷、腾讯视频等网络流媒体进行台网同步播放，实现全年龄段覆盖。在多元矩阵传播下，形成了传播合力，提高了红色主题剧的声量，合奏了一曲建党百年献礼之歌。

除了剧目播放，制作方联合文创企业对红色精品剧进行 IP 孵化，延长红色主题剧的传播链条。例如，《觉醒年代》制作方北京北广传媒影视股份有限公司与北京国际设计周有限公司策划设计了一系列文创产品，包括《觉醒年代》系列零食、"新青年"系列文具、饰品等。②除了文创产品，各种文创活动充裕了历史记忆。上海革命历史博物馆举办

---

① 习近平：《用好红色资源 赓续红色血脉 努力创造无愧于历史和人民的新业绩》，人民网，2021 年 09 月 30 日，http://jhsjk.people.cn/article/32244129，2022 年 03 月 20 日。

② 李俐：《〈觉醒年代〉文创亮相服贸会，半天售罄！》，京报网，2021 年 09 月 05 日，https://news.bjd.com.cn/2021/09/05/167187.shtml，2022 年 3 月 20 日。

了 "追忆觉醒年代,感悟伟大建党精神——《觉醒年代》百幅版画作品展"[1],展出的 100 件版画作品再现了觉醒年代的峥嵘岁月。文创产品和活动使红色文化得以实体化、具象化的方式展示,凝聚着红色精神文化的 IP,在市场上持续流通,延长了红色文化生命力和影响力,实现文艺与市场的双赢。

2. 传播效果:红色文化深入年轻圈层

2021 年红色主题电视剧的展播频频出圈,许多精品剧实现了收视、口碑双丰收,《觉醒年代》《山海情》《跨过鸭绿江》等红色主题剧目均取得了良好的观众口碑与市场反馈,博得了广大年轻人的喜爱。以广电总局中国视听大数据(cvb)的平均收视率排名为例,展示了位于前十五的红色主题电视剧的收视率和豆瓣评分表现(表 4)。收视率代表了传统电视渠道收看节目的中老年群体的评价,豆瓣评分则代表了广泛使用社交媒体平台的年轻群体的评价。《跨过鸭绿江》《大决战》《叛逆者》《山海情》《觉醒年代》《功勋》等剧目,不仅在传统电视渠道表现优异,网络口碑也十分强势。有数据显示,观看《功勋》的用户中 18—39 岁占到 67%。[2]《觉醒年代》也频频登上微博热搜榜,出现了 #觉醒年代 yyds#、#觉醒年代上头# 等热搜话题,说明了更多红色主题剧目突破了以往传统单一的传播圈层,成功将红色故事带入年轻圈层中,实现了红色故事、中国故事的年轻化表达。

表 4　2021 年收视前 15 红色主题电视剧收视与评分情况

剧名	cvb 每集平均收视率	豆瓣评分	豆瓣短评数量
跨过鸭绿江	2.691%	8.5	9749
大决战	2.540%	7.8	7062
代号·山豹	1.757%	—	85
红旗渠	1.691%	—	184
叛逆者	1.57%	7.8	94496
绝密使命	1.532%	6.7	508
火红年华	1.516%	—	270
山海情	1.504%	9.3	121492
花开山乡	1.401%	—	287
霞光	1.382%	—	762
中流击水	1.348%	—	133
铁道风云	1.314%	—	105
觉醒年代	1.290%	9.3	123563

---

① 陈若茜:《〈觉醒年代〉里的百幅版画,在上海述说党史》,澎湃新闻,2021 年 09 月 28 日,https://www.thepape r.cn/newsDetail_forward_14700757,2022 年 3 月 20 日。

② 杨明品、胡祥:《重大主题电视剧创作引人注目》,《人民日报》2021 年 11 月 11 日,第 20 版。

续表

剧名	cvb 每集平均收视率	豆瓣评分	豆瓣短评数量
经山历海	1.039%	—	375
功勋	0.975%	9.1	16485

　　点赞率与点评率反映了剧目的关注度与人们的共鸣感，以《跨过鸭绿江》《大决战》《叛逆者》《山海情》《觉醒年代》《功勋》六部优秀红色主题电视剧为例，从每部剧点赞量最高的豆瓣评论中，筛选出与红色文化相关的评论，依据观众关注的话题，概括出相关评论，可以看到观众对红色文化感知主要体现在革命烈士和时代英雄、中国精神和党、国家和民族三个层面的主题上。

表 5　2021 年红色主题电视剧的豆瓣评论

评论主题	数量	用户名	代表性评论
革命先烈、时代英雄	21	一统天下、晓露梦生寒、我喜欢吃四喜丸、南门吹风等	看到岸英牺牲哭了！中国人民志愿军都那么年轻，他们为了祖国献出了自己宝贵的年轻生命，致敬最可爱的人！感恩、勿忘、激励、吾辈当自强。——《跨过鸭绿江》@ 我喜欢吃四喜丸
			原著小说中林楠笙就是个有家国情怀，有血有肉的有志青年，剧里也一样，他是那个黑暗时代的一束微光，正因为有了许许多多这样的微光集聚，才会有我们今日美好的一切。——《叛逆者》@ 姨父的鹅
党、国家和民族	17	多肉葡萄少少冰、青龙始君、豆友226695353 等	恐怕很多人并不知道改革开放这么多年，祖国各地都经历了怎样翻天覆地的变化。我也一样不知道。我爱你中国。——《山海情》@ 嗨朱迪
			历经磨难的中华民族从在苦难中被压迫到站起来然后到富起来再到今天的强起来经历了整整 100 年，而这伟大的成就是革命先辈的抛头颅洒热血，是共产党带领中华儿女一辈接一辈的奋斗才换来的，就像歌中唱的那样，没有共产党就没有新中国。感谢先辈。——《大决战》@Alina
中国精神	19	取景、zznn、nana、#9|、桐生战兔等	要时时刻刻铭记先烈们用生命用血肉为我们换回了现在的和平、安定、幸福的生活，以此激励自己不负青春、承担责任，为国家为社会为家人为自己，怀着一颗感恩、上进的心，在自己的专业领域做得更好。——《功勋》@ 头像
			"今天的大多数青年根本无法想象，他们在政治课上死记硬背的东西，曾经真的被一群人当作毕生的理想信念去奋斗和牺牲。"——《觉醒年代》@nana

三、结语：红色主题剧掀起的红色文化潮

2021 年迎来了中国共产党的百年华诞，不忘初心、牢记使命是我们对于建党百年记忆的最好纪念。随着 2021 年 1 月 1 日"理想照耀中国——国家广播电视总局庆祝中国共产党成立 100 周年电视剧展播启动特别节目"开启，红色主题电视剧陆续展播，中国共产党经历过的艰苦奋斗史、红色故事和中国精神栩栩如生地再现在广大观众眼前，揭示着"中国共产党是人民和历史的选择""没有共产党就没有新中国"等深刻道理。观众评论道："我党 100 周年生日之际，这种主旋律片很有看头。"红色主题剧掀起了一阵红色文化热潮，不仅是建党百年最好的献礼，更是对新中国强盛发展的解答与响应。

2021 年的红色主题电视剧中，可以看到创作者们重视剧本打磨、主题凝练的精心创作。观众们在评价《觉醒年代》《大浪淘沙》等革命历史剧时，纷纷赞许创作者们尊重历史、细致还原历史场景的精益求精的创作精神。红色主题剧采取的多元题材，以多视角、贴近性、创新性的叙事方式所呈现的风起云涌的年代，扭转了人们对红色主题剧枯燥死板的印象，赢得了广大观众的喜爱，有观众不禁对《觉醒年代》中隐喻符号的使用表示感叹："央视主旋律也能有这样的表现手段了？"

在中国发展的历史见证下、民族自豪感的驱动下，身处于中国新时代，我们感受到了在中国共产党带领下，人民生活显著改善，综合国力显著增强，国际地位显著提高，中国从站起来、富起来到强起来的伟大飞跃，这由心生发的民族自豪感与建党百年这个特殊语境的照应下，红色主题剧激发了大众超越年龄区隔的情感共振，激发了从历史中汲取前进的智慧和力量，形成了对红色文化和中国精神的高度认同，并成为铸牢中华民族共同体意识、实现中华民族伟大复兴的力量源泉。

"内生"视角下少数民族旅游村寨建设
对民族文化传播的影响

——基于罗平县腊者村的研究

张　剑　迟晓景*

（广西大学新闻与传播学院，广西南宁，530004）

摘要：近几年，民族旅游村寨的建设伴随着乡村振兴政策的推进，受到了很大关注，其在给少数民族地区带来环境改造的同时也影响着民族文化的传播。本文以云南省罗平县布依族为主要研究对象，以腊者旅游村寨建设作为探寻布依族内部日常生活以及文化传播的切入点，沿用媒介环境学派的媒介观，将民族村寨本身看作媒介（一种空间的向度），不拘泥于"自上而下"的文化传播路径，而是从"内生"视角出发，探寻其是否能激发民族文化传播的主动性、促进民族文化由内而外的传播，从而有助于构建中华民族共同体意识。

关键词：民族文化传播；民族旅游村寨；内生发展

赵月枝在回答"什么是中国故事的力量之源"这一问题时指出，最有价值的中国故事就是乡村故事①，从宏观的角度来看待这个问题，其实就是关于中国传播学本土化的回答。然而，在很多剔除了本土特色的传播学中国化研究中，很容易陷入"学术殖民化"的范式，如胡翼青就曾指出：随意地把西方理论与其语境剥离开，这种处置方式只会把鲜活的内容变成空洞的形式。②陈韬文认为"传播理论本土化"最重要的是提出建基于本

---

* 作者简介：张剑，男（1982—），江西上饶人，博士，广西大学新闻与传播学院副教授，硕士生导师，研究方向：文化传播；迟晓景，女（1998—），云南曲靖人，广西大学新闻与传播学院硕士研究生，研究方向：文化传播。

① 赵月枝：《讲好乡村中国的故事》，《国际传播》2016 年第 2 期。
② 胡翼青、柴菊：《发展传播学批判：传播学本土化的再思考》，《当代传播》2013 年第 1 期。

土社会基础的原创理论。[1] 而根植于乡村的民族文化，因其建基于中国社会本土，具有不可替代性，自然而然成了传播学本土化的探寻方向之一。

然而，民族文化传播探究的道路并不是一帆风顺的，韩鸿就中国发展传播路径存在的问题指出：固守传统的现代化框架，以新闻传播为主要内容，以自上而下的单向传播为基本路径，存在诸多不足之处。[2] "送文化下乡"一词曾经一直被当作一种正面且积极的方式，但这种蕴含"自上而下"意识本位的文化赐予，特别是在少数民族地区，很可能带来格格不入、适得其反的社会效果。郭建斌指出现代传媒进入中国的少数民族地区，是"嵌入式"的。[3] 只有深入到民族内部日常生活的文化传播研究，或许才能为传播学本土化发展的议题讨论提供一些思考的空间。

本文以云南省罗平县布依族为主要研究对象，并以民族旅游村寨建设作为探寻布依族内部日常生活以及民族文化传播的切入点，沿用媒介环境学派的媒介观，打破把媒介作为中性信息传送工具的观念束缚[4]，跳出大众传播研究中对媒介的狭义限定，将民族村寨本身看作媒介（一种空间的向度），不拘泥于"自上而下"的文化传播路径，而从"内生"视角出发进行探究。

一、"内生"视角下的民族村寨建设

2021 年 4 月 29 日出台的《中华人民共和国乡村振兴促进法》明确指出，"各级人民政府应当采取措施增强脱贫地区内生发展能力，建立农村低收入人口、欠发达地区帮扶长效机制，持续推进脱贫地区发展"[5]，激发"内生发展能力"成了乡村脱贫发展的重点。追溯"内生发展"来源，其实早在 1969 年，日本社会学者鹤见知子就将"内生的发展"解释为"土生土长的发展"[6]，是基于本土特色的发展，而不是对外照搬的发展。之后 1975 年，瑞典哈马绍基金会在联合国特别经济会议上正式提出"内生发展"这一概念，定义为：内生发展不是单线发展，也不提倡普遍使用，而是需要立足本地资源条件，通过调动当地群众的积极性与创造力，保护生态环境的同时，培养区域经济发展的自立性发展。[7] 由此可见，这一发展理念的内核与我国所提倡的乡村振兴战略具有一定的契合度，二者

① 陈韬文：《理论化是华人社会传播研究的出路：全球化与本土化的张力处理》，载陈国明主编，《中华传播理论与原则》，台北：五南图书出版股份有限公司，2004 年，第 49—50 页。

② 韩鸿：《发展传播学近三十余年的学术流变与理论转型》，《国际新闻界》2014 年第 7 期。

③ 郭建斌、姚静：《发展传播理论与"中国式"发展之间的张力及新的可能——基于中国西南少数民族地区三个案例的讨论》，《新闻大学》2021 年第 1 期。

④ 黄华：《技术、组织与"传递"：麦克卢汉与德布雷的媒介思想和时空观念》，《新闻与传播研究》2017 年第 12 期。

⑤ 《中华人民共和国乡村振兴促进法》，《农民日报》，2021 年 4 月 30 日，第 2 版。

⑥ 王志刚、黄棋：《内生式发展模式的演进过程——一个跨学科的研究述评》，《教学与研究》2009 年第 3 期。

⑦ 王志刚、黄棋：《内生式发展模式的演进过程——一个跨学科的研究述评》，《教学与研究》2009 年第 3 期。

都强调发展需因地制宜，走可持续发展的路线。

与此同时，民族文化总是根植于乡村的，民族旅游村寨的建设正是激发"内生发展能力"的产物，民族旅游村寨保持乡村独有的内生秩序①，在不打断村民间日常联系的同时，通过软治理的方式把制度内嵌于村寨之中。区别于外生秩序通过强有力的乡镇行政介入以及外来制度安排实现村庄的秩序与生产，民族旅游村寨建设则是以本民族的文化为土壤，不再是"送文化下乡"，而是就地开展建设，保护本土文化的同时引入商业，试图寻找制度嵌入与内生秩序之间的平衡点，建设过程中本民族重温自身文化的同时也能够吸引游客了解民族文化，从而激发村民的积极性与创造性，在此基础上由内而外地促进民族文化的传播，试图达到乡村经济独立发展以及铸牢中华民族共同体意识的理想状态。

云南省罗平县鲁布革布依族苗族乡位于滇黔桂三省交界地带，此地汇聚着 58 个自然村，是云南省布依族人口最多的乡镇，这其中大多数布依族村落又围绕着多依河（被称作当地布依的母亲河）进行生产生活，这也是为什么布依族被称为"河畔人家"的原因。罗平县境内整体地势东南低、西北高，从最高峰海拔 2468 米的白腊山流下的山涧溪流在罗平汇聚成为西门河，西门河蜿蜒流淌，几经浮沉后终在一个叫作母纳的地方奔流出来，这就是多依河。② 而腊者布依族村正坐落于多依河的源头③，该村早在 2012 年就被列入中国第一批传统村落名单，在之后的几年间着力进行民族旅游村寨建设，打造布依刺绣体验坊、布依特色民宿、布依民俗表演等各种旅游模式，并于 2019 年成功入选首批全国乡村旅游重点村名单，是一个基于本民族文化特色、通过激发"内生发展能力"建造成民族旅游村寨的典型案例。目前，腊者民族旅游村寨的建设仍然在不断完善和推进中，相较于其他修建完成的民族旅游村寨，腊者村还有很多可以改进和发展的空间。下文将具体围绕腊者旅游村寨建设的模式与布依文化传播的关联进行阐述，立足"内生"视角，重点探索布依族本民族是如何看待这种建设模式以及其对自身文化传播的影响。

二、研究方法

本文以云南省罗平县腊者村作为个案研究的对象，围绕民族旅游村寨建设模式及其对民族文化传播的影响为主题，设计问卷和访谈提纲，通过发放问卷和线上采访的方式开展研究。遵循"内生"视角，主要探寻布依族村民自身的感受，试图了解民族旅游村寨建设是否会激发民族村寨的"内生发展能力"，是否会激发布依族村民在自身文化传播中的积极性与创造性。考虑到腊者村本身村民数量有限且存在青壮年外出打工的情

---

① 贺雪峰、仝志辉：《论村庄社会关联——兼论村庄秩序的社会基础》，《中国社会科学》，2002 年第 3 期。

② 朱健刚：《水边人家——云南省罗平县布依族村寨调查与研究》，北京：知识产权出版社，2008 年，第 4 页。

③ 贺金瑞、龙立：《现代乡村治理体系中传统治理因素和民族文化资源的融入——以云南罗平鲁布革乡腊者村为例》，《中共贵州省委党校学报》2020 年第 1 期。

况，共招募到 9 位本地志愿者，其中男性 2 人，女性 7 人，问卷面向腊者村及其周边村寨的布依族村民发放，同时通过微信、抖音、小红书等社交平台，滚雪球抽样回收问卷，经过筛选，最终回收有效问卷 209 份。在问卷调查的样本中：女性占比 66.99%，男性占比 33.01%；绝大多数布依族村民年龄集中在 35—54 岁；高中/中专（含）以下学历占比 72.83%；主要的职业为务农（占比 36.96%）；月收入集中在 1501—3000 元（占比 38.04%）。

1. 调查问卷的设计与理念

本问卷主要采取李克特 5 级量表测量，1 表示"很不同意"，5 表示"很同意"。基于民族旅游村寨建设是一个完整的模式，民族文化传播是伴随着旅游村寨建设而展开的，建设中自然而然会带来环境以及业态等其他各方面的变化，所以尽可能考虑到其存在多重维度相互影响的情况，共设计了三个量表，分别是"日常生活感受量表"（包含环境改造、业态变化、文化传播、情感感受四个维度）、"满意度量表"和"场所依恋量表"（包含地方依恋和地方认同两个维度）。我们希望探索在民族村寨建设这一整体模式之中，民族文化传播与环境改造、业态变化、情感体验等维度以及其他方面的关联性，同时探寻文化传播与布依族村民自身满意度变化之间的关联性。具体量表题项如表 1、表 2 和表 3 所示。

表 1　日常生活感受量表

变量	维度	题项
日常生活感受	环境改造	布依民族旅游村建设保留了较好的原址面貌
		布依民族旅游村的建筑风格、色彩搭配能较好地突出布依族的文化特色
		旅游村建成后，公共设施更加完备
	业态变化	我愿意在村子里进行商业活动（卖炸洋芋、竹筒饭、荷包等等）
		村里的文娱活动变得丰富了
		相较于以前，有更多游客来参观
	文化传播	借着旅游村建设的机会，重温了很多本民族的文化与历史
		我感觉村中"布依族纺织刺绣文化坊"等场所的建立，让布依文化得到了重视、保护和传承
		民族旅游村寨的建设受到游客喜爱，我也油然而生一种民族文化的自信感
	情感感受	旅游村的建设，吸引了游客，我结交了新朋友
		村寨环境变得好了，让我开心
		家门口就可以做生意，让我觉得方便

表 2　满意度量表

变量	题项
满意度	我对民族旅游村的建设整体感到满意
	我认为民族旅游村有益于商业活动和文娱活动发展
	我认为民族旅游村的建设是很有必要的
	我认为民族旅游村是传播布依族文化的一种方式

表 3　场所依恋量表

变量	维度	题项
场所依恋	地方依恋	在布依民族旅游村生活，能唤起很多本村落的回忆
		我愿意在布依族旅游村生活
	地方认同	布依民族村寨建设为旅游村后依然具有家的归属感
		我对布依旅游村寨建设的模式比较认同

2. 数据分析

（1）问卷的信度与效度

数据表明，无论是三个量表整体还是单独量表本身，其克隆巴赫系数的值均保持在 0.7 至 0.9 之间，一般来说，克隆巴赫系数保持在 0.7 至 0.9 之间，意味着量表的内部一致性较好，信度良好。在进行效度检验时，采用探索因子分析（EFA）方法，通过 SPSS 对量表整体进行效度检验，数据发现，KMO 值为 0.853 ＞ 0.6，显著性为 0.000 ＜ 0.05，两个条件同时满足，意味着本次的数据非常适合探索因子分析来检验效度，且整体量表效度良好。

（2）各量表及其维度间的关联强弱分析

表 4　各量表及维度间相关程度表

	环境改造	业态变化	文化传播	情感体验	满意度量表	地方依恋	地方认同	日常生活体验量表	场所依恋量表
环境改造	1	—	—	—	—	—	—	—	—
业态变化	.672**	1	—	—	—	—	—	—	—
文化传播	.750**	.787**	1	—	—	—	—	—	—
情感体验	.741**	.798**	.809**	1	—	—	—	—	—
满意度量表	.675**	.781**	.785**	.815**	1	—	—	—	—
地方依恋	.762**	.801**	.872**	.829**	.846**	1	—	—	—
地方认同	.615**	.706**	.655**	.726**	.831**	.723**	1	—	—

续表

	环境改造	业态变化	文化传播	情感体验	满意度量表	地方依恋	地方认同	日常生活体验量表	场所依恋量表
日常生活感受量表	.857**	.916**	.920**	.925**	.847**	.900**	.750**	1	—
场所依恋量表	.734**	.807**	.812**	.832**	.902**	.914**	.941**	.881**	1

注：** 表示 P < 0.01，* 表示 P < 0.05。

通过相关性分析来研究变量之间的相关关系，通过相关性分析可以了解"日常生活感受量表""场所依恋量表""满意度量表"之间和"环境改造""业态变化""文化传播""情感感受""地方依恋""地方认同"维度之间，以及各量表与各维度之间所有的相关联性（之间是否存在显著相关），且相关联性的强弱通过显著值 P 来表示，P < 0.05 意味着变量间相关关系显著。表 4 所有值都带"**"，意味着 P < 0.01，所有变量之间都显著相关；其次所有数值都大于 0，则表示其呈正向相关。

通过相关性分析可见，日常生活体验量表及其各维度与满意度量表、场所依恋量表相互间存在显著相关联性，且呈现正向相关，从文化传播维度进行阐述，即文化传播的程度越深，布依族村民日常生活的体验感也就越好。与此同时，各维度及其量表间的显著相关联性也印证了在调查问卷设计理念中需考虑民族旅游村寨建设是一个整体模式的准确性，需要把民族文化的传播融入其中再进行探究，而不是作为单一维度进行考量。值得注意的是，日常生活体验与满意度呈正相关，并不代表日常生活体验就可以显著影响满意度，满意度的结论必须通过线性回归分析。

（3）日常生活感受量表各维度对村民满意度的影响分析

以满意度量表数据为因变量，日常生活体验量表中各维度的数据为自变量建立线性回归分析，主要想要了解"环境改造""业态变化""文化传播""情感感受"这四个方面是如何影响村民对旅游村寨建设的满意度的。表 5 数据结果表明，此次线性回归模型拟合度良好（R^2=0.719 > 0.6），说明"环境改造""业态变化""文化传播""情感感受"四个变量能够反映满意度 71.9% 的原因。且四个自变量间不存在多重共线性（VIF 都小于 5），意味着并不会因为变量间具有显著相关关系而估计失真、难以估计准确。也就是说，运算结果能够真实反映出环境改造、业态变化、文化传播、情感体验四个维度对满意度的影响。其中，环境改造不能显著影响满意度（P=0.738 > 0.05），业态变化（β=0.205 > 0，P=0.012 < 0.05）、文化传播（β=0.255 > 0，P=0.027 < 0.05）和情感体验（β=0.369 > 0，P=0.001 < 0.05）可以显著正向影响满意度。由此可以得出在民族旅游村建设中，影响布依族村民满意度的回归方程：

满意度 =0.619+0.205* 业态变化 +0.255* 文化传播 +0.369* 情感体验

对布依族村民的满意度而言，环境改造不是其满意与否的重要原因，而业态的变化、文化传播的程度以及情感的感受是显著影响村民满意度的原因。

表5　日常生活感受量表中各维度与满意度的回归分析表

模型	非标准化系数		标准系数	T	显著性	VIF
	B	标准错误	贝塔			
（常量）	.619	.318	—	1.949	.054	—
环境改造	.034	.102	.030	.335	.738	2.605
业态变化	.205	.080	.259	2.565	.012	3.289
文化传播	.255	.113	.247	2.252	.027	3.886
情感感受	.369	.106	.386	3.500	.001	3.936
R2				.719		
F				59.089		
P				＜ 0.001		
因变量：满意度						

三、研究发现

通过以上问卷数据分析所呈现的结果可知，民族旅游村寨建设所带来的影响并不只是局限于对民族文化传播的影响，其中也伴随着对环境改造、业态变化、情感体验等其他维度的影响，通过相关性分析可以确定，这些维度之间关系密切，互相影响，共同作用于民族旅游村寨这个集合空间之中，也可以说民族旅游村寨犹如联系它们彼此的"媒介"，不会随意断开。

同时，通过回归分析数据可以看出，文化传播的程度还显著正向影响着布依族村民对于本民族旅游村寨建设的满意程度。从某种程度上来看，民族文化传播是深嵌于旅游村寨建设之中的，村民能够明确感知到在旅游村寨建设中所进行的民族文化传播，且这种感知正向影响着村民对村寨建设的满意度。这种情况表明可以通过民族旅游村寨建设激发"内生发展能力"，从而推进民族文化传播。

1.民族旅游村寨：民族文化传播的媒介

在媒介环境学派的媒介观中，麦克卢汉提出"万物皆媒"，德布雷则认为媒介是象征传递和流通手段的集合，这个集合先于并且大于当代媒体领域……一张餐桌、一个图书馆阅览室、一间歌舞剧场，虽然他们都不是为"散播消息"而造的，但是它们作为散播的场地和关键因素，作为感觉的介质和社交性的模具而进入媒介学的领域[1]。由此延伸思

---

① 胡翼青：《为媒介技术决定论正名：兼论传播思想史的新视角》，《现代传播》2017 年第 1 期。

考，媒介并不一定都是具体的工具（传递信息的载体），媒介技术构成了一整个媒介域，每个媒介域都会产生一个特有的空间—时间组合。可以从人类交往的角度出发，能够容纳人与人之间进行交往且伴随信息流传的空间也可以是媒介。

由此我们可以把腊者民族旅游村看作一个媒介域，其在村寨原有传统民居的基础上改造修建，试图在保留民族特色的同时也不打破村民间长久以来建立的社会关系，这一点可以从问卷数据分析中呈现显著正相关的情感体验、地方依恋、地方认同三维度看出。同时旅游村寨构成了布依族民族文化在自然环境以及社会环境中传播的一个中介，民族文化传播深嵌于旅游村寨建设之中，布依族村民置身于每一个环节里，同步感受着民族文化的流转。

2. 民族旅游村寨：激发了民族文化传播的自发性

近几年，在很多涉及乡村、民族场域的传播研究中都可以看到围绕如何"赋权"而展开的讨论。什么是赋权？即"赋予或充实个人或群体的权力"[①]，是"个体、组织和社区对其社会和经济水平、社区的民主参与和自身命运的控制和主宰"[②]。其实探讨这个问题的落点大多是想要加强村民在文化传播中的自主性以及提高乡村本身的组织能力，因为在很多乡村文化的传播中存在着自发性缺失的严重问题，沙垚就曾指出：乡村文化如皮影、老腔等，"墙内开花墙外香"，一方面在农村没落、无人欣赏，另一方面却在都市、国际的舞台上一票难求。[③]

出现这样的问题，部分原因在于促进民族文化传播已经不再停留于文化权力层面，不再是直接把"麦克风"递到村民手中就能达成这么简单，而是上升到文化权益层面，村民是否愿意且能够运用"麦克风"来展现自身文化。王列生指出民族权益包含民族权力，民族权益是公民享受服务成果、参与文化活动、进行文化创造以及文化成果得到保护的核心要素，并逐渐成为公众参与体系共建的内在驱动。[④]而在大部分民族文化的传播中，文化权益是被遮蔽或者说不完整的。王斌指出在主动性不强、没有"培育出原生态的赋权模式和自组织力量"的情况下，依赖外部的媒介支援进行赋权行动，将很难在短时间内融入当地的社会运行，甚至还会冲击和破坏原有传播秩序。[⑤]也就是说，文化传播如果只是围绕"赋权"讨论，而忽略了被赋权的人自身的主动性，以及承载这种主动性得以发挥的能力，就无法真正激发内生发展动力。

在对布依族村民进行采访的过程中也能发现，因为一些主客观原因确实存在主动性缺失的情况，例如有村民表示："布依刺绣我妈妈还是会的，听我妈妈说布依族刺绣现在

---

① 范斌：《弱势群体的增权及其模式选择》，《学术研究》2004 年第 12 期。

② Srinivas · R. Melkote, H. Leslie·Steeves: "Communication for Development in the Third World: Theory and Practice for Empowerment", London: Sage, 2001: 37.

③ 沙垚：《乡村文化传播的内生性视角："文化下乡"的困境与出路》，《现代传播》2016 年第 6 期。

④ 王列生：《论公民基本文化权益的意义内置》，《学习与探索》2009 年第 6 期。

⑤ 王斌，刘伟：《媒介与社区赋权：语境、路径和挑战》，《国际新闻界》2015 第 10 期。

也有批量生产的工厂，虽然说布依传统绣法可能还无法复制，但是基础的刺绣是可以替代的，而且工厂批量生产价格也很低，再加上很多年轻人没有从小学习刺绣，没有这个绣工，也就会慢慢失传了。"（23 岁，学生）。不过在聊到腊者村所建设的刺绣坊时，也有村民表示："腊者不是在弄那种刺绣教学嘛，很多人去学的，我就在里面学过，还有像'八音坐唱'这些，村里老人也想要小一辈去学，但大家忙着去打工的……建起旅游村来，在家门口做做生意，也有游客来听，那当然更好。"（36 岁，打工/务农）虽然腊者旅游村还未全部建设完毕，但伴随着村寨建设的不断完善，除了纺织刺绣坊外，还新建了根雕坊、花米饭染色坊、蜡染坊等十三个布依族典型传统工艺文化坊。例如刺绣坊，在提供了良好学习环境的同时，也提供了老师教学，教布依族本族的村民刺绣，也欢迎外地的游客参观学习。刺绣坊在日常生活中是村民学习的教室，在旅游时又是吸引游客参观的文化名片。在腊者村，这种具有双重属性的场所并不在少数，文化广场是平日里村民娱乐活动的中心，在招揽游客时就可以成为歌舞表演的舞台，就有村民表示："这种建设模式不同于舞台式的表演，它能够完全展示布依族的生活作息，包括民族特色。"（26 岁，公司职员）

旅游村寨建设把文化传播深嵌于村民的日常生活之中，很多即将失传或是较少人学习的文化遗产在潜移默化中融入了村民的生活，众多工艺文化坊的建设营造了一种文化保护与传承的仪式感，置身于其中的布依族村民能够感知到自身民族文化的珍贵。在与布依族村民谈及看到游客来旅游后心中是否会产生民族文化自豪感时，多位村民都表示这是当然的，感受得到自身民族文化是有吸引力、有魅力的。这种感知一定程度上激发了布依族村民学习和传播民族文化的主动性，这是旅游村寨建设影响民族文化传播自发性的体现。

3. 民族旅游村寨：挖掘民族文化传播中的商业性

空间作为一个社会学的重要命题被广泛研究，空间也因成为社会关系的表征而具有了媒介的属性。[①] 在"空间转向"研究中，列斐伏尔提出著名的空间生产理论："空间实践""空间表征""表征空间"。[②] 而且伴随消费主义的野蛮生长，空间生产与经济运行相结合，使得"空间转向"呈现"消费转向"[③] 的趋势。现如今消费的概念早已不再是局限于"购物"这一单一行为，菲斯克在《解读大众文化》[④] 中把购物广场比作消费的教堂，就算不花费钱进行实体购物，但仍旧可以进行消费，例如消费空间、消费影像，这是一种不关乎收益的感官消费。

---

① 李彬，关琮严：《空间媒介化与媒介空间化——论媒介进化及其研究的空间转向》，《国际新闻界》2012 第 5 期。

② 郑震：《空间：一个社会学的概念》，《社会学研究》2010 年第 5 期。

③ 王宇彤、张京祥、何鹤鸣：《符号介入：后消费时代的文化空间生产研究——以故宫紫禁书院为例》，《城市发展研究》2020 年第 5 期。

④ 约翰·菲斯克：《解读大众文化》，南京：南京大学出版社，2006 年，第 13 页。

民族旅游村寨的建设正是如此。腊者村在建设的过程中，把蕴含布依族特色的民族符号融入各种建筑中，房屋墙壁上绘画着以布依族传统湛蓝服饰为灵感的同色系花纹，极具韵律美感。腊者村现存木质杆栏传统民居30余栋，是云南省保留数量最多、最完整的布依族建筑群，保留着原本村落格局，村民也居住于此，民族气息浓厚。"游客能够以最真实的感受融入这个环境里，能够真切地感受到布依族文化，感同身受最大化，不仅对文化传播有好处，增加知名度的同时，游客多也能够增加村民收入。"（26岁，公司职员）这样保留本真的空间建设具有原始的吸引力，游客只要置身其中就可以得到视觉上的享受，感受到的是真正的历史文化空间，而不是千篇一律的"古镇复制"。民族旅游村的建设让商业模式变得不那么刻意，游客在享受腊者村古朴风情，沉浸于布依族民俗空间中时，看到各类文化坊里学习的状况，以及实在的手工艺品，这时候所产生的"购物"行为是商业性的自发体现，也更为自然。这也是为什么在问卷数据分析中对于布依族村民而言，"业态变化"与其满意度呈正向显著相关。采访中村民也表示："我觉得在家门口就可以做做生意，卖卖东西，就算是副业也能增加收入，很开心。"（36岁，打工/务农）"以前很少有人来参观，现在有游客了嘛，等腊者全部弄好了，以后长久都可以吸引人来参观，可以给文化传下去，游客来的话也有多的收入。"（33岁，打工/务农）

因此，旅游村寨建设这一整体模式，在带来业态改变、为村民引入新收入方式的同时，也伴随着文化的传播。文化传播的商业性在旅游村寨中可以自然而然地出现，且因为空间打造得足够古朴，能够展现出布依族自身文化的独特性，更能吸引游客。旅游村寨建设区别于很多模板式的景点建设，其以民族本身的文化特色为出发点来打造空间，符合内生发展路径。空间本身就是消费的目的，其中也伴随着自愿购物行为的产生，文化传播也内嵌于其中自然地发生着，这是商业性与文化性共存的一种体现。

四、存在的问题与建议

由于目前腊者旅游民族村的运营尚处于起步阶段，对文化传播的影响以及未来会有怎样的发展还有待更进一步的探寻。在采访中也有村民表示："长远看，以后能不能带动我们民族的发展，这个我也不清楚。"（42岁，农民工）"感觉建的房子其实还可以更多点布依族特色，吊脚楼现在也没有建的了。"（56岁，务农）由此可以看出，在旅游村寨建设中，关于布依文化融入以及未来村寨发展方面，村民的态度也并不是完全乐观的，也有担忧和迷茫。

但这不仅仅是腊者民族旅游村所面临的情况，其他民族旅游村也一样。民族旅游村寨建设并不是一个容易的过程，如何平衡文化与商业两者关系也是其中的永恒命题。在采访中有一位来自贵州省安顺市石头寨的布依族村民就表示："我们这边建成布依族旅游村寨有一段时间了，但村寨建设中有一部分承包给了旅游公司，环境被污染了，破坏生态，看起来真的很难受，我们原本的村子是非常漂亮的。"（35岁，打工）在其发送过来的图片中可以看到，旅游公司承建的打造模式，走的是时下比较流行的"网红打卡风"：在草地上、在河流边建一些网络上流行的"ins 风"帐篷，布依族文化在"打卡文化"面前被摒弃，走快时尚销售路径，丢掉了民族旅游村寨建设中最重要的"民族"二字，自然在这种情况下民族文化传播也就无从谈起了。

如何让布依族文化在村寨建设中以更加柔和的姿态融入，如何能让腊者村寨独有的古朴魅力得以更好地保留，这些都是需要在旅游村寨发展过程中进行不断挖掘和反复思考的具体问题。并且应当就具体出现的问题进行具体分析，不能简单套用其他旅游村寨的发展路径，而是应当立足于本地已有的资源，例如关于在新建筑中如何更好地体现布依特色，政府可以开启面向布依族村民的民意调查，从村民的意见中去提炼显著的民族文化特征。

五、结语

习近平总书记在党的十九大报告中鲜明提出"铸牢中华民族共同体意识"，在中央民族工作会议上习总书记进一步指出："铸牢中华民族共同体意识，就是要引导各族人民牢固树立休戚与共、荣辱与共、生死与共、命运与共的共同体理念。"中华民族共同体意识是国家统一之基、民族团结之本、精神力量之魂。我国是统一的多民族国家，在漫漫历史长河中形成了多元一体的中华民族。我们辽阔的疆域是各民族共同开拓的，我们悠久的历史是各民族共同书写的，我们灿烂的文化是各民族共同创造的，我们伟大的精神是各民族共同培育的。各个少数民族都是中华民族的一分子，少数民族文化是中华文化的重要组成部分，继承、保护和传播少数民族文化就是在发扬光大中华文化，对于推进民族团结进步、培育中华民族共同体意识也有着重要的意义。

费孝通先生在 1997 年提出"文化自觉"的概念，文化自觉建立在对根的找寻和继承上，建立在对"真"的批判与发展上，对发展趋向的规律把握与持续指引上。[1] 文化自觉得以形成的先决条件就在于认识自己的文化，就如同从"内生"视角下来探寻民族文化传播一样，不再是"送文化下乡"，而是通过发掘民族文化的内生动力，激起本民族进行文化传播的自觉性，以此为坚实的基础进一步开展对外文化传播。这种由内而外的民族文化传播更有助于构建中华民族共同体意识，有利于平等团结互助和谐的社会主义民族关系的巩固和发展。

---

① 周飞舟：《从"志在富民"到"文化自觉"：费孝通先生晚年的思想转向》，《社会》2017 年第 4 期。

七、纪录片与文化传播

主持人语

纪录片是历史之镜，也是现实之锤。

当我们回望中国纪录片的历史，从 1927 年纪录片《国民革命军海陆空大战记》开始，中国文献纪录片发展经历了近百年的历史。在此期间，文献纪录片折射出了不同的社会风景。《文献纪录片的文化传播特征——基于整体史观研究方法对不同时期文献纪录片传播研究》运用了法国年鉴派的整体史观，既关照了时代语境，也聚焦了传播链条，同时从效果研究的视角，审视了文献纪录片在不同时期的文化传播特征。作者认为纪录片的兼容并蓄，正是达至客观真实的有效途径。

当我们从历史进入现实会发现，纪录片作为一种纪实的影像创作方式，对于当前国家乡村振兴战略可发挥出记录、总结、升华等作用，并且具有时代性特点。《乡村振兴战略下乡村纪录片研究与实践的主题流变》对中国知网中以"乡村"和"纪录片"为共同主题的全部中文期刊的标题及摘要进行词频分析，发现学界对乡愁、乡土等具有时代意义的主题的关注转变为对乡村振兴、扶贫、脱贫、纪实等关于近年来乡村发展主旋律的话题的关注；该研究也对豆瓣和央视网从 1949—2022 年有记录的乡村纪录片的内容简介进行 LDA 主题模型分析，而后对不同主题进行聚类分析，发现乡村纪录片在乡村发展、乡村变革主题的主题流变。

除了主流媒体的纪录片，新媒体也在改变传统的传播路径，形塑着中国国际传播的理念和语态。自 2020 年开始，美食博主李子柒在国外视频平台"油管"（YouTube）上的订阅数超过了全球最具影响力的媒体——美国有线电视新闻网（CNN）的订阅数，成了新媒体时代纪实影像国际传播的重要个案。《"快传播"时代的"慢"审美体验——李子柒纪实短视频影像叙事分析》从影像本体出发，透视其叙事编码的特别之处，解析其视觉"沉浸感"的产生，并从审美体验的维度来反思利用纪实类短视频，在当下语境中如何讲好中国故事。

（中国传媒大学电影学院教授　李智）

美丽的湄洲湾（水彩）　作者：罗萍

文献纪录片的文化传播特征

——基于整体史观研究方法对不同时期文献纪录片传播研究

王大鹏 *

（首都师范大学科德学院，北京，102602）

摘要： 从 1927 年纪录片《国民革命军海陆空大战记》开始，中国文献纪录片发展经历了近百年的历史。在各个时期的社会生态环境中，文献纪录片以不同的表达方式，呈现出不同的传播语境。本研究运用法国年鉴学派整体史观研究方法，从时代背景、创作主体、传播平台、传播受众、传播效果等几个方面分析文献纪录片初创期、战争年代、中华人民共和国成立初期、改革开放、21 世纪初期等不同时期文献纪录片的文化传播特征。每个历史时段的传播特征与社会环境紧密相连。包容多种声音、包容多种经历的历史表述正是文献纪录片达到客观真实的有效途径，文献纪录片遵循纪录片规律进行创作，必然会获得相应的社会公信力，负担起应负的历史责任。

关键词： 文献纪录片；文化传播；整体史观；时代背景；创作主体；传播平台；传播受众；传播效果

一、研究内容

本文研究文献纪录片文化传播的历史跨度从 20 世纪 20 年代到 21 世纪的今天。以具体历史事件或特殊时期可划分为辛亥革命、军阀混战、第一次国内革命战争、第二次国内革命战争、抗日战争、解放战争、新中国成立初期、改革开放、21 世纪初、互联网时代等阶段。按照传统思维，这种分段方式容易带入意识形态、民族情结、个人体验情绪，破坏了研究的客观性，形成狭隘历史观。

本文将法国年鉴学派及其整体史观的史学研究方法引入此次研究中。法国年鉴学派把人类群体作为历史研究的对象。整体历史观强调历史进程中人与人、事与事、信仰与情感

---

    * 作者简介：王大鹏（1975—），男，山东青岛人，首都师范大学科德学院副教授，研究方向：文献纪录片、无人机航拍。

等各种元素间错综复杂的联系，主张把其他社会科学纳入史学研究范围，在较大的时空范围内梳理历史发展的脉络，揭示历史表象之下更深层次的运动。整体历史观避免了个人的"好""坏"观念、民族情结对历史研究工作的影响，不以道德观念解释技术问题。

年鉴学派第二阶段代表人物费弗尔南·布罗代尔的著作《菲力普二世时期的地中海与地中海世界》中提出了"长时段"理论。这一理论把历史分为三个层面，长时段、中时段、短时段。长时段指的是自然界亘古不变的规律，社会发展过程中思想、道德、风俗等组成的社会结构，这是三个层次中最稳定的一层，称作地理时间。中时段是指一段时间内出现的社会结构的变化，称作社会时间。短时段是指具体的战争、事件，或自然现象，称作个别时间。布罗代尔认为，短时段表现最为活跃、最为显性，在整体史观中影响最小。中时段对某一周期历史产生影响。对人类社会历史发展起决定作用的是"长时段"历史，即地理结构、社会结构、经济结构和思想文化结构，它们支撑或阻碍着人类的历史运动。因此，只有在长时段中才能解释和把握一切历史。年鉴学派倡导的新史学就是"结构"和"势态"的历史，也就是"长时段"的历史。他的目标是揭示那些超越并制约政治事件的社会"结构"与"势态"。①

就本研究而言，长时段理论明晰了历史认识的层次，强化了文献纪录片文化传播功能。短时段，在论文研究中指代的是指具体的文献纪录片作品。中时段，指代的是文献纪录片所属的历史时期。长时段，指代的是社会发展规律。研究阐述在社会规律的作用下，不同的历史时期中国文献纪录片文化传播特征。

二、文献综述

文献纪录片产生于 1917 年，苏联电影工作者吉加·维尔托夫利用已经拍摄、剪辑完成并经历过第一轮播放实现其信息传播功能的新闻影像，以汇编的形式进行二次编排剪辑，形成新的叙事逻辑，以《电影周报》为载体进行二次传播。"汇编"纪录片即早期的文献纪录片，包含影像文献、文字文献、图片文献的纪录片被称为文献纪录片。随着时代变迁，影像创作、传播硬件技术、创作手段、表达方法、媒介平台、传播效果的不断演进，文献纪录片被赋予了新的定义。中国传媒大学张宗伟教授在《论文献纪录片的发生和定义》一文中指出，所谓文献纪录片，是指围绕特定目标和主题，利用实物性历史文献（包括以前拍摄的影音资料、搜集的档案文献等）、实地拍摄的空镜头（历史遗址、人文地理和自然生态等）、再生性影像（计算机技术复原和再现的历史场景）或当事人的口述材料编辑而成的具有较高文献价值的纪录片。②新的定义拓展了文献纪录片的内容空间，历史类、文物类、美食类等纪录片类型都可以纳入文献纪录片范畴。

互联网时代，新的传播媒介平台出现使纪录片的大众传播出现了新的形势。山西师

---

① 杨豫：《法国年鉴学派范式的演变》，《史学理论研究》1992 年第 3 期。

② 张宗伟：《论文献纪录片的发生和定义》，《当代电影》2014 年第 9 期。

范大学传媒学院赵志伟在《新媒体背景下的纪录片文化传播及其美学特征》中指出"新媒体"背景下的纪录片展现出不同的文化传播形态。在信息量上，网络视频纪录片的海量传播，拓展了纪录片的传播渠道。在交互性上，各种新媒体形态促使纪录片资讯自由交流，互动性更强。在受众层面，消费者与生产者合二为一更为明显，传播平台更为开放。在消费层面，点对点的消费模式，实现个性化传播，打破收视时空制约。传播效果上，下载量与点击率等消费模式，影响了纪录片的生产制作理念。①在这一文化传播形态下，强调对传播受众的研究。面对受众的需求，选择合适的创作方式、对各类文献创新性的应用、选择合适的播出平台对于文献纪录片的文化传播效果显得尤为重要。

目前，从文化传播角度研究各个历史时期的文献纪录片的文献、著述较少。本文用整体史观的研究方法，从时代背景、创作主体、传播平台、传播受众、传播效果等几个方面分析不同时期文献纪录片的文化传播特征。

三、研究过程

（一）中国文献纪录片初创期

1. 时代背景：1896 年 8 月 11 号，上海徐园内的又一村茶楼放映了 14 部纪录电影短片，这是中国最早的电影放映活动，这次放映是电影发明者卢米埃尔兄弟全球商业计划的一部分，这一时期卢米埃尔的摄影师已遍及除南极以外的各大洲，在世界各个角落不同肤色、不同种族、不同语言的人们第一次观看幕布上的活动影像时所发出的惊呼中，卢米埃尔获得了丰厚的经济回报。集发明家和商人两种身份于一身是卢米埃尔成功的关键，在研究电影机时他更多考虑到市场的认可，当爱迪生的电影只能放给一个观众看时，卢米埃尔已经成功地把影像投射到幕布上，人们可以在同一时间观看电影，这更符合工业社会建立的大众消费市场需求。成功的商业企划使卢米埃尔迅速建立了世界市场，同时也迅速完成了纪录电影在世界范围内的普及，这是卢米埃尔商业计划的一个副产品，对电影和纪录片行业来说却意义非凡。作为第一个把纪录片商业化的人——卢米埃尔责无旁贷地选择了世界市场，这既是商业纪录片的使命也是历史的必然。受卢米埃尔的影响，电影作为一种商品被引入中国，拥有摄影机的电影商人在利润、市场之间决断产品的取向。

2. 创作主体：中国电影发展初期，正值时局不稳、政权更迭的阶段，最后一个封建政权清王朝忙于应对国内外各种反对势力，疏于对媒介的控制。中国电影从业者可以从相对客观的角度拍摄民众关注的社会事件，中国第一批新闻纪录电影就产生于这一时期。

这一时期记录电影创作团队多为聚集在上海的电影公司以及有一定电影摄影技能的文艺工作者，没有长期的的纪录片创作团队，对突发事件的记录拍摄往往是依靠对时事

---

① 赵志伟：《新媒体背景下的纪录片文化传播及其美学特征》，《现代视听》2013 年 12 期。

的敏感以及短暂的社会责任感。如杂技魔术家朱连奎在汉口演出时爆发武昌起义。朱连奎敏锐地认识到，应当把这场中国近代史上具有划时代意义的战争场面用摄影机记录下来。他说服起义军让他进入战场，拍摄战争画面，最终成片《武汉战争》。拍摄纪录片《上海战争》的上海亚细亚影戏公司正在拍摄由文明戏《黑籍怨魂》改编的电影，听到战争消息，剧组人员赶赴战场，用摄影机记录了真实的战斗场面。朱连奎的主业是杂技魔术表演，亚细亚影戏公司主业拍摄故事片，拍摄《武汉战争》《上海战争》因天时、地利等原因有很大的偶然性，创作者之后很少或者没有再从事纪录影像的工作，折射出中国早期纪录片创作主体的特征。这其中也有例外，民新制造影画片有限公司经理黎民伟是中国民主革命先驱孙中山的追随者，对伟人的崇拜和对革命的信仰促使黎民伟长期坚持拍摄孙中山、国民革命军的活动，并最终完成中国第一部文献纪录电影《国民革命军海陆空大战记》。

3. 传播平台：早期的纪录文献影像多在影院、戏院、表演厅等娱乐场所出现。并不能作为独立的影片放映，往往是电影放映前的加映垫片或在杂技魔术表演间歇放映。

4. 传播受众：观看电影、杂技魔术表演的观众。《武汉战争》公映前后共计三个月，票价从最低银洋五角到最高卖到了六块大洋，观众仍然络绎不绝。六块大洋看一场电影或一次魔术杂技表演，在当时是一项奢侈消费。由此可以判断，早期文献纪录影像的受众群体是有一定经济能力或文化水平的社会群体。

5. 传播效果：（1）早期文献纪录影像虽然作为垫场影片在表演间歇放映，放映的初衷是吸引观众，促进杂技表演的票房收入，但是由于影片内容意义重大，关系到国家的前途命运，吸引了大批观众去通过影片了解战争走向，了解革命军，了解资产阶级民主思想。革命党人也希望通过放映宣传革命，扩大影响力，普及民众对民主革命的认识。（2）早期中国人拍摄的纪录片是研究中国纪录片历史脉络最早，也是最生动有力的史料，同时，也是中国文献纪录片素材累积的开端。从这些影像开始，中国文献纪录片有了自己的素材库。虽然在不同时期素材库以不同的形式存在，但它一直在承担影像累积的任务——为文献纪录片在中国的出现、发展奠定了基础。另外，文献纪录片的出现，也为研究中国近现代史、中国社会、民族、民俗、戏曲、人类学提供了宝贵的活动影像文献，它克服了文字文献相对抽象的缺陷，为各学科提供了鲜活的研究资料。

（二）战争年代——非常时期的文献纪录影像

1. 时代背景：电影进入中国初期，政权更替，时局动荡。清政府、北洋军阀、国民革命军、外国军政势力相互牵制，形成了一个错综复杂的局面。各政治势力没有精力顾及刚刚萌芽的中国电影，对于影像行业而言，有了一个自由的发展的空间，各电影公司拍摄了数量不等的纪录片。出于不同的利益需求和政治倾向，这一时期纪录片呈现多元化的表达方式，通过这些影像能够看到不同的主张，听到不同的声音。同时，民营电影公司的局限性，使得纪录片的传播范围，影响力大打折扣。直到1927年中国政府中第一次出现电影机构，这种现象才有所改变。从此，纪录片成为政府部门的宣传工具，纪录影像的储存，管理也逐步走向正规。《孙中山逝世记》《国父奉安》《蒋介石北伐记》《国民革命军北伐记》《革命军战史》等早期国营电影机构制作的文献纪录片，扩大、提高了文献纪录片在中国的影响力，争取了民意，对于意识形态的灌输和国家治理都具有积极意义。

抗日战争期间的影像纪录分为四个部分：产党革命根据地拍摄的影像，国民党电影机构拍摄的纪录影像，日伪纪录影像，国外新闻机构、国际影像工作者对中国抗战的纪录。

内战时期电影宣传是一个此消彼长的过程，在这一过程中，国共双方摄影队共同完成对战争的记录。

2.创作主体：

（1）延安电影团。延安电影团成立于1938年9月，是中国共产党建立的第一个电影制作专业机构。成立之初，电影团只有八名成员，两台摄影机，三台照相机，一万英尺的电影胶片、洗印药品及制作电影所需的设备。以延安电影团为代表的抗日革命根据地电影机构由于摄影器材短缺、专业电影工作人员数量不足，所拍摄的影像并不成体系，在时间上也没有延续性，但其后期对重大事件档案式的画面记录，成为抗日期间延安影像的特点。

（2）以血花剧社。这是中央电影摄影场、中国电影制片厂为代表的国民党电影机构。国民党电影机构拍摄制作的影像文献，是抗战期间影像史料的主体。战事新闻电影、纪录片是创作的主要方向，文献纪录片制作较少。潘子农利用时事新闻素材和"中影"影像素材汇编的《活跃的西线》《我们的南京》是抗战时期国民党官方制作的较为重要的文献纪录片。

（3）"满映"为主体的日伪纪录影像。这些影像是为掩盖侵略之实推行"大东亚共荣"而作，是反动的。其对新闻片、纪录片的计划周密，贯彻执行较为彻底。

（4）国外新闻机构、国际影像工作者拍摄的抗战纪录片。这一时期，既有像伊文思、斯诺这样个人色彩较重的《四万万人民》和边区的首次影像拍摄，也有《我们为何而战》中《中国之战》带有较强意识形态的文献纪录片。与中国影片充斥着民族情绪不同，这些影片往往从战争原罪的角度出发，较为冷静地分析战争之根源以及交战各方在战争中利益关系。

3.传播平台：

（1）抗日革命根据地拍摄的文献纪录影像多在革命根据地为军民放映。1939年成立延安电影团放映队，延安电影团放映队在陕甘宁边区、晋绥边区等地，免费为军民放映大量的苏联电影和自拍的新闻纪录片。在电影放映过程中也将党的政策与政治宣传任务相结合，使观影者在影片放映过程中"接受革命教育"，并"向影片中的领袖人物及英雄人物学习"，使放映工作在开始之初就明确政治宣传的责任。① 也有少数影片如《华北是我们的》在重庆、成都、昆明、贵阳等国民党统治区放映。虽然在抗战时期实现第二次国共合作，但国民党仍然在其统治区域禁映革命根据地制作的文献影像。

（2）抗战期间，国民政府在国内外组织了一个庞大的放映网络。国内放映包括云南、广西、广东、福建、浙江、江苏、山东、河北、河南、安徽、湖北、湖南、江西、四川、新疆、热河（现河北、辽宁、内蒙古交界）、察哈尔（今河北、陕西部分地区）、绥远（今内蒙古部分地区、河北大部及北京部分地区）和西康（四川部分地区及藏东地区，该地区为藏族聚居地）等十九个省区；国外放映计划，欧洲主要划定立陶宛，美洲划定古巴和秘鲁、美国，亚洲涉及菲鲁宾、新加坡、爪哇、南洋一带，以及帝汶、泰国等地，在澳洲也规定了一个地区。② 放映内容既包括《国父奉安》《蒋介石北伐记》等大型纪录片，也包括"中电"定期制作、反映时事的新闻纪录电影《中国新闻》。

（3）由美国国防部授意，好莱坞著名导演弗兰克·卡普拉执导的二战动员宣传片《中国之战》是二战时期系列片《我们为何而战》中的一集，其传播平台为美国电影院线及美国军方。

（4）抗日战争前，日本军方在中国的电影宣传机构是"满洲铁道株式会社映画班"纪录片分别在日本国内和包括台湾在内的日军占领区放映。抗战时期，"满映"制作的文献纪录片主要传播平台为当时日伪统治区。

4. 传播受众：战争时期，宣传、教化、鼓动成为文献纪录影像的主要功能。传播受众为当时中国各个军事力量的士兵以及统治区域内的百姓。

5. 传播效果：

（1）抗战期间，受到战事影响以及国民党统治区的封锁，中国共产党革命根据地拍摄的文献纪录片命运多舛，并没有完全实现其宣传效果。如延安电影团历时两年拍摄的大型文献纪录电影《延安与八路军》，是第一部反映中国共产党、八路军、延安革命根据地的纪录片，纪录的系统性和全面性使这部影片具有极高的文献价值。影片拍摄结束，由于根据地无法完成洗印工作，周恩来通过第三国际安排苏联电影制片厂的设备供《延安与八路军》后期制作使用。在苏联制作后期阶段，正值德国入侵，战争使《延安与八路军》大部分素材丢失，影片无法制作完成。和《延安与八路军》命运相似的还有抗战期间唯一一部全面反映新四军抗日活动的影片《新四军的部队生活》，这部文献纪录片在解放战争期间丢失。

也有部分革命根据地的纪录片冲破封锁，得以在国统区放映。如记录晋冀鲁豫革命

---

① 王晓蕾：《新中国成立初期电影发行放映网络的重构》，《文艺争鸣》2017年第8期。
② 杨燕，徐成兵：《民国时期官营电影发展史》，北京：中国传媒大学出版社，2009年，第39页。

根据地晋东南地区从 1938 年冬到 1939 年春，军事、政治、经济、文化各方面情况的纪录片《华北是我们的》，[①] 大后方观众第一次看到八路军革命根据地的情况。通过观看影片对共产党领导的八路军有了一个新的认识。《新华时报》发表葛一虹的文章，认为影片的成就在于它"的的确确配合了当前政治任务"，是为"我们抗战需要而制作的"。[②]

（2）抗战八年，"中电""中制"国民党官营电影厂生产新闻片、纪录片、宣传卡通片、抗战歌曲集等共计 74 部，这些影片对战事宣传，鼓舞军民抗日斗志起到了积极的作用，同时，这些影片也担负着对外宣传、让世界了解中国战况、获取各国对中国的同情、支持中国抗战的重任。

换一个角度看，1937—1945 年，74 部影片，平均每年 9 部，这一数字对于处在战争中需要密集宣传的中国是远远不够的，即使是在影片制作、放映数量最多的 1938 年也只有 35 部，"中电" 1941 年仅出品 2 部纪录片，1943 年出品一部；"中制" 1945 年仅制作了一部文献纪录片《中国之抗战》。1942 年、1944 年官方记录影像制作为零，对于整个抗战期间的影像文献而言，是一个很大的损失。潘子农在分析抗战中后期纪录片减少的原因时，认为第一是战争能表达在电影画面上的，总不外乎冲锋出击、开枪打炮之类。加以抗战军事情势在此一年中已转入相持阶段，战地摄影师一方面觉得没有特殊取采的材料，一方面又顾到胶片来源的困难，不得不节约一点。第二是观众也因为抗战纪录片的内容不外冲锋出击、开枪打炮之类，不免渐渐厌倦了。[③]

（3）日伪统治区拍摄的影像分为三类：娱民、启民、时事。启民影片包括纪录电影、教育电影、宣传电影，也称文化影片。日本官方认为最能反映"国策电影"意图的是启民电影，利用这个片种向国内外全方位介绍伪满洲国。为此，"满映"联合日伪各部门，共同制定了一个庞大的拍摄方案——"满洲帝国映画大观"，企图用影像粉饰太平，教化统治区民众掩盖其侵略事实，其结果是保留了其侵略中国的影像实证。

（4）由美国军方出资拍摄的关于二战中国战场的文献纪录片《中国之战》，初衷是鼓动美国军民积极参战，制作时带有很强的目的性。影片能够传达政府的意图，起到鼓励、宣传效果。影片的真实性是以不妨碍政府意识形态传达为前提，这是国家宣传片的本质特征。在战争期间，这种特征更为明显。

（三）中华人民共和国成立初期——形象化的"政论"

1. 时代背景：1949 年 10 月 1 日，中华人民共和国成立，中国进入建设时期。从恢复经济、三大改造后初步建立社会主义制度，到全面建设社会主义新中国进行了各种探索。这一时期，纪录影像的生产和制作都集中于 1953 年成立的中央新闻纪录电影制片厂。在

---

①　方方：《中国纪录片发展史》，北京：中国戏剧出版社，2003 年，第 76 页。
②　陈晨：《忆〈华北是我们的〉拍摄经过》，《电影艺术》1961 年第 5 期。
③　潘子农：《检讨过去一年间的抗战电影》，载重庆《大公报》1940 年 1 月 17 日，第三版。

很长一段时间内，新影成为记录中国政治活动、经济建设和社会活动的主要机构。受苏联影响，纪录电影成为宣传政府政策的工具，通过影像宣传政策的合理性和必要性。在特定时期，新闻纪录电影和其他宣传媒介配合，完成政策上通下达的任务。反映中国共产党在各个时期土地政策的文献纪录片《伟大的土地改革》体现出这一时期纪录影像"形象化党报"的特征。

三年困难时期，新闻电影制片厂利用战争年代保存的影像素材，制作了一批文献纪录片：《工农生活片段》《南泥湾》《纪念白求恩》《两种革命的决战》等，成为忆苦思甜、革命传统教育、唤醒革命记忆、激励革命精神的教材。

2. 创作主体：

（1）中央新闻纪录电影制片厂。结合苏联经验以及中央政府部门对新影的工作要求，新影厂制定了其制片方针。新闻片是首要任务，纪录片以短为主，片长根据需要拍摄。成立之初，中央新闻纪录电影制片厂除了拍摄常规新闻栏目《新闻简报》外，另一项重要任务是有计划、有组织地拍摄大量历史影片资料。

（2）八一电影制片厂。八一电影制片厂成立于1952年，主要拍摄制作军事题材纪录片。如纪念人民解放军建军34周年，编辑文献纪录片《星火燎原》介绍人民军队创建、发展壮大的过程，以及在抗日战争、解放战争过程中人民军队的作用。

3. 传播平台：电影院与放映队。新中国成立后，全国各地影院都统一收归政府管理，打破解放前院线集中于大城市的局面，在西藏、新疆、贵州、云南等地建设国营电影院，全国影院总量共计746座，实现了全国各地区覆盖。

培训电影放映员，组织电影放映队。与影院相比，电影放映队更为灵活，可延伸至偏远山区，覆盖了没有条件去影院的农村群体。到1952年，全国放映队增加到近2000个。

影院与放映队组成的传播平台覆盖了全国城乡，形成了"统一、规范"的电影宣传网络，完善了新中国电影的宣传平台。

4. 传播受众：新中国公民。在国内形成了从东北到西北、从华东到华南、从西南到中南、从城市到乡村的电影发行网络，为最大限度地争取城乡受众，为人口基数庞大的工人、农民群体提供了观影途径，观影人数激增，从1949年4731万人次，到1952年的56040万人次。[1]

5. 传播效果：中华人民共和国成立后，建设取代战争成为新中国的主要任务。纪录电影制作重心也转移到有关国家建设、政策宣传等方面。如《伟大的土地革命》是对《中华人民共和国土地改革法》以及土改运动的宣传，记录了土改运动的每个细节以及不同身份的人在运动各阶段的不同情绪，不同行为，具有很高的文献价值。通过影片解读中

---

① 　陈播：《中国电影编年纪事（发行放映卷·上）》，北京：中央文献出版社，2005年版，第15页。

华人民共和国成立初期的政策——把土地分给三亿农民，使农民和执政党成为利益共同体，是保证国家安全、稳定发展的重要基石。

1959—1961 正值三年灾害、中国处于困难时期，文献纪录电影号召民众要坚守对党和领袖的信心。如《南泥湾》通过回忆三五九旅的事迹号召全国人民继承革命时期艰苦奋斗、自力更生的精神。新中国成立初期，官方宣传机构显示出强大的力量，在物质生活落后、基本温饱没有完全解决的情况下，正是强大的意识形态宣传，使大多数中国人对国家、对中国共产党、对领袖充满信心，人民的信心是国家稳定的基石。

通过观看文献纪录片，人民群众的政治觉悟得到了提高。如旅馆业职工尤庆松看到《中国人民的胜利》后，了解了中国革命艰苦斗争的过程，了解了人民解放军艰苦卓绝的战斗过程，坚定了自己为人民服务的思想。[①] 在国外，先后向 50 多个国家输出中国文献纪录影像。各国观众在影片中看到了中国人民为争取国家独立民族解放所做的斗争。《中国人民的胜利》曾在意大利工厂的第七次全国代表大会中上映。日本人看了《白毛女》之后，把影片和日本人目前受到美帝国主义和日本反动政权压迫联系起来，因而增加了他们的斗争勇气和胜利的信心。[②] 这些文献纪录影像把新中国的国家形象展现于世人。

（四）改革年代——文献纪录片快速发展时期

1. 时代背景："文革"结束后，中国出现经济、政治危机。国家财政赤字严重，城乡居民生活水平较低，部分地区依然贫困。为了改变这种局面，1978 年，中国共产党十一届三中全会做出改革开放的决策。改革开放的核心是经济体制转变——计划经济逐渐过渡到市场经济。1979 年，深圳、珠海、汕头、厦门设立经济特区。1982 年，农村实行家庭联产承包责任制。1984 年 4 月，珠海等 14 座城市兴办经济技术开发区，同年提出有计划的商品经济，短短几年时间，中国经济由复苏驶入快速发展时期。1992 年邓小平南方谈话，进一步加快改革步伐。

这一时期，中国电视行业迅速发展，各省市都建立电视台。如这一时期经济发展，中国纪录片行业也进入了迅速扩张和发展期。从中央电视台《新闻联播》到各省、市台新闻，承担起了记录当下社会发展、保存影像档案的责任。记录的长期性、稳定性以及覆盖的密集性（全国、省市、县都有自制的日播新闻栏目），是之前任何时期都无法企及的。

20 世纪后期，中国文献纪录影像已积累了近百年的素材，这些素材大部分保存在中央新闻纪录电影制片厂、中国电影资料馆，新中国成立后军事题材的资料保存在八一电影制片厂。从"文革"后的反思时期到世纪之交，我国制作了大批文献记录片，时间节点已经不再局限于战争年代，最早可追溯到鸦片战争。一百多年的历史盘点，使封存于

---

① 尤庆松：《中国人民的胜利给我的教育》，《大众电影》2017 年第 9 期。
② 新华社：《五十多个国家放映了我国影片》，《人民日报》1953 年 1 月 21 日，第 3 版。

库的素材重新焕发青春。

2.创作主体：中央新闻纪录片电影制片厂、八一电影制片厂、中央电视台、地方各级电视台。

3.传播平台：

（1）电视台。改革开放初期随着中国电视行业的发展，电视机进入百姓家庭，从最初一个院、一栋楼只有一个或几个家庭有电视机到家家户户都有电视机，人们接收影像信息的空间从影院、放映队的公共空间转移到家里的私密空间。

（2）电影院。改革开放初期，电影制作与放映体系也由以引导宣传方针政策向市场化转变。这一时期文献纪录片在院线占有一席之地，并取得了不错的成绩。

4.传播对象：

（1）居于家庭的电视观看者。这一时期观看的状态往往为家庭成员共同坐在电视机前看电视。这种观看状态有一定的不确定因素，如不同家庭成员对电视节目不同的选择、观影过程中各种琐事的影响、居家放松的状态都是影响传播效果的不确定因素。

（2）位于影院的观影者。观影者购票进入影院时大都有认真观看的心理预设，因此观影的传播效果往往好于居家电视观看者。

5.传播效果：拨乱反正时期，文献纪录片展现出强大的社会影响力。1977 年 1 月 8 日，周恩来逝世一周年，纪录片《敬爱的周总理永垂不朽》公映。电影院 24 小时连轴放映，各单位排队拿拷贝的车停满新影大院。影片在全国引起很大的反响。

改革开放初期至 20 世纪末，文献纪录片进入电影市场，与故事片一决高下，传播规模、传播效果达到空前的高度。《较量》1996 年在影院放映 1500 多场，观众 40 多万，票房排到了国产影片（纪录片、故事片合计）前几位，仅在广州一地，票房收入就达 51 万，超过了当年进口的美国大片《生死时速》《狮子王》。《周恩来外交风云》和《共和国主席刘少奇》，1998 年票房分列第一位和第九位。《周恩来外交风云》制作、发行进行了市场化探索，作为投资方北京建基影视文化公司和新影联合制作，资金的注入是影片制作的重要保障。在影片制作过程中，编导经常与发行商、影院经理交流，获取一些市场需求信息，根据观众喜好，调整影片的结构。《周恩来外交风云》全国票房达到了三千多万，净赚一千多万。时任副总理的钱其琛审片后，给予了很高的评价，并题词："《周恩来外交风云》影片，是新中国外交史的一部教科书。"影片在全国放映，引起观众强烈反响，在郑州大学放映时，观众鼓掌二十七次。1998 年《周恩来外交风云》被评为《电影艺术》电影排行榜第一。

（五）21 世纪初——多元化的文献纪录影像

1.时代背景：21 世纪初，随着《故宫》《大国崛起》《复兴之路》《敦煌》等一批文献纪录片的热播，中国纪录片界出现了文献纪录片独领风骚的景象。中央地方各级媒体纷纷上马立项利用地域历史资源拍摄了大量文献纪录片，形成电视界对中国历史、文化、宗教、艺术……各领域系统的影像总结与反思。这一现象契合了中国社会发展现状，一个百年积弱的民族重新焕发活力蒸蒸日上、社会民众不再忙于吃穿用度，小康生活触手可及。虽然还有种种日益突出的社会矛盾，不可否认的是从经济、政治两方面衡量，中国在国际社会已日益彰显其重要地位。随之而来的是尘封已久的大国情结，从司马迁《史记》记载的炎黄大帝到清王朝康乾盛世，世界中央之大国的民族心境在中国延续了几千年，是士大夫群体与平民群体在统治与反抗天然矛盾中的心理契合点。今天这一契合点反映的是主流意识形态与社会群体心理的交融，文献纪录片正是体现这种交融的媒介表达，对帝国衰败的慨叹、对近代列强发迹的总结，透过影像文献折射出"数风流人物还看今朝"的民族心态。

从 2000 年中央电视台《纪录片》开始，文献纪录片走入电视栏目。十年时间，全国多家电视媒体都设立了以制作播映文献纪录片为主的栏目，栏目已成为文献纪录片社会普及的平台。《档案》《今日·往事》等栏目的出现，拓展了影像文献的表现形式，是文献纪录片为适应电视媒体大众消费做出的自我调整。

文献纪录片创作逐步与国际接轨。法国年鉴学派"自下而上看历史"的历史观的引入，使创作视角越来越多地关注历史影像中的百姓家常和风俗变迁。创作团队、创作流程、制作标准的国际化使节目得到市场的认可。其显性结果是美国国家地理频道等世界各大纪录片播出平台开始收购中国文献纪录片，中国的文献纪录片已在世界 100 多个国家播映。

2011 年，中央电视台纪录片频道开播，全球视野、世界眼光、国际表达、传统价值——是纪录片频道的定位。作为一个国家级的纪录片制作、播出平台，纪录片频道的收视范围覆盖全球。中国文献纪录片借助这个平台传播到世界各地。

网络媒体的兴起，使文献纪录片的创作主体、创作题材、创作方法、器材使用、传播受众、传播影响力都发生了深刻的变化。

2.创作主体：纪录片频道、纪录片栏目、纪录片制作公司、视频网站、自媒体。

3.传播平台：

（1）电视台。传统的规定时间规定频段的播出方式仍在延续，接受传统平台的受众群体呈现老龄化趋势，从中央电视台到地方电视台都搭建自己的视频网站，手机 APP，拓宽视频的传播空间。

（2）视频网站。基于网络的视频创作、展示、放映、分享平台。这打破了传统媒体播出时空限制，各类影像产品像商场里的商品分类摆放在网站页面上，受众可根据自己的喜好选择观看。

（3）社交媒体。社交媒体是个体化、碎片化的信息传播平台，是受众分享意见、见解、经验和观点的网络平台。与视频网站不同，社交媒体可根据用户的喜好，推送相关视频内容。受众既可以根据软件推送观看视频影像，也可以搜索自己喜欢的内容。同时受众可以上传自己创作的内容。社交软件极强互动性和平台的网络公平性使其受到不同年龄不同背景受众的欢迎。

4.传播对象：

（1）居于家庭的电视观看者。

（2）网络视频观看者。网络视频观看者呈现出多样性特征，既有传统媒体电影、电视的观看特征，也有其特有的网络属性。视频网站和社交媒体均开设讨论功能，观看者在讨论区发表自己的观点，或被点赞，或与同一视频其他观看者展开讨论，唇枪舌剑。有时评论区的讨论又形成一个新的热点，即与原视频关联，又有自己的独立性。评论区的热度也很大程度上影响原视频的关注度。

5.传播效果：对影像文献使用领域拓展，文献纪录影像叙事化、悬念化、拍摄技术层面的提升都促进了文献纪录影像的传播效果。

（1）文献纪录片从中国百年变革、战争、人物传记、行业变革等题材中拓展出来，延伸到文化、建筑、考古、历史、美食、风光、非物质遗产等领域，文献的功能得以拓展，涌现出一批展现中华文明的文献纪录片，这些纪录片的出现细化了收视群体，这也是纪录片向专业化领域进展的体现。

（2）故事化、剧情化也是这一时期文献纪录影像的特征。如北京电视台《档案》栏目通过高等级的军事、公安、安全等已解密的档案寻找节目选题，对历史影像，录音资料，档案文件、图片、道具等文献材料的整合、解构。演播室光线变化、主持人带有神秘色彩的表述方式、影视创作运用的悬念设置，使栏目形成了自己的风格。《档案》获得了业界、观众的双重认可。2009年《档案》在北京卫视开播时每周一期节目，随着收视率和口碑的不断提升，2011年，周播改为日播。

（3）与国际文献纪录片创作接轨是这一时期文献纪录片创作的特点。如大型文献纪录片《故宫》在拍摄过程中，加入了许多国际元素。剑桥大学历史学教授担任学术顾问、策划，好莱坞专业人士负责动画设计，德国电视二台及国家地理频道关于节目制作国际化概念的建议，奥斯卡最佳音乐获奖得主苏聪创作音乐，日本摄影大师赤平勉四十多天掌机拍摄……这部纪录片最终获得了国际认可，美国国家地理频道收购了这部纪录片，改编为两个小时的国际版销往世界160多个国家。

（4）文献纪录片微型形式出现。网络社会呈现出信息碎片化、时间碎片化的特征。适应网络需求微型文献纪录片应运而生。如365集文献纪录片《百年中国》、100集文献纪录片《如果国宝会说话》。前者是对历史的反思，后者通过一件件国宝文物，展示文化自信。《如果国宝会说话》播出后在电视和网络平台好评如潮，豆瓣评分9.5分，这部微纪录片创造了文物类文献纪录片领域的多项纪录，是文献纪录片领域传播中华文化的优秀作品。

（5）个人文献纪录影像出现。2014年中国中央电视台春节联欢晚会播出歌曲《时间去哪儿了》，与之配合的视频是一个家庭相册。相册中一张张图片展示了中国一个普通家庭近30年的变化，孩子从牙牙学语的婴儿成长为成熟稳重的成年人，年轻的父母已经两鬓斑白。影像与音乐感动了无数国人，这是个人文献纪录影像第一次出现在公众视野。许多人把自己保存多年的照片、视频进行编辑，并配以文案，形成对自己某段经历的回忆与反思，并上传于网络社交媒介，一时间形成个人文献纪录影像制作、观看、评论的热潮。

结语

文献纪录片发展近百年历史，每个历史时段的传播特征与社会环境紧密相连。国家危难之时的摇旗呐喊、新中国成立初期的凝聚民众、改革开放时期的百花齐放、21世纪文化传播都发挥了文献纪录影像应尽的作用。包容多种声音、多种经历的历史表述正是文献纪录片达到客观真实的有效途径，文献纪录片遵循纪录片规律进行创作，必然会获得相应的社会公信力，负担起应付的历史责任，成为真正的人类"生存之镜"。

乡村振兴战略下乡村纪录片研究与实践的主题流变

杨　琳　李　响*

（西安交通大学新闻与新媒体学院，陕西西安，710061）

摘要： 2017 年习近平总书记在党的十九大报告中提出要始终把解决"三农"问题作为全党工作的重中之重，实施乡村振兴战略。2018 年中央一号文件提出乡村振兴战略，随后继脱贫攻坚、全面小康，乡村振兴成为乡村发展主旋律。纪录片作为一种纪实的影像创作方式，对于乡村发展具有记录、总结、升华的重要作用，具有鲜明的时代性特点。本研究首先对中国知网收录的以"乡村"和"纪录片"为共同主题的全部中文期刊的标题及摘要进行词频分析，发现学界在对乡愁、乡土等传统乡村主题关注的基础上，进而侧重于对乡村振兴、扶贫、脱贫、纪实等关于近年来乡村发展主旋律的话题的关注；同时，研究还对豆瓣和央视网从 1949—2022 年有报道记录的乡村纪录片的内容进行 LDA 主题模型分析，发现乡村纪录片在乡村发展、乡村变革主题发生了主题流变，同时也出现了乡村文化（文学）、乡村经济的全新主题，传统的乡村记忆主题相对关注度有所减少。

关键词： 乡村纪录片；乡村振兴；纪录片主题；地方意象

中国是一个农业大国，乡村是农业的载体，乡村发展在我国发展中占据举足轻重的地位。乡村纪录片是围绕乡村地域、人文等对乡村发展的记录与见证，以影像资料形成视听语言，传播最朴实的乡村故事。与乡村发展要遵循国家政策指导一致，近年来，学界对于乡村纪录片研究逐渐增加。乡村纪录片所体现的主题往往也与国家关于"三农"发展的政策导向高度契合。本研究旨在梳理并探究乡村振兴战略下乡村纪录片研究（学界）与实践（业界）的主题流变，以期探讨乡村纪录片发展的策略与启示。

---

* 作者简介：杨琳（1965—），女，西安交通大学新闻与新媒体学院，教授。研究方向：大众传播与社会发展研究、乡村振兴、新媒体及数字化乡村领域。李响（1999—），男，西安交通大学新闻与新媒体学院，硕士研究生，研究方向：公共文化、新媒体与乡村治理、数据新闻。

基金项目：本文系国家社会科学基金重大项目"乡村振兴视角下新媒体在乡村治理中的角色与功能研究"（编号：21&ZD320）的阶段性成果。

一、乡村纪录片的理论研究

（一）"纪录片"与"乡村"：纪录片的永恒主题

记录客观生活是电影诞生的原初动力。法国卢米埃尔兄弟①拍摄的短片《火车进站》《工厂大门》《婴儿喝汤》等正是对生活的简单记录，直到 20 世纪初，美国电影工作者埃德温·鲍特②和大卫·格里菲斯③对电影创作的不断探索以及库里肖夫实验④的出现，电影"蒙太奇"的运用等被不断推进，电影走上了艺术创作之路。"纪录片"最早被"纪录片之父"罗伯特·弗拉哈迪的弟子约翰·格里尔逊⑤提出，他并没有给出明确完整的定义，因此，纪录片的定义被学界与业界反复探讨，但无论从和角度出发，探讨的重点都离不开"真实"这一主题。纪录片以影像媒介的纪实方式，在多视野的文化价值坐标中寻求立足点，对社会环境、自然环境与人的生存关系进行观察和描述，以实现对人的生存意义的探寻和关怀的一种影像形式。⑥纪录片需要以真实生活作为创作素材，要表现真人、真事，创作者可以对其进行艺术化加工，但不能改变其真实的本质。通过运用现象学对纪录片纪实性、真实性的重新解读，传统的纪实美学观念得以被重构、再造为一种以生存真实性即真诚（诚实）性为本位的新的纪实美学观念。⑦基于此，有关乡村纪录片的创作实践及与之相关的研究，则离不开对客观世界的关照与新的纪实美学的探讨。

乡村是中华文化的根。如果说一般概念意义上的"农村"是指以从事农业生产为主的劳动者聚居的地方，那么，"乡村"则是以从事农业活动的农业人口为主的聚落，"人"构乡村的核心；"乡"则往往带有突出的地域性特点，既是乡村文化的附着地，也是乡村人的聚集体。如果说"农"字至于"乡"，更指代农业、农耕，"乡村"与"农村"都相对于城市而存在，那么，"乡村"与城市则或许更着重于地域性文化的区别，"农村"与城市则更着重于生产方式的不同，农村是农业生产为主的劳动者聚居地，而城市更倾向于社会化生产。由"三农"问题到乡村振兴战略，足以看到乡村发展思路的不断推进，而本文所聚焦的乡村正是基于党和国家农村发展政策的演进及其在纪录片中的外显与折射。

上溯到新中国成立以来，我国乡村的发展体现出突出的阶段性与鲜明的主题性，从

---

① 卢米埃尔兄弟是电影和电影放映机的发明人。兄弟俩改造了美国发明家爱迪生所创造的"西洋镜"，将其活动影像能够借由投影而放大，让更多人能够同时观赏。

② 埃德温·鲍特，1870 年 4 月 21 日出生于美国康奈尔，作家。

③ 大卫·格里菲斯出生于美国肯塔基州，美国导演、编剧、制作人、演员等，被称为"美国电影之父"。

④ 库里肖夫这位苏联电影工作者在 19 岁的时候发现一种电影现象。他认为造成电影情绪反应的并不是单个镜头的内容，而是几个画面之间的并列；单个镜头只不过是素材，只有蒙太奇的创作才称为电影艺术。

⑤ 约翰·格里尔逊（1898—1972 年），出生于英国苏格兰丁斯城，英国导演、编剧、制片人。

⑥ 金震茅：《类型纪录片：影像里的中国》，广州：暨南大学出版社，2014 年。

⑦ 李智、郭沛沛：《纪实性·真实性·真诚性——现象学视域下纪录片纪实性再议》，《当代电视》2020 年第 2 期。

家庭联产承包责任制到一系列改革开放政策的实施，从聚焦"三农"到脱贫攻坚，再到当下的乡村振兴成为乡村发展的主旋律。随着 2022 年 2 月 22 日中共中央、国务院《关于做好 2022 年全面推进乡村振兴重点工作的意见》的正式发布，连续第十九年中央一号文件聚焦中国"三农"议题。农村发展政策侧重点的不断更迭发展，也自然而然体现在纪录片之中。无论学者从哪一个标准划分纪录片的题材与类型，乡村纪录片都在其中占据重要的地位。如，若从纪录片题材加以划分，无论诗意型、阐释型、观察型、参与型、反射型片、表述行为型，都涉及乡土、乡村、农村、农业、农民的题材；再如，若换个划分标准，人文纪录片、社会纪录片、自然类纪录片、政论纪录片、科技探索类纪录片，等等，又有哪一种不包涵乡村纪录片题材。可以说，"乡村"构成了纪录片的永恒主题。因此，本研究的研究对象即为强调"在地化"的乡村纪录片。

（二）文化价值、艺术表达、研究方法：乡村纪录片研究的重点与不足

关于乡村纪录片的定义学界亦有不同讨论，侧重点各有不同。比较集中的观点认为：乡村纪录片作为纪录片形式的一种，所记录的故事发生地点在农村地区，故事主体是农民。乡村纪录片即以再现乡村生活为基础，展现乡村的自然风光、特有的民俗文化、饮食起居文化、农耕方式以及乡村地区的风土人情、民俗风情、乡村风貌的纪录片。[①]总结前人对乡村及纪录片的归纳总结，本文认为乡村纪录片可以被定义为：以影像媒介的纪实方式，对以从事农业活动的农业人口为主的聚落的社会环境、自然环境与人的生存关系进行观察和描述，以探寻乡村发展脉络与农民生存意义的一种影像形式。

关于乡村纪录片的研究也有多种观点。多数学者聚焦在乡村纪录片的文化价值与艺术表达，认为涉农纪录片作为重要的宣传思想文化产品，具有不可替代的重要作用[②]，认为乡土纪录片可以承担起现代性语境下的中国文化重构的重任。与此同时，相当一部分学者聚焦在电影领域，使用案例研究的方法，针对单一纪录片或单一主体的纪录片案例进行研究，例如前几年较有影响力的系列电视纪录片《记住乡愁》[③]，有学者对其进行单一作品的质性与量化研究。还有学者聚焦在乡村纪录片中的乡村人物形象建构，认为新时代乡村题材纪录片中对于女性形象的塑造还处于发展阶段，亟待创作者们打破媒介壁垒、完善乡村纪录女性形象建构策略。[④]但总体来看，关于乡村纪录片的定量研究较少，且有关主题的研究具有一定的局限性。这也为本研究的量化提供了一定研究空间。

---

① 杜亚凯：《论我国乡村纪录片的价值建构与艺术表达》，《河北大学学报（哲学社会科学版）》2019 年第 8 期。

② 马梅：《涉农纪录片重建乡村文化自信的理论基础与现实可能》，《现代传播（中国传媒大学学报）》2019 年第 4 期。

③ 《记住乡愁》是由中共中央宣传部、住房和城乡建设部、国家新闻出版广电总局、国家文物局联合发起，中央电视台中文国际频道组织拍摄的系列纪录片。

④ 李梦潇：《新时代乡村题材纪录片女性形象建构研究》，《山东师范大学（人文社会科学版）》2022 年第 3 期。

（三）乡村地方意象：乡村纪录片研究的另一个维度

地方意象（Place Image）是指借由亲历或媒介化经验而形成的对于地方的认知表现，隐含着人们对这一地域的文化感知与情感关系。[1]地方意象虽然不限于乡村意象书写、城市意象书写，如，有学者对乡愁意象书写进行了探讨，认为虽然多有论者将乡愁置于乡村意象书写的范畴内，但实际上，二者并不等同。[2]但是，乡村纪录片在空间上所着重强调的在地化，对于以地方意向为视角的乡村书写有着独特的作用。同时，也有学者认为乡村纪录片有两个向度：经济与社会向度、乡土文明的文化向度，往往忽视了城乡关系的讨论。研究乡村纪录片实践与研究的主题流变，可以初步探究乡村地方意象的变化。

二、研究问题

根据学者研究来看，中国纪录片的发展历程可以大致分政治化纪录片时期（1958—1977）、人文化纪录片时期（1978—1992）、平民化纪录片时期（1993—1998）、社会化纪录片时期（1999—2004）四个阶段。

本研究探讨乡村振兴战略下乡村纪录片研究与实践的主题流变，其关键在于如何划分乡村振兴战略实施的相关时间点。2017年10月18日，党的十九大报告第一次提出乡村振兴战略，随后2018年1月2日中央一号文件印发《关于实施乡村振兴战略的意见》，2021年中共中央、国务院印发《关于实现巩固拓展脱贫攻坚成果同乡村振兴有效衔接的意见》，2022年2月22日中共中央、国务院印发《关于做好2022年全面推进乡村振兴重点工作的意见》的一号文件。从2017年底开始到2018年一号文件发布，乡村振兴热度持续上升。由此，2018年作为本文划分乡村振兴战略对乡村纪录片主题的关键时间点。研究将对比2018年之前乡村纪录片的主题与2018年及以后乡村纪录片的主题，探究乡村振兴战略下乡村纪录片在学术研究（学界）与影视实践（业界）中的主题流变，以期探讨乡村纪录片发展的策略与启示。

三、乡村纪录片在学术研究中的主题流变

近五年来学界对于乡村纪录片的研究探讨不断升温，成果初具规模。据中国知网CNKI（以下简称"知网"）收录的文献数据显示，关于以"乡村"和"纪录片"为共同主题的文献从1985年的1篇发表量增长至2022年的98篇（预测值），具体论文发表数见下表；研究的学科领域主要分布在戏剧电影与电视艺术、新闻与传媒两大学科，次要学科领域涉及文化、农业经济、美术书法雕塑与摄影、旅游等学科；乡村纪录片研究发文较多的期刊与单位有山东师范大学、《中国电视》、《电视研究》、《视听》、南京师范大学、《当代电视》、《广电时评》、《传播力研究》、福建师范大学、辽宁师范大学等；乡村

---

① 严奇岩：《族群偏见和地域歧视：贵州意象的历史地理考察》，《理论与当代》2008年第11期。
② 王家东：《纪录片中的地方意象书写》，《中国电视》2022年第5期。

纪录片研究文献的基金主要分布在国家社会科学基金 12 篇、教育部人文社会科学研究项目 3 篇，其他乡村纪录片研究文献的基金分布在各省科学研究、基金项目。

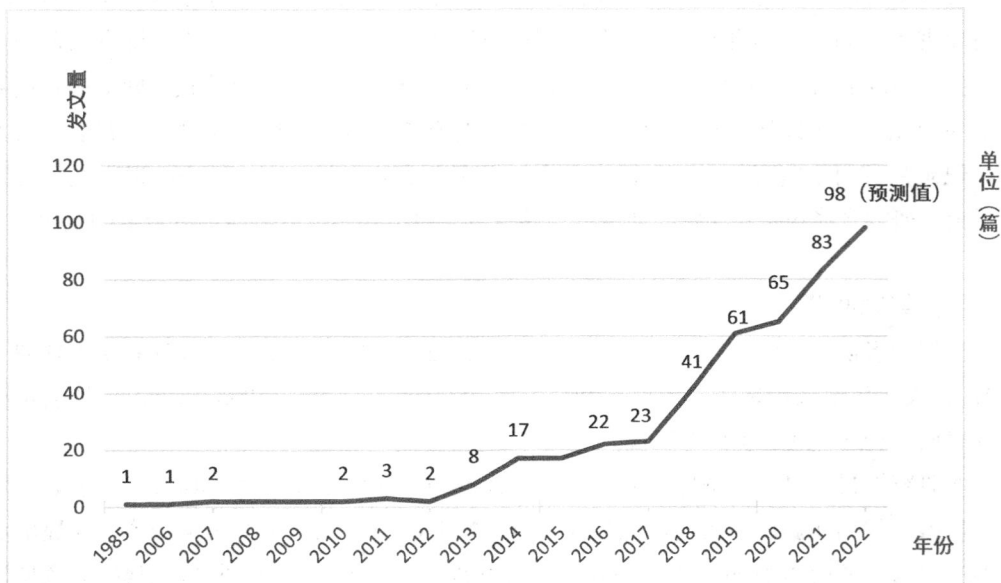

图 1   1985—2022 年知网以"乡村"和"纪录片"为共同主题的发文量

在知网中以"乡村"和"纪录片"为共同主题的全部中文期刊研究论文发表量为 369 篇，这也是本研究对于乡村纪录片学术研究主题流变的研究样本。通过知网可视化计量分析系统对其研究主题进行统计，得到主要研究主题与次要研究主题各 10 条，结果如下表：

表 1   知网历年以"乡村"与"纪录片"为共同主题论文中前十位的
主要主题和次要主题

序号	主要研究主题	次要研究主题
1	乡村振兴	电视纪录片
2	记住乡愁	创作者
3	乡村里的中国	叙事结构
4	微纪录片	乡土文化
5	专题片	新纪录运动
6	叙事策略	乡村文化
7	乡村形象	纪录片叙事
8	叙事研究	独立纪录片
9	人文纪录片	脱贫攻坚
10	集体记忆	美丽乡村

上表是对于知网中全部研究对象369篇期刊进行统计分析得出的研究主题，可以看出学界对于乡村纪录片的研究主要聚焦在乡村发展政策、知名乡村纪录片作品、纪录片研究三个维度。

以上结果是从整体进行研究主题分析。为得到不同年份乡村纪录片学界研究的主题流变，本研究将369篇研究文献分为六组，分别为：2017年及以前发表论文、2018年发表论文、2019年发表论文、2020年发表论文、2021年发表论文、2022年发表论文，将不同年份组别分别选取标题、关键词及摘要形成文本数据，基于主题词提取的文本挖掘，进行关键词词频分析，探讨乡村纪录片学术研究主题流变。具体计算方法如下：

借助谷尼舆情图悦picdata.cn热词分析工具对每组文献的标题、关键词和摘要进行热词词频权重分析，将得出结果进行可视化，生成极坐标热力图，其构建基于每组文献的热词词频权重分析，综合选取具有代表性的前20条词频，通过下图可以分析出历年来乡村纪录片学术研究的主题流变。

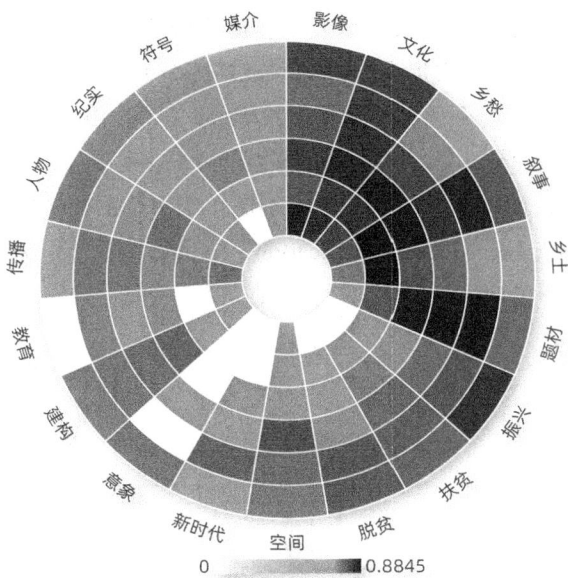

图2　知网历年以"乡村"与"纪录片"为共同主题论文中的热词词频权重分析图

以上极坐标热力图最中心一组研究对象为2017年及以前发表论文的标题、关键词及摘要，依次向外围研究对象分别为2018—2022年发表论文的标题、关键词及摘要。我们通过热词词频权重分析可以得出，颜色较深的部分代表当前年份学术研究关注热点主题，反之则代表学术研究较少关注主题。影像、文化、叙事、题材、空间、建构、传播、人物、符号、媒介等主题为乡村纪录片学术研究主题流变中持续关注的主题；同时，乡愁、乡土等具有时代意义的主题的关注频率在逐年递减；乡村振兴、扶贫、脱贫、纪实等关于近年来乡村发展主旋律的话题关注频率逐年升高，符合中央一号文件发布的规律。

以上研究选取数据截至 2022 年 7 月。

四、乡村纪录片在影视实践中的主题流变

从研究的角度出发，可以清晰看到学界对于乡村纪录片的关注点与基本观点，对于乡村纪录片的发展具有较强的概括性与指导性。而进一步梳理分析近十年来涌现出的乡村纪录片影视作品，则可以从实践角度出发看到乡村纪录片本身的发展脉络及发展逻辑。本研究爬取了豆瓣以及央视网（www.cctv.com）中含有报道记录的全部乡村纪录片有关内容，以"乡村纪录片"为主题在豆瓣以及央视网进行检索，总共得到 357 条结果，通过筛选清洗后得到 150 条有效数据，即 150 部乡村纪录片，具体包括：《保卫靳庄》、《种子种子》、《智敬中国》之云上村庄、《记住乡愁》（全八季）、《热土之上》、《农耕春秋》、《土地我们的故事》、《瓜熟蒂落》、《一直游到海水变蓝》等，纪录片播出年份涵盖 1949 年至 2022 年。

将央视网对每一部纪录片的报道以及豆瓣电影中对该片的内容简介形成文本数据，再以 2018 年中央一号文件首次提出乡村振兴战略为分割点，形成两份文本数据："2018年及以往播出乡村纪录片简介的文本数据（共 89 部）""2019 年至 2022 年播出乡村纪录片简介的文本数据（共 61 部）"。这样选择分组的方式是因为 2017 年党的十九大报告首次提出乡村振兴战略，而基于政策与战略拍摄制作纪录片需要一定时间，对这两组的文本数据进行基于 LDA（latent dirichlet allocation）的主题模型计算。LDA 主题模型计算也被称为三层贝叶斯概率模型，挖掘文本数据内在的主题，具体计算原理如下：

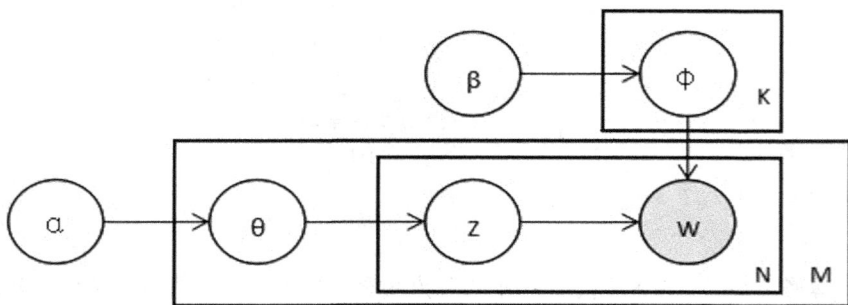

图 3　LDA 主题模型计算原理图

在 LDA 主题模型计算原理图中，K 代表主题数，M 为文档总数，Nm 为第一个文档的单词总数，$\vec{\beta}$ 为每个主题下词的多项分布的 dirichlet 先验参数，$\underset{\alpha}{\rightarrow}$ 为每个文档下主题的多项分布的 dirichlet 先验参数，Zm，n 为第 m 个文档中第 n 个词的主题，Wm，n 是 m 个文档中的第 n 个词，隐含变量 $\underset{\theta}{\rightarrow}$ m 和 $\underset{\varphi}{\rightarrow}$ k 分别表示第 m 个文档下的主题分布和第 k

个主题下词的分布。

数据采集及清洗完成后，开始进行"乡村纪录片"LDA 主题模型构建工作，通过对乡村纪录片的内容简介进行主题归类（字数约为 10 万字），设置主题数 =5，α =0.1，β =0.01，呈现出词频比重的量化输出。数据采集及清洗完成后，开始进行"乡村纪录片"主题模型构建工作。本研究采用 DiVoMiner® 进行 LDA 主题模型运算，每组文本数据得到五个主题维度，具体结果见下表：

表2　2018 年及以往播出的乡村纪录片 LDA 主题分布

主题 1	主题 2	主题 3	主题 4	主题 5
手艺	扶贫	农村	农产品	客家
乡愁	脱贫	满足	古镇	改革开放
传统	南水北调	黄河	犀牛	电影
文化	饭碗	村庄	寒冷	合拍
传承	工程	幼儿园	地理	天梯
……	……	……	……	……

经过 LDA 主题模型计算后发现，2018 年及以往播出乡村纪录片影视作品主题主要集中在五大主题（如表 2 所示），并得到若干个隐含主题，基于此将五大主题依次整理为抽象概念：乡村记忆、乡村发展、乡村变革、乡村故事、纪录片叙事。在主题 1 "乡村记忆"中，明显体现出乡村纪录片具有时代特色的乡土情结，具有代表性的是《记住乡愁》系列纪录片，对 100 多个传统村落的呈现，包括传统村落的人文地理、民俗传统、历史脉络、村规民约、家风家训，探寻中国村落中的文化基因及民族精神；纪录片《手艺》[①]与《留住手艺》[②]都聚焦在乡村工匠,讲述中华民族古老手艺的历史和传承故事,使之得以保护和传承。在主题 2 "乡村发展"当中可以了解到部分乡村纪录片聚焦在乡村发展，特别是改革开放、脱贫攻坚背景下的主题。例如纪录片《扶贫周记》[③]记录了广西百色田东县的产业、教育、文化扶贫和移民搬迁，一座座移民新村竣工，山区百姓迎来美好幸福生活；在纪录片《中国力量》[④]中，创作者主要聚焦全国各地涌现出来的脱贫工作中先进人物事迹，涵盖了山西、四川、广西、宁夏、湖北等多个省市，讲述精准扶贫故事，关

---

① 百集系列片《手艺》由中央电视台科教频道《探索·发现》栏目制作，聚焦中国传统手工艺的制作与传承，从不同的角度展示中国传统手工技艺与手工艺人的现状。

② 由中央电视台中文国际频道（CCTV-4）制作，为弘扬中国传统文化，以非物质文化遗产项目中的传统手工技艺类为主，力求系统、全面地向海内外观众讲述中华古老手艺的历史和传承故事，使之以影像的方式得到保护和传承。

③ CCTV-7 年度特别节目——大型蹲点扶贫纪录片《扶贫周记》,《聚焦三农》记者周玉和摄制组深入扶贫攻坚现场，报道扶贫脱贫攻坚克难关键战役。

④ 《中国力量》以中兴公司在埃塞俄比亚的通讯工程建设以及汉能公司的投资故事为视角，展现了伴随着中国大国崛起迅速而来的文化经济等方面的巨大影响力。

注贫困百姓生活。在主题 3 "乡村变革"当中，主要讲述改革开放四十年来的乡村变化，《我们一起走过——致敬改革开放四十年》①中，展现了 107 个典型改革故事，采访 183 位改革亲历者、参与者、见证者，串起一段段改革岁月，纪录片《小岗人家四十年》②同样如此；纪录片《乡村幼儿园》③聚焦在河北省张家口市蔚县山区的平晓荣一家，在自家小院里办起了幼儿园，在追求城市化失败后，建成了独一无二的乡村幼儿园。在主题 4 "乡村故事"中，纪录片讲述了数个中国乡村的典型故事，纪录片《虎虎》④展现了西海固乡村儿童虎虎身上积极乐观的生活态度；纪录片《寒冷的高山有犀牛》⑤讲述了云南昭通永善的姐弟的求学之路，展现乡村儿童坚韧的原生力量。主题 5 体现出了乡村纪录片创作的叙事策略，纪录片《客家足迹行》⑥中采用了 "纪实＋体验" 的快速纪录片的拍摄手法，探寻客家迁徙历史与传统文化；中英合拍纪录片《中国：变革故事》⑦，以小见大，从细微之处折射时代浪潮，讲述改革开放四十年来中国乡村与城市的变化。

表 3　2019 年至 2022 年播出的乡村纪录片 LDA 主题分布

主题 1	主题 2	主题 3	主题 4	主题 5
疫情	文学	长江	农耕	居民
VR	作家	理想	柴米油盐	经济
种子	寻路	决战	孩子	灌区
振兴	文化遗产	脱贫	智能	意大利
文化	陕西	经济带	科技	成名
……	……	……	……	……

经过 LDA 主题模型计算后发现，2019 年至 2022 年播出乡村纪录片影视作品主题主要集中在五大主题（如表 3 所示），并得到若干个隐含主题，基于此将五大主题依次整理

---

① 《我们一起走过——致敬改革开放 40 周年》是由中共中央宣传部、中央广播电视总台联合制作的电视纪录片。该片以改革开放 40 年取得的历史性成就和发生的历史性变革为基础，选取中国经济社会各个领域的发展变迁故事，呈现中国改革开放的宏伟实践。

② 纪录片以 "一声惊雷" "岗上情深" "希望田野" "振兴之路" "小岗大道" 为主题，分 5 集全方位、高视角回顾中国农村改革历程，用鲜活、生动的故事展现小岗人民 "敢闯、敢试、敢为人先" 的改革精神。

③ 讲述主人翁平晓荣，河北省张家口市蔚县山区的一位农村妇女，在自家小院里办起了一所幼儿园。摄制组经过数年跟拍，记录了这所幼儿园的发展变化和平晓荣的心路历程。

④ 纪录片《虎虎》通过对小主人公虎虎生活环境的刻画，细腻展现出一个积极乐观又有生命力的人物形象。

⑤ 《寒冷的高山有犀牛》是由张天艾于 2018 年 4 月 2 日推出的一部公益纪录片，该片由张天艾执导，夏宗武、夏宗超主演。

⑥ 《客家足迹行》是一档全面介绍客家人迁徙历史与生活现状的大型纪实性节目，由中央电视台中文国际频道与中国侨联联合推出。节目内容是采用 "纪实＋体验" 的 "快速纪录片" 拍摄手法，以记者行走体验的形式，探寻客家迁徙历史，发现客家文化传统。

⑦ 《中国：变革故事》是在国务院新闻办公室指导支持下，由五洲传播中心、优酷、美国探索频道联合出品的中外合拍片。

为抽象概念：乡村发展、乡村文化、乡村变革、乡村故事、乡村经济。在主题 1 乡村发展当中，与 2018 年及以前播出的乡村纪录片不同，之前乡村发展聚焦的主题大多为改革开放、脱贫攻坚的背景，而当下越来越多的乡村纪录片聚焦在当代疫情、生物工程、科技、乡村振兴的背景。《保卫靳庄》①是第一部中国乡村抗疫原生态纪录片，记录了疫情时代河南黄县靳庄乡村防疫的 16 天，具有时代意义；同样以疫情为背景的还有纪录片《我生命中的 60 秒》②，用 VR 技术 360 度全景记录疫情时期的平民故事；纪录片《种子种子》③讲述种子背后的基因密码，记录种业振兴攻坚的事迹，体现中国种业不惧艰难的精神；纪录片《中国村庄 V 拍》④用短视频的形式呈现村庄的四季更迭。主题 2 乡村文化（文学）是近年来出现的关于乡村纪录片的全新主题，着重深刻阐释了从乡土中生长出来的中国当代文学。贾樟柯导演的纪录片《一直游到海水变蓝》（又名《一个村庄的文学》）记录了从一个乡村的文学聚会带出了众多知名作家，描绘出一个时代的作家群像；纪录片《文学的故乡》⑤追随莫言、贾平凹、刘震云、阿来、迟子建、毕飞宇六位知名作家，回到他们村庄的文学创作现场，展现作家将生活的故乡转化为文学的故乡。主题 3 乡村变革，则从之前的着重强调改革开放给乡村带来的变化，转为更多的关注全面脱贫、乡村改造的时代主题。纪录片《决战脱贫在今朝》⑥讲述了在脱贫攻坚的决胜之年，党和国家为实现全面小康的决心，留下珍贵历史影像；纪录片《在乡村》（又名《再造故乡》）⑦聚焦五位主人公借助教育、农业、旅游、建筑、艺术等不同手段推动乡村发展，实现乡村振兴。主题 4 乡村故事与以往乡村纪录片关注差异性不大，仍然聚焦于典型的乡村故事。纪录片《小小少年》⑧跟踪拍摄痴迷于不同领域天赋异禀的孩子，记录他们的成长故事；值得一提的是，纪录片《智敬中国》⑨之云上村庄讲述了全国第一个 5G 覆盖的行政村广东英德市连樟村，借助科技赋能，走出独特的乡村振兴之路。主题 5 中国乡村经济同样是全新主题，在当代经济发展的浪潮下，乡村经济成为乡村纪录片关注的焦点。纪录片《长江两岸是我家》⑩沿着长江经济带，展现"中国梦"伟大复兴的背景下中国新农村的巨大变

---

① 梨视频制作中国第一部乡村抗疫纪录片《保卫靳庄》，这部作品全程用手机拍摄。

② 《我生命中的 60 秒》是由万大明执导的 VR 纪录片，于 2020 年 9 月 2 日在威尼斯电影节首映。

③ CCTV2 录制《种子 种子》聚焦作为农业芯片的种子

④ 中央广播电视总台新闻中心制作的百集短视频《中国村庄 V 拍》，该系列短视频从多方面反映我国乡村生活和村庄振兴的故事。

⑤ 《文学的故乡》主创追随 6 位文学大家，回到他们出生的村庄，回到文学创作的现场，还原他们的童年往事和创作历程，揭示了他们如何将生活的故乡转化为文学的故乡。

⑥ 由中央广播电视总台摄制的 3 集电视专题片《决战脱贫在今朝》，记录了我国脱贫攻坚最后一年贫困地区干部群众的奋斗，展现老百姓和国家一起摆脱贫困的努力。

⑦ 该纪录片聚焦那些致力于用行动改变乡村的人。

⑧ 《小小少年》是由哔哩哔哩出品，五星传奇制作，孙超导演的系列人文纪录片。

⑨ "智敬中国"是中央广播电视总台央视网打造的智能科技主题 IP，包含精品纪录片、高端访谈等系列节目和活动。

⑩ 是中央电视台农业频道《美丽中国乡村行》精心策划的重磅力作。

化;意大利经济发展部部长米凯莱·杰拉奇拍摄了纪录片《中国农村经济》[①],与农民在田间地头探讨脱贫致富经验,对中国经济有了更深理解。在 2019 年及以后的乡村纪录片不再出现乡村记忆主题,代表着关注乡土记忆的乡村纪录片越来越少。值得注意的是,乡村记忆与纪录片叙事不再是乡村纪录片作品的关注重点,取而代之的是乡村文学与乡村经济。

五、乡村纪录片的主题与表达:《瓜熟蒂落》的导演访谈及案例分析

乡村纪录片《瓜熟蒂落》将镜头聚焦在了华山下渭河边渭南市蒲城县龙泉乡重泉村的瓜农梁学军、强强和梁斌身上,试图通过镜头捕捉乡村振兴战略下农民们生活中真实的故事。该片在 2021 新鲜提案·黎里真实影像大会上获"系列片最佳提案",入围 2020年中国广州国际纪录片节"中国故事"提案,并于 CCTV-17 播出。课题组面向 50 名硕博研究生,在没有任何推介和约束条件的情况下,播放了《瓜熟蒂落》,收到强烈的反响。基于此,课题组对导演宋满朝进行了深度访谈,以分析纪录片《瓜熟蒂落》的主题选择、创作手法与现实价值。

宋满朝导演介绍:"这个片子本来叫作《我们的村庄》,后改名为《瓜熟蒂落》,希望贴合乡村发展主旋律,以脱贫攻坚以及乡村振兴为创作背景,深入剖析'重泉'这个普通村庄在适应现代文明进程中经济、文化、社会、医疗、政治的变迁与瓶颈。聚焦村子里几户个性不同、性格鲜明的瓜农,历时 16 个月驻村拍摄,采用陕西方言的旁白,而且选取秦腔'眉户'三弦以及改编的陕西民谣作为配乐,被称为首部乡村振兴题材纪录片。片子里面以西瓜产业、秋延辣椒等产业为主线,着重围绕当下重泉村民的真实的生活状态,从平常的一年四季中寻找'乡村振兴'、医疗养老、教育金融等典型事例故事,为纪录片创作提供第一手详尽的原始资料,从中理出故事主线、遴选拍摄对象,制定拍摄计划大纲。以小见大,润物细无声地向受众展现中国农村的日常状态,让小康源自初心、小康属于人民、小康点亮生活、小康源于奋斗的价值诉求始终贯穿全片,力争拍一部新时期中国农民的'创业史'。力争走出国门,让中国农民生生不息的活法感动世界,把宣传中国,变成传播中国。"

"饥者歌其食,劳者歌其事",在三弦配秦腔、陕西方言旁白中,故事拉开序幕。从纪录片叙事来看,全片以二十四节气结构起整部影片,讲述了从清明到来年立夏的西北田间故事,紧贴中国大地上普通农民的日常生活。《瓜熟蒂落》立足乡村振兴,继承了以往农村纪录片聚焦典型人物的创作手法,主要选取三个风格不同的瓜农家庭作为拍摄对象。嫁接、人力、授粉、搭棚、销售、天气、病虫害……环环相扣,不同的家庭要面临不同的困难,不同的困难成就不同的心愿。

---

① 由中国经济学家杰拉奇制作的中国纪录片,从"第三只眼"看中国。

"纪录片讲故事总是要依托一个事情，或者是一个群体，让内容形成合力。我们始终遵循'用人找故事'，'用故事找人'的方式遴选拍摄家庭，家运即国运，以此来突显农村基层生活的真实状况，突显时代的变迁，国家的智慧。在这一段时间以来，我们总共遴选了有价值的 12 个家庭，期待着最终会以 4—5 家庭完成有鲜活故事预期结果。除了家庭的固定拍摄，我们还将村里的突发事件、婚丧嫁娶、休闲纳凉、娱乐生活、家长里短都在拍摄。目前正在积极寻找回乡创业人员，继续挖掘更好励志、积极向上正能量的家庭故事。这个村子是北京时间的授时中心，是二十四节气的诞源地。这里是大秦岭中央水塔的脚下，是郑国渠入洛口，是渭河洛河交汇地，是秦统一六国时最东边的一个县，它是春秋时期狄人的故乡，是晋公子重耳奔蒲所筑之'蒲'城所在，是战国秦魏的边界线。当你面对华山，面对铁镰山，看着古老的天空的时候，当你踏上这片土地，你会感慨，有着很深历史传承的重泉村人是多么可亲，你只要倾听和记录，一年不知会记录多少感人的故事，我们应该把这里拍好，拍出一个党和人民满意的东西，拍出一个人民的好故事，我们的片子，应该像《瓦尔登湖》清澈，为时代留下影像。"

《瓜熟蒂落》立意明确，作为一部聚焦乡村振兴背景下当代农民生产生活的纪录片，片中的几位主人公，不仅仅是关中地区，也是整个陕西甚至全国农民的缩影，在全面脱贫之后推进社会主义现代化建设的今天具有极其重要的意义和价值。从听觉语言来说，本片具有特色的是采用了陕西方言作为解说词配音，是一种创新型的影视艺术语言形式，方言配音更加贴地，应在真实感。例如"克里马擦""毕咧"，此外方言配音有利于陕西地方的影视文化发展与提升文化影响力。在片中多次运用秦腔、老腔等地方剧种作为背景音乐并且紧贴主题，更加彰显陕西地方特色，宣扬三秦大地的文化基因与文化符号。从视觉语言来看，开篇清明时节，几个雨季的空镜头营造出节气在全片的突出位置，也感受到农耕与天气的紧密联系，加上人声与解说，简明干净地介绍了主人公。画面内部的结构可圈可点，当学军与老婆发愁卖西瓜而争吵时、当强强两口在大棚里准备拔除冻死的瓜苗时，画面结构都能反映出双方的矛盾与隔阂。全片多次运用航拍远景画面，穿插在节气变换时，由远及近，由近及远，充分展现西北田间风貌。影片中还运用到一些快闪、升格，充分展现希望满满的重泉生活与人物内心世界。纪录片的发展同样离不开大环境的改变。

"随着'限娱令'的深入，每天不低于半小时的纪录片播出，对于有着思想性，有温度、有厚度的，非虚构影像来说，久旱逢甘霖。大家都在说，纪录片的春天来了！首先什么是纪录片？纪录片的作用是什么？怎么样才能做好纪录片？资金、技术、选题、审批、报奖，什么是纪录片的选题？什么选题具有国际性等等，一系列关于纪录片的问题接踵而来。于是乎说春天来了，不能在电视机屏幕上打上'纪录片《春天来了》'几个字吧！需要内容，需要好的故事，需要有价值的内容。纪录片作为当代生活经验的博物馆，给予观看者更多可能去想象生命的不同生活形式。将镜头对准农村的纪录片就像它注视的这片土地一般，在侵蚀、破碎、风化和沉淀的地质时间里，沉默而坚韧地孕育着时空的痕迹。"

宋满朝导演来自乡村纪录片制作一线的体悟，不仅契合十九大以来党中央、国务院提出的一系列乡村振兴战略的举措，更为我们对乡村纪录片主题流变、艺术制作的美学追求提供了一个来自实践的鲜活的参照系。无论从理论层面还是实践发展层面，我们都需要更多的像《瓜熟蒂落》这样扎根中国大地、记录乡村故事、乡村的核心——"人"的优秀纪录作品。

结果与讨论

在乡村振兴战略的当下，从学界与业界、学术研究与影视实践来分析乡村纪录片的主题流变。学界对于乡村纪录片研究的主题具体、明确，具有鲜明的恒定性，大多数仍然在关注叙事等主题。与业界对于乡村纪录片的主题流变保持一致的学界关于乡土、乡愁等乡村记忆的主题关注转变为对乡村振兴主题的关注。业界对传统的有关乡土记忆与纪录片叙事主题的关注趋缓，对于乡村发展、乡村变革、乡村故事等主题的关注则发生了明显变化。乡村振兴背景下，业界还关注乡村文化（文学）、乡村经济主题，体现出乡村的文化基因与经济发展，再次印证了乡村振兴的主旋律。值得关注的是，纪录片形式多种多样，出现了短视频、4K、5G 等多形式、技术赋能的乡村纪录片，这是学界与业界都应该重视的数字乡村领域。

乡村纪录片根植于中国乡村，随着时代的变化，乡村发展的主题一定存在变化，关键是如何确切地把握住这种变化。乡村纪录片作为乡村生活经验的博物馆，记录着乡村的生动故事与发展。在纪实的基础上，乡村振兴战略下乡村纪录片的关注主题出现变化，在影视作品中更明显地看到了这些变化，因为影视作品的在场性表达使得故事更真切，更贴合乡村百姓生活的脉络。或许是因为不在场因素，学术研究中纪录片研究的主题流变不明显，研究者应该与纪录片创作者们一样，扎根乡村大地，把研究写在大地上。不论是乡村纪录片的研究或实践，只有走过乡村大地，真切地在场记录，才能反映出最鲜活、最美丽、最真实的生活。

"快传播"时代的"慢"审美体验

——李子柒纪实短视频影像叙事分析

佘李萍　徐智鹏*

（中国传媒大学，北京，100024）

摘要：2020年，美食博主李子柒①在国外视频平台"油管"（YouTube）上的订阅数超过了全球最具影响力的媒体——美国有线电视新闻网（CNN）的订阅数，一时成为全球的热门现象和话题。对李子柒短视频的研究也一直是国内学术界关注的焦点，但目前国内学术界对"李子柒现象"的研究大多置于传播现象、文化现象、媒体现象与经济现象的语境之下，从影像本体出发的研究较少、忽视了"李子柒现象"产生的首要原因在于其影像叙事编码上的独到之处。本文尝试从影像本体出发，解析李子柒纪实短视频通过影像叙事营造"沉浸感"的独特手法，以此反思在当下媒介融合的"快传播"时代中"慢"美学体验的内蕴与价值，对未来纪实短视频如何用情用力讲好中国故事提供有益借鉴。

关键词：快传播；"慢"审美体验；李子柒；纪实短视频；影像叙事

一、问题的提出

李子柒是中国传统题材的纪实短视频最具影响力的创作者之一，在国内各大社交和短视频平台拥有庞大、稳定的观看群体数量，视频作品大多突破百万播放量（见图1）。李子柒在国外同样广受追捧，截至2022年7月，李子柒在国外视频平台"油管"（YouTube）上的粉丝数稳定在1700万，累计播放量超过27亿次，平均播放量为2196万次，其中最高播放量达到1.1亿次（见图2）。

---

　*　作者简介：佘李萍（1999—），中国传媒大学戏剧影视学院戏剧与影视学2021级研究生；
徐智鹏（1980—），中国传媒大学戏剧影视学院电影学副教授、硕士生导师。

　①　李子柒，中国内地美食类纪实短视频创作者，被誉为"东方美食生活家"。其作品以记录原生态美食和传统手工艺的制作为主，表现农家生活中衣食住行的方方面面。从2015年开始创作美食短视频至今，李子柒已发布143条短视频作品，在全球各平台上播放量累计超过30亿次，拥有上亿粉丝数量。

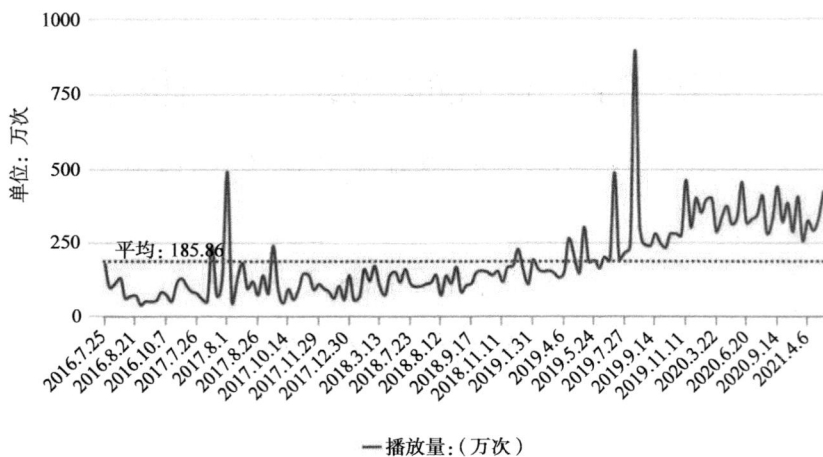

图 1　哔哩哔哩（Bilibili）平台上李子柒纪实短视频播放量情况

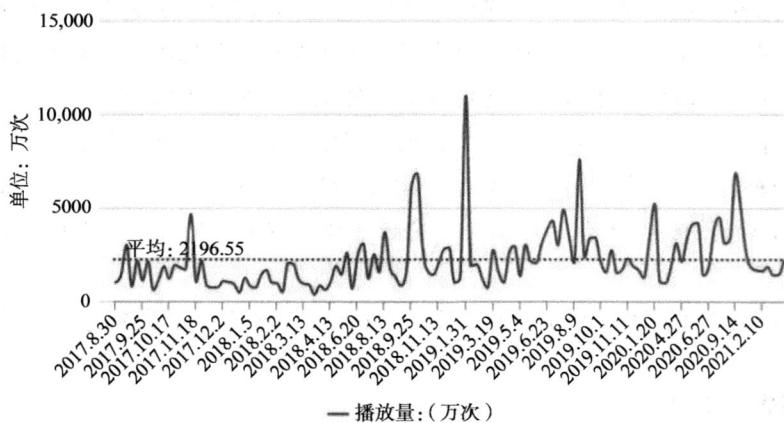

图 2　"油管"（YouTube）平台上李子柒纪实短视频播放量情况

无论是在国内还是在国外，李子柒纪实短视频都形成了现象级的传播效应。尤其在"讲好中国故事"这一方面，国内主流媒体更是纷纷点名表扬：央视新闻评价她"没有一个字夸中国好，但她讲好了中国文化，讲好了中国故事"[①]；《人民日报》称赞她的作品"传递出精致的、文明的、可亲的、具有烟火气和人情味的中国形象"[②]；环球网也肯定她"通

---

① 《热评：李子柒的视频，没有一个字夸中国好，但讲好了中国故事》，央视新闻，2019 年 12 月 10 日。
② 《李子柒为何能走红海外》，《光明日报》，2019 年 12 月 9 日。

过生动丰富、具有现场感的介绍,让外界对中国人的生活和文化有了具体可感、生动鲜活的认知"①。李子柒纪实短视频的成功意义值得我们去关注和思考。

"李子柒现象"已然成为近年来较为热门的研究话题之一。从相关文献的搜集整理情况来看,以"李子柒"为主题的文献数量较为庞大,共960篇。以"发表年份""学科主题"两个维度对文献进行细分(见图3、图4),有以下发现:第一,对"李子柒现象"的研究自2020年开始呈现大幅增长的走势,体现出国内学者对"李子柒现象"的高度重视。究其原因,这与李子柒在"油管"(YouTube)上的订阅数超过作为全球最具影响力的媒体——美国有线电视新闻网(CNN)并且一时成为全球的热门话题有着密切关联,跨文化传播成为"李子柒现象"的一个重要切面。第二,从相关文献的学科主题来看,新闻与传播学主导着对"李子柒现象"的研究,其次是经济学、文化学等。不难发现,李子柒的成功一方面因其在短视频内容生产模式上的可借鉴性,另一方面在于其强大的文化传播影响力——因此,目前对"李子柒现象"的研究大多置于传播现象、文化现象、媒体现象与经济现象的语境之下。以"李子柒"和"影像"作为关键词所获得的文献数量仅有88篇,仅占全部文献的9%。

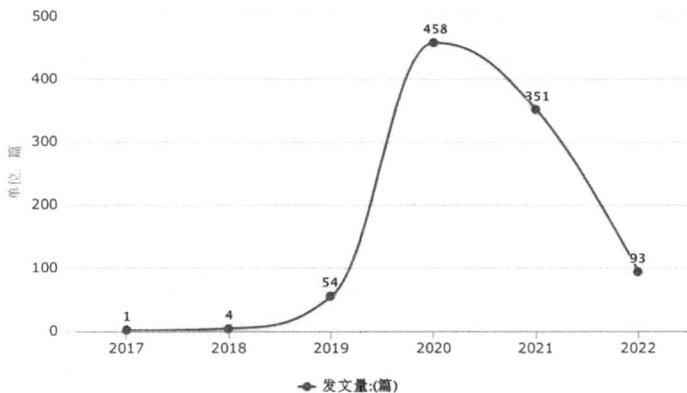

图3　以"李子柒"为主题的文献发表年份分布情况

---

① 《张颐武:文化传播需要更多李子柒》,环球网,2019年12月9日。

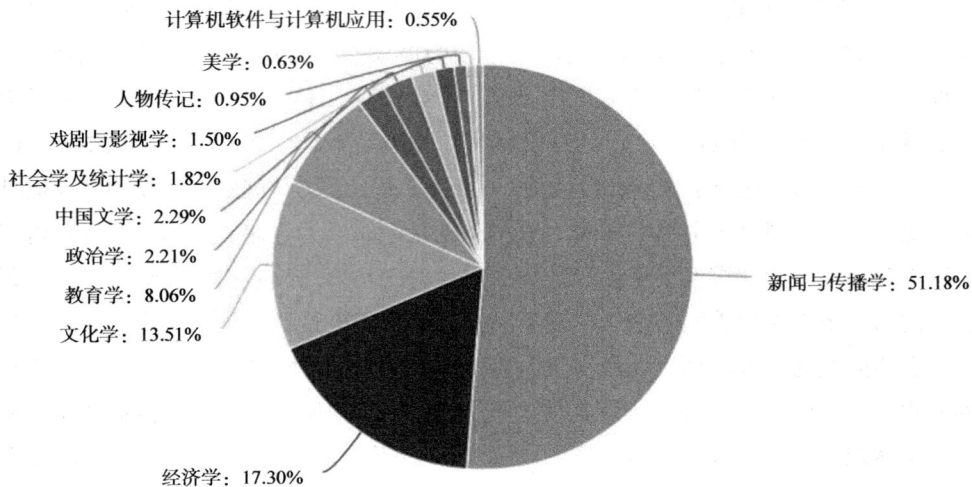

图 4 "李子柒现象" 研究文献学科主题比例分布情况

"李子柒现象" 研究文献的学科分布情况反映出：国内学术界对 "短视频" 研究的逻辑起点往往是将其视为媒介概念，而非影像概念。对李子柒纪实短视频的研究，即便涉及影像或叙事，也较多被置于传播学范畴下，而缺少从影像本体角度出发的对其短视频作品 "讲好中国故事" 的视听解码分析。李子柒纪实短视频之所以获得不同民族、不同文化背景的观看者的普遍喜爱，甚至成为全球性的传播现象，首要原因在于其影像叙事编码上的独到之处，这使得她的影像叙事具有较高的解析价值。

因此，本文尝试从影像本体入手，解析李子柒纪实短视频通过影像叙事营造 "沉浸感" 的独特手法，以此反思在当下媒介融合的 "快传播" 时代 "慢" 美学体验的内蕴与价值，对未来纪实短视频如何用情用力讲好中国故事提供有益借鉴。

二、沉浸感：审美距离的消解与心理距离的再造

审美体验的生成，依赖于影像观看方式建立的审美空间。短视频以手机为主要媒介载体，打破了传统影视剧的既定观看方式，对审美体验的生成提出了挑战。不同于传统影视剧的形式，短视频时长较短，一般在 5 分钟以内；且在小屏幕上观看，观看不受时间和地点的限制，较为自由。在内容上，短视频以记录生活、传达感受等为主，具有生活化、私人化的特点。同时短视频的娱乐和消费属性明显，观看者 "按照新奇、轰动、

同步、冲击来组织社会和审美反应"①，以满足感官刺激。因此话题性、点击率也成为观看者选择的一些重要标准。而大数据智能算法在短视频平台中的广泛应用，也使得观看者陷入"看似主动选择，其实被动接受"的信息茧房困境。

新媒体时代，短视频成为一种便捷、自主的信息接收方式，同时却也带来了"审美距离消解"的危机。短视频影像呈现出的是拟态的超现实，观看者被其强势力量卷入，剩余的留白和想象空间则被无限压缩。②作为审美主体的观看者成了消费者，与作为审美对象的短视频之间的心理距离被拉近到实用性为准则的距离，并且观看者注意力处于分散状态，容易分心，难以沉浸于短视频影像本身，无法与其建立深层次的审美关系，审美必需的艺术精神和艺术感性被挤压殆尽。

心理距离的无限拉近，并没有给观看者带来"沉浸"的审美体验，更多的只是让观看者沉迷于短视频以作为一种娱乐消遣方式。按照朱光潜先生的"心理距离说"③来看，其症结也正在于此：审美主体与审美对象之间的距离过于近，观看者陷于短视频影像的实用性中而无法获得美感，也就无法进入审美的凝神观照境界，自然难以产生沉浸感。"心理距离说"为艺术创作和审美提供了启示：既要拉近主体与对象的距离，也要保持主体与对象的距离。前者是为了让观看者对短视频的内容有一定程度的了解和经验，后者则是避免短视频仅是流于感官体验，或者于纪实短视频而言沦为无意义的记录。简言之，"唯其是旧材料，所以能被人了解，唯其是新综合，所以见出艺术家的创造"④。也就是说，观看短视频时产生的沉浸感，并不仅仅是因为心理距离的拉近，而是因为心理距离的"再造"。这也反映出创作者将"极平常的事物"变为"很美的形象"的技巧和能力。

由此反观李子柒纪实短视频，能发现她的成功在很大程度上是因为做到了心理距离的"再造"。这也是她的纪实短视频的独特之处：在对农家生活的写实之外，还有写意；在反映现实中，又超越现实。在影像叙事的范畴中，可以用"上镜头性"来理解这样的"写意"和"写实"：以"适宜用电影这一新的表现手段所独有的方法来表现的人或物的诗意状态"⑤，并且这一表现手段是自然朴实的。换言之，"上镜头性"也即以贴近现实的方式呈现出被表现对象的超越现实的、情感性和精神性的一面，这一面就是写实之外的写意。李子柒纪实短视频之所以能将观看短视频的一般体验上升到审美体验的高度，也正是这个原因。不难理解，她的视频时长即便超过了传统的短视频时长，也能获得较高

① ［美］丹尼尔·贝尔：《资本主义文化矛盾》，赵一凡译，北京：生活·读书·新知三联书店，1989年，第311页。

② ［法］让·博德里亚尔：《完美的罪行》，王为民译，北京：商务印书馆，2002年，第35页。

③ "心理距离说"是关于审美本质的学说，最先由英国心理学家、美学家布洛提出，以说明美学的距离是一种介于审美主体与审美对象之间的心理距离。后中国美学家朱光潜将"心理距离说"进行中西结合式的阐释。

④ 朱光潜：《朱光潜美学文集（第3卷）》，合肥：安徽教育出版社，1987年，第53页。

⑤ ［法］亨·阿杰尔：《电影美学概述》，徐崇业译，北京：中国电影出版社，1994年，第4页。

的播放量；并且在没有翻译字幕的情况下，国外的观看者仍能理解她视频中呈现出的农家生活并将其称赞为"童话世界""伊甸园"。这些都是她的视频带给观看者以深度的沉浸感的体现。

以下从影像叙事中镜头、剪辑和声音三个维度分析李子柒纪实短视频如何在写实与写意之间再造心理距离，从而使观看者获得"沉浸"的审美体验。

1. 虚实相间的镜头设计

李子柒纪实短视频的主要内容是记录原生态美食和传统手工艺的制作，表现农家生活中衣食住行的方方面面，但观看者并非仅仅观看其劳作的流程与细节，而是感受到了劳作的美感。

从构图角度分析，由于摄影基本上都采用固定机位，李子柒纪实短视频的构图以画面内人或物的调度为主。其短视频的写实之处在于对劳动过程的记录，因此在构图上将人的动作置于中心，以突出重点，便于观看者把握劳动的流程步骤。在写意上则是利用纵深构图丰富画面的层次感，同时由于前景遮挡，将焦点对准人物时，虚化前景，人有如置身于梦幻叠影中；将焦点对准前景时，人物则成为前景的陪衬。既有人物动作的写实，又有人物与自然环境和谐为一的意境。此外，在拍摄美食成品时，构图上也有意聚焦于局部，以凸显出美食的轮廓，在视觉上突出被摄对象的美。构图上的"实"与"虚"，不拘于生活形态的写实，也不失于生活情趣的写意，给人以统一自然的审美享受。

图4、5 李子柒纪实短视频·镜头构图示意图

在景别上，李子柒纪实短视频中特写的使用最为频繁，往往用于展示人物手部动作、面部表情以及食材和最终的美食成品，加上浅景深的拍摄方法，焦点内特写的主体清晰醒目，在视觉上贴近观看者，焦点之外则由于虚化和对比显得朦胧柔和，一定程度上弱化了特写镜头特有的鲜明和强烈视觉效果，因而与其他景别镜头组接时，不会给人以突兀的视觉观感。远景也是李子柒纪实短视频常用的景别之一。远景多用于自然风景的拍摄，一般是田园山水的空镜。或置于短视频的开头，揭示时节气候，将观看者带入悠远空灵的意境中，奠定短视频的基调；或置于短视频的中间转场部分，巧妙地将人的劳动与灵性自然结合起来，反映时间的流逝、万物的变动不居，以人的生活视角反观人与自

然的生命形态，意蕴深厚，哲思悠远。全景、中景、近景则在不同幅度上表现上人物劳动过程，其中以中景的使用最多。相较于远景，中景的写实性更强，有助于观看者看清人物的动作，关系着短视频的纪实特性。

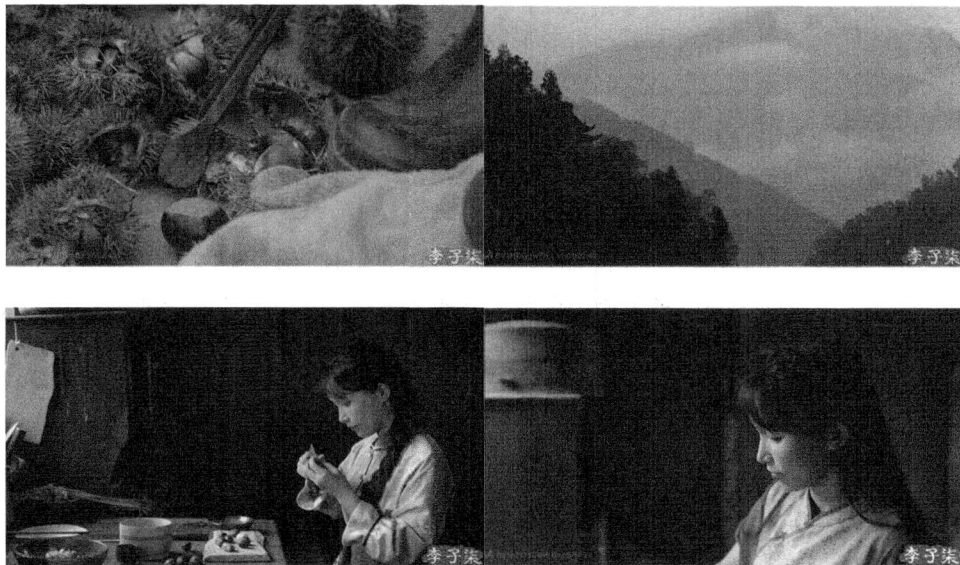

图6、7、8、9　李子柒纪实短视频·镜头景别示意图

对于光影色调的处理，李子柒纪实短视频显然将更多的精力放在对色调的后期处理上，前期以自然光线的拍摄为主。以自然光线还原真实的自然环境和劳动场所，正是其写实的一大体现。但摄影上对自然光线的使用也有其巧妙的写意之处，如通过不同角度的逆光，或在对人物面部特写之下，以柔和光影营造唯美梦幻的氛围；或在人物穿梭于田野的全景之中，勾勒人物辛勤劳作的剪影，表现出自然的阔大。而在后期的色调处理上，则以冷色调和绿色调一以贯之，色彩饱和度较低，因而短视频的画面在整体上给人以清新、素淡、宁静、安逸的视觉直观，同时也在"古香古食"中增添画面的古风古调韵味。

图10、11　李子柒纪实短视频·镜头光影色调示意图

最后是视点，李子柒纪实短视频的摄影视点多处于人眼观察的位置，不管是以人物，还是以食材和美食，或是以风景为被摄主体，都有意还原人眼正常视线。当被摄主体为人物时，摄影机视点与人物处于同一水平高度，人物画面给人以亲和感；当被摄主体为风景时，摄影机也大多是处于水平线的位置拍摄远景，符合人眼眺望远方的视觉习惯；当被摄主体是食材和美食时，摄影机的视角或平视或俯视，但视点都同样出于人在日常生活中对该被摄对象的观察习惯。这些处于人眼观察位置、体现人眼视线习惯的固定摄影机视点，确保了短视频画面的写实性，也给人以亲切自然之感。在人眼视点之外，摄影机还时有"超人眼视点"的尝试。如果说短视频中大部分的人眼视点是还原人在生活即景中的视觉体验，那么"超人眼视点"所代表的是超于人、超于现实的一种体验，其视线的发出者可以是其他一切有灵的生物。如短视频中时而出现的俯视远景，画面中的人物于广袤的乡野间曲折小道中徐徐前行，其所传递的是外在于人乃至现实生活而飞升至空中俯视人间大地的飞鸟视点；再如摄影机以极低的机位平视拍摄自然环境中的风吹草动，视点并不出于人对自然界的观察，而呈现出同样贴近地面的野兔视点。

图 12、13　李子柒纪实短视频·镜头视点示意图

2. 疏密有致的剪辑节奏

整体而言，李子柒纪实短视频的剪辑遵循连续性原则，包括线性时间的连续和动作的连续。当然时间上的连续性剪辑仍是服务于动作上的连续，并且单镜头时长较短，剪辑为人物制造动势，人物的每一个动作都在推动着短视频"情节"的发展。以人物动作为中心的连续性剪辑，在一定程度上体现着人对日常劳动的感知规律，符合短视频叙事的目的，剪辑偏理性原则。

而在人物的劳动进行到一个阶段停止时，剪辑往往插入几段并列的景观空镜。除了是有转场的考虑，更多还传递出一种时间和自然观念。这些景观空镜出自现实生活，同时又超越了现实生活，将自然景观纳入其中，使得时间的力量渗入。由此时间和自然成为影像的主体，人物的日常劳动动作暂时搁置一旁，"景观镜头代表了叙述所无法叙说的时刻"①，观看者在叙事之外体会景观镜头中蕴含的情感和诗意，连续性原则在此失效。

① 林文琪、沈晓茵、李振亚：《戏恋人生：侯孝贤电影研究》，台北：麦田出版社，2000年，第63页。

李子柒纪实短视频的剪辑节奏总体偏快，以连续性剪辑为主要原则，贯穿起人物的动作和劳动的进程，镜头与镜头之间逻辑关联强、密度大。而景观空镜的插入放缓了叙事和剪辑节奏，人物的日常劳动动作被象征着时间和自然观念的景观代替，在写实之外加入写意，使得剪辑节奏疏密有致。

3. 远近相适的声音处理

影像叙事中的声音主要包括人声、音响和音乐三个方面。在李子柒纪实短视频中，相较于其他两种声音元素，人声的出现频率最低。除了人物之间的对话交流，短视频中大多数时候都集中于展示劳动过程。值得注意的是，人声的处理既没有相应的字幕解释，也都还有意保持与观看者的距离。换言之，李子柒的纪实短视频放弃了解说和旁白，而让人声重回客观的叙境。这与短视频中人物几乎不直视镜头的处理逻辑相一致，人物不跳脱于短视频的叙事时空，观看者则始终处于旁观者的位置。

同期音响也同样遵循这个原则，不管是风声、雨声、蝉鸣声、鸡鸣声等自然音响，还是采摘、冲洗、切菜、下锅翻炒等劳动过程中发出的音响，都与人物所处的环境以及人物的动作相一致，使得画面更为立体和真实，给人以身临其境的体验。同时也以声衬静，体现出农家乡间生活的静谧感。

而舒缓悠扬、清和淡雅的音乐贯穿视频始终，虽不属于短视频的客观叙境，但弥补了人声的不足，在叙境之外与画面共同营造了一个远离尘世的桃花源般的古风环境，渲染沉静旷远的意境和氛围。

不同于一般的短视频，李子柒纪实短视频在声音的处理上并不强调创作者与观看者的直接"对话"，尽可能简化人声、音响和音乐，既给观看者在场式的声音体验，又给予观看者以足够的旁观距离。声音处理上做到了既远又近、远近相适，兼具写实与写意。

从上述的分析来看，李子柒纪实短视频在影像叙事上有着精致且成熟的设计，写意不脱于写实，写实与写意相辅相成，共成一体。在审美距离消解的时代，李子柒纪实短视频通过影像叙事，再造审美必需的心理距离，使观看者沉浸于似真似幻的影像之境。

三、慢："快传播"时代的审美体验革新

李子柒纪实短视频传达出的"沉浸"审美体验同时也指向一种全新的时间体验，即"慢"。虽然从对李子柒纪实短视频的剪辑分析来看，镜头外部剪辑节奏较快，叙事节奏也较快，符合当下的影像观赏习惯，但镜头内部节奏是"慢"的，镜头内容并不复杂，集中展示人物的劳动动作，同时穿插自然景观，因而这种"慢"的时间体验更多地产生于短视频整体的风格意蕴，它是一种"审美体验的释放过程之'慢'"[①]。

在一定程度上，这种"慢"的时间体验和审美体验需要放在"快传播"的时代语境

① 林玮：《互联网时代的"慢电影"及其艺术精神》，《中国文艺评论》2019年第4期。

下探讨，才更能显出其珍贵意义。

"快传播"是媒介技术高速更新发展之下媒介传播的一个主要特点，短视频作为信息传播的新媒介之一，其内容和传播都体现着"快传播"的要义：瞬息性，专注于此时此刻的具体感受，局限于琐碎生活细节；时效性，语境意义强，因而格外强调在多元和快速变化的互联网语境中"紧跟热点"，这也导致了大量同质内容的泛滥；刺激性，限于时长要求以及激烈的短视频市场竞争，以感官刺激和强节奏快速吸引观看者注意，观看者难以形成沉浸的审美体验。短视频生态呈现出不断加速的特征，既"速兴"又"速朽"。强调"速度"既是为争取到观看者开启感官体验的时间，又是给观看者"空虚和无意义的现时提供理由"①。短视频的内容生产和信息传播与消费紧密关联。

消费社会和媒介化社会共同催生出"快传播"时代，对速度的狂热崇拜也渗入现代日常生活中，高效率成为一种追求，时间使用呈现出碎片化的特征。生活速度的"加速"有以下两种测量方式：一个是测量可界定出来的行动所耗费的时间区间的缩短，二是测量行动时间与体验时间的"压缩"。现代社会中人们往往是减少休息或间隔时间，同时做更多的事情②。随之而来的是人们对时间匮乏的普遍感知，以及对"信息差"的恐慌和焦虑，日常生活节奏出现混乱，进而影响到人们的身体和心理健康。强迫症、失眠、焦虑、抑郁等问题就是"快传播"时代下人们的时间体验在身体和心理上的消极反应。

列斐伏尔③的"节奏分析"中有关于"线性时间"和"循环时间"的分析也由此而来。列斐伏尔认为，日常生活时间包括"线性时间"和"循环时间"两个尺度，前者是经现代化的钟表校准之后进入社会实践而变成的抽象的、可计量的、同质化的社会时间，后者则是具有周期循环性的自然时间，如"日、月、年等宇宙时间"，或是"新陈代谢、生命周期等生命性时间"④。相对应的是线性的社会节奏与循环的自然节奏。这两者是相对立统一的关系，彼此渗透、互动、干扰，一方统治，另一方就反抗。在"快传播"时代，显然是线性时间及其节奏占据绝对主导地位。换言之，"快传播"社会的日常生活更强调其线性发展过程。但李子柒纪实短视频能够引发普遍的共鸣，还是反映出人们对现代日常生活节奏异化的觉察以及寻求出路的努力，这一出路即是找回传统社会日常生活中充满创造性和生命力的循环时间，以此摆脱现代社会日常生活中单一的线性时间的无聊、重复和机械。

李子柒纪实短视频之所以具有审美体验的高度，是因为它传达出一种以循环时间对

① [美]马泰·卡林内斯库：《现代性的五副面孔》，顾爱林、李瑞华译，南京：译林出版社，2015年，第7页。

② [德]哈特穆特·罗萨：《新异化的诞生：社会加速批判理论大纲》，郑作彧译，上海：上海人民出版社，2018年，第7页。

③ 亨利·列斐伏尔，法国马克思主义哲学家和社会学家，其学说集中于对日常生活的批判，著有《日常生活批判》《空间的生产》《都市革命》等。

④ 张笑夷：《论列斐伏尔节奏分析视域中的日常生活批判》，《马克思主义与现实》2013年第2期。

抗线性时间的影像美学精神。而此影像美学精神的创新之处还在于,对循环时间的唤醒并不以否认甚至消解线性时间的存在为前提,而是还原日常生活中这两种时间并存、相互影响、彼此斗争的复杂性。所以李子柒的成功不仅因为她以回归传统和自然的姿态表达现代性批判,更因为她对现代社会中人们的媒介使用习惯、线性时间观念也给予足够的重视。剪辑与叙事上的快节奏和镜头内部的慢节奏相结合,前者是形式上的"快",而落脚点仍在后者风格兴味上的"慢"。这种"慢"指向生活本身,是现代人深入生活、理解生活并且反思生活后释放出"深邃的余味和感性"之"慢"。

李子柒纪实短视频中"慢"的时间体验同时也是一种审美体验,体现出生活诗性的复归。"诗性思维"是东方民族特有的感知外物的方式,同时"以象征、比喻、意会的方式去表现自己的情感或思想"[①]。而生活诗性是将诗性思维运用于日常生活中去,体会其中静水流深的智慧。因此也出现了"东方影像"的说法,常用于指称东方文化环境下散漫、朴素、写意的独特影像风格,多细腻地呈现日常生活、自然风物、人情人性的诗性时刻,不需要过多的外在提示,而需要观看者以静观、耐心的美学态度方可意会,其审美体验释放过程是缓慢又深刻的。

而在"快传播"的时代语境下,这样的"慢"审美体验代表着人类命运共同体意识中人们对精神栖居之所的追寻。国内外有关于李子柒短视频的评论大多聚焦于影像中呈现出的乡野自然人文之美和悠然自得的生活乐趣,原因正在于此。

借助手机屏幕,"沉浸"在对遥远东方自然之美的文化想象中;由对"慢"生活的向往,对抗现代生活之"快"——这正是李子柒纪实短视频能够实现全球传播的深层文化隐喻。

四、结语

通过对李子柒纪实短视频的影像叙事分析,可以发现,观看者的审美体验不来自别处,而正在影像之中。心理距离的"再造"使得"写意"不作为"写实"的反义词而存在,也没有绝对的"写实"之说,两者恰恰是相辅相成的关系。写实出自现实生活,写意则超脱于现实生活,从中汲取诗意和艺术化的成分。正是在这种似真似幻、真幻一体的影像之境中,观看者凝神观照,沉浸其中,产生审美体验的自觉。

而沉浸于影像的境界中,也意味着观看者开启了一种新的时间体验——在观看短视频的过程中缓慢地释放审美体验。如果将这种"慢"的时间体验和审美体验置于"快传播"时代的背景下与"加速"的时间体验相比较,就更能体会"慢"的珍贵之处。而这也是李子柒纪实短视频影像美学的意义所在:以循环时间对抗线性时间。同时李子柒的"慢"影像又是不同于传统意义上的"慢"影像的,虽然两者都主张循环时间的复归,但

---

① 邱紫华:《东方美学史·自序(上)》,北京:商务印书馆,2003年,第9页。

后者借助影像操纵线性时间以给予循环时间主导性力量，而李子柒的"慢"影像是还原日常生活本身的复杂性，呈现两种时间之间的缠绕、斗争，尤其是循环时间在被线性时间挤压和打碎之后的复归。这两种时间意识体现到短视频中，使得短视频既"快"又"慢"，它既是符合现代人时间使用习惯的，又满足了现代人回归生活、深入生活以及体会生活诗性的愿望。李子柒纪实短视频中对日常生活的刻画，呈现出"东方影像"中散漫、朴素、写意的风格，需要观看者以静观、耐心的美学态度去体会其中的诗性。这种静观、缓慢的诗意栖居，正是新媒体时代全球化语境下不同民族、不同文化的人们的共同理想。

由此可见，李子柒纪实短视频"讲好中国故事"有其影像叙事上的独特之处和审美体验上的深刻之处，创新了"中国影像"在当代的审美形态，对于中国的影像创作者"用情用力讲好中国故事，更好地向全世界展现可信、可爱、可敬的中国形象"[1]有着重要的借鉴意义。

---

[1] 《习近平在中国文联第十一次全国代表大会、中国作协第十次全国代表大会开幕式上发表重要讲话》，新华社，2021年12月14日。

八、盐文化传播研究

主持人语

从地方志中探寻盐业密码是一件很有意义的事。中国是史学大国，也是志书编纂大国。众多研究者立足盐业志书，结合相关史料，出版了大量的研究成果，丰富了盐文化研究成果库。然而，也应看到两点：其一是对盐业志书的研究还稍显不足，有分量的研究著作问世不多，这有待于研究者继续深耕这块田地。其二是盐业志书的编纂没有得到足够的重视。以盐企志书为例，据笔者了解，目前很多盐业企业编纂了各自的企业志书，但正式出版的不多，且发行量较少。另外，编纂质量也不高，往往是企业内部的职工进行资料的堆积，没有按照志书的要求进行编写，成为资料汇编的较多。这一项工作也需得到重视。

本期，河南师范大学白雁南博士的《从盐的分类词语看盐的社会生活文化变迁——以《新乡盐业副食品公司志》为参照》一文从一部内部资料的志书入手，从涉盐词语分析社会文化生活的变迁，是一次眼光独到的尝试。她结合文化语言学的理论和语言分析方法，对盐在社会生活用途方面的词语做出考查，阐释语言事实与文化之间的内在联系，以此管窥盐文化在新乡民众社会生活范域的发展变迁。

拙作《盐的痛与哀伤——蹇先艾盐题材小说简论》属于文学研究，通过对贵州作家蹇先艾的盐题材小说《盐巴客》《盐灾》的分析，叙述"盐巴客"的悲惨遭遇，揭示了其所承受的来自身体、生活、歧视和兵祸之痛；而盐灾的发生与发展，则显示了个人之伤、家庭之伤和社会的撕裂之伤。另外，这种"痛感"叙事以现实主义手法再现现实，让读者能够思索和品味人生的苦难。

其实，正如李健吾在评价罗淑的小说一样，盐题材的文学作品属于"偏僻的角落"。但对于研究者而言，还是需要置作品于文学研究的视野，同时也要置于盐文化的视野，因为文学创作的唯一源泉是社会生活，当我们把研究投向盐题材文学时，自然能发现其中的盐文化密码，并得到审美愉悦。

（《中盐人》执行主编、高级政工师　郑明阳）

惠安女的期盼（水彩画）　作者：罗萍

从盐的分类词语看盐的社会生活文化变迁

——以《新乡盐业副食品公司志》为参照

白雁南*

（河南师范大学，河南新乡，453007）

摘要： 本文以《新乡盐业副食品公司志》为参照，结合文化语言学的理论和语言分析方法，对盐在社会生活用途方面的词语做出考查，阐释语言事实与文化之间的内在联系，以此管窥盐文化在新乡民众社会生活范域的发展变迁。

关键词： 盐；新乡；分类词语；文化变迁

每个时代的词语都有每个时代的文化烙印，时代因素会渗透在这些词语中。透过与盐相关词语，我们可以探寻盐文化在社会发展中的历史轨迹，把握其历史脉络。梳理一个地区盐的分类词语，也自然会反映出盐在这个区域的文化发展特征。我们以《新乡盐业副食品公司志》①（以下简称《新盐副志》）为依据，对河南省新乡市民国以来盐的社会生活文化变迁以管窥豹。

一、新乡市及《新盐副志》简介

新乡市是河南省地级市，地处河南省北部，南临黄河，与郑州、开封隔河相望；北依太行，与鹤壁、安阳毗邻；西连焦作并与山西接壤；东接濮阳并与山东相连，总面积8249平方公里。新乡市属于华北板块，地处黄河、海河两大流域，地势北高南低，北部主要是太行山山地和丘陵岗地，南部为黄河冲积扇平原，平原占全市土地总面积的78%。新中国成立初期新乡市为平原省省会，是豫北地区重要的中心城市，中原地区重要的工

---

* 作者简介：白雁南（1978— ），女，河南卫辉人，河南师范大学文学院讲师，博士，研究方向：汉语词汇史、汉语语法史。

基金项目：2021年度河南省高等学校青年骨干教师培养计划（编号：2021GGJS043）

① 河南省新乡盐业副食品批发公司编：《新乡盐业副食品公司志》，内部资料，1990年。

业城市、中原经济区及中原城市群核心区城市之一，也是豫北的经济、教育、交通中心。新乡市历史悠久，仰韶文化、龙山文化都有遗址留存，是《诗经》重要发源地之一，流行于古代新乡地区的诗歌，占国风的四分之一。反映朝代兴衰更迭的牧野之战、张良刺秦、陈桥兵变等重大历史事件都发生在这里。境内有国家级文保单位 20 处，A 级旅游景区 19 个。①

《新盐副志》的编写是以新乡盐业分公司第 122 号全宗档案为基本资料来源，并进行了多方走访调查。档案构成为 1953—1986 年（共 206 卷：永久 106 卷，长期 76 卷，短期 24 卷）。② 从 1983 年开始进行，于 1987 年专门成立 5 人编志领导小组和 3 人编辑办公室，后又增加两名编写人员，历经 7 年于 1990 年 6 月编写完成。③《新盐副志》上限 1911年，下限 1989 年。④ 全书大约 15 万字，共分七篇三十章加附录，各篇主要内容依次为：1. 民国至解放初期的盐业副食品行业；2. 机构沿革；3. 盐的资源、生产和经营；4. 糖烟酒的生产和经营；5. 水产品的生产和经营；6. 管理；7. 其他，及有关商品知识等内容的总附录。⑤ 本文主要择取盐在社会生活范域的词语，尤其是和民众用盐生活直接相关的分类词语进行梳理分析。

二、新乡市近 70 年盐的分类词语及文化内涵

《新盐副志》对新乡地区盐业历史档案的梳理自民国初期始，至 20 世纪 80 年代后期止。其围绕着盐业公司的发展进行梳理，展现了一幅与盐有关的时代画卷，与盐有关的国民社会生活文化也跃然其上。词语是文化的载体，梳理和总结了与盐直接相关的词语，借助它们可以简单明晰地展现出盐文化在新乡地区的发展概况。按照《新盐副志》划分的历史时期，将这些词语划归各个历史时期（详见表 1）。

文化的变迁可以改变词汇面貌，词语新生或消失的背后时常隐含着文化的因素。单从表 1 即可大致看到，词语层面所反映出来的新乡地区盐文化自民国初期以来的一些发展变化。比如"盐农""盐警""私盐""盐枭"等词的逐渐消失，反映了盐业管理方面的制度发展。"小包装盐"透露了我国解散食堂、一家一户的社会历史。而"再制盐""洗涤盐""碘盐""精细盐"等词的产生则说明了盐的生产技术的提高，以及品类上的供需

① 有关新乡市的简介资料来自百度百科"新乡"词条。

② 见《新乡盐业分公司全宗介绍》，现存新乡市档案馆。

③ 河南省新乡盐业副食品批发公司编：《新乡盐业副食品公司志》，内部资料，1990 年，前言第 2 页。

④ 河南省新乡盐业副食品批发公司编：《新乡盐业副食品公司志》，内部资料，1990 年，第 5 页。

⑤ 自 1949 年 5 月新乡市解放至《新盐副志》脱稿时，在新乡盐业分公司的组织机构沿革历史中，盐业与糖、烟、酒、水产机构经历了分制、合并的历史。1985 年 10 月，新乡市成立了盐业公司，由新乡市糖烟酒公司兼管。1986 年 6 月撤销，业务仍交新乡地区副食品公司。1986 年 6 月，行政区划调整，撤销了新乡地区，将新乡地区副食品公司整体移交于新乡市第二商业局领导，单位名称改为"新乡盐业副食品批发公司"。故《新盐副志》中除了盐业介绍，还包括糖烟酒和水产的相关介绍。

变化。

表 1：各个时期的涉盐词语

时期＼词语	民国初期（1911—1936）	抗日战争时期（1937—1945）	解放战争时期（1946—1949）	对资本主义工商业的社会主义改造时期（1949—1956）	三大改造完成后到 20 世纪 80 年代后期（1957—1987）
	原盐、食盐、盐场、海盐、盐务、土盐、盐农、私盐、盐税、盐警、盐枭	原盐、食盐、土盐、小盐	原盐、食盐、盐价、盐店、小盐贩、盐商、淮盐	原盐、盐商小贩、代销盐行、盐贩、土盐、盐农	原盐、再制盐、洗涤盐①、精细盐、精制盐②、洗粉盐③、碘盐、小包装精细盐、纸卷再制盐、加工粉碎盐、大虾盐、低钠盐、盐池、盐仓

　　基于本文对民众社会生活文化方面的关注，表 1 中与民众生活用盐直接相关的词语有："食盐""碘盐""精细盐""精制盐""洗粉盐"等。从《新盐副志》来看，盐在民众生活中出现的分类词语都与饮食有关，1963 年后陆续出现的"精制盐""洗涤盐（洗粉盐）""精细盐""碘盐"，足可说明当时居民对盐的需求还基本上限于饮食方面。即便盐的生产只是为了满足民众对其调味品功能的基本需求，也还存在着供应量上的不能满足。《新盐副志》记录了两次盐荒。"1950 年末和 1960 年秋，由于种种原因调运困难，发生了盐荒。尤其是 1960 年盐荒面积之大，时间之长，引起了各级党政领导的重视。1961 年专区成立了食盐办公室。"④ 此外，1988 年，由于供求矛盾日益突出，食盐抢购风潮一起再起，于 1988 年 10 月对盐实行凭证定量供应。⑤ 足可见居民一直以来难以消除的对食盐稀缺的不安感。

　　透过《新盐副志》看新乡 1911 年至 1987 年的情况，社会针对居民用盐的供应也仅限于食用的需求。"盐的供应"一章"供应品种"一节介绍了按照产品的规格质量可划分为：原盐、再制盐、洗涤盐、精制盐、洗粉盐等。按照盐的用途可划分为：食盐、工业用盐、农业和牧业用盐及渔业用盐等。此节还梳理介绍了 20 世纪 50 年代至 80 年代供应品种的变化：50 年代除了供应部分土盐外，基本上就供应长芦原盐一种。在城市虽也供

---

① 洗涤盐指的是将原盐进行加工洗涤，除去杂质而成的盐。这种盐纯度较高、颜色较白。
② 精制盐指原盐经净化、加工提炼精制的盐。
③ 即洗涤盐。
④ 河南省新乡盐业副食品批发公司编：《新乡盐业副食品公司志》，内部资料，1990 年，第 2 页。
⑤ 河南省新乡盐业副食品批发公司编：《新乡盐业副食品公司志》，内部资料，1990 年，第 78 页。

应些再制盐，但占总供应量的不足 1%。1964 年始，为方便群众，在全市供应"纸卷再制盐"（将散装再制盐加工成一市斤一卷）。1970 年，因洗涤盐供应中断，供应"加工粉碎盐"。到 1983 年粉碎盐供应量占食盐供应量的 80% 左右。1984 年，增加了花色品种，在市内供应山东产的精制盐和虾粉合制的盒装"大虾盐"（每盒 40 克），同时还供应有袋装精制盐（每袋一公斤）、低钠盐。[①]

从整部《新盐副志》看，民国一直到 20 世纪 80 年代，民众的主要用盐都在食用范域。从具体的品种来看，到 20 世纪 80 年代，食用盐的分类开始愈发精细化，开始注重健康营养的具体需求。从政策和生产技术的变化发展上看，都是为了保证对民众用盐在量上的供应，在供应量得到保证的基础上，转而发展新技术，提高食盐的精细度，至晚在 1965 年之前开始生产碘盐，着重改善民众因碘缺乏而导致的疾病，盐文化在社会生活范域内的发展开始呈现出新的面貌。

三、新乡居民用盐社会生活文化的当代发展

随着社会经济的发展和民众生活水平的提升，在对盐的需求和使用方面也有很大的变化。我们对新乡市宝龙永辉超市[②]、新乡市胖东来超市（大胖）[③]和淘宝[④]中的盐产品做了一番调查，与《新盐副志》中 20 世纪 80 年代后期的主要分类词语[⑤]进行对比，详见表 2。

---

① 河南省新乡盐业副食品批发公司编：《新乡盐业副食品公司志》，内部资料，1990 年，第 78 页。

② 永辉超市成立于 2001 年，是中国企业 500 强之一，是国家级"流通"及"农业产业化"双龙头企业。永辉超市是我国首批将生鲜农产品引进现代超市的流通企业之一，被国家七部委誉为中国"农改超"推广的典范，通过农超对接，以生鲜特色经营及物美价廉的商品受到百姓认可，被誉为"民生超市、百姓永辉"。新乡宝龙永辉超市位于宝龙城市广场，是新乡市两家永辉超市之一，也是永辉超市在新乡市最早落户的一家。

③ 胖东来公司创建于 1995 年 3 月，经过 10 余年的发展历程，胖东来已成为河南商界具有知名度、美誉度的商业零售企业。胖东来超市在新乡落户两家，按照落户的时间顺序，分别俗称为"大胖""小胖"。

④ 鉴于当今民众网络购物的习惯，我们选取网络商城作为辅助调查来源。考虑到淘宝是年轻消费者的主要购物场所，我们将淘宝作为盐产品的调查来源。

⑤ 调查以盐产品的具体类别为主，隐去具体的品牌及其他与论述无关的商品信息，仅呈现商品名称中表示类别的词语。

表 2 《新盐副志》与两家超市及淘宝在 20 世纪 80 年代后期涉盐用词比较

分类	出处			
	《新盐副志》（1987）	新乡宝龙永辉超市①	新乡胖东来超市②	淘宝③
饮食生活用盐	精细盐；精制盐；洗涤盐；洗粉盐；碘盐；低钠盐；大虾盐	加碘精制食盐；低钠盐；钙盐	美国进口精制盐（未加碘）；湖盐（加碘、未加碘）；低钠盐（加碘）；竹香低钠盐（加碘）；炖肉盐；大青盐（加碘、未加碘）；海盐（未加碘）；美国进口海盐（未加碘）；澳洲天然海盐；天山雪晶盐（加碘、未加碘）	加碘食用盐； 加碘进口××玫瑰盐、海盐、不加碘食盐、大粒盐 （广告语："具有价值的盐"；"你还可以这样用：用于烹饪、用作浴盐、制作盐水、用于漱口"）； 新西兰进口儿童无碘海盐粉有机速溶孕妇宝宝盐 （广告语："他们有许多爱护儿童的方法，我有××海盐。用心呵护，用盐守护"；"新西兰进口海盐，除了阳光，什么都不添加"）； 新西兰进口海盐，食用无碘盐，甲状腺专用 （广告语："盐中贵族，全家都能吃的纯净好盐"；"每 1 粒盐，都蕴含着南太平洋的纯净气息"；"适用人群：亚健康人群，不能食用加碘盐人群，老年人等全年龄段人群"）； 低钠盐； 德国进口食盐××低钠盐宝宝老人儿童专用； 新西兰进口高端海盐片盐 （广告语："'它'才配得上你的品质生活"）； 深井钙盐（加碘） （广告语：天然钙盐，健康补充；洁白纯净，颗粒均匀；口感纯正，入味十足）； 含钙家用儿童老人井盐（未加碘） （广告语：为中国菜提味）； 粉盐、红盐 （广告语："料理食用、沐浴肌肤、净化空气"）； ……
其他生活用盐		沐浴盐	沐浴盐	沐浴盐 （广告语"享受舒适奢华的入浴时光"）

透过表 2，可以看到食盐的精制化、精细化早已是其基本特性，在精细的基础上，盐

---

① 调查日期为 2022 年 4 月 26 日。
② 调查日期为 2022 年 5 月 6 日。
③ 由于淘宝盐产品丰富，我们主要以《新盐副志》（1987）、永辉超市、胖东来超市三项产品调查结果为参照进行搜索（搜索日期为 2022 年 4 月 26 日），在综合排序产品中选择有代表性的产品，并隐去其品牌等商品信息，必要处用"××"代替。为对有些产品的品质、用途等方面有进一步介绍，辅以相对应的商家广告语。

产品发展出了丰富多样的品类。从词语层面呈现出来的盐产品的分类上，可以对比分析和梳理总结出盐文化在当代的具体发展：首先，在食的方面具体展现出了精致化、科学化的发展方向。针对儿童、孕妇、甲状腺病患等各个消费群体，盐的品类都有细致的区分。就是否加碘一项上来看，从永辉超市、胖东来超市到更大的淘宝市场，都可以看到民众按需购买的自由。无论是在新乡本地还是淘宝提供的购物平台上，民众均可在国产和进口两类盐产品上自由选择。其次，在使用范域上，从食到用。"沐浴盐"的品名直接标明了盐的非饮食用途。就我们调查的胖东来超市来看，沐浴盐的品类丰富，产品名称眼花缭乱，如××手工按摩盐、××美肌磨砂精盐、××温热香浴盐熏、××身体磨砂海盐、××黑玫瑰海盐水漾等。并且，作为洗浴新品，"沐浴盐"的消费引导更多是在于对生活精致化、奢华性的追求上，不仅介绍沐浴盐消毒杀菌保健肌肤的作用，通常还强调其可美容肌肤，使之光滑细嫩的功效，以及可舒缓疲惫、提高沐浴舒适度和生活质量的作用。

盐的今之用和古之用，在使用的方式方法上，今是古的传承和发展，但在文化属性上，两者不同。今天的分类和宣传更突显了现代社会倡导和追求精致生活的社会文化特征，反映了民众对健康生活和高品质生活的追求。尤其是颜值文化当前，随着盐在美容领域的流行风尚也发展出了新的词语。表2中盐在当代的分类词语所呈现出来的丰富性体现了盐广泛参与民众生活的重要性，这也是盐文化兴盛的表现。分类词语突破了饮食界，延伸至美容界，这也是与《新盐副志》相对比，当今时代所展现出来的盐在社会生活文化范域划时代意义的发展。

盐从20世纪80年代民众最基本的必需必备，走向了精致生活的高台，参与并创造着民众新时代的新生活，这是盐文化发展历程中新的繁盛。

四、盐文化在社会生活范域的发展反思

从盐在当下民众社会生活中的参与度来看，盐文化发展至今无疑是兴盛的。但这兴盛并非单纯是对我国悠久而丰富的盐文化的继承性兴盛，而是更多地显露出一种中西方文化融合的特征，一定程度上透露着受外来文化的影响。

我国是世界上最早使用和制盐的国家，盐在我国的社会生活文化史上始终占据着重要地位。虽然历史上盐的供应量时或不足，但在新中国成立后，盐产业高速发展。今天，我国的食盐生产早已现代化，产量丰足，盐产品的类别丰富多样。无论是从我国悠久的盐的发展史来看，还是当今的生产技术和产量及种类来看，我国的盐在民众社会生活文化里都有资格和能力占据绝对的优势地位，也有资格和能力在民众对高品质生活的追求中扮演其应有的角色。倘若我们从文献中追溯盐文化在中国的历史，可见从功能上，当下盐的应用在范围上也并没有突破我国古代的。但是，我们从淘宝上盐产品的广告语中可以看到，商家致力于对"进口"等字样进行反复强调，并将对高品质精致生活的描绘

与之相匹配。由于文化是通过语言得以表达和传播的，所以这些词语及广告语融入民众现实生活的同时还起着特殊的作用，它们可以反映一定的思想和生活方式，可见西式饮食文化及其他一些生活文化对当代民众依然有着不小的影响。

商家对盐进行品名上的包装宣传，民众对盐类品名的选择，都是一种文化身份的选择。而网络又是文化信息的集散地和放大器，语言和文化借助于网络都可以得到更快更广更具影响力的传播。淘宝上对于各种进口盐产品的广告宣传使得外来盐文化借助资本进入中国。

但是，如果与盐产品相伴产生的新的反映我国悠久而丰富的传统盐文化的词语和语言，那么借助于语言的力量，中国的盐文化信息和价值不仅能够传播给我国的广大民众，还有可能使得"盐"和"茶道""中餐"等词语一样，也可以位列"东方文化"和"中国文化"的话语组合，也可以是"讲好中国故事"的良好素材，成为成就文化自信的一部分根基。

盐的痛与哀伤

——蹇先艾盐题材小说简论

郑明阳[*]

（中盐金坛盐化有限责任公司 江苏常州 213200）

摘要：蹇先艾的盐题材小说《盐巴客》《盐灾》，通过对"盐巴客"悲惨遭遇的叙述，揭示了其所承受的来自身体、生活、歧视和兵祸之痛；而盐灾的发生与发展，显示了个人之伤、家庭之伤和社会的撕裂之伤。这种"痛感"叙事以现实主义手法再现现实，同时也让读者能够思索和品味人生的苦难。

关键词：盐巴客；盐灾；痛；哀伤

中国现代文学史上，将"盐"纳入写作视野的作家并不多。四川女作家罗淑（1903—1938）曾创作《井工》《阿牛》《地上的一角》等井盐题材小说。作家李健吾评价说："特别是那些关于盐厂的断片小说，把一个我从来不曾认识的世界展给我看，似乎还没有第二个作家注意这个偏僻角落……"[①]与罗淑写盐场、盐工不同，蹇先艾虽然也注意到了这个"偏僻角落"，但他笔下"盐巴客"的呻吟声令人心痛，"盐灾"的蔓延让人望不到有结束的希望。

蹇先艾（1904—1994），贵州遵义人，被誉为在"五四"中期唱着乡音步入文坛的作家。[②]1935年，鲁迅就将他创作的《到家的晚上》《水葬》选入《中国新文学大系·小说二集》，并在《导言》中称赞"蹇先艾的作品是简朴的"，"很少文饰，也足够写出他心曲的哀愁"。[③]研究者通常将蹇先艾的小说置于"乡土小说"的范畴进行评述。除小说外，蹇先艾还有散文、诗歌作品问世。

---

* 作者简介：郑明阳（1987— ），安徽阜阳人，《中盐人》执行主编，高级政工师，研究方向：盐文化传播。

① 李健吾：《记罗淑》，《罗淑选集》，成都：四川人民出版社，1980年，第162页。
② 王鸿儒：《论蹇先艾的短篇创作》，《贵州社会科学》1980年第1期。
③ 鲁迅：《中国新文学大系·小说二集·导言》，上海：上海良友图书印刷公司，1935年，第8页。

蹇先艾的《盐巴客》写作于 20 世纪 30 年，初发表在《文讯》月刊上，后被收入《山城集》①。小说集《盐的故事》1937 年由上海文化生活出版社出版，其中《盐的故事》1999 年被选入《美国国际短篇小说选入选中国作品》，易名《盐灾》，为中英文对照版本，被介绍到英语世界。②

一、盐巴客的"痛"

从古代一直到近代，盐业生产都是一项极其辛苦的工作。与盐商的富裕不同，盐工的日子过得非常艰难。盐民诗人吴嘉纪的《煎盐绝句》最为著名：

白头灶户低草房，六月煎盐烈火旁。
走出门前炎日里，偷闲一刻是乘凉。

金石学家冯云鹏在《扫红亭吟稿》第四卷有《蟹子洼观灶六首》，其五：

任重难登堤，牛跪足皮裂。
车上桶桶盐，车下点点血。

可以看出，盐工处在"水深火热"之中，用血汗赚取微薄的收入从而养家糊口。

更为艰难的是蹇先艾的家乡贵州，是一个不产盐的省份，且由于地理位置偏僻、交通不便，当地人吃盐就成了大问题。因此贵州的饮食中就有过以辣代盐、以酸代盐的经历，这种饮食习惯也延续至今。过去贵州流传着一句俗语：斗米换斤盐、斤盐吃半年。

查询相关资料可知，由于交通所限，入黔的川盐，先要由水运到各"引岸"③，然后再由水运或靠人背马驮，分运到贵州各地。于是一种职业应运而生，也就是蹇先艾笔下的"盐巴客"。

在川黔道上行旱路的时候，常常有一种人……他们都是三四十岁的汉子，身材高大，周身的筋肉都鼓胀着，脸上看不见一点烟灰的影子，透露着赭红的健壮色。不过背部因为重载的压迫，一般驼背较多。同普通的轿夫和挑夫比较起来，显然他们是另外一种不同的苦力。……他们有一种特别的本领，便是背上驮着仿佛大理石块子的盐巴，重叠着像两三尺高的白塔，和骡马一样，跋涉十天半月以上的坎坷长途，每天走七八十里或者

---

① 蹇先艾：《山城集》，北京：作家出版社，1958 年。
② 蹇先艾：《盐灾》，香港：中国文学出版社。北京：外语教学与研究出版社，1999 年。
③ 指定给请引行盐的盐商的专卖区。

一百里，不算一回事——他们被大家叫做"盐巴客"。①

　　然而，蹇先艾并无太多着墨于"盐巴客"这一职业的历史叙述，而是阐述了他们这群人的"伤痛"。

　　小说中的"我"坐着轿子到贵州办私事，因逢大雨到一家只有三间客房的茅店住宿。因客房有限，店主便带有歉意地安排"我"和一个"病人"——一个跌伤了脚的"盐巴客"同住一间客房。

　　其实，"我"对"盐巴客"是怀有成见的。"（盐巴客）这帮汉子的脾气都极为暴躁，缺少中国人的忍耐的美德；偶一有人触犯了他们，便会高声地叫骂起来。甚至于故意地把盐块倒在地上，和轿夫们为难，借以阻滞旅客的前进。"所以，"我"能接受与"盐巴客"同住，也只是"将就一下吧"。同时也开启了"我"了解"他们"这一群体的故事。

　　原来，这个盐巴客因为来不及躲避过路的"军队"，"碰到队伍过路，没有躲得开，被他们推下岸去了"，"贵州山里头有的是几十丈深的悬岩"，他"背上还背得有几百斤盐巴"。"我跌下岩去的时候，人简直跌晕死去啦……同路的把我抬到这儿来，灌了我好些姜开水才醒转来，腿的骨头全跌断了……"

　　于是，"盐巴客"孤零零一个人住在茅店里，等待家人喊乘滑竿抬回去。然而"还不晓得来不来，把人的眼睛都是望穿了"。

　　整篇小说的情节很简单。"我"通过与"盐巴客"的交谈，了解到他的经历，从而也改变了"我"对"盐巴客"认识，"我深深地忏悔着从前对于'盐巴客'的误会……观念已经得到了一次纠正"。然而，透过"盐巴客"的遭遇，作者却看出因盐而带来的各种"伤痛"。

　　首先是身体之痛。受伤的盐巴客，身体上承受了巨大的疼痛。"刚走进了院门，便有一种令人恻然的'哎哟'的声音纡回地传出来……听见这一声惨叫，我几乎疑惑我是踏入了地狱的铁门。"此外，除了被灌了"姜开水"，"盐巴客"并没有得到医治，只有店老板拿些虎骨酒给他搽了下，"越搽越老火"，可能已经引起了发烧，"他却仿佛害寒病似的，用厚被把全身裹着，而且有点颤抖"。还有，盐巴客蜡黄的脸色，以及整夜的呻吟，都足以说明这场事故带给他肉体上带来难以忍受的剧痛。

　　如果说身体之痛还能在呻吟中得到缓解，那生活之痛，就压得盐巴客喘不过气来。"把人家盐号的事情耽搁了还在其次，家里头好几口人都等我的钱吃饭呢！""腿跌断了，恐怕要成养老疾咧"。盐巴客的生活是苦的，他们背负的除了盐，还有整个家庭。据《大定府志》记载："故无恒产者日穷而日甚。转移执事，惟有负盐一役而已，……幼者十二三，老者五六十，无不以负盐为业也。数步而肩换，三里而息喘，日食玉蜀黍之爆花，

---

　　① 蹇先艾：《盐巴客》，《山城集》，北京：作家出版社，1956年，第68页。

夜眠粗白菅之短席，一生无被，终岁衣缕，头鲜布巾，足惟草履，夏炙日，冬履霜，陟岭穿林，冲风冒雨，一染寒疠，比户不休，此亦生民之奇苦者也。"① 和文中的盐巴客一样，成千上万的穷苦百姓，为衣食所迫，世辈充当运盐苦力，以求一饱。这种累世为背客的状况，在盐巴客的心里既抗拒，又无奈，还有愤怒。"我们爹在先也是背盐巴的，如今背不动，才轮到我身上了。我的大的个娃子也有十五岁啦，打死我也不叫他再干这一行……"可悲的是，留给读者的预感，恐怕他十五岁的儿子将不得不成为下一个"他"。

被歧视之痛。作为社会最底层的一群，盐巴客还遭受了歧视，这种歧视不仅来自上层社会，甚至还有和他们一样社会下层的"轿夫"。首先，作为坐轿子的"我"是不喜欢他们的，甚至在听到他的呻吟后，"我微微笑着，……心头遏不住一种幸灾乐祸的情绪……你那背子横放在大路当中，和轿夫们挑战骂街的勇气到哪里去了呢？你知否，这就是你应得的惩罚？"更为甚者，盐巴客还被称为"盐巴老二客"，而"老二"是川黔对于土匪的称呼。因此，对于上流社会而言，盐巴客是一群被侮辱被歧视的对象。和轿夫在路上相遇时，"他们仗恃抬的是老爷，总是叫我们让路"，"我们躲得慢点，他们张口就会骂人，骂我们啥子'一辈子都背盐巴'"。和轿夫相比较，盐巴客除了背的物体更重，在收入上却更差。"背盐巴的才是下力人里面最苦的一种人。比轿夫比他们剩下的那一点都比不上"，此外，还没有轿夫那样有茶钱、牙祭，所以他们是活得最卑微的一群人，"压得你气都缓不过来"。生活的重担已经不堪重负，还要在受歧视受侮辱的社会中低头而活，其生存景象可想而知。

最后是兵祸之痛。小说中，造成盐巴客受伤的直接凶手就是张师长的"队伍"。这些兵走在路上横冲直撞，所有人都要让开。如果是普通行人倒还好办，但是盐巴客们身上背负重物，加上贵州道路狭窄，让路谈何容易。更为明目张胆的是这些兵将盐巴客直接推下悬崖，"死一个穷民百姓，在他们好像死一个蚂蚁"。他们"吹起他们的鬼号，……还是走他们的路"。联系当时的社会现实，被张师长们侵扰的百姓又何止盐巴客们呢，这更是一种社会之痛。

二、盐灾带来的"哀伤"

《盐灾》比《盐巴客》篇幅略长。在蹇先艾的笔下，盐荒成灾后，村子里一片死寂。

传染病在红沙堡和樱桃堡越来越厉害了，虽然一个人也没有死；但是大家都仿佛在一种悲观的薄雾中笼罩着，一点精神没有，全身的骨头都觉得酥软，比没有过足烟瘾还难受。肩不能挑了，背也不能驮了，走起路来，提提脚都很费力，只想坐在那里或者躺在那里就过他妈一天。有时大路上看不见一个行走的人。村人有的坐在门槛上发呆，有

---

① 转引自王纯亮、武虹江：《瓢儿井：延伸心酸负盐史》，《乌蒙新报》2012年2月14日。

的睡在床上懒不起来。丈夫不去跳水了，妻子也不到小溪边去洗衣服了。

显然，这已经是一个社会问题了。按照道理，人们生活中不可缺少的盐如此奇缺，已经成灾，该由政府出面解决。然而《盐灾》中的社会现实，政府是缺位的。从中我们可以看出这次盐灾暴露出的各种社会问题，不仅是个人之伤、家庭之伤，还造成了社会的撕裂之伤。

臧岚初是《盐灾》中一个对盐灾有着清醒认识的"省城师范学堂的毕业生"，他受到了新文化运动的影响，一心想改良基层社会。所以毕业后，他当了红沙垭村自治公所的书记。

偏偏这书记天生就一副古怪的性格，他不愿意在城里住，城里那些假情假意的亲戚朋友把他弄得烦腻了，为了想多看看乡下人的真实生活，为了一番改良乡村的弘愿，他跑到这个贫瘠的红沙垭来了。

在红沙垭，他"指导着他们办民团，设立简易小学，创办公共阅报处"，他自己也兼职小学教师。不久，他的改良取得了不小的成绩，"大家精神的烦恼因此一天比一天减少下来"。

然而，这时盐灾来了。臧岚初本着为民请命的抱负，想有所作为。他的叔父为当地有名的盐商，经营着盐号，且能左右当地盐价。他希望能游说叔父救济百姓，以解燃眉之急。可事实是，以叔父为首的盐商们联合起来囤积食盐以便获取暴利，臧岚初的游说遭到叔父的嘲讽与冷落，颜面扫地，最后落得个被叔父陷害锒铛入狱。盐灾丝毫没有得到缓解。

在蹇先艾的另一部小说《赶驼马的老人》中也有过关于缺盐的描写："普通人民多淡食，所食之菜以在盐巴上沾一点盐味的，已经不是普通一般人所能享受。"而造成盐灾的原因是多方面的，除了盐运不畅，盐税畸重、军阀盘剥等实为更重要的原因。作为贵州籍作家的蹇先艾，就以现实主义的笔法进行创作，将盐灾的各种面相和哀伤推向读者。

有评论指出，蹇先艾等乡土作家"本现实主义的态度，透过乡土民俗的外在层面，开掘具有社会普遍意义的悲剧主题，而在这悲剧主题下交织着人道主义、新人文主义、对静态传统秩序的质疑以及对封建愚昧及民族劣根性的抨击"。[①] 笔者认为，除了评论者指出这些，《盐灾》对个人、对家庭、对社会的冲击非常剧烈，展现出触目惊心的哀伤。

臧岚初个人的哀伤在于理想被现实绞杀。作为具有改良意识的青年，面对盐灾，臧岚初深知产生的原因，他在给朋友的信中也进行了详述。但是，他无力改变现存的制度

---

① 王卫英:《蹇先艾乡土小说创作史论》,《新文学史料》2005 年第 2 期。

性问题。他最初建议村公所"所长","请他发起一个施盐会,让城里和本地的地主阶级们把积存的盐施舍一点给我们没盐吃的人们"。然而"所长"拒绝了,"他怪我太爱管闲事"。对乡土怀有极大感情、希望有所作为的臧岚初深感无能为力时,"我失眠了好几夜了。不知道为什么我听到山风的呼啸,便好像红沙塈的人们的哭号"。民众的"哭号"刺痛臧岚初的心,他跳入了"苦闷的圈子",带着"酸楚的眼睛",寻找另外的解决方案。臧岚初希望本家盐商叔叔臧洪发能够念及本乡本土的灾情伸出援手,然而这一次的打击更大,并导致他最后入狱。改良主义的理想不能实现,又被叔叔陷害入狱,下落不明,臧岚初的哀伤,"真愁闷得要死"。

二是家庭因缺盐造成的生活哀伤。盐灾带来了巨大的社会震荡,小说中以开小客栈刘少堂家作为案例。一般而言,开小客栈的家庭应该算不上是社会最底层,不过刘少堂家也一样面临缺盐之苦。一家人吃饭,"只有少堂的母亲面前有一个用盐块在里面泡了会的醋碟,这便是老人家吃豆腐的蘸水了",孩子们因没有盐吃不下饭,急得哭起来。淡食之苦,苦不堪言,当时贵州地区缺盐之惨状更是无法形容。国民政府主黔时期,贵州边远地区还存在着令人心酸的食盐"怪方法":"洗澡盐"或"打滚盐""供菩萨盐""挂吊颈盐"或"望盐"。① 我们知道人们的生活中离不开盐,如果缺盐身体就会出现一些生理性的病态症状,会出现一些生理上的不适,严重的甚至还会有生命危险。《盐灾》中大量的描述已经清晰地表明了当时人们生活之哀、生命之悲,生存之伤。

社会动荡造成集体哀伤。研究者指出,造成贵州缺盐有多方面的原因,官课重税、商逐厚利、重重垄断、层层盘剥,是造成贵州盐荒的主成分。它以无可争辩的事实,给这一长期灾难打上了剥削阶级统治的罪恶的烙印。② 因此,当底层人民再也无法忍受时,群体性的行动就在所难免。《盐灾》中,农民打了黄家大少爷,终于掀起了抢盐的风潮。即便如此,这又会对盐商和当权者造成什么影响呢? 臧洪发终于想到了一个妙计:请求律团长庇护。最终"樱桃堡的阔人臧洪发全眷由一排军队保护着进城去了"。抢盐风潮还是抵不过"军队"的"镇压",整个社会的集体性受虐的趋势没有得到任何改变。

余论:阅读中的痛感体验

无论是《盐巴客》,还是《盐灾》,作者都没有给我们一个好的"结果"。

离开小镇的时候,一轮红日已经在云海里驶动了,我庆幸着我们将有一个晴美的天气。但心里仍然印镂着那"盐巴客"的影子,我希望他家里早晚一定有人来,用滑竿把他抬回去,并且祝福他的前途有如那初升的朝阳。③

---

① 李浩,蒙锡正:《国民政府主黔时期贵州盐价高的问题研究》,《四川理工学院学报》2015 年第 4 期。
② 顾文栋:《贵州近代盐荒论》,《贵州文史丛刊》1984 年第 1 期。
③ 蹇先艾:《盐巴客》,《山城集》,北京:作家出版社 1956 年,第 75 页。

盐灾仍然在上述的两个村庄中继续闹下去，不晓得要闹到哪一天。①

赛先艾曾在《山城集》后记中表示，"……我的作品里也存在着一个严重的缺点，就是仅仅表示了对旧社会的憎恨，对它作了一些无情批判，却没有清晰地认识到光明的革命前途"②，所写故事"多数是令人愤懑和悲痛的，因此调子就往往显得有些低沉，使人读后感到沉闷和压抑……"并颇为此自责。《盐巴客》最后的"一轮红日"似乎带有着光明的期望，不过从文本的叙事脉络而言，这"晴美的天气"只是"我"发出的一点微弱的"祝福"，并没有对盐巴客们的处境有任何的改变。因此，从总体上讲，两篇小说都是"低沉"的。

不过即便如此，现在阅读赛先艾新中国成立前期创作的小说感受就颇为不同："低沉"不仅不是赛先艾第一阶段小说创作的"缺点"，反而是其优点，更是可贵之处。赛先艾在其作品中忠实地表现了那个多灾多难的时代，让读者能够思索和品味人生的苦难。这即是赛先艾"低沉"叙事的审美效果。③

《盐巴客》与《盐灾》的痛感叙事，带给读者"不愉快"的阅读体验。哲学家康德认为，崇高的本质是一种消极的快感，一种由痛感转化而来的快感。在阅读中，我们产生的"不愉快"——对盐巴客的同情、对盐商的憎恨、对军阀的愤怒，会出现一种转换的机制，从美学上说，就是对自身生命力的"阻滞"，并从而产生"消极的快乐"，也就是美感就此产生的过程。

因此，除了众多研究者将《盐巴客》与《盐灾》纳入人道主义、乡土小说等角度进行研究外，我们也可以从盐的角度出发，发现因盐带来的痛与哀伤。

---

① 蹇先艾：《盐的故事》，上海：文化生活出版社 1937 年，第 52 页。
② 蹇先艾：《山城集·后记》，北京：作家出版社，1956 年，第 68 页。
③ 高莹莹、陈一军：《不必自责的"低沉"———评蹇先艾的现代小说创作》，《哈尔滨学院学报》2016 年第 11 期。

九、圣贤文化与组织传播研究

主持人语

以老子、庄子为代表的道家学派崇尚自然，提倡平等。庄子还把"真人"作为理想人格的代表。以孔子、孟子为代表的儒家学派注重修身，关注人性。孔子主张"忠恕"之道，孟子提出"性善"观点。老、庄、孔、孟的思想在中华文化传播过程中产生深远的影响，引起后人较多的思考和讨论。

刘芳芳的论文《老庄平等观的内生逻辑及现代价值》详细阐述了以老庄为代表的道家思想中的平等观，并且分析了道家平等观的内在逻辑和现代价值。该文首先解读了《道德经》第五十一章"道生之，德畜之，物形之，势成之"的内容，突出了老子"道生万物"思想体现的平等观；并且对《道德经》第五十六章"塞其兑，闭其门，挫其锐，解其纷，和其光，同其尘，是谓玄同"所体现的"玄同"思想进行了分析，认为老子这种"玄同"思想奠定了道家的平等观。该文指出，庄子在老子思想基础上提出"万物一齐""物无贵贱""无用之用"观点进一步发展了道家的平等观。该文解析了老庄平等观天人同源的生成依据和道德本体的生成立场，阐明了老庄哲学从"道""德"本体立场向"物无贵贱"平等观转换的内在逻辑。该文最后点明了老庄平等观的现代价值，认为老庄平等观告诫人类不应该以征服者的姿态自居，而应该与其他生命和谐相处，共同保护自然环境和维护生态平衡。

孙彩琪、孙鹏合撰的论文《庄子"真人"思想的传播及其美学内涵》从《庄子》中的"真人"形象入手，阐明了庄子思想中"真人"生命状态的祥和之美、真人生活态度的纯朴之美、真人为人处世的坦然之美，认为庄子学派的"真人"是美的化身，是道家理想人格的代表。该文还解析了庄子思想中"真人"的内涵，阐述了"真人"一词在道教信仰和百姓生活中的传播过程，解析了"真人"词意在传播过程中的沿袭和演化。该文从庄子语言艺术的角度解析"真人"，认为庄子所说"真人之息以踵"意在表达真人深厚的道德涵养和真诚的处事态度；庄子用"众人之息以喉"形容肤浅之人遇事内心慌乱、呼吸急促、抱怨焦急的样子；庄子所谓"古之真人，其寝不梦"，意思是说真人恬淡虚无、内心安宁、阴阳平衡而不会有噩梦影响睡眠；庄子用"入火不热"比喻有涵养之人心性淡漠清静，遇到麻烦事不生气，不上火，不伤身心；庄子用"入水不濡"比喻自律自矜之人不被财色名利诱惑，不会被欲望的泥潭淹没。该文指出，庄子笔下的"真人"是庄子思想中自由和理想的化身，是庄子美学思想的集中体现。

孔子提出以"仁"为核心的思想体系，主张"忠恕"之道的实践原则。周丽英的论文《孔子圣贤思想的实践方案及其困难——以"忠恕"之道为中心（上）》从分析提出"忠恕"之道的历史语境出发，阐述了春秋战国时期的历史状况及孔子追求的社会理想；解读了"忠恕"之道的意涵及其内在逻辑；认为"人之生也直"的内在本性及"士志于道"的自觉守持是"忠恕"之道的内化方案，"孝悌仁之本"的家庭实践、"克己复礼为仁"的社会实践、圣人君子的榜样实践是"忠恕"之道的外在实践。该文指出，"忠恕"之道从人的内在探求圣贤之道的价值根源，并把这种"内在超越性"拓展到社会领域，以期实现重建价值体系和社会秩序的宏伟理想；历史与时代的局限性致使孔子"忠恕"之道的内在贯彻和外在践行都陷入了一系列的困境当中；只有对此困境及其成因进行反思，才能发掘"忠恕"之道的微言大义，使其在传统文化的复兴中重放光彩。

在对人性的探索和思考上，孟子认为人性本善，主张"性善论"。不同历史时期或不同的社会环境中，人们对"人性"的产生有不同的理解。随着社会的发展以及对"人性"认识的不断深入，今人对"人性"这一问题虽然有了基本一致的认识，但关于"人性"的探讨式争议一直在为学术研究的百花园注入源源不断的活力。孙明柱的论文《孟子性向善论的理论困境》梳理了历代关于人性的理论，尤其对孟子"性善论"的提法进行了较为详细的分析。该文从分析"'性向善'即'心向善'"理论出发，论述此种理论中关于"性"的理论困境，具体分析了"性向善论"之"善"及其价值判断的依据，论述了"择善"的形而上设定，认为"性向善论"的最终归宿是具有宗教色彩的"天"。该文最后提出"性向善论"中存在经验与超验对立的观点，认为"性向善论"否定了"性本善"之后无法为"向善"提供一个可证明"性向善论"得以成立的形而上设定，这便是"性向善论"的理论困境。

本栏目"圣贤文化与组织传播研究"所选择的四篇文章，或以保护生态环境、服务社会发展的初衷挖掘道家平等观的现代价值，或以关注文化传播方向、关心百姓身心健康的热情探讨庄子"真人"思想及其美学内涵，或以立足现实的情怀讨论孔子圣贤思想的实践方案及其困难所在，或以初生牛犊不怕虎的勇气讨论"性向善论"的理论困境。文中提出的观点虽然仅代表作者对古圣先贤思想的思考和个人理解，但也反映出当今年轻学者对圣贤思想传播的关注以及对中华优秀传统文化的热爱。

（常州市社会科学院盐文化研究中心副主任　孙鹏）

凤凰行（水彩画，北京徐悲鸿美术馆收藏，参加全国小幅水彩画展）　作者：罗萍

老庄平等观的内在逻辑及现代价值

刘芳芳*

（长安大学马克思主义学院，陕西西安，710054）

摘要：老庄思想中蕴含着独特的平等观，主要体现为道生万物与玄同之境、万物一齐、物无贵贱、无用之用等具体内容，其本质为"一切有形，皆含道性"。道家老庄的平等观以"天人同源"为生成依据，并站在"道德本体"的立场逻辑地实现了向"物无贵贱"的道德转换。道家"世间万物皆平等"的价值观具有极其重要的现代生态学意义，能够引导现代人从自然的整体上、本质上重新审视人类的实践活动，从而为解决当前的全球生态危机提供了一种新的视角和可能。

关键词：道家老庄；平等观；万物皆平等

在中国哲学的语境中，"'平等'一词多指宇宙本质一体，众生无差别，含有齐一、均平、相等之意"[①]。"平"和"等"都含有均平、等价的意义。道家哲学特别是老庄思想中蕴含着鲜明的平等理念，这些理念值得深入发掘并给予现代的诠释和应用。

一、老庄思想中的平等观

虽然道家哲学在开始时期并没有使用"平等"的概念，但它在表达人际平等、人神平等、人与天地万物平等的思想时经常用"大同""齐同"等概念来表达，这些概念其实就包含了一种"平等"意蕴。

（一）道生万物与玄同之境

老子虽然很少直接论及人应该以何种态度对待自然万物，但根据其对"道"之本性的设定，根据"道法自然"的道家基本原则，万物在"大道"面前都是平等的，人并不优于万物。可以说老子的道论为道家在对待人与万物的关系问题上定下了基调，根据他

---

* 作者简介：刘芳芳（1983— ），女，哲学博士，长安大学马克思主义学院讲师，研究方向：环境伦理与可持续发展。

① 倪勇：《平等及其与正义的关系》，《东岳论丛》，2000年第4期。

确立的自然主义原则，庄子"以道观之，物无贵贱"思想的出现乃是水到渠成，是老子"道法自然"原则合乎逻辑的推展。

老子以"天道"观万物，认为"道"以自然的态度对待万物，对所有事物都一视同仁、不偏不倚，因此一切事物在根本上都是平等的，这就奠定了道家关于人与万物平等观念的基础。不仅如此，老子还认为道与万物也是平等的。"道生之，德畜之，物形之，势成之。是以万物莫不尊道而贵德。道之尊，德之贵，夫莫之命而常自然。故道生之，德畜之；长之育之，亭之毒之，养之覆之。生而不有，为而不恃，长而不宰，是谓玄德。"（《老子·五十一章》）所谓"道生之"，是说"道"创生了万物。所谓"德畜之"，是说"德"养育了万物，这个"德"就是存在于万物之中的"道"，它是万物存在的内在根据。所谓"物形之"，是说万物依据各自从"道"那里所得到的本性（德）而成为独立的存在；"道"创生万物之后，并不离开万物，而是存在于万物之中，存在于万物之中的"道"就是"德"。所谓"势成之"，是说周围环境的作用使得万物生长成熟。既然万物的生与长离不开"道"与"德"的作用，所以万物"莫不尊道而贵德"。然而"道"之所以受万物尊崇，"德"之所以被万物珍贵，恰恰在于它对万物不加任何人为的限制和干预，任由万物按照它们的本性和规律自然地生长、演化。在老子看来，"道"虽然创生万物，却不以主宰者的姿态自居，换言之，"道"创造和成就万物并不含有目的性和功利性，从不将万物据为己有而宰制之，也不希图有所回报，所以说生而不有、为而不恃、长而不宰。这里的"生""为""长""育""成之熟之""养之覆之"，都是说明"道"对于万物的重要性，万物皆依赖"道"而生长；"不有""不恃""不宰"则说明"道"并没有占有和控制的欲望。正是由于道生万物而又对万物一视同仁、任其自然的态度，自然万物才会自生自化，而且还会自发地达到某种相互均衡状态，既无有余者亦无不足者。

除了通过"道"与万物的关系来表达他的平等思想，老子还提出了"玄同"观点："塞其兑，闭其门，挫其锐，解其纷，和其光，同其尘，是谓玄同。故不可得而亲，不可得而疏；不可得而利，不可得而害；不可得而贵，不可得而贱。故为天下贵。"（《老子·五十六章》）"玄同"即"玄妙齐同，是一种"道"的境界 [①]，它是一种彻底消除了差别的"同"，超越了一切亲疏、贵贱、利害的差别，化解了一切封闭隔阂，只能在静观中体悟到一种最深层次的"同"。要达到这种"玄同"的平等境界，首先要抑制私欲，"塞其兑，闭其门"是也；其次要减弱意志，"挫其锐""和其光"是也；再次要入世同尘，"解其纷""同其尘"是也。可见，处于"玄同"境界的人，是无欲无求、无有无名、心灵无纷扰、同尘不绝世的人。老子的"玄同"，异于人而不离于人，既表达了一种平等境界，同时也蕴含着一种极为重要的观念，那就是：在大道面前人与万物之间都是平等的，不应该有亲疏、贵贱、利害、得失等之分。老子的这种思想奠定了道家关于人与万物平等观

---

① 陈鼓应:《老子今注今译》，北京：商务印书馆，2012 年，第 43 页。

的基础，而庄子的平等和自由观点，就是基于老子这一思想的推展和发挥。

（二）万物一齐

庄子继承了老子从"道"的角度观察世界的基本观点，主张不拘泥于"物""俗""差""功""趣"等视角，从而超越了事物之间的是非、彼此、死生、贵贱等绝对界限，认识到价值判断的相对性以及是非争论的无意义。庄子认为，无论人的主观成心如何设定，天地万物都无从理会，而是继续完成自生自灭、自变自化的过程。由此，庄子提出了"万物一齐"的平等观念。

在庄子看来，作为道的产物，人与万物之间并没有什么本质上的差别，正所谓"道与之貌，天与之形"（《庄子·大宗师》）。在《齐物论》中，庄子超越了万物彼此的界限，揭示了万物各有其自是："物无非彼，物无非是。自彼则不见，自知则知之。故曰彼出于是，是亦因彼。……是以圣人不由，而照之于天，亦因是也。是亦彼也，彼亦是也。彼亦一是非，此亦一是非。"（《庄子·齐物论》）这就是说，万事万物都有和它相对立的一面，也有它自是的一面，"对立的一面出自自是的一面，自是的一面也来自对立的一面；因此，自是的一面也就是它的对立的一面，而对立的一面也就是它的自是的一面；对立的彼此双方各自都有自己的是非，即自是而相非"①。庄子认为世界万物之间本无严格的分限，这是"齐物"的基础。不管是天地还是粟米、癞疮还是西施，从道的角度来看都是齐一的，并没有绝对不变的差别。

同时，庄子超越了万物成毁的界限，揭示了万物各有其自成："物固有所然，物固有所可。无物不然，无物不可。故为是举莛与楹，厉与西施，恢恑憰怪，道通为一。其分也，成也；其成也，毁也。凡物无成与毁，复通为一。"（《庄子·齐物论》）从道的立场来看，天地万物的生成和幻灭都是演化的同一过程，有生就必有死，事物的生成就意味着事物的死灭，生与死、成与毁的界限并不是绝对的。在庄子看来，道虽然生成万物，但万物却以不同的形态相互转化、循环不息，这就是自然界的均衡。而且，"无论事物的分与成、成与毁，都复归于一个整体"②。所以，只有从道的角度观察世界，才能深刻认识到万物之间这种生死成毁、相互转化的变化过程，从而超越万物的生死、成毁之界限，保持事物自然均衡的状态，听任万物自然的演化。这就是庄子所说的："物之生也，若骤若驰；无动而不变，无时而不移。何为乎？何不为乎？夫固将自化。"（《庄子·秋水》）而人的生死也是如此。庄子将"齐生死"置于齐同万物的最高境界，是因为人对生死有一种与生俱来的情感障碍，生死问题承载了人类最大的情感密度。庄子认为人根本不必对死亡感到恐惧，死亡并不意味一切的结束，它在表象上仅仅是形体的消亡，而构成形体之"气"又重回物质世界，进入新的生命循环之中。因此，人和人之间也就没有了贵贱之分

---

① 王卡点校：《老子道德经河上公章句》，北京：中华书局，1993年，第217页。
② 陈鼓应：《老庄新论》（修订版），北京：商务印书馆，2010年，第219页。

和寿夭之别。庄子对于生死的洒脱态度，让物我关系自然地过渡到了物我同一，同时也是"彼此是非"思想的最出色的运用。庄子还说："古之真人，不知说生，不知恶死；其出不䜣，其入不距；然而往，然而来而已矣。不忘其所始，不求其所终；受而喜之，忘而复之，是之谓不以心损道，不以人助天。是之谓真人。"（《庄子·大宗师》）因为真人已经完全领悟了道的真意，所以能够坦然地面对生死，做到顺其自然。通过对生死一齐思想的阐释，庄子主张摆脱一切声色的欲望和自我的界限，彻底打破了"以自我为中心"的思维定式，达到物我合一的境界。

总之，庄子通过齐物我、齐是非、齐生死的辩证思维得到了"天地一指也，万物一马也"（《庄子·齐物论》）的结论，确立了"万物一齐"的平等观，也明确表达了这样的思想：从人与万物在宇宙中的地位来看，一切事物都是平等的。因此，人不能够驾驭万物，成为万物的主宰，而是应该让其他事物顺其自然地发展，完成演化的过程。只有这样，人才能从狭窄的局限性中提升出来，做出有利于自然万物和谐发展的行为。

（三）物无贵贱

在《齐物论》中，庄子还超越了万物贵贱的界限，揭示了万物各有其自用。庄子提出："以道观之，物无贵贱；以物观之，自贵而相贱；以俗观之，贵贱不在己。以差观之，……以功观之，因其所有而有之，则万物莫不有；因其所无而无之，则万物莫不无。"（《庄子·齐物论》）这段话说明，从不同角度、不同层面观察，同一事物会有不同的结果，庄子列举了多种观察世界的角度和方法，说明他早就认识到，对于事物的是非曲直、长短大小、利害贵贱等的价值判断都是由于人们所持的标准、角度不同而造成的，换言之，人们的主观成见造成了价值判断的无穷相对性。在以道观之、以物观之、以俗观之、以差观之、以功观之、以趣观之这六种看待问题的角度中，庄子显然是提倡"以道观之"，因为除此以外的几种都属于人的主观成见的范畴，它们共同的弊病就在于执着"分"与"别"。其中，"以物观之"更是一种常见的态度，意指世人总是囿于己见，锁闭在自己观念的牢笼里，以主观的成见去厘定是非。为什么"以道观之"就可以超越一切主观成见呢？这是因为庄子继承了老子的思想，认为道是天地万物的本源，从道的角度来看，万物并无分别，也即万物一齐、万物皆一。同时，道又是超越的，超越了一切人为设定的界限，因而也是公允的，即天地万物，道通为一。

在《知北游》中有一段关于"道"无所不在的形象描述："东郭子问于庄子曰：'所谓道，恶乎在'？庄子曰：'无所不在。'东郭子曰：'期而后可。'庄子曰：'在蝼蚁。'曰：'何其下邪？'曰：'在稊稗。'曰：'何其愈下邪？'曰：'在瓦甓。'曰：'何其愈甚邪？'曰：'在屎溺。'"（《庄子·知北游》）庄子通过形象、生动的比喻说明道普遍存在于一切事物之中，甚至于连蝼蚁、稊稗、瓦甓、屎尿等看似不起眼的事物都不躲避，"使世间一切事物都成为一种具有普遍价值的存在"①。因而,庄子相信道与万物之间的内在统一性,也相信道是无所不在,无所不包的,具有一种存在的普遍性,同时也有一种"无乎逃物"的公平性。

可见,在庄子眼里,任何卑下之物都有道性。这种道性是自然本身的呈现,没有高低、贵贱之区分。换言之,在庄子看来,天地万物没有绝对的高下与贵贱、有用与无用之分。不同的事物可以有不同的价值标准,所有价值都是相对的,并不存在一成不变的价值选择。"如果说老子用道取代了具有人格和意志的帝、天之类,而破除了殷周以来的有神论传统,而庄子之道则彻底剥除了所有终极存在的神圣性,……庄子以道为终极却不以之为神圣之物,所以能去除贵贱之分而平等地看待万物。"②在现实生活中,人们往往忽略了价值标准的多元性,只知道盲目地充当种种工具,造成了自我价值的丧失和自然秩序的纷乱。所以,庄子主张从道的高度来观察世界,由此来撤除主观成心设定的各种价值观念以及强加给自然万物的偏见,突破了认识主体的局限性,如此才能彻底消解人与万物之间的冲突与对立。这种"物无贵贱"的平等论,完全颠覆、解构了传统社会"以贵贱有等、上下有别为基本精神的等级秩序观念"③。

（四）无用之用

"无用之用"即"人皆知有用之用,而莫知无用之用也"（《庄子·人间世》）。在庄子心目中,"有用""无用"都是人类主体价值观强加给事物的偏狭结论,并不能代表事物的真实面貌。人类局限于自己经验世界里的"有用""无用",并没有进一步了解"无用之用"的价值,因此才会犯下狭隘的功利主义错误,造成人与自然关系的疏远和冲突。所以,庄子拒斥为天地万物狭隘地加上"有用""无用"的人类功利价值判断,他认为人类只有消除了这种观念上的功利限定,才能够彻底摆脱被"物"所奴役、异化的命运。《逍遥游》中有一段庄子和惠子关于有用、无用的对话就很明白地表达了这一点:"惠子谓庄子曰:'魏王贻我大瓠之种,我树之成,而实五石。以盛水浆,其坚不能自举也。……'庄子曰:'夫子固拙于用大矣。宋人有善为不龟手之药者,世世以洴澼絖为事。客闻之,请买其方百金。……今子有五石之瓠,何不虑以为大樽,而浮于江湖,而忧其瓠落无所容?则夫子犹有蓬之心也夫!'"（《庄子·逍遥游》）惠子种了魏王送他的大瓠种子,结果长成了"实五石"的大葫芦,然而用它来装水浆却"坚不能自举",用它来做瓢则"瓠落无所容",除了大却没有什么实际的用处,所以只能把它扔掉。庄子批评惠子"拙于用大",以为大瓠无用就将它扔掉的行为,其实是对"用"没有深入了解的缘故。看起来似乎"无用"的大瓠,却具有"为大樽而浮乎江湖"的"大用"。庄子借大瓠大树而写出大

---

① 唐坤:《论庄子万物一齐的平等境界》,《江汉论坛》2005年第7期。

② 陆玉林著:张立文主编:《中国学术通史》(先秦卷),北京:人民出版社,2004年,第329页。

③ 马作武:《庄子平等、自由观发微》,《中山大学学报》(社会科学版)2007年第1期。

用，并举出"不龟手之药"的事例说明事物本身并没有有用、无用之分，只是因为使用者以及使用方法的不同，才让事物发挥的功效和产生的效果有了很大的不同。此外，在《人间世》中庄子再次举例说明了无用之为有用的观点：对于被认为无用的"散木"，"以为舟则沉，以为棺椁则速腐，以为器则速毁，以为门户则液樠，以为柱则蠹，是不材之木也"（《庄子·人间世》），庄子却认为正是因为它"无所可用"，却成了"能若是之寿"的"大用"；而对于被认为"有用"的"楂梨橘柚，果蓏之属"，庄子认为"实熟则剥，剥则辱。大枝折，小枝泄"（《庄子·人间世》），却成了招致自身灾祸的"无用"。

可见，庄子认为所谓的"有用"与"无用"，只是一种功利的价值取向，在他眼里，自然界根本不存在完全的无用之物。庄子试图淡化、模糊天地万物之间"有用""无用"的区分，认为人们只有打破"有蓬之心"，不偏执于"有用"与"无用"的划分，才能冲破"见小而不识大"的局限，以开放的心灵向外与他人、他物相融合。庄子"无用之用"的价值观否定了"以人为中心"的功利标准，因为这种标准从人的需要出发去评判万物的价值，忽略了事物本身固有的存在价值，以及万事万物之间相互依赖、相互转化的联系。总之，这种观念强调人类的一切行为必须在与其他物类协调共作的轨道上进行。这就告诉我们，人类应该通过保护生物圈中的其他物种来赢得尊重，并体现自身的价值，努力和其他存在物共生共荣、共同发展，在人类的生存和生物圈的协调性中维持一种平衡①。

二、老庄平等观解析

（一）老庄平等观的生成依据：天人同源

天道价值论下的平等观以"天人同源"为其生成依据。道家老庄对于"天人同源"的阐释是站在宇宙生成、运行和演化的宏大视野下进行的。"这种天人观表达了天与人同源同根之思想，其本质是天与人在宇宙生成与演化过程中具有其相同生成之根源，这个根源乃为天人共同来自宇宙生成与演化之源。"② 对于宇宙万物的生成演化过程，老子给出一个简单扼要而又无比深刻的解释："道生一，一生二，二生三，三生万物。"（《老子·一章》）此处的"道"，是先于天地万物而生的，"可以为天地母"（《老子·二十五章》）；同时，它作为宇宙始源的客观存在，又是永恒不变的，是万物恃之以生的基础。可见，天人同源于"道"这一原初物质。这里的"一"，正是天、地、人具有同源性的重要体现，天人由同根而生，同气成形，也就是说天地万物是统一的，人与万物都是大自然的一部分。借用现代语言来表达，世间万物虽然外表各不相同，但它们都有着共同的本源——道，所以自然万物与人类也都是平等的关系。人类与自然本源上的平等和统一，是道家

① 许建良：《道家"无用之用"的思想及其生态伦理价值》，《哲学研究》2007 年第 11 期。
② 张苏，赵芃：《道教的"天人合一"思想与生态文明建设》，《社会科学研究》2012 年第 5 期。

万物平等观的理论出发点。换言之，老庄对"天人同源"的价值判断必然会生发出朴素的万物平等观这一伦理结果。道家的万物平等观观照到了一切自然存在物，不管有生命的还是无生命的都在其范围之内，这就远远超越了一般意义上的"人格平等"，形成一种广义的平等观——"物格平等"。"物格平等"的平等观主张人们充分地尊重"道"之本性，让宇宙万物"自足其性"，也就是让万物得到自然的发展，而不予以强硬地干涉和改变。这样才能让人类与天地万物保持和谐共存。否则，反其道而"妄作"，不但会造成自然的异常和损害，而且最终会将这种危害反馈到人类自身。

（二）老庄平等观的生成立场：道德本体

天道价值论下的平等观站在道家"道德本体"论的立场论述了人类与万物的价值根据，通过对"道"与"德"这一对本体论范畴的论述以及它们与万物之关系的阐述，逻辑地实现了向"物无贵贱"平等观的道德转换。

老庄道家哲学以"道"为基点建立起了具有本体论意义的道德学说，而"道"与"德"在老庄思想中是内在统一的。"夫道有情有信，无为无形；可传而不可受，可得而不可见；自本自根，未有天地，自古以固存。"（《庄子·大宗师》）这就表明了"道"所具有的本体意义，万物皆由"道"而生。"自古固存"则进一步说明了"道"的实存性和永久性，说明它的存在并不依赖于任何其他事物，而是具有逻辑在先的性质。从宇宙生成论的角度来看，"道"创造和维持了万事万物，它又使宇宙万物化归虚无，融入大化流行之中，最终多变为一。同时，它也阐明了这样的内在联系："道"超越了万物而又内在于万物。在《知北游》中，庄子详细论述了"道"的"无所不在"，说明它存在于所有事物之中，甚至最不起眼的事物都是与"道"融为一体的。从万物的生存和发展来看，"道"虽然生成了万物，但万物的发展和进化又依赖于"德"。《老子·五十一章》指出，"道生之，德畜之。长之育之，亭之毒之，养之覆之""万物莫不尊道而贵德"。这一章的内容揭示了万物生化所必须遵循的自然规律，同时也表明在宇宙万物的形成过程中，"德"承担了畜养万物的重要功能。老子认为，"德"的重要意义是因为它与"道"之间具有密不可分的关系。正所谓"孔德之容，唯道是从"（《老子·二十五章》），在老子看来，"道"是借助于"德"来体现的，"德"养育万物，万物依靠"德"而能够生长；同时，"道"无言无形，人们只有通过"德"才能认识和感知"道"的精髓，因此"德"承载了"道"的一切。正是由于"德"与"道"之间的这种密切关系，决定了"德"与"道"一样在道家哲学中具有本体论的意义。而且，"道"与"德"的本性是"自然而然"的存在状态，它们生长万物而不据为己有，抚育万物而不自恃有功，导引万物而不主宰，实际上也就关涉到了万物平等的价值思想以及人类实践遵循的自然准则。如此一来，道家老庄哲学便从"道"与"德"的本体立场逻辑地实现了向"物无贵贱"平等观的道德转换。

三、老庄平等观的现代价值

道家老庄认为自然万物都无条件地具有平等的生命尊严，所以人不能够、也不该凌驾在其他物种之上。这种理论与当代的生态整体主义所遵从的平等观有相通性，反映出它们所具有的一个道德共识：世间万物皆平等。从万物皆平等的维度来看，在我们居住的星球上，人类不过是众多物种中的一种，是整个生态系统中与其他存在物地位平等的一员，一切存在物对于地球来说都是有价值的。不能因为生态系统本身似乎并无"生命活性"、不能被感性地人格化，就否认其中的价值生成意义。任何一种生命形式，都有其独特的存在价值。因此，万物在根本上是平等的，所有生命在某种程度上都具有自我选择、自我实现及自我超越的能力，有一定的目的性。所以，人类不应该以征服者的姿态自居，而是应该与其他生命和谐相处，共同维护我们的地球家园。

现代有一些人总认为人类的利益高于一切，世间万物都应该为人类所用，都是为人类而存在的，所有的自然存在物也因其对于人类需要的有用程度不同而被划分成不同的等级。但是，老庄却以过人的睿智超越了这种偏狭，他们反对以人的利益作为价值标准，认为价值判断具有无穷的相对性，因此应该突破主体的局限性，以开放的心灵去照见事物本身的样态。这种观念体现在人与万物的关系上，不但启发我们重新思考人与自然的关系，正视自然界的各种实体存在，在自然中确立人的合理地位，而且提醒我们不能只注重大自然给人类带来的物质利益，也应感谢大自然带给我们的各种精神享受。承认自然的价值以及自然价值的平等，自然而然就会生成一种提倡平等和整体性的生态价值观。这种生态价值观对自然的价值予以重新确认，肯定人内在于自然、融合于自然。作为自然界的一部分，人类和自然有着共同的利益和命运，它们早已是天然的命运共同体。因此，这种生态价值观呼吁人们积极投身到缓解环境危机的实践中来，并以节约使用自然资源和保护生态环境为己任，尽最大努力与自然和谐相处、共生共荣。从这个意义上来说，人类应该放下控制自然、征服自然的姿态，而以一种与其他自然物彼此平等的姿态去融入自然，与自然和谐相处。不仅如此，因为人具有自觉的道德意识，人类还应该用生态价值平等的理念约束自己的行为，并且承担起自觉维护其他生命和非生命体的责任。

《庄子》"真人"思想的传播及其美学内涵

孙彩琪　孙　鹏[*]

（陕西师范大学美术学院，陕西西安，710119；

常州市社会科学院盐文化研究中心，江苏常州，213200）

摘要:《庄子》以特有的艺术手法描述"真人"，使其成为真与美的代表，成为道家的理想人格。《庄子》"真人"思想在历史上有广泛的传播和很大的影响。后人对《庄子》"真人"的解读多有神秘化倾向。正确理解《庄子》"真人"的含义，有助于纠正因神秘化"真人"而产生的错误观念。《庄子》提倡人格完善和精神自由，庄子本人也正是这样的追求者，是生活中实实在在的人，而不是具有超自然能力的"神"。庄子思想中的"真人"是立足现实、安然自乐的人，是超然物外、心无挂碍的人，是在生活中不执偏颇、游刃有余的人，是逍遥于现实、不被世道所累的人格完善之人。

关键词:《庄子》；真人；艺术；传播

　　《庄子》多处提到"真人"，庄子本人亦被道教尊为"南华真人"。庄子善以艺术语言描绘"真人"的形象，以特有的艺术手法刻画"真人"体现的"真"与"美"。"真人"形象传达的美是道家人格美的典范。

一、《庄子》中的"真人"形象

　　《大宗师》一文比较集中地展示了庄子笔下的"真人"形象。

　　"古之真人不逆寡，不雄成，不谟士。……入水不濡，入火不热。是知之能登假于道者也，若此。"[①] "真人"的人格美在于不违背人的意愿，不以自身的成就而自大，不谋划烦琐的俗事；"真人"有防患于未然、避开灾难的智慧，与"道"相通。这段话以表明了"真人"自然而然的生存状态，"真人"是美与智慧的集大成者。

---

　　[*] 作者简介：孙彩琪（2000—），女，陕西师范大学美术学院硕士研究生，研究方向：艺术美学；孙鹏（1977—），男，哲学博士，常州市社会科学院盐文化研究中心副主任，研究方向：中国传统文化。

　　① 杨柳桥：《庄子译注》，上海：上海古籍出版社，2012年，第55页。

"古之真人，其寝不梦，其觉无忧，其食不甘，其息深深。真人之息以踵，众人之息以喉。"①"真人"有良好的身心状态，不被梦幻影响睡眠，不被忧愁占据心态，不因食物扰动口感，不因外界干扰而影响呼吸的平静。这段话描述了"真人"祥和的生命状态，表明了"真人"的生命之美。

"古之真人，不知说生，不知恶死，……不忘其所始，不求其所终；受而喜之，忘而复之，是之谓不以心捐道，不以人助天。是之谓真人。"②"真人"不因为生死存亡而牵动情绪，遇事顺其自然，守住本心而不随物攀援，这段话描述了"真人"豁达的生活态度，表明了"真人"人生状态之美。

"古之真人，其状义而不朋，若不足而不承；与乎其觚而不坚也，张乎其虚而不华也。邴邴乎其似喜乎！崔乎其不得已乎！……其一与天为徒，其不一与人为徒，天与人不相胜也，是之谓真人。"③"真人"适应任何事物而不偏私，立身处世以义为先，不私结朋党而且不感觉孤独，没有门户之见而和和乐乐，内心谦虚安静，外表明朗和悦，安稳地修养自己的德性，没有人为造作的表情和行为，身在世间而内心超然物外，行为顺应时机，以道德为准绳，以礼节为辅助，处于纷扰人间又不与世俗同流合污，应物游世，保持其生命的宁静与自在天真，和谐天人关系而把相互的抵触降到最低。这段话描述了"真人"坦然的处世态度，体现出"真人"在处理人际关系时的和善之美。

《大宗师》集中展现了"真人"的生存状态，体现出"真人"的生命之美、生活之美和处世之美，以艺术的语言描绘"真人"自然属性和社会属性，意在表达生命的理想状态以及人生修行的目标。《徐无鬼》等篇章进一步以艺术语言描绘真人形象，展现庄子学派的"真人"之美。

"是以神人恶众至。众至，则不比；不比，则不利也。故无所甚亲，无所甚疏，抱德炀和，以顺天下。此为真人。"④"真人"对世俗的阿谀奉承、拉拢通融等行为报以避而远之的态度，在"真人"心中没有太亲近的人，没有太疏远的人，以醇和的心态，抱守道德，顺应自然之道，对人情私欲不抱有看得惯或看不惯的情绪。这段话在体现"真人"心态平和、注重修养的同时，也表现出庄子学派所主张的理想社会关系。

《庄子》中的"真人"一词蕴含着深刻的思想内容。"真人"是道家理想人格的代表，但庄子学派深知"真人"的处世态度在现实社会中不容易行得通，"真人"很难成为世俗社会中的"达人"。庄子学派察觉出世俗社会惯用伪装作为生存法则，故此以"真人"来表达他们心中的理想人格。"真人"的深意可以在汉字的字义和写法中得到体现。"真"的反义词是"假"或"伪"。庄子学派发现虚假和伪装是一些世俗之流谋取私利的惯用伎

---

① 杨柳桥：《庄子译注》，第55页。
② 杨柳桥：《庄子译注》，第55页。
③ 杨柳桥：《庄子译注》，第55—56页。
④ 杨柳桥：《庄子译注》，第252页。

俩，造字中的"假""伪"都有一个单人旁。单人旁常常被说成是"单站人"或"单立人"，也就是单人旁表示站立着的人。而"假""伪"的反面是"真"，庄子学派所说的"真人"可以说是"假人""伪人"的反面。假人、伪人是当时社会中站立着的人，那么"真人"在当时社会中是什么样的人呢？这可从"真"字的结构看出来。现代汉语中简写的"真"已经没有单人旁或倒着的单人旁了，而旧体的"真"字写作"𤾓""𤡭""𤲃"，这几种写法的上部像"匕"，更像一个倒下的单人旁。庄子学派之所以选用"真人"作为不同于世俗之人的这种人的名称，是因为选择了"真"字的真实、真诚、真切之意，也不排除是庄子学派要用"真人"区别于当时的"假人""伪人"等社会"达人"，是那种被边缘化的、难以在社会中"站立"的人。在庄子学派的思想深处，"真人"在当时的世俗社会不像"假人""伪人"那样趾高气扬，只要别太"真"，成为稍微世俗一点的"俗人"，也不至于在社会中"倒"着。"真人"是庄子学派洞察当时的社会现实而提出的一个寓意深刻的词语，它表明了庄子学派对当时社会现实的嘲讽。在庄子学派的心目中，以虚假和伪装立于世俗之中并不是人生追求的目标，保持自然淳朴的本性，成为人格完善、心灵自由、与世无争的"真人"才是应有的追求。

"于蚁弃知，于鱼得计，于羊弃意；以目视目，以耳听耳，以心复心。若然者，其平也绳，其变也循，古之真人。"①像蚂蚁似的抛弃智慧，像鱼似的悠然自得，像羊似的抛弃意志；以眼观眼，耳听耳，用心灵回复自己的心声。内心平正如墨线，平静如深渊，想法和行为遵循着自然的规律。庄子学派用蝼蚁、鱼、羊喻"真人"，表明"真人"在社会中不显眼的地位和自然而然的生活状态。蝼蚁很小，鱼、羊常常被人食用，但是在其有限的生存时空之中不去考虑伎俩智巧而简简单单地活着，不被俗务烦劳而悠然自得，不被功名利禄所累而顺其淳朴自然的本性。庄子学派看淡世俗得失，以"真人"为美，因为"真人"能够顺应人之本性而得其所得，视其所视，听其所听，想其所想。

"以天待之，不以人入天，古之真人。"②"真人"顺应天道而为，不以主观作为违逆天道。《庄子》中的"真人"与天地自然融为一体，是人性融合于自然的化身。他认为"真人"是"凄然似秋，暖然似春，喜怒通四时，与物有宜而莫知其极"③。"真人"是自然和人性的合一，"天性"与"人性"在"真人"身上并存，合而为一。"其一与天为徒，其不一与人为徒，天与人不相胜也，是之谓真人。"④"真人"单纯而素朴，"故素也者，谓其无所与杂也；纯也者，谓其不亏其神也。能体纯素，谓之真人"⑤。具有不与外物相互掺杂的朴素，具有不亏损自己精神的纯粹，这样朴素而纯粹的人就是"真人"。

① 杨柳桥：《庄子译注》，第 253 页。
② 杨柳桥：《庄子译注》，第 253 页。
③ 杨柳桥：《庄子译注》，第 55 页。
④ 杨柳桥：《庄子译注》，第 56 页。
⑤ 韩忠：《庄子读解》，上海：上海书店出版社，2018 年，第 145 页。

《庄子》中的"真人"与天地万物浑然一体，与世无争，不因外物扰动内心的平静，凡事以义为先，厚实道德修养，这正是《庄子》中"真人"的特征。"真人"在《庄子》中是理想人格的化身，也是天地自然之性的体现。《庄子》提出的"真人"及其形象，在后世传播甚广，在道教信仰及百姓生活中都产生广泛的影响。

二、"真人"思想的传播和演变

《庄子》用带有艺术美的语言描述了"真人"，鲜明地展示了真人的形象，带给人们对"真人"乃至"真"的很多思考。从此，"真人"成为很多人追求的理想人格或修行目标。庄子通过对"真人"形象的描绘表达出其对"真"的理解，"真人"是庄子思想中"真"的人格化展示。

何为"真人"？《汉语大字典》解释为："道家称'修真得道'或'成仙'的人。"[①]"修真得道"的人，这是对"真人"现实化倾向的解读。"真人"就是以存养本性等无形的方式、持之以恒地修炼使人格修养及自身能力逐步提升，而成为通晓人生及宇宙真相、在能力方面产生质变的智慧之人。这与把"真"理解为真诚、真实、真切等意思有关。在这些意思的基础上，凡是能够以伦理道德约束自身，做到待人真诚，言语真实，看问题真切，不被事物表象蒙蔽的人都有成为"真人"的可能。在道教中往往尊称德高望重的修道者为"真人"。这样的"真人"是道德高尚、品行端正、修道之心真切的人，并不一定具有超自然能力或超乎常人的本领。《庄子·田子方》中，田子方称扬其老师东郭顺子曰："其为人也真，人貌而天虚，缘而葆真，清而容物。"[②]田子方觉得他的老师东郭顺子的为人本性纯真，外有人的容貌而内心怀有天道，顺从天地自然法则而能够保全本身的真实本性，清静无为而能包容万物。所以，田子方在描述东郭顺子的时候用了两个"真"，亦体现出《庄子》中"真"的真实、纯真之意。这种意义上的"真人"，在后世沿用下来，成为人们对修真得道者的尊称。

《史记·秦始皇本纪》有一段话："始皇曰：吾慕真人，自谓'真人'，不称朕。"[③]秦始皇自称为"真人"，体现其仰慕"真人"的品行及能力，愿以"真人"为目标激励自己。后来，统一天下的帝王被称为"真命天子"，也是对"真人"思想的沿用。

汉代张衡作《南都赋》云："方今天地之雎刺，帝乱其政，豺虎肆虐，真人革命之秋也。"[④]此句中的"真人"显然是指能够代表百姓利益、真实为百姓着想的德高望重之人。

《汉书·杨恽传》云："我不能自保，真人所谓'鼠不容穴，衔窦数'者也。"[⑤]南朝宋

① 汉语大字典编辑委员会：《汉语大字典》，武汉：崇文书局，2010 年，第 126 页。
② 杨柳桥：《庄子译注》，第 196 页。
③ （汉）司马迁撰，韩兆琦评注：《史记》，长沙：岳麓书社，2012 年，第 133 页。
④ （唐）元稹著，吴伟斌笺注：《新编元稹集》（第 10 卷），西安：三秦出版社，2015 年，第 5195 页。
⑤ （北宋）司马光编撰，邬国义校点：《资治通鉴》，上海：上海古籍出版社，2017 年，第 275 页。

刘义庆《世说新语·德行》中也有"太史奏真人东行"①,这两句话中的"真人"皆是指品行端正之人。

宋苏轼《仇池笔记》云:"真人之心,若珠在渊。众人之心,若瓢在水。"②"真人"的心念就像深渊中的珠宝一样,这句话意在表明"真人"内心的平静。

近代教育家陶行知所说"千教万教教人求真,千学万学学做真人"③,其中提到的"真人"显然是指道德高尚、品行端正之人。

随着"真人"的意思朝着世俗化、现实化的传播,"真人"这一名词被广泛应用于日常交际之中。人们常说的"真人面前不说假话",这里的"真人"就没有神秘色彩,指的是真诚可靠或知情之人。

人们对"真人"所代表的意思朝着世俗化方向发展,但是在人们的心目中,"真人"还是在学识、见解等方面超出一般人的知识渊博之人。人们通常对学识渊博的人说:"您可是真人,请发表见解。"此处的"真人"指知晓天理和真理的学者。

《汉语大字典》把"真"解释为"成仙"的人,这种解释已经把《庄子》所说的"真人"向着"神化"的方向解释,"真人"已经是不同于普通人的"仙"了。这种解释反映出在道教神仙思想影响下人们对"真人"的理解。《说文·匕部》:"真,仙人变形而登天也。"④这段话更直白地表达出"真人"就是得道成仙的人,是经过特殊的修炼和变化而升入天界的人。这种解释直接把"真人"描述为仙人升腾后的更加高级的神仙。"真"的旧体写法是"眞",该字的各组成部分亦能透露其本义:"匕,变化。目,眼睛。乚,隐藏。八,乘载的工具。"⑤把旧体"真"字各组成部分的解释组合起来,可以有两种路径解释"真"的意思:一是神化倾向的解读——"真人"就是得道成仙者乘坐普通人眼睛看不到的工具升入天界变化而来的,这是向着神化方向的解释,可以无限夸大"真人"的神通广大及无所不能,也是神仙信仰群体的偶像或修行的目标;二是现实化倾向的解读——"真人"就是以存养本性等方式修养人格、提升能力而成为通晓人生及宇宙真相的智慧之人。这两种解释都包含了"日积月累的修行""变化""以肉眼看不见的方式",体现了"真人"是通过持之以恒的修行,无形之中使人格得以完善和能力得以提升,在量变基础上而产生了质的飞跃。但前一种解释中的"真人"已经是"神仙",具有了超自然的属性;而后一种解释中的"真人"是在认识世界、看待问题方面超越了普通人的人。在历史的传播过程中,这两种关于"真人"的解释引导着不同的群体或者在远离尘世的道路上追求修道成仙,或者在入世修行中追求人格完善及能力的提升。

---

① （南朝）刘义庆著,李自修译注:《世说新语选译》,石家庄:河北教育出版社,2015 年,第 2 页。

② 张春林编:《苏轼全集》（下）北京:中国文史出版社,1999 年,第 1385 页。

③ 祁志祥:《人学原理》,北京:商务印书馆,2012 年,第 126 页。

④ 胡礼明:《循词问道:教你如何真正读懂汉字》,北京:中国书店出版社,2019 年,第 237 页。

⑤ 汉语大字典编辑委员会:《汉语大字典》,武汉:崇文书局,2010 年,第 126 页。

　　庄子提出的"真人"概念在传播过程中与中国历史上的神仙信仰结合起来，成为有神论者的信仰对象和修行方向。道教利用了神仙信仰以吸收、扩展和引导信众，《庄子》中描绘的"真人"自然地成为道教宣传的神仙之典型，亦成为道教信众信仰和修行的目标。而且，道教的产生还推动了神仙体系的发展，陶弘景《真灵位业图》描绘了一套完善的神仙系统。至此，先秦以来神仙信仰演变成一套人员众多、等级有别的神仙谱系，并且在信仰者心目中成为超越于世俗官僚体制之外的另一套与百姓生命及生活相关的管理系统。"真人"人格完善、能力超强，不受世俗所累，亦不受任何束缚。"夫免乎外内之刑者，唯真人能之。"①据《说文解字》载："真，仙人变形而登天也。"②清代段玉裁对此句的注解为："此真之本义也。"③肯定了"真人"就是变形登天的仙人。神仙世界的美好恰是现实生活之艰难的反面，是历史上饱受剥削和压迫者内心的向往，亦是人们要突破现实局限的心灵寄托。虽然人们明知神仙世界虚无缥缈，但神仙信仰给理想和愿望的实现提供了心灵的慰藉，这恰好满足了信众的内心需要。清代徐灏《说文解字注笺》曰："然自《庄》《列》始有真人之名，始有长生不死而登云天之说，亦寓言而。后世由此遂合道家神仙为一流，此变形登天之说所由也。"④这段话表明了《庄子》提出的"真人"之说以及长生不死登云天的说法属寓言故事，后来的道教借用了这些说法，使变形登天的神仙故事传播开来。在道教产生以来的两千多年历史中，"真人"等同于神仙，具有神通，飘忽不定，凌驾于凡俗世界之上。这既是道教维持自身发展而做的宣传，也是百姓渴望幸福自由生活的体现。在道教宣传及百姓心目中，凡俗之人通过修道积德和严格的自我要求有成为"真人"的可能，这为世人摆脱压迫剥削及现实束缚铺设了一条虽然渺茫但充满希望的道路。宋代苏轼《柳子玉亦见和兼寄其兄子璋道人》之"晴囱咽日肝肠暖，古殿朝真履袖香"⑤，《红楼梦》第二十五回"厌魔法叔嫂逢五鬼，通灵玉蒙蔽遇双真"⑥，在这些文学作品中，"真""真人"已等同于神仙，反映出百姓心目中的"真人"已不是普通人，而是神仙的另一种称谓。

三、《庄子》真人思想的美学内涵

　　自庄子提出"真人"一词之后，在两千多年的传播过程中，后人不断猜测"真人"的本义，探寻"真人"的样子，寻找"真人"的踪迹，尝试成为"真人"的方法，以各种修心修身的修炼接近"真人"的境界。在寻寻觅觅中，人们反思"真人"的本义，结合历史经验和时代步伐思考着"真人"的真面目。

　　① 杨柳桥：《庄子译注》，第331页。
　　② 胡礼明著：《循词问道：教你如何真正读懂汉字》，北京：中国书店出版社，2019年，第237页。
　　③ 祖保泉：《二十四诗品校注译评》，芜湖：安徽师范大学出版社，2018年，第64页。
　　④ 汉语大字典编辑委员会：《汉语大字典》，第126页。
　　⑤ 王琪：《汉字文化教程》，北京：商务印书馆，2018年，第305页。
　　⑥ （清）曹雪芹等著，黎孟德导读：《红楼梦》（上），成都：巴蜀书社，2018年，第132页。

　　庄子是现实中的人，他富有理性和浪漫情怀，庄子对"真人"的描述虽然用了一些似乎超越常人之所能的描述性词语，这些只是浪漫手法下的艺术语言，而不是要表达"真人"有什么样的超自然能力。庄子本人并不多言鬼神怪异，他追求超然物外的人格和不受世俗所累的自由精神，庄子笔下的"真人"是庄子思想中自由的化身及理想人格的代表。

　　庄子运用艺术手法描绘的"真人"给后人留下了较大的想象空间。由于人们理解的角度不同，以致庄子"真人"思想在传播中产生较大的分歧，尤其在道教及民间信仰群体中向着神秘化方向演化。这不但造成对庄子"真人"本意的偏离，而且会造成修行观念的错误。从艺术美学视角分析《庄子》"真人"思想，有助于理解《庄子》中"真人"的真义，有助于还原庄子学派真人人格的本来面貌。

　　《庄子》中的"真人之息以踵，众人之息以喉"仅仅是一种艺术化的描述，以期借助人体的生理结构特征比喻人的心智状态。然而恰是这种艺术化的描述方式在历史上引来了人们的各种猜想，甚至有不少人认为"真人"是用脚后跟呼吸空气或者脚跟能够帮助呼吸，还有一些别有用心、哗众取宠之人甚至宣称自己修炼到了可以用脚跟代替鼻孔呼吸的境地。从呼吸方式来看，用脚跟呼吸空气不但是不可能的，而且是没有必要的。人的鼻孔是自然而然地用来呼吸的，具有尊重自然之道家精神的庄子不可能提倡废弃自然赋予的呼吸器官不用而另辟蹊径，以违背自然的方式用脚跟呼吸。人们都知道脚跟不可能用来呼吸，于是有人猜想"真人之息以踵"是表明"真人"可以通过鼻孔进行绵长细微的呼吸，吸入空气进入气管到肺部之后继续往深处吸，一直引导吸入的气流到脚跟部位，这样才有利于全面吸收吸入的氧气，成就"真人"。从人体科学来讲，人的呼吸系统包括从鼻腔到肺的这样一个系统，并没有延伸到腿部或脚跟，这种认为"真人"吸气到脚跟的思想是不符合人的生理结构的，也是不现实的。结合庄子的语言艺术来看，他提出"真人之息以踵，众人之息以喉"，表达的是"真人"深厚的道德涵养和沉稳的处事态度，体现出庄子美学中对人格美和自身修养的重视。

　　从庄子语言的艺术特色来看，他用"真人之息以踵"比喻修行者脚踏实地生活、沉着稳重做事，是说"真人"在生活中安心处静，遇事不慌张，踏踏实实，从容不迫，不徐不疾。庄子用"踵"表达"真人"举手投足之稳重，进而表达"真人"内心无忧，无欲望，无烦恼。《素问·上古天真论》曰："上古有真人者，提挈天地，把握阴阳。呼吸精气，独立守神，肌肉若一。"[①] 这句话也表明"真人"与天地阴阳同节律，精神内守，身心健康。

　　同理，庄子用"众人之息以喉"的艺术语言描述肤浅、焦躁之人。"息以喉"表明的是遇事急躁、呼吸急促、内心慌乱、抱怨焦急的样子，比喻肤浅之人遇事惊慌失措、心

---

　　① 姚春鹏译注:《黄帝内经》，北京：中华书局，2010 年，第 23 页。

神不宁的样子。潜虚翁曰:"以踵者,心息相依,归乎其根也。"① 倘若不理解庄子的语言艺术,仅仅从字面猜想,不但违背庄子的真意,而且无法感受庄子美学的深刻内涵。

《庄子·大宗师》云:"古之真人,其寝不梦,其觉无忧,其食不甘,其息深深。"② 所谓"不梦",也是庄子对"真人"境界的艺术化描绘。"真人"恬淡虚无,内心安宁,阴阳平衡。梦境往往是人所思、所遇的体现,"真人"在上床后安心入眠,入睡稳实,也不会有凶恶的梦境出现在睡眠过程中。庄子"真人无梦"之说体现的是"真人"身心和谐之美,这种美是内心之美与生活之美的融合,是庄子思想中人生修行过程与结果相统一的完美之境。

正确认识《庄子》中的"真人",还应该清楚庄子所谓的"真人"是用艺术手法描述出来的理想之人,而非现实中的人。"庄子所谓'真人',其实并不是一个有血有肉的真实的个人,而是一个象征,一个人格化了的抽象概念,'真人'只是以一种形象化的方式指向一种抽象的哲学境界,这种境界可以理解为超越于现象世界的,先于人为的知识的,未经人的思维构架改造的本然的存在。"③《庄子·大宗师》所说的"入水不濡,入火不热",并不是说"真人"是跳入火海而不会感觉到热,沉入深水不会溺水,而是比喻有涵养之人心性淡漠清静,遇到麻烦事不生气,不上火,不伤身心,故此庄子用"入火不焚"来比喻。庄子用"入水不濡"比喻人格完善的"真人"不被财色名利诱惑,不会被欲望的泥潭淹没,故入水不濡。这样的艺术表达是为了突出"真人"的品德真性,而不应该被误解为"真人"进入火海不会被烧伤,沉在水里不会溺水,更不应该把错误认识进行以讹传讹的传播。

由此看来,庄子所谓"真人",是明白宇宙自然及社会人生真相的人,是心性光明的智慧之人,是兼具真、善、美的理想人格代表。"真人"明白事物的真相,做事遵循自然及社会的规律,不会被虚假误导,不会因不明事理而犯下错误。"真人"因精神境界的高远和思想的纯正,而不受外物的影响,永葆思想之真切和灵魂之纯真,是智慧与美的融合体。"真人"为人谦逊,品德高尚,心胸宽广,豁达大度,身心健康,思想端正,真气充盈,经络通畅,行动敏捷,反应灵敏,内心清静,觉悟真相,离迷开悟。"真人"遵循事物固有的规律去实践和生活,与天地万物之关系和谐融洽。"真人"是庄子天人合一美学思想的代表者。

---

① 陈毓照、张利民主编:《丹道养生道家西派集成》(Ⅱ卷),北京:中国时代经济出版社,2010年,第681页。

② 杨柳桥:《庄子译注》,第55页。

③ 李钟麟:《论庄子"真人"人格的建构及其现代意义》,《湖南科技学院学报》2010年第1期。

孔子圣贤思想的实践方案及其困难

——以"忠恕"之道为中心（上）

周丽英*

（中盐金坛公司博士后工作站、厦门大学哲学系博士后流动站）

摘要：孔子的圣贤思想以"仁"为核心理论，以"忠恕"之道为实践原则，形成了博大精深的理论体系。但孔子所处的时代与当下社会有着本质差别，在传统文化复兴的当下，应以"忠恕"之道为中心，对其产生的历史语境、面临的社会议题、采取的实践方案、陷入的双重困难进行梳理、澄清和反思，并在现实语境中对其进行再诠释，以彰显其理论意义和现实价值。

关键词：孔子；圣贤思想；忠恕之道

一、"忠恕"之道提出的历史语境

春秋战国时期正处于德国哲学家雅斯贝尔斯所说的"轴心"时代。雅氏认为在这一历史分界点，世界几大文明古国奇迹般地同时奏响了人类文明的交响曲，进入集中的文化大繁荣时期，形成了多样化的文化形态。孔子生于斯年见证了这一时期社会的深刻变革与动荡发展，并开创了儒家圣贤思想的理论与实践先河。

（一）经济领域的变革发展造成诸侯争霸

这一时期，铁制工具的出现和应用，不仅促进了社会生产力的发展，同时也造成手工业和商业的空前繁荣。土地，作为产生财富和增加利益的主要来源，引起了人们强烈的争夺和占有欲。西周时期实行天子拥有、封赐诸侯的"公田制"土地制度，得到封赐的贵族与诸侯必须向周天子进行朝贡并服从天子的统治。所谓"天下有田以处其子孙，

---

* 作者简介：周丽英（1979—），女，中盐金坛公司博士后工作站与厦门大学哲学系博士后流动站联合培养博士后，福建泉州中国闽台缘博物馆副研究馆员，主要研究方向：传统文化与现代化、马克思主义哲学、闽台历史文化。

基金项目：本文系 2020 年江苏省博士后科研资助计划项目阶段性研究成果，项目编号：2020Z344。

诸侯有国以处其子孙，大夫有采以处其子孙"（《礼记·礼运》），体现的就是这种土地制度，周天子通过对土地的控制来实现其政治统治。随着生产工具的改进，农业生产技能的提高，王公贵族纷纷开垦"私田"，"公田"也被慢慢纳入私田的范围。鲁国实行"初税亩"，按照实际拥有的土地量进行征税，标志着西周赖以生存的"公田制"基础瓦解和对"私田"合法性的承认。周天子对土地的控制权逐渐松弛，诸侯、世卿、大夫们因掌握了一定的土地而对天子之命阳奉阴违。他们从各自利益出发要求重新分配土地，直接导致了社会各阶层之间矛盾的日益尖锐。利益之争最终纷引发诸侯争霸，战争延绵，周室衰微。"普天之下，莫非王土，率土之滨，莫非王臣"的统治局面开始崩溃。

马克思曾深刻地描绘了这种现象，他认为："社会的物质生产力发展到一定阶段，便同它们一直在其中活动的现存生产关系或财产关系（这只是生产关系的法律用语）发生矛盾。于是这些关系便由生产力的发展形式变成生产力的桎梏。那时社会革命的时代就到来了。"① 春秋战国时期正是处于经济、政治、文化、社会全面大变革的时期，利益冲突造成了社会秩序的混乱，王权衰落致使权力重心不断下移，作为周王朝统治手段的宗法等级制和礼乐制度开始松弛，晚周社会处于分崩离析中。

（二）政治领域宗法制松弛导致礼崩乐坏

周朝的政治制度是以嫡长子继承制为核心的宗法等级制度。宗法制有严格的身份等级划分，所谓"故天有十日，人有十等，下所以事上，上所以共神也"（《左传·昭公七年》），其目的是形成"民服事其上，而下无觊觎"（《左传·桓公二年》）的政治格局，防止诸侯、贵族发生内乱而破坏社会秩序。但是"随着经济基础的变更，全部庞大的上层建筑也或慢或快地发生变革"② 伴随公田制的名存实亡，森严的宗法等级制也开始瓦解。以至出现诸多以下犯上的现象。"礼乐"作为政治统治的主要工具也受到了前所未有的挑战。诸侯大夫无视礼乐规范，公然冒犯和僭越的行为比比皆是，"贱妨贵""少陵长""新间旧""小加大""淫破义"的所谓"六逆"现象随处可见（《左传·隐公三年》）。孔子生活的鲁国作为周公之后、礼乐制度保存相对完整的诸侯国，在祭祀时同样无视诸侯之礼，居然用天子才能用的大社（《左传·文公十五年》）。季氏更是公然行天子之礼，不仅"八佾舞于庭"还"旅泰山"。对"礼乐"制度的公然僭越到后来发展到直接"弑君""杀亲"的混乱地步。《史记·太史公自序》记载，当时"弑君三十六，亡国五十二，诸侯奔走不得保其社稷者不可胜数"。孔子正是面对如此局面，痛苦地发出"是可忍，孰不可忍"③ 的呼喊。

王室衰微、诸侯争霸引发了政治权力的分化和继之而来的战争、暴乱。"与这个变乱

---

①　《马克思恩格斯选集》第 2 卷，北京：人民出版社，1995 年，第 32 — 33 页。

②　《马克思恩格斯选集》第 2 卷，第 32 — 33 页。

③　杨伯峻：《论语译注》，北京：中华书局，1980 年，第 23 页。（以下凡引《论语》皆只在文中注篇名）

的社会一道被抛掷于动荡之中的是思想世界。"① 于是中国古代社会在文化领域迎来了百家争鸣的时代。

（三）文化领域"质古疑天"引发百家争鸣

西周时期，天子通过对"祖先"权威的崇拜及其合法性来源——"天"的威慑力掌控和统治着思想领域的发言权。"如果说从权威崇拜走向哲学求索本来就是思想发展的内在逻辑进程的话，那么，从社会控制下的有序状态走向社会失控的无序与解体则成了促发思想解放的外在条件。"② 春秋末期，周朝经济、政治上的衰败导致其思想文化领域专制权的丧失。《史记·历书》记载："幽、厉之后，周室微，陪臣执政，史不记时，君不告朔，故畴人子弟分散，或在诸侯，或在夷狄。"造成"天子失官，学在四夷"（《左传·昭公十七年》）的状况。原本隶属周室的文人流落民间，各诸侯乘机广收门人为其僭越行为寻求"合理性"的依据，新阶层的崛起也迫切需要代言人，多种文化力量的糅合，在思想领域出现了"士"这一特殊的文人阶层。他们积极反思动荡、无序的社会现实，探索重建理想人间秩序的途径，并开始质疑"天"这一价值源头的合理性。

既然从"天"而来的宗法等级制和"礼乐"制度可以被诸侯霸业随意破坏和公然挑衅，那么"祖先"权威是否天经地义？"君命天授"是否合理？如果答案是肯定的，那"无道"乱世何以出现？如果答案是否定的，那有序社会如何重建？至此，士人们从"质古疑天"的迷惑到"咒天、骂天"的激烈讨伐，最终冲破桎梏形成"百家争鸣"，思想文化领域经历并完成了一场伟大的理性蜕变。上天与祖先的神威不再坚不可摧，"礼乐"的象征意义开始弱化。正所谓："天道远，人道迩，非所及也。何以知之？"（《左传·昭公十七年》）理性的觉醒必然要求从人的角度"思治天下"，各家各派皆从不同立场阐述济世良方，孔子以"忠恕"之道为核心的圣贤思想便在此背景下应运而生。

（四）孔子追求的社会理想

《论语·季氏》言："天下有道，则礼乐征伐自天子出；天下无道，则礼乐征伐自诸侯出。自诸侯出，盖十世希不失矣；自大夫出，五世希不失矣；陪臣执国命，三世希不失矣。天下有道，则政不在大夫；天下有道，则庶人不议。"孔子处在"陪臣执国命"的无道社会中，以"知其不可而为之"和"志士志于道"的救世精神，以"弘道"为己任直面社会问题，试图通过沿革周礼重新恢复王室尊严，解决无序社会的两大迫切议题：一是重建伦理价值体系，形成"老者安之，朋友信之，少者怀之"人伦有度的社会环境（《论语·公冶长》）；二是重建社会政治秩序，实现"君君""臣臣""父父""子子"（《论语·颜渊》）各司其职的良性运转。两个议题殊途同归，都旨在解决个体安身立命和社会

---

① 葛兆光：《中国思想史》第1卷，上海：复旦大学出版社，2001年，第90页。
② 王四达，曾亚雄：《从"凤凰来仪"到"浴火重生"》，北京：中国文联出版社，2005年，第68页。

有序运转的问题。

孔子深刻地意识到，重建社会秩序必须从被破坏的人伦关系入手。而人伦关系的合理化既不能靠天，也无法求地，只能靠有主体意识的人。因此，他创立了以"仁"为核心，以"一以贯之"的"忠恕"之道为践行原则的圣贤思想。

二、"忠恕"之道的意涵及其内在逻辑

孔子对"忠恕"之道的论述集中在《论语》中，散见于《大学》《中庸》篇。《论语》中有两处直接提到"忠恕"之道：首见于《里仁》篇："子曰：'参乎！吾道一以贯之。'曾子曰：'唯'。子出，门人问曰：'何谓也？'曾子曰：'夫子之道，忠恕而已矣'。"次见于《卫灵公》篇："子贡问曰：'有一言而可以终身行之者乎？'子曰：'其恕乎'！"《里仁》篇中孔子对"一以贯之"之道没有直接表述，由其弟子曾子对门人转述为"忠恕而已矣"；《卫灵公》篇中学生问孔子"终身行之者"时，孔子毫不犹豫地说"其恕乎"。可见《里仁》篇中曾子对孔子"一贯之道"的领会与孔子的表述是一致的。但《里仁》篇中提到的是"忠恕"二字，《卫灵公》篇中却只提一个"恕"字，一字之差直接导致了后世学者对孔子"一贯之道"的两种不同理解。

一种理解认为，"忠"与"恕"表达的是一种递进关系，其核心是"恕"，"恕"发乎于"忠"。例如，王弼在《论语释疑》中对"忠恕"的解释是"忠者情之尽也。恕者，反情以同物者也"；《二程遗书》卷十一说："以己及物，仁也。推己及物，恕也"；顾炎武在《日知录》卷七中引慈溪黄氏曰："尽己之谓忠，推己及人之谓恕"；南宋陈淳在《北溪字义》中解释说："忠是就心说，是尽己之心无不真实者；恕就是待人接物处说，只是推己之心之所真实者以及人物而已"；朱熹在《论语集注》中阐释为"尽己之谓忠，推己之谓恕"，更是言简意赅地说明了二者的递进关系。这条思路认为，"忠恕"之道就是"推己及人"之"恕"道，"恕"道建立在"尽己之心"的"忠"道基础上。这一路径的理解与《里仁》和《卫灵公》两篇对"忠恕"之道的阐述是相吻合的。

另外一种观点认为"忠"道与"恕"道是并列关系，分别代表孔子"一贯之道"的两个方面，"忠"是积极表述，"恕"是消极表述；认为"忠"就是"己欲立而立人，己欲达而达人"，"恕"则是"己所不欲，勿施于人"。上述两种观点的阐述既有区别又有联系，需结合"忠恕"之道相关的范畴对其意义进行阐释。

把孔子"忠恕"之道理解为积极和消极并列关系的说法，需要结合"己欲立而立人，己欲达而达人"和"己所不欲，勿施于人"这两个范畴来分析。前面提到《卫灵公》篇中："子贡问曰'有一言而可以终身行之者乎？'子曰：'其恕乎'！"紧接着孔子就说："己所不欲，勿施于人。"《颜渊》篇："仲弓问仁，子曰：'……己所不欲，勿施于人。"《卫灵公》篇中孔子把"己所不欲，勿施于人"直接与"一以贯之"的"恕"道连用，而在《颜渊》篇中"己所不欲，勿施于人"则与"仁"连用。又《雍也》篇中提道："夫仁者，

己欲立而立人，己欲达而达人。""能近取譬，可谓仁之方也。""樊迟问仁。子曰：'爱人。'"（《论语·颜渊》）这些范畴之间的逻辑关系如下表：

表：忠、恕、仁者爱人之间的逻辑关系

一贯之道	曾子——忠恕而已 《里仁》 孔子——其恕乎——己所不欲，勿施于人 《卫灵公》	
仁	爱人	己所不欲，勿施于人 《颜渊》
		己欲立而立人，己欲达而达人 《雍也》

可见，孔子用"己所不欲，勿施于人"来指代"恕"道，却未用"己欲立而立人，己欲达而达人"来指称"忠"道。将"忠""恕"理解为并列关系，分别与"己欲立而立人，己欲达而达人""己所不欲，勿施于人"对应，至少在孔子这里并无明证。

在孔子的圣贤思想，也即仁学思想中，重建伦理价值体系和社会政治秩序必然要求人们在处理人伦关系中"尽己之心"、反思自我，以己量人，从自身的真情实感出发，体悟他人，设身处地考虑他者诉求。"忠"表征着向内反思的向度，"恕"表达了向外推广的向度；"忠"是"恕"的心理准备，"恕"是"忠"的行为表达；整个过程发于"忠"，而成于"恕"，正所谓"因忠而恕"。"己欲立而立人，己欲达而达人"和"己所不欲，勿施于人"则是在履行"忠恕"之道的具体过程中展现的两种向度。"己欲立而立人，己欲达而达人"从正向激励角度"推己及人"；"己所不欲，勿施于人"从反向限定角度"推己及人"。《孔子家语·三恕篇》云："君子有三恕：有君不能事，有臣而求其使，非恕也；有亲不能报，有子而求其孝，非恕也；有兄不能敬，有弟而求其听令，非恕也。士明于此三恕，则可以端身矣。"在此，孔子认为"非恕"的原因正是没有做到"尽己之心"，"恕"缺乏"忠"的基础，就是"非恕"。可见，将"忠"与"恕"理解为递进关系的说法更加接近孔子的本意。

表："忠恕"之道及其相关范畴的逻辑关系

仁 ↓ 爱人	行仁之方 ↓ 忠恕之道	忠——尽己之心 （内化过程）	两 种 表 现	己欲立而立人，己欲达而达人 （激励性推己及人）
		恕——推己及人 （实践应运）		己所不欲，勿施于人 （限定性推己及人）

孔子"忠恕"之道的内在逻辑说明，在价值系统里，"忠恕"之道与"仁者爱人"意义相同；在行为实践中，"忠恕"之道与"推己及人"方式相通。那么，究竟如何才能"一以贯之"地践行"忠恕"之道，实现圣贤理想？孔子给出了反求诸己向内行走和躬身实践向外扩充两个方案。

　　他认为"人之生也直"（《论语·雍也》）是"尽己之心"的内在依据，根据"直"的本心行事，加之"士志于道"（《论语·里仁》）的自觉守持，是践行仁道的内在途径；而从"孝悌，仁之本欤"（《论语·学而》）的家庭伦理出发，开出"克己复礼为仁"（《论语·颜渊》）的社会规范，再辅之以"君子人格"的表率作用，则是"推己及人"的外化方案。"尽己之心"和"推己及人"内外两条路径相结合，共同作用为"忠恕"之道落于实处，行于实际提供保障。进而减少利益纷争，形成守礼、谦让的人际关系，促成和美、有序的社会秩序，实现和谐、大同的社会理想。

三、"忠恕"之道的内化方案

　　在"质古疑天"的时代，"天"作为神圣价值源头的权威受到挑战，亟待重塑"推己及人"的合法性根据。孔子对"天"采取了"敬而存之"的态度，把思路转向现实存在的人。这并不是说孔子的"忠恕"之道失去了超越性的价值根源，而是他把这一价值根源由外转向了内，由"天"转向了"人"，希望在人自身的真情实感和自觉意识中探寻"忠恕"之道的必要性和可能性。

　　（一）"人之生也直"的内在本性
　　"仁"是孔子追求的最高道德原则和行为准则。"忠恕"之道作为"仁"的践行之道，内蕴着"仁"的道德价值和"爱人"的行为准则。这种道德价值和行为准则必须发自人的真性情才有意义。这一真性情，就是孔子所说的"直"。他认为"人之生也直，罔之生也幸而免"（《论语·雍也》）。"直"作为人生而有之的真性情，既是人存在的根基，也是仁德的内在根据，矫揉造作不"直"而"罔"的人即使能够生存也只是侥幸。"尽己之心"就是要尽"直"的真性情，"推己及人"确立在"直"的真性情之上。"刚毅木讷近仁。"（《论语·子路》）"巧言令色，鲜矣仁。"（《论语·学而》）在这里，判断仁与不仁的标准就是"直"与"罔"，即"刚毅木讷"与"巧言令色"。虚伪狡诈之心生不出"推己及人"的善因，也结不出"仁者爱人"的善果。以真情实感为内在依据，才能在与他者相处的过程中体察他人之情感，思及他人之感受，才能做到"立己立人、达己达人""己所不欲，勿施于人"。孔子不赞赏"乞诸邻而与之"的微生高，更痛恨巧言令色之徒。他说："巧言、令色、足恭，左丘明耻之，丘亦耻之。匿怨而友其人，左丘明耻之，丘亦耻之。"（《论语·公冶长》）在孔子看来，失去"直"的根基，就会成为虚伪狡诈的"乡愿"，而"乡愿"是"德之贼也"（《论语·阳货》）。

　　孔子深察社会的无序状态，皆出于人们一己私欲以及在这种私欲支配下对利益的疯狂争夺。"忠恕"之道的提出，促人向内追问，反求诸己，倘若他人用同样的方式对待你，将如何？显然，任何人都不愿自身利益受损于他人，人同此情、情同此理，这就是"人之生也直"真性情的体现。亦是"己欲立而立人，己欲达而达人"和"己所不欲，勿施于人"的内在依据，而保有和坚守"直"的真性情是实现"仁者，爱人"的内在途径。

（二）"士志于道"的自觉守持

"人生也直"的真性情为"忠恕"之道提供了内在根据和价值合理性。但问题在于，"直"的真性情并不能为"忠恕"之道的践行提供担保。这是因为，个人的私欲极易遮蔽"直"的真性情，利益的争夺会使人陷入"罔"之困境。因此，如何克除一己之私、提升人的道德自觉、纯化人的道德境界，挖掘人求真、向善、行仁的可能性，才是问题的关键。孔子给出了"士志于道"的内化方案。

"志"，作为名词，意为志向，与"道"同一；作为动词，意为立志、守志，是"尽己之心"的内驱力。"士志于道"将仁道与"己心"结合起来，通过"立志""守志""反思"的历程，把"忠恕"之道内化为道德主体的内在自觉。

首先要立志。"苟志于仁矣，无恶也。"（《论语·里仁》）孔子所言之志，就是守持一以贯之的仁道，实现"仁者爱人"的道德世界和"天下归仁"的社会理想。内外合一之"志"充分体现了人之为人的神圣性，从个体角度而言，这种神圣性恰好是制约私欲膨胀、避免人与人之间陷入动物般争夺的先决条件。立仁德大志并严格持守，才可能摆脱物质欲望的牵制，在有限的生命里探寻无限的真理价值，打造合理的人间秩序。至于"耻恶衣恶食者"，则"未足与议也"（《论语·里仁》）。

其次是守志。立志并不难，难的是坚守。"君子无终食之间违仁，造次必于是，颠沛必于是。"（《论语·里仁》）守志的过程就是克除私欲、"尽己之心"，"反求诸己"的过程。只有向内克除贪欲之己，才能向外推出仁爱之己。守持仁德大志、克除贪欲之己，就不会"求生以害仁"，相反则有可能在"推己及人"的道德实践中"杀身以成仁"（《论语·卫灵公》）。

第三是反思。立志、守志并不是僵化、教条、盲目坚持，而是要不断反思、校正、检视言行举止是否符合所立之志。深得孔子真传的曾子所说："吾日三省吾身：为人谋而不忠乎？与朋友交而不信乎？传而不习乎？"（《论语·学而》）"三省吾身"的目的就是在反观、检视自身的言行是否有不尽心竭力（忠）、不"推己及人"（恕）之处。尽心竭力、坚守仁志便能"心安"，"推己及人"、守持仁道即可"理得"。

立志—守志—反思是"忠恕"之道得以内在贯彻的主要保障。孔子称赞"一箪食，一瓢饮，在陋巷。人不堪其忧，回也不改其乐"为"贤哉，回也"（《论语·雍也》）。可见，在孔子眼里，"颜回之乐"体现的就是"士志于道"之精神。孔子的一生更是"志于道"的一生。当子路提出"愿闻子之志"时，子曰："老者安之，朋友信之，少者怀之。"（《论语·公冶长》）正是这种胸怀天下、悲悯生灵、践行仁爱之圣贤大志，使孔子、颜回能在艰苦中独享精神之愉悦、在清贫中顿悟人生之真谛、在寂寥中感受生命之价值、在平淡中体会通灵之幸福。孔子正是凭借"三军可夺帅，匹夫不可夺志"（《论语·子罕》）

的壮志豪情，依循"我欲仁，斯仁至矣"（《论语·述而》）的道德自觉，借着"为仁由己，而由人乎哉"（《论语·颜渊》）的勇敢担当，克除私欲的障碍，通达自我之真性情，践行着"立己立人、达己达人""己所不欲，勿施于人"的"忠恕"之道，而成为万世敬仰的至圣先师。

四、"忠恕"之道的外在实践

"以直为本""士志于道"是道德主体将"忠恕"之道内化于心，即"尽己之心"的过程。但"忠恕"之道的最终目的是要"推己及人"，也就是将"忠恕"之道落入人伦日用的日常实践中，就此，孔子提出以"孝"为核心的家庭伦理、以"礼"为中心的社会规范、以圣贤君子为示范三重途径交融并进的实践方案。

（一）"孝悌仁之本"的家庭实践

孔子认为，家庭是践行仁道也即"忠恕"之道的第一场所。"孝悌也者，其为仁之本欤。""君子务本，本立而道生。"（《论语·学而》）"孝悌"是仁之本，在社会最小单位家庭中实行孝道是在社会层面实现仁道即"忠恕"之道的始基。在此意义上，"孝"具有情感和道德的双重内涵，从情感角度而言，"孝"是晚辈对长辈自然亲情之流露；从道德角度来看，"孝"是个体在家庭中必须遵守的道德规范。"孝"作为情感理念蕴含着"尽己之心"实现"忠恕"之道的可能性，而作为道德规范承载着"推己及人"践行"忠恕"之道的现实性。

"孝悌仁之本"体现了人类对生命得以延续的感激和尊重，以及对赋生之父母的敬爱和体恤。家庭作为个体生命展开的第一个场所，父母承担起了养育之责，不行孝道，意味着生命纽带的断裂。基于血缘关系而产生的自然情感，具有普遍意义且不言自明，个体存在正是基于这种血缘关系以及由此而生的情感才得以实现，孝体现在对父母的奉养和尊敬两个层面，"养而不敬"（《论语·为政》）不可谓"孝"。

这种对生命的尊重和对父母的敬爱之情是人所共有的本性，孕育着实现"忠恕"之道的可能性，"老吾老以及人之老，幼吾幼以及人之幼"之"性相近也"（《论语·阳货》）。此情向外推衍便是"己欲立而立人，己欲达而达人""己所不欲，勿施于人"的"忠恕"之道。正所谓"入则事父兄"才能"出则事公卿"（《论语·子罕》），"孝悌为仁之本"才能"泛爱众而亲仁"。从情感角度来说，仁者爱人首先要从爱自己的父母开始，从行为上看，只有先"孝"父母而后才能仁爱天下，此"孝"才是"仁"之本。

家庭作为社会最小的组织单位，也是社会关系的最初生成之地，家庭关系是社会关系的缩影，它的正常运转不能简化为情感和血缘关系的维系，还需要一定的规范来保障，"孝"同时也蕴含了规范的性质。"孟懿子问孝。子曰：'无违。'樊迟曰：'何谓也？'子曰：'生，事之以礼；死，葬之以礼，祭之以礼。'"（《论语·为政》）父母在世时要依"礼"

相待，"无违"于"礼"、"无违"于"道"；父母去世后也要"葬之以礼、祭之以礼"，还要守"三年之丧"，守丧期间"三年无改于父道"，才"可谓孝矣"（《论语·学而》）。孔子所言之"孝"作为家庭伦理，具有浓厚的规范色彩，包含着"礼"的成分，蕴含着社会责任意识。人从出生到成长的过程中，处处都得益于父母的养育和社会的辅助，否则难以存活于世。对父母尽"孝"扩而充之就是对社会尽责，"其为人也孝悌，而好犯上者少鲜矣"（《论语·学而》）。

"孝"在"忠恕"之道外化的过程中起着非常重要的意义，从情感意义上引出儒家平治天下的伟大情怀，从规范角度保证社会秩序的合理化。它是道德主体向内"尽己之心"和向外"推己及人"的连通器。

（二）"克己复礼为仁"的社会实践

"孝"的情感意义和规范作用只在家庭范围内有效。一旦走出家庭面向社会，"孝"作为维护秩序、实现社会稳定的手段和方法就面临着挑战，社会关系的复杂多样性超出了"孝"的作用边界。因此，孔子提出"克己复礼"作为保障社会领域人伦秩序正常运行的规则和"忠恕"之道得以实现的保障。

孔子强调"不学礼，无以立"（《论语·季氏》）。"礼"在孔子实践"忠恕"之道的整个方案中具有非常重要的作用。《颜渊》篇中："颜渊问仁。子曰：'克己复礼为仁。一日克己复礼，天下归仁焉。'颜渊曰：请问其目。子曰'非礼勿视，非礼勿听，非礼勿言，非礼勿动'。"此段最能说明问题。"克己"就是克除内心深处的私欲，拥有大公之心，"复礼"主要针对当时礼崩乐坏的情形而倡导恢复尊卑有序、各司其职的"周礼"。"克己"主要在内修上下功夫，"复礼"则从行为上进行规范，二者相辅相成，才能"天下归仁"。

"礼"兼具"仪"之形式和"仁"之内容。缺乏仁德之心，即使遵守礼乐规范也无意义。"子曰：人而不仁，如礼何？人而不仁，如乐何？"（《论语·八佾》）就是这个意思。"礼"内涵"仁"，"为仁"才能"由己"。"出门如见大宾，使民如承大祭"体现了"仁"与"礼"的完美结合，"如"字强调的是恭敬之心和至真至诚之心，"大"则强调礼仪规范之重要。以仁为核，以礼为规，"推己及人"，才能够"在邦无怨，在家无怨"（《论语·颜渊》）。

在孔子看来，"礼仪不仅是一种动作、姿态，也不仅是一种制度，而是象征一种秩序，保证这一秩序得以安定的是人对于礼仪的敬畏和尊重，而对礼仪的敬畏和尊重又依托着人的道德和伦理的自觉，……没有这套礼仪，个人的道德无从寄寓和表现，社会的秩序也无法得到确认和遵守"[①]。所以要求人们在视、听、言、动的具体生活细节中培养守"礼"之自觉心和习惯性。只有视、听、言、动遵守礼数，君、臣、父、子恪尽职守，才能实现"推己及人"的"忠恕"之道，进而促成和美有序的人伦关系、和谐有度的政治秩序。

---

① 葛兆光：《中国思想史》第1卷，上海：复旦大学出版社，2001年，第93页。

（三）圣人君子的榜样实践

孔子"忠恕"之道的实践方案是内化和外化相结合的过程。内化道路从"人之生也直"之本性挖掘爱人之伦理根基，通过"志士志于道"的自觉意识来维系人的神圣性，试图重建价值体系；外在实践从"孝悌仁之本"的家庭伦理出发，通过"克己复礼"的规约，使"天下归仁"，试图重建社会秩序。从这两条路径来看，既要培养道德自律性，又要遵守"孝"和"礼"的规范，凡人实难做到。所以孔子确立了一个完美的"圣人君子"人格，在"忠恕"之道的内化过程中起表率作用，外在实践中行教化之责。

首先，"君子"是"文质彬彬"之人。既有质朴之天资，又能遵守礼乐规范。"质胜文则野，文胜质则史。文质彬彬，然后君子。"（《论语·雍也》）只有质朴之性无礼乐教化，会流于粗野；相反，礼乐教化过之则会遮蔽人的真性情，使其流于虚华。"文质彬彬"恰到好处地体现了两者的结合。"君子博学于文，约之以礼，亦可以弗畔矣夫！"（《论语·雍也》）可见，"君子"人格的实现过程与"忠恕"之道的实现过程是同一的，"文质彬彬"体现了"忠恕"之道内修、外化的两条路径。

其次，君子必"立志成仁"。"君子喻于义，小人喻于利。"（《论语·里仁》）君子应怀成仁成德之志，抵制私利之诱惑，躬身实践"欲讷于言，而敏于行"（《论语·里仁》），并能反求诸己，"见贤思齐，见不贤而内自省"（《论语·里仁》），在艰苦环境中守志不改。

兼备"文质彬彬"的素质和"克己成仁"之志，才是孔子所言"义以为质，礼以行之，孙以出之，信以成之"（《论语·卫灵公》）的君子！君子通达内外，在生活实践中对普通大众起表率、教化作用。子路问君子，子曰："修己以敬。"曰："如斯而已乎？"曰："修己以安人。"曰："如斯而已乎？"曰："修己以安百姓。"（《论语·宪问》）修己—安人—安百姓整个逻辑思路，既是"君子"仁德本质的体现，也是"君子"践行仁道的基本路径，君子内修外安的过程就是孔子"一以贯之"的"忠恕"之道。

结语

"忠恕"之道，从人的内在本心中探求圣贤之道的价值根源，并把这种"内在超越性"从家庭领域拓展到社会领域，以期实现重建价值体系和社会秩序的宏伟理想。但是理想一旦与封建等级制度和利益纷争相遇，就变得斯路唯艰。君子人格的践行，"尧舜其犹病诸"（《论语·雍也》），况乎凡人。历史与时代的局限性，致使孔子"忠恕"之道的内在贯彻和外在践行都陷入了一系列的困境当中。只有对此困境及其成因进行反思，才能发掘"忠恕"之道的微言大义，使其在传统文化的复兴中重放光彩。

性向善论的理论困境

孙明柱*

（苏州大学政治与公共管理学院，江苏苏州，215006）

摘要："性向善论"将"性向善"解读为"心向善"，使其理论中存在经验之"性"与超验的"天命之谓性"两种不能互通的"性"。经验主义的证明也使得"善"成为经验意义上的价值判断，于是"善"面临着双重价值判定。而以孟子的"良知"作为"善"的依持，却无法说明经验之"善"与"良知"的关系。在"善"的实践方面，"择善"在于"知善"，"知善"最后的根基归之于人格神意味的"天"，"性向善论"失去了理论的彻底性，沦为了"天本善论"。同时，对"天"却无法做出证明，使得"天"成为类似西方"上帝"的概念，成为一种独断论。因此，"性向善论"的理论困境在于否定了"性本善论"却无法给出一个具有普遍必然性的证明，最后不得不用独断意义上的"天"来保证理论的完整性，沦为"天本善论"。

关键词：性向善；心向善；择善；天

对人性善恶的探求，历来是儒家学术关注的重点。在儒家学说中，孔子并未对"性"的善恶做出明确界定，只说："性相近也，习相远也。"[1]（《论语·阳货》）而孔子之后的孟子与荀子则持两种截然不同的人性论。孟子主张"性善论"，而荀子主张"性恶论"。到了董仲舒那里，吸收了"性恶论"与"性善论"，发展出"性三品说"。直至宋明理学在佛教文化的影响下，孟子"性善论"占据了儒家思想人性论的主导地位。宋明理学将孟子的"性善论"解为"性本善"，朱熹在注解孟子把性之善比喻成"水之就下"时说："性即天理，未有不善者也。"[2]表现出"性本善"的立场。王阳明比朱熹更进一步，提出"无善无恶心之体"的"性本善论"，认为"心之体"即良知，良知即是天理。近年来，受西方思想文化的影响，关于孟子的"性善论"即"性向善论"的提法给人耳目一新的感觉。

---

* 作者简介：孙明柱（1995—），男，苏州大学政治与公共管理学院硕士研究生，研究方向：中国哲学。

① （宋）朱熹：《四书章句集注》，北京：中华书局，2012年，第176页。

② （宋）朱熹：《四书章句集注》，第331页。

然而，当我们审视"性向善论"时，就会发现"性向善论"面临着一些理论困境。

一、"性向善"与"心向善"

（一）"性"与"心"

傅佩荣先生对"性"的概念进行了重新解读。"性"字古字为"生"，《说文解字》对"生"的解释为："生，进也。象草木生出土上。凡生之属皆从生。"[①] 相应地，"性"即有生命所具有的属性、特征。同时，生命又是具体且千差万别的，在具体生命之间的差别上，"性"引申出个别生命与其他生命差异性的含义。

傅佩荣先生认为，告子"生之谓性"[②]（《孟子·告子》）的说法，只是指出生物共同具有的特征，而并没有具体到个体生命的差别："它充其量表现了同一'类'（genus）中各物之所'同'，而非各物之所'异'。"[③] 而孟子"性"则是在具体生命之间的差异性上说的。在傅佩荣先生看来，无论孟子还是告子，"性"都是在经验意义上讲的：告子就生命的共性而讲"性"，孟子就人与其他生命的差异上讲"性"。因此告子的理论未达人性与其他生命的特殊性。

孟子讲："人之所以异于禽兽者几希！庶民去之，君子存之。舜明于庶物，察于人伦，由仁义行，非行仁义也。"[④]（《孟子·离娄下》）人与其他生命（禽兽）的差异性极其微小，而这微小的差异性就是人之为人的根本，即是人性。因此，对人性的探求也就是探究人异于禽兽的"几希"。孟子给出的"几希"即是人的仁义道德。那么，问题在于，既然"几希"属于人与其他生命的区别，为什么人会丧失掉人性呢？傅佩荣先生认为，解决这一问题要点是孟子"心"的概念。傅先生将孟子的心解释为："孟子所谓的'心'，既非心脏，也非灵魂，而是一种敏感易觉的反省意识。"[⑤]"心"的反省意识使得"人"具有了"四端之心"，而人与禽兽的根本差别就在于"四端之心"。因此"心"即是人与其他生命分野的关键所在。这样一来，"性"的问题即转化为"心"的问题。在傅先生看来，孟子的所讲的"性"就是在"心"意义上讲的："人性的定义，必须落于这个'心'上。"[⑥] 于是，"性善"的问题即转化为"心善"的问题："人之性善在于人之心善。"[⑦] 那么，"性向善"的问题也就是"心向善"的问题。

"四端之心"是人与其他生命的本质区别，但它仅仅是"端"，即它只是潜存的。"端"字含有向"仁义礼智"发展、完成的趋向。也就是说，虽说是人人皆具有"四端之心"，

---

① （汉）许慎：《说文解字注》，南京：凤凰出版社，2007年，第483页。
② （宋）朱熹：《四书章句集注》，第332页。
③ 傅佩荣：《儒家哲学新论》，北京：中华书局，2010年，第55页。
④ （宋）朱熹：《四书章句集注》，第198—199页。
⑤ 傅佩荣：《儒家哲学新论》，第56页。
⑥ 傅佩荣：《儒家哲学新论》，第57页。
⑦ 傅佩荣：《儒家哲学新论》，第57页。

但并不意味着人人都能成为真正意义上的人，真正意义上的人在于扩充"四端之心"，将潜存的"四端"扩充、显现出来为"仁义礼智"，即"心"具有向善的潜力。

（二）"性"的理论困境

孟子论证"人性善"采用的是经验方式的论证，以心论性。孟子讲："乃若其情，则可以为善矣，乃所谓善也。"①（《孟子·告子上》）陈大齐先生认为："情字之应解作实字，在《孟子》书中既居多数，而以之试释'乃若其情'的情字，亦颇顺适。'其情'即是性的实在情形或性的真相。"②"为善"是在经验层面所说的，"乃所谓善"则是经验层面之善的所依，即善性。那么问题在于，孟子如何以经验之善来证明善性的呢？孟子的论证方式是由果溯因："在人的本真经验状态下，经验的为善是果，后面一定有使之为善的因，这个因就是善性。"③换而言之，孟子的"以心论性"，其心是一实然之"心"，它已经作为"果"显现在经验世界。由果而溯因，这并不意味着在果中所表现的某种特性，在因中也是如此。因此在经验状态之下的"心"呈现出来的向善姿态，并无法推出"性"也向善。傅先生正是以此"心"在经验中表现出来的向善姿态，从而断定"性"向善。

傅先生为说明"性向善"即是"心向善"，将孟子所言的"性"以亚里士多德"种加属差"的定义方式解释成"性"是人与其他生命所具有的不同之处，即孟子所讲的"几希"。在这里，"性"的内涵即是人异于禽兽的"几希"。在此表述中，"性"便在经验层面上而不具有超验的特性。

傅先生进一步指出，人性之所以具有与其他生命的特殊性，在于"心"。在孟子看来，"心"是人与其他生命区别开的原因："无恻隐之心，非人也；无羞恶之心，非人也；无辞让之心，非人也；无是非之心，非人也。"④（《孟子·公孙丑上》）这样一来，只需要论证"心"向善就可以论证"性"向善了。

在解释《中庸》"天命之谓性"中的"性"时，傅先生说："若以人性而论，则因得自于天命，故为'向善'。"⑤此一句颇费解，假若"性"得之于"天命"，那么具有本体超验意味的"天"必然使得"性"也带有此种意味。傅先生讲："这里把'天'抬出来，正为说明良知本心的基础，如后来《中庸》所云'天命之谓性'，即本乎此。"⑥并且，在"天命之谓性"意义上的"性"，是人成德之路的起点："天是儒家人性论的起点与终点。就起点来说，《中庸》所云'天命之谓性'（一章），作了明白的肯定。"⑦

---

① （宋）朱熹：《四书章句集注》，第334页。
② 陈大齐：《孟子待解录》，北京：商务印书馆，2012年，第8页。
③ 朱光磊：《由"孺子入井"看孟子性善论的理性论证》，《孔子研究》2016年第5期。
④ （宋）朱熹：《四书章句集注》，第239页。
⑤ 傅佩荣：《儒家哲学新论》，第82页。
⑥ 傅佩荣：《儒家哲学新论》，第73页。
⑦ 傅佩荣：《儒家哲学新论》，第86页。

傅先生认为孟子"天命"又是与人相关联的："孟子将天命或命运联结于人之道……如果以'天命'为天对人间行事之回应与判断，则它明显开展为命运与使命两方面。"① "天命"在此意义上相对于人而言。

二、"善"的理念

（一）性向善论之"善"

"性向善论"须给"善"一个概念。傅佩荣先生认为"善"是基于人与人之间的交互而产生的。就此而言，"善"的范围被限定在人的交往实践之中："善恶判断只适用于人际"②，这是"善"内涵的核心所在。

人与人的交互会形成诸多关系，关系即是善的价值准则：父慈子孝，兄友弟恭。借此，傅先生对"仁"给出了解释："儒家自孔子特别标举'仁'字，以其'从人从二'，盖早已洞识人的生命过程无不须在'人与人之间'，实现其适当关系，以满全人性之要求。"③因此"善"是后天人际关系中的道德规范。此一关系的规范背后的根基是什么？傅先生认为，"人性向善"之"向"，蕴含三层含义，一是表明生命是动态的，在交互实践中不断发展；二是"心"具有自由性；三是生命发展的倾向是"善"。"心"虽自由，但不是散漫无边。人顺"善"发展，则"心安"；反之，逆"善"之方向发展，则"心不安"。由此可见，傅先生将"善"的判定归结到心理因素上。同时，傅先生指出，对建基于人际交互之中的"善"的实践，必须以"闻见"为基础才可以付诸实践："人有行善之潜能与动力，但必须'闻见'善行，知道其内容与判准之后，才可自己付诸实践。"④那么这个对"善"之内容与判断的准则又在哪里呢？

人作为社会性的存在，他的"善"的成就必然也就在社会中。傅先生认为孟子强调"仁政""民生"，强调良好的社会氛围，就在孟子认为"善"的实践来自外在因素："人民能否行善，显然直接受外在环境的影响。"⑤王的作用就是以身作则，为民众树立其善的榜样，引导人们向善。同时还必须强调教育的作用："学则三代共之，皆所以明人伦也。人伦明于上，小民亲于下。"⑥在傅先生看来，孟子之所以如此强调，其"是指出善之内容与判准有得自于外者"⑦。

---

① 傅佩荣：《儒家哲学新论》，第19—20页。
② 傅佩荣：《儒家哲学新论》，第133页。
③ 傅佩荣：《儒家哲学新论》，第133页。
④ 傅佩荣：《儒家哲学新论》，第123页。
⑤ 傅佩荣：《儒家哲学新论》，第123页。
⑥ （宋）朱熹：《四书章句集注》，第258页。
⑦ 傅佩荣：《儒家哲学新论》，第123页。

（二）"善"的价值判断

傅先生将人性的定义方式落在经验层面，进而以实然之心向善说明性向善失去了形而上意味的"善"就沦为了一种价值判断，并相对应地产生了"恶"。作为价值判断的"善"，也必然产生了背后的判断标准问题。以何种价值尺度为标准对"善"进行判定，便是经验层面上"善"的主要问题。

傅先生将"性"与"善"划分为两个领域。"性"属于事实领域，而"善"属于价值领域。事实与价值的区别就在于："'事实'是与生所具，'价值'则须个人自觉及自由选择之后才可呈现。"[①] 在傅先生看来，宋儒将"天理"作为"性"的所依，进而肯定人性本善，同时将"恶"归之于"气质之性"的做法，正是混淆了"性"与"善"分别从属于"事实"与"价值"两个领域，从而将二者等同起来："这种说法的致命缺点是混淆了事实与价值，以为'人性'这种事实与'善'这种价值是可以等同的。"[②] 从"价值"视野来看，天地万物的气化流行属于"事实"，并不能和"价值"等同。

问题在于，在事实与价值二元对立的情况下，既然"人性向善"，那么"事实"领域的"性"何以可能向善？傅先生对"向"的三层内涵分析表明在人的自由选择下若顺"善"则心安，逆"善"则心不安。这里就为"善"的价值判定提供了一个判断标准，即人的心理因素。

"善"作为人的社会互动性的产物，那么它必然也存在着外在的准则，这就是社会的礼仪规范。那么这些社会性的外在规范又是来自何处？傅先生认为，"善"的内容与判定来自外部的政治和经济等因素，所以孟子就强调后天教育的重要以及"王"的作用："如果善的行为体现在领导者身上，自然风动草偃，民心归附。"[③]

这样，判断"善"的标准有二，一是基于内在自我心理上的"安"与"不安"，另外一个是外在的社会规范。傅先生认为："儒家讲善，不自限于内在的动机，也不完全依托外在的规范，而是肯定两者的和谐。"[④] 孟子肯定良知的先天道德性，但"良知"问题有二，一是必须动用心之官"思"，来激发良知的道德性；二是此良知还极其容易受到环境的影响而不彰："第一，若不'思'之，则恍如其未存；第二，它极易受环境影响而'陷溺'。"[⑤] 对"善"的"闻见"内容，恰恰是人对经验内容的反思从而彰显"良知"，获得的关于"善"价值判断："这里所谓的'闻'、'见'，并非后天习知，而是得以反思先天本性的机会。"[⑥] 于是，傅先生对孟子的解读走向了内在的超越回归："的确，由于人性向善，

---

① 傅佩荣：《儒家哲学新论》，第 132 页。
② 傅佩荣：《儒家哲学新论》，第 132 页。
③ 傅佩荣：《儒家哲学新论》，第 123 页。
④ 傅佩荣：《儒家哲学新论》，第 70 页。
⑤ 傅佩荣：《儒家哲学新论》，第 72 页。
⑥ 傅佩荣：《儒家哲学新论》，第 72 页。

人之道乃不假外求，只要存养充扩本有的良知，不受外力所影响。"① 也就是说，傅先生放弃了"善"的外在判断准则去调和二者之间的矛盾，而主张内在超越原则。在此框架下，傅先生提出"权宜"问题，以期解决"善"两种判断准则的冲突。孟子讲："大人者，言不必信，行不必果，惟义所在。"②（《孟子·离娄下》）良知才是判定事物的准则，而经验呈现的内容则并非主要问题，换而言之，可以因"良知"而去做不符合外在规范的事情，比如"嫂溺"，就必须予以帮助，这不是基于外部伦理规范，而是出于"良知"。

如此，对"善"价值判定就建立在内在的超越性上。这时，"性向善论"面临的是建基于经验上的"善"的内容与内在超越的价值判定的关系问题。

三、"择善"形而上的设定

（一）择善固执

"善"是经验意义上的价值判断，"性"是经验意义上与其他具体生命的特殊性，"四端之心"是人之所以与其他生命区别的根由。且"四端之心"只是端倪，只是具有"向善"的潜能，那么人如何扩充"四端"，以成就自我的德性呢？傅先生认为关键在于"心之思"。傅先生认为在孟子思想中，唯有心可"操存"，心之"操存"在于"心之思"。其原因在于"思则得之，不思则不得"③（《孟子·告子上》）。对于"心"来说，具有能思与不能思的自由：思则操存，不思则舍亡。换而言之，"心"具有了"择善"的能力。

心之思对于"善"的扩充具有双重作用：评价与训令。"评价之心"意味心之思可以知善知恶；而"训令之心"则是道德律令，使人将道德落实在实践中。"评价之心"与"训令之心"是心之良知。"人之所不学而能者，其良能也；所不虑而知者，其良知也。"④（《孟子·尽心上》）傅先生认为："良知有'知'的一面，可以分辨区别是非善恶；亦有'良'的一面，可以要求人在分辨之后去行善避恶。"⑤ 如此，"评价之心"使得"择善"得以可能，而"训令之心"又使得"善"的扩充得以可能。

因此，傅先生认为"知善"使得"择善"得以可能。"知善"具有内外双重内涵，在内表现人性"向善"；在外则为社会已成的礼仪规范："'知善'有两个重点：一是强调人性'向善'……二是强调'善'之人际相互性。"⑥

傅先生认为，在孟子思想中，良知的"良"和"知"具有先天性的根源在于"天"。

"思"的先天性，意味着"心"具有本体内涵。我们只需要反观本心，即"反身而诚"

---

① 傅佩荣：《儒家哲学新论》，第 73 页。
② （宋）朱熹：《四书章句集注》，第 297 页。
③ （宋）朱熹：《四书章句集注》，第 341 页。
④ （宋）朱熹：《四书章句集注》，第 360 页。
⑤ 傅佩荣：《儒家哲学新论》，第 50 页。
⑥ 傅佩荣：《儒家哲学新论》，第 70 页。

就可以显现心之思，从而操存："这种'思'不是概念上的辨明、推论或习知，而是'反身而诚'，展示本心。"① 而"天"恰恰又是赋予"心"以"思"的形而上根基。

但是，"善"的实践不仅仅需要反身而诚，而且还需要外部的种种机缘得以实现。一般百姓心之陷溺在于"无恒产"，从而无"恒心"，甚至导致"放辟邪侈，无不为己"②（《孟子·梁惠王上》）。同时，若缺乏教育，不能让百姓晓得仁义与礼仪，同样也使得"善"难以扩充。因此孟子强调了教育的作用："人之有道也，饱食、暖衣、逸居而无教，则近于禽兽。"③（《孟子·滕文公上》）傅先生认为："教育的目的仍然在于使人知善，以便进而择善。"④ 这里的"知善"是外部的礼仪规范："要点在于界定正确的行为规范。"⑤ 这样一来，内外共同促进下，人们就具备择善、向善的可能性。

"择善"之后，便是"固执"。傅先生认为"固执"有三点：一者"择善"之后坚持"善行"，二者不断调解内在本心与外在规范，三者可以舍弃生命。而人"择善固执"的终极目的便是"与天合德"，达到"天人合德"。

（二）"择善"的设定

"择善"建立在"心"自由性基础之上。傅先生认为人性向善之"向"表现为一种倾向："此倾向具体表现在人的自由选择的能力上。"⑥ 但人的自由却又受到限定："人虽有自由，却非漫无方向，而其方向即是针对着'善'。"⑦

自由何以可能的问题在孟子这里便是"思"与"不思"的问题。傅先生说："心能思也能不思；若思，则是得之，则是操存；若不思，则是不得，则是舍亡。"⑧ 在此基础上，傅先生给出了"恶"的来由。"恶"的产生正是来源于"不思"，结果导致受环境陷溺："第一，若不'思'之，则恍如其未存；第二，它极易受环境影响而'陷溺'。"⑨ 进一步探究"思"之来源，傅先生把它归结"天"。若"不思"，则先天赋予人的"四端"便无法呈现，又因为人容易被环境诱导，使得"心"陷溺，故而产生"恶"。

傅先生把孟子的"不思"又解释为"放心"："'心'能思，也应该思，但是却有时不思，形成'放心'。"⑩ 傅先生认为"心"不仅能"不思"，而且容易受到外物的蒙蔽。这样，"恶"的产生正是由于"心不思"受外物蒙蔽而导致的，而"善"之所以可能，恰恰

---

① 傅佩荣：《儒家哲学新论》，第 72 页。
② （宋）朱熹：《四书章句集注》，第 211 页。
③ （宋）朱熹：《四书章句集注》，第 263 页。
④ 傅佩荣：《儒家哲学新论》，第 73 页。
⑤ 傅佩荣：《儒家哲学新论》，第 73 页。
⑥ 傅佩荣：《儒家哲学新论》，第 134 页。
⑦ 傅佩荣：《儒家哲学新论》，第 134 页。
⑧ 傅佩荣：《儒家哲学新论》，第 124 页。
⑨ 傅佩荣：《儒家哲学新论》，第 72 页。
⑩ 傅佩荣：《儒家哲学新论》，第 124 页。

是"本心"先天具有的道德性。"善"是经验层面的人与人交互而产生的，倘若给"善"立一个形而上的判定准则，则说明了作为价值领域的"善"，不是基于经验而获得其价值判定的，而是根植于超越的"本心"。因此，经验之"善"价值判定背后是内在于"心"的形而上设定，在此意义上的"性向善"不过是"性本善"在经验层次的展开与落实，即"四端之心"的扩充。

事实上，经验层面之"善"不具有"向"的动力，它必须获得一个形而上设定，而一旦获得这个形而上设定，就意味着，基于人际交互而产生的经验之"善"只是实然层面上讲的，而"性向善"不过是"性本善"在经验层面的"心向善"。

这一点，在傅先生对"择善"的外部探索上也可以窥见。"择善"的前提是"知善"，"知善"除了"心"的先天性道德判断，还有基于"善"的人际交互而产生的，即外在规范："善是人际的适当关系，因此必须考虑主客双方的各种处境，才能决定其具体表现方式。"① 这里"人际的适当关系"便是"礼乐典章"："而善之内容与判准则须同时参酌既定规范，如礼乐制度与法令规章。"② 显然，在傅先生看来，"礼乐典章"也是"择善"的另一个重要方面。"善"的实践正是"知善"的内外的统一："'善'是指由一主体发出动力要求，配合既存规范，确定内容与判准，然后付诸行动。"③

在傅先生看来，"礼乐典章"的产生正是"天"的两种性格而来的。傅先生认为孟子的"天"具有创生性和主宰性，而主宰性表现为"天"的两种性格：审判和启示。自身具备较高智慧德性的君王，通过"占卜"和"民意"获得"天命"，从而为人们制定礼仪规范，倘若君王不依据"天"制定礼仪规范，那么"天"便会对君王进行审判，因此，傅先生讲："古代天子制礼作乐，界定人间宗教、政治道德方面规范，安立价值系统，也是依据天之这两种性格。"④ 换而言之，带有神秘主义、人格神色彩的"天"才是"礼乐典章"的根本原因："天的旨意形成人间道德规范的基础，由此有善恶是非的判断。"⑤

如此，看似基于经验而形成的"善"，其实背后无不是形而上的设定，最后都归之于带有强烈宗教意味的"天"。事实上，在经验层次"善"根本就无法证成。陈永革先生指出："与生俱来的四端之心是人性的善端，而非本然之善，这是孟子性善思想在经验层面上实存描述，四端之心（即向善之心）并不能构成孟子心性论的伦理依据。"⑥ 因此，在否定"性本善"之后，"性向论"不得不引进一个带有强烈宗教色彩的"天"来提供形而上的依持。

---

① 傅佩荣：《儒家哲学新论》，第 70 页。
② 傅佩荣：《儒家哲学新论》，第 86 页。
③ 傅佩荣：《儒家哲学新论》，第 105 页。
④ 傅佩荣：《儒家哲学新论》，第 90 页。
⑤ 傅佩荣：《儒家哲学新论》，第 90 页。
⑥ 陈永革：《人心向善与人性本善——孟子心性论的伦理诠释》，《中国哲学史》1996 年第 4 期。

四、性向善论的归宿

人性向善只是一经验层面的表述，它必须回答自身面临的两个问题：一是人性向善何以可能？二是人性之完满善。傅先生认为，回答这一问题，必须诉诸"天"。"天"为人性提供形而上的基础，同时"天"也是人性向善的完满状态。

"天"作为人性向善的保证，首先便具有超越性。而天的这种超越性，在傅先生看来表现创生性与主宰性："'天'的主宰性格不是凭空而来的，古人相信自然界之所以由天统治，是因为天是造生者与载行者；而人文界或人间善恶判断亦由天定夺，则是因为天是启示者与审判者。"① "天"的创生性表现在自然与道德双重意义上，在自然意义上，"天"是万物的创造者；在道德意义上，是人的道德的形而上保证："造生之天对人的意义，不只在于为自然生命找到本源，更在于说明人类与生俱有的道德品质究竟如何。"②

与此相应，"天"的主宰性也有个方面，一是对自然的秩序的主宰，二是对人类社会的主宰。在对人类的主宰上，天就充当了审判者的角色："'天'又表现为启示者与审判者。"③ "天"的启示者归根到底可以说是天的审判者，正是因为"天"具有对人的行为根本判定，所以人们就会希望获得"天"的启示，以引导自己的行为。傅先生认为孟子最为强调的便是"天"的审判意义："天的审判者性格清楚显示为命运与使命两面，这是孟子'天'概念最大的成就。"④

就"命运"一面来说，往往是带有强制性意味，非人为所能改变。这种人对命运的无奈感，傅先生认为孟子将它归之于"天"；但同时也强调人的一面，即使命。人虽于命运上面只能叹息，但"天"同时也予人以尽道的使命，正是这一使命为人提供了先天性的向善动力，人便是"能以自然生命（人）去实现价值生命（仁），就是人生应行正道，宁死不负此志"⑤。因此，所谓的"天人合德"就是："人人具有向善的本性，只须存养充扩之，即可成为圣人，圣人所至之境为'天人合德'。"⑥

显然，"天"的概念在"性向善论"具有本体地位。傅先生讲："孟子体认到人性向善之最后依据是那作为宇宙万有大本的'天'。"⑦

那么，经验之"善"怎么和超验"天"建立关系的呢？傅先生通过对孟子身心关系的解读，来将二者建立起关系。

在解释孟子"牛山"之喻时，傅先生认为山的本性并不是山所呈现出来的某种现象，而是它所具有能够发出"萌芽"的能力，进而认为："人的本性既非本善亦非本恶，而是

① 傅佩荣：《儒家哲学新论》，第88页。
② 傅佩荣：《儒家哲学新论》，第88页。
③ 傅佩荣：《儒家哲学新论》，第89页。
④ 傅佩荣：《儒家哲学新论》，第95页。
⑤ 傅佩荣：《儒家哲学新论》，第96页。
⑥ 傅佩荣：《儒家哲学新论》，第96页。
⑦ 傅佩荣：《儒家哲学新论》，第127页。

'能够'行善。亦即，人性是向善的。"① 通过对孟子身心关系的解读而认为："人的形体自然反映或表现其内在精神。"② 傅先生认为孟子的身心关系即是"大体"与"小体"关系，身为"小体"，心为"大体"。同时，"小体"与"大体"在"养气"工夫上实现了贯通："气是'体之充'，属于小体，道义则属于大体，由心之四端而来。"③ 而孟子又讲："志，气之帅也。"④（《孟子·公孙丑上》）因此，"心之所之"之"志"，便可以统摄"气"，即"大体"统摄"小体"，就可以而使得浩然之气充塞宇宙。而浩然之气之所以可能充塞宇宙，就在于"孟子体认到人性向善之最后依据是那作为宇宙万有大本的'天'"⑤。"天"就充当了"养气"工夫的形而上保证。"向善"追求的终极目标就是回归到一个全善全能的天："我的自然生命本身就富于向善的潜能，亦即其中涵有价值生命的源头，两者一起发展，因此，满全自然生命，就必须一并满全其向善的潜能，亦即实践仁义礼智，成就完美人格。"⑥ 在这里，全善之"善"显然不是在人与人互动中产生的经验意义上的"善"。问题在于，全善之善究竟是指的什么？换而言之，什么才是全善，全善的永恒性与普遍性又如何证明？如果不能回答这些问题，那么"天"就近似西方信仰上帝的那种宗教意义上的"天"。

"性向善论"是以经验主义来论证的，但经验主义面临的是普遍必然性何以可能的问题。经验主义证成路线，而又不得不用形而上为理论保证，因此在性向善论中，便有经验与超验的对立。经验意义上"善"的内外两重标准，最后不得不统一在人格神意义上的"天"。但是若没有形上的设定，则如陈永革先生所讲："'人心向善'论就不可能回答人心何以能够向善的根据问题；在实践论上则会使'人心向善'缺乏价值目标。"⑦ 因此，"性向善论"的理论困境就在于否定了"性本善"之后，无法为"向善"提供一个可证明的形而上设定，以使得性向善论得以成立。

---

① 傅佩荣：《儒家哲学新论》，第 126 页。
② 傅佩荣：《儒家哲学新论》，第 126 页。
③ 傅佩荣：《儒家哲学新论》，第 127 页。
④ （宋）朱熹：《四书章句集注》，第 231 页。
⑤ 傅佩荣：《儒家哲学新论》，第 127 页。
⑥ 傅佩荣：《儒家哲学新论》，第 128 页。
⑦ 陈永革：《人心向善与人性本善——孟子心性论的伦理诠释》，《中国哲学史》1996 年第 4 期。

十、国学新知

主持人语

  明清之际，天崩地坼，人们反思明朝的衰亡，多归于晚明王学末流的"空谈心性，不务实学"，故有朱子学复兴成为儒学发展的总趋势，然由于朱子学与阳明学其不失为"圣门之学"的共通性，阳明学还悄然发挥着重要影响。

  余怀彦的《谈谈王阳明的政治思想》论述了王阳明赴广西平定叛乱稳定社会秩序的经历，于今亦具有启迪意义。王阳明病重受命平思田之乱，一到广西，他没有急着处理问题，而是几乎走遍全省深入调查两个多月，把情况彻底搞清楚再处理问题，这透出他高度的时世责任与担当精神。王阳明发现主要是中央大员对问题做了完全错误的处理，几乎将所有土司判死刑，扩大了矛盾，王阳明从中华民族是一家的政治高度拨乱反正，对这些土司进行了平反，对其错误也进行了惩戒。他用心用情以服众，不仅平定了叛乱，还调动和发挥了少数民族自治能力，靠瓦氏夫人等首领的帮助，解决了200年未解决的八寨、断藤峡土匪问题，足见王明阳的政治眼光与智慧。王阳明将平乱巨款用于兴建敷文书院，修建庙宇等文化设施，促进汉族与少数民族文化交流，加强汉族、少数民族干部队伍培训，此思想与举措亦非常人所能及。王阳明秉承儒家"义以为上"的义利观，从巨款中留下的钱仅够回家的路费，他将全部精力贡献给人民，在人民受苦受冤时，敢为民说真话办实事，受到人民高度赞扬，是很少有人能做到的政治家。

季芳桐的《泰州学派的民间化儒学研究》，对中国民间大众化儒家代表——泰州学派展开了全方位多视角的深入研究。文章指出，泰州学派活动的中心是民间、乡村，关注庶民的生活和乡村社会秩序的稳定，将圣贤经世家法落实于家庭、邻里关系，利于整合底层大众行为，移风易俗，使民安居乐业。文章指出，明代儒学自阳明而简洁，自泰州王艮而通俗，通俗化是泰州学派理论最大特点。王艮理论源于阳明良知说，而王艮提出"百姓日用是道"，对良知理论又有发展。泰州学派认为，道德工夫不离生活劳作，人们需时时警觉，保持良心或善性，才能使道德顺随日常劳作而显现当下，日常生活处处有工夫，此乃普通而自然，人人会做、能做。可见，"百姓日用是道"理论最适合普通民众，泰州学派理论具有民间大众化儒学特点。泰州学派语言特色是用简单、通俗、口语化的语言表达其思想理论，简单的语言表达深刻的思想，是一种创新，易于百姓上口入耳入心，使儒家道德文化成为民众生活的道德文化。

杨肇中的《从黄道周儒学工夫论看晚明经学崛兴之趋向》，阐释了晚明大儒黄道周心性工夫论的思想特色，由此管窥晚明儒学范型的发展趋向。黄道周认为，经世、治心需细，明体、致用需实，须得"好学"力久工夫，由博返约，自会见得圣贤精神。黄道周明辨朱陆异同，认为朱陆工夫论都不失为"圣门之学"，咸有"主敬以存养此心虚灵明觉"与"即物穷理以致知"之两端，朱子学根于日用平实之"下学"工夫，陆子学亦非"禅"，陆家渊源止在"爱、敬"，于治家理政亦切于人伦日用。黄道周还区分了阳明学与其后学的工夫论，阳明良知学"从践履中来，世儒都说从妙悟来"，批评王龙溪等人"近乎佛禅"的工夫论。黄道周论析了程朱"道问学"与陆王"遵德性"的共通性，主张不离人伦日用格物致知的工夫论，体现了从"遵德性"到"道问学"的转向。文章认为，明末清初儒者反思明朝衰亡原因，多归结为晚明王学末流"空谈心性，不务实学"的时代流弊，指出其"任心而废学"轻诗书礼乐之危害，提出回归儒家经典，而黄道周儒学工夫论则为清初"经学即理学"回归儒家经典思潮的先声。

朱光磊的《论唐文治性理学思想及其对佛老的判释》，阐明晚清民国初著明理学家唐文治的性理学研究始于程朱理学，继而以朱学会通象山与阳明，认为朱子学与阳明学相通，"原无背圣人"，阳明"致良知"，"实足救近世人心"，朱子学、阳明学均"为今时救世之本"。唐文治秉承朱子理气观，认为理气不离不杂，气化万物，理为主宰，人之性与心也是理气关系，性有道德性的天地之性和如"食色性也"的气质之性。气质之性须合理满足，其本身不能说善恶，过分贪求就是有恶无善之欲，要遏、要塞、要无。天地之性是性理在心中的发动，是有善无恶之欲，要养。文章论析了唐文治逐层递进的工夫路经：第一层是"我欲仁，斯仁至矣"求放心工夫；第二层是有行己之恕及人之恕的内外交修工夫；第三层是达到从心所欲不逾矩的心与理一工夫。文章还考察了唐文治对佛老的判释。佛老动摇儒家伦理礼教，故辟佛老；佛老保气养生、神道设教利于性理学作用下的道德教化，故融佛老。

（南京大学中国思想史博士　陆元祥）

晓春（水彩画）　作者：罗萍

谈谈王阳明的政治思想

余怀彦 *

（贵州师范大学阳明学研究中心，贵州贵阳，550001）

摘要： 王阳明从政治、哲学高度审视民族矛盾、社会问题，在平思田之乱过程中，他几乎走遍广西深入调查两个多月，以中华民族是一家的情怀，拨乱反正，用心用情以服众，并依靠少数民族解决了200年未能解决的八寨、断藤峡土匪问题，稳定了社会秩序。王阳明将平乱巨款建书院、庙宇等文化设施，促进民族文化交流，加强汉族与少数民族干部队伍培训，而给自己留下仅够回家的路费，他以全部精力贡献给人民，敢为民说真话办实事，在当时社会，王阳明的政治眼光和智慧非常人所能及也。

关键词： 王阳明；政治；平反；自治；书院

关于王阳明的政治思想这个问题，我觉得研究的人还比较少。为什么比较少呢？就是说这个问题可能是不太好研究，我自己在这方面也只有一点点粗浅的体会，那么，我今天就谈一谈，大家能不能一起来交流一下。大家知道，王阳明有四个伟大：伟大的哲学家、伟大的思想家、伟大的政治家、伟大的军事家。当然还有很多家啊。研究他的哲学思想的人比较多，研究他的教育思想的也不少，研究他的军事思想的不是很多，研究他的政治思想的可能就更少一点了。但是这个问题很重要，因为王阳明之高就是综合了这几个方面。那么政治思想处于一个什么地位呢？在这几个方面，政治思想处于一个高层次。为什么这样讲呢？因为大家知道，王阳明是个很了不起的人物，但是，我们只要去看一下明史，看一下明代全国各地对王阳明的一些评价，我们就会发现他们对王阳明评价最高的一句话是什么呢？熟悉广西的同志或者看过《王阳明全集》的就知道。当时广西很多人士，有很多都是在政治上、在官场混了几十年的人，有很多都是做学问做得很深的人，他们对王阳明有一句话，叫作"非常人所能及也"。王阳明不是我们一般的人，这常人是做不到的。明史对他有个评价，就是他处理问题非常周到，周到得滴水不漏，

---

* 作者简介：余怀彦（1939— ），男，湖南江华人，贵州师范大学阳明学研究中心主任、教授，贵阳王阳明学会副会长，研究方向：文化史。

面面俱到。对，这是很多人对王阳明的一个特殊的评价。我自己学习得也很有限，现在就把我来广西这几年学习的一点粗浅的体会说一下。

王阳明来广西，就是要平思田之乱。当时广西实际上有两大乱，一个就是思田之乱，一个就是八寨、断藤峡的土匪之乱。思田之乱，就是由瓦氏夫人的丈夫岑猛，当时广西少数民族的最高领导，叫指挥同知，从三品，他叛乱了，实际上就是整个广西的土司叛乱了，很多土司的部队，各个地方的人都参加了，一共有 20 多万。因此，思田之乱又被称为岑猛之乱。广西自古以来就是能打仗的地方，从远古一直到近代，广西兵都是最厉害的。所以当时派来镇压广西的思田之乱的是姚谟元帅，这个姚谟元帅以老成持重出名，但是，他在广西搞了两年多，花费了数千万银两，数千万斤粮食，最后还是没有镇压下去。他最大的功绩就是把广西的某个州夺了过来，维持了 50 天。然后又被广西土司的兵夺过去了。中央看他实在不行了，就连下三道圣旨，还派皇帝特使，叫已经病重的王阳明出山。王阳明来到广西，照一般的情况，都是找老的部队领导谈一谈，然后很快就可以和这些少数民族的部队或者当地有不同意见的一些人接触。但是王阳明没有这么做。王阳明 11 月份到达梧州以后，他深入到广西差不多全境，从梧州一直到百色，做了两个多月调查。少数民族的那些土司、领袖，还有一些当地的人，要求王阳明在梧州就赶快给他们解决这个问题，王阳明没有处理，然后到了南宁，他们又要求处理，王阳明也没有处理。他经过两个多月调查，一直到把问题搞清楚了，然后到了宾阳，实际上只用了半天时间，就把这么一个大问题，这个耗费国家钱财，给整个社会造成这么大动乱的问题给解决了。这就是说王阳明处理问题的方法、路径与一般军队的领导或者政府的首脑是不一样的。首先，要把问题彻彻底底搞清楚，而且是从政治从哲学的高度来认识问题。你们看一下当时王阳明写的一些报告，发表的一些书信，很多谈到这个问题。他认为这个问题实际上牵涉到中国两个更根本的问题，一是少数民族的土司制度和汉族的流官制度是不是有先进和落后之别？是不是一定要由流官制度来代替土司制度？只有这样才能维持中国的大一统？结论是否定的。王阳明说，这两种制度，没有先进和落后之别，都有近两千年历史了，汉族不适合土司制度，少数民族不适合流官制度。明朝强行在广西等地改土归流，用汉族官员，来管理广西少数民族的内部事务，结果是国家浪费了大量人力物力，费力不讨好。实行土司制度时，广西的土司政府对明朝中央政府是极为尊重的，每年都要纳钱纳粮，中央要什么给什么。改土归流后，广西民族地区民众根本不服，中央政府要倒过来给广西钱，以维持地方政府开支。汉族官员根本不敢下去，把政治搞得一团糟。王阳明通过深入调查做出了广西民族地区当时必须实行民族区域自治的结论，报告给了中央，中央也同意了这个结论，对明朝广西少数民族地区的政策做了重大的修改：哪种制度更适于当地的百姓，能带来更好的效果，哪种制度就是当地更好的制度。二就是少数民族和汉族到底是什么关系？怎么样来解决少数民族地区的问题？王阳明认为汉族跟少数民族都是中华民族的组成部分，实际上就是一家人，这不是虚的，而是实的。他现身说法，他的曾祖母岑氏就是广西的，而且跟广西的岑家有很密切的关系，跟瓦氏夫人，更是很亲的亲戚。所以他在来广西之前就带了一件宝，是《泗城岑氏族谱考》，他自己写的，就把这个家族关系说得清清楚楚。另外，叛乱的首领岑猛他家老祖宗是岑仲淑，他亲弟叫岑纯淑，和王阳明这一家有很密切关系的，岑仲淑就是从他们余姚来的，由汉族演变成广西岑氏的老祖宗。他把这两个关系搞清楚后，这就是一个切入点，他一来广西就拜访了这些亲戚，还亲自拜访了瓦氏夫人的父亲，算是亲表哥，他从感情上两条线着手解决问题。这样的方法和路径，可以说是神来之笔，我们不能看小了，在当时的确起了很大的作用。

下面我们就简单回顾一下王明阳是怎样解决广西这两大乱的。首先，他在尽可能查清事实的基础上，为姚谟错误处理的这些土司做了彻底的平反，这是很不容易的。因为仗已经打了两年多，汉族的部队被打得东奔西躲的，有没有死伤？攻占那么多城池，有没有造成包括老百姓也包括当地一些城镇的损失？这是肯定有的。但是，王阳明指出，"事出有因"，这个事情之所以发生，责任主要就在我们中央官员，对这个问题完全做了错误的处理。这个问题的发生，本来是岑猛和一些土司有矛盾，汉族的中央官员不适当地插手，不是解决矛盾，做到团结，而是去扩大矛盾。更严重的是，他没有看到广西少数民族，这些瑶族或壮族有一个很大的特点，就是不管他们自己内部有什么分歧，但是在国家这个问题上是非常统一的，是非常爱国的。可以说从明朝开始，中国的仗很多就是广西少数民族打的，他们特别能打，包括江西那边解决一些民族问题、地方问题，还有倭寇问题，明朝都是从这边调队伍。这些队伍由于对中央有很强烈的感情，所以他们出兵不管去抗倭寇，还是解决其他地方的问题，都是一不怕死，二不怕苦，三不要钱，四不要命，不计任何代价，不要任何报酬，是这样一种队伍。所以说他们的本质是非常好的，是非常爱国的。如果出了什么问题，可以说在战争当中，或者是互相之间有伤亡，那也是由于你这个中央官员的错误政策造成的。姚谟当时把几乎所有的广西土司都判了死刑，有一部分他抓到了，关在监狱里面，有的没抓到的，在外面跑，但不管是否关押，这样处理都是混淆了两种完全不同性质的问题。那么，是不是这些少数民族的首领，这些土司头头就没有错误了？那肯定也是有的。那天和王会长一起来的那位，就是王受（王阳明手下的土司将军）的后代，问了我一个问题："当时王阳明为什么要打我们祖先一百小板？"就像打小孩手板那种。为什么要这样做？大家想一想，如果王阳明不这样做会是什么结果？尽管王阳明当时是中央大员，但是你也不能一手遮天啊，你总得把是非分清楚了，如果你毫无处理，一点态度都没有，不仅王阳明自己马上处于一个很被动的地位，他要给这些少数民族的领袖彻底平反那是很难的，甚至是不可能的。打手板是什么意思？你们如果懂中国古代的法律就知道，这是中国汉族的中央大员处理地方事务、处理地方官员的一种手段。就是说，我们已经把这个问题处理过了，那算是结案了。有这个东西，看来是很小，别人可能不懂或者不注意这个问题，但是王阳明都注意到了。他这样给这些少数民族的土司彻底平反，其他人无话可说，我们古书是这么记载的吗？这100小板，那就是处理完事情结案的一个形式，表示中央政府已经处理过了。王阳明一来广西，不是急着马上来解决问题，而是先把是非曲直搞清楚了，才来解决问题，把死刑变成彻底平反，彻底昭雪，像那个最大的首领岑猛，姚谟报他死刑，给他定的罪是很重的，而且可以说是颠倒黑白，捏造事实。给他定的是什么罪呢？就是说由于他与少数民族的其他一些领袖有矛盾，随便杀人，引起了很多方面的反对，最后，他的岳父岑璋没有办法了，把他杀了。但是，这样一种说法，经过王阳明甄别以后，说这是不可能的，因为岑璋跟岑猛一直保持很好的关系，岑猛跟他妻子瓦氏夫人也一直保持很好的感情，他的岳父怎么会把他这样处死啊，甚至连他的长子岑邦彦也一起处死呢？根据多方调查，有些线索可能当时也来不及搞得很清楚，但是有一点是可以肯定的，他是被人暗杀的。这样的结论出来后，王阳明来解决这个问题就容易了。王阳明首先通过中央，通过皇帝，恢复了岑猛的指挥同知，从三品的职务，并且把这个职务——因为岑猛已经被杀死了——就传给了瓦氏夫人，而且把他的两个年幼的小孩也封为知州。由于小孩还比较小，没有政治理念，王阳明就要求他们在基层锻炼，以后通过一定的考核再任命。所以大家想一想，如果是其他人，对这个问题都不会处理到这种水平。给你平反就平反了，是吧。那么王阳明的平反能做到什么呢？就在我们宾阳，就在我们希望能够建立起来的总督府会议室军门，把这几十个全广西的土司首领，有的是刚从死牢里面放出来的，讲得热泪盈眶。王阳明打一百小板，大家想一想，被打者是边听边笑边称赞，都说：对对对对对，也要写点我们的错误，而且这个不是虚位的。7天以后，卢苏、王受就把他们手下的7万多土司部队，全部带到了宾阳，每人身上还自己绑了一根草绳，来向明朝中央政府请罪和向汉族兄弟赔礼道歉。以王阳明为首的中央政府官员和数千汉族官兵赶快迎上前去，为他们亲解其缚，和他们热烈拥抱。正因为有了这样一个问题的解决，所以才有八寨、断藤峡问题的解决。八寨、断藤峡的问题很多，一般人都说不清楚，我也说不清楚，还需要我们有更多的学者，特别是我们广西的人去研究。

　　为什么把八寨、断藤峡，特别是八寨说得那么凶？事实上也是那么凶。从明朱元璋开始，差不多20年，朝廷至少调了十几次大兵来剿灭八寨，一次也没有打进去，他们只打到上林县这个地方就垮了，而断藤峡呢，是只有一个叫韩雍的人打进去五天。但是，五天之后他们就感到待不住了，土匪已经把他们包围了，赶快逃跑。但是王阳明来了以后，为什么基本上就像拿个鸡毛掸一样，在那里晃了几下，这八寨、断藤峡问题也就附带解决了？那是不是王阳明来了，生产了一种治这个社会的什么药，这些土匪吃了个个都昏了？那绝对不是。他来了以后，八寨、断藤峡，一开始不服，说你们土司服了，我们不服，我们要跟王阳明斗到底。后来，以瓦氏夫人为首的土司提出来："这个问题我们来解决，放心好了。"他们怎么解决的，这里有很多秘密，有些秘密在当时是不能揭开的，现在也不一定能搞得清楚，但是这个模式是很清楚的：他们跟八寨、断藤峡的土匪领导有很好的关系。他们是同一个民族，都沾亲带故，能够深入到里面去，宣传王阳明的政策，但不可能把这样一支庞大的土匪队伍全部人的思想马上扭转过来。还要在每一个村都能够安插人作为内应。所以这打的是什么仗呢？就是有这样一些人，他们先做了工作，但是又不能留名。王阳明给他们留名也不方便，因为如果他说这是谁做的，那后来八寨和中央又闹翻了，就会把这个责任推到他头上了吧。所以这个人可以说是一个很神秘的，其所使用的部队主要是非汉族的部队，实际上就是两支：一支由卢苏和王受率领，都是岑猛的家人，就说是都是岑猛的瓦氏夫人的部队啊，那么还有一支呢，就是韦虎臣、韦虎林，广西东兰州的，他们是王阳明的义子，王阳明在江西剿匪就带着他们。主要使用的就是这两个部队。所以，要把八寨、断藤峡问题搞清楚，就要把这些都搞清楚，但是这些问题可以说永远搞不清楚，因为就是我们现在讲到的，都是公开战线，还有隐蔽战线，有在背后做了大事的，做了大工作的，他们不愿意也不便在历史上留名，我们认为这个人就是瓦氏夫人。就是这么一个广西杰出的女政治家、女军事家，是王阳明的亲戚。由于王阳明这样的帮助和培养，她在复杂的斗争当中很快就成长起来，所以她后来能够升到二品，领导江苏上海一带的抗倭战争。如果离开了这个就无法说清楚，她为什么能够升到二品，王阳明也就是二品，所以应该说，王阳明处理这些问题，它是每一个细节每一个方面，都注意到了。有的是提前几月、几年，甚至十年就注意到了。

总之，任何人，不管职位多高，遇到像王阳明处理的这样复杂的广西问题，都很难处理好，前有地雷，后有陷阱。唯有王阳明能够如履平地，"非常人所能及也"。可惜天妒英才，王阳明刚把广西问题处理完，还来不及收工，阎王爷就来向王阳明催命了！首席军医官向王阳明宣布：他已病入膏肓，已无药可治，希望他赶回故土，以免死在路上。王阳明淡然一笑，我早知道了，我需要把我手头的钱赶快花出去。

由于王阳明他这样不费吹灰之力就平定了土司的叛乱，用很少的代价就解决了这样一个200年不能解决的八寨、断藤峡土匪之乱。这造成什么结果呢？王阳明成了大财主，中央拨给他多少千万的粮食，多少千万两银子，他没有花得出去，中央估计王阳明这个仗至少要打三年以上呢。王阳明可以把它上交给中央或者封存，他没有这么做。王阳明除了自己留了很少的一点钱——我看到的资料，那个钱少得可怜，也就是说勉强够他回家的路费，所有的钱就被王阳明用了，全部用于广西人民。他用这笔巨款为广西人民解决了教育、社会保障的一些欠债外，还修建了20个左右的工程。大家知道的，如横县的伏波庙，这是全国非常有名的一个古庙，修得非常好。他们做文史工作的一些老同志讲：500年了！完好如初。那么横县这个庙是谁修的呢？是王阳明。当然不是王阳明亲自去搬石头、抬木头，他是责成当时南宁知府来做这项工作，要他尽一切可能、不惜一切代价把这个已经破损了的汉代庙修好。据横县一位同志说，他们只是看到那个屋檐下面木头花板有少数坏了，被换了，其他所有的一砖一木都是王阳明拨巨款修好的。而且不知道是神仙显灵呢，还是这个房子就是修得这么好，建筑者非常懂风水，懂得气流的走向。横县伏波庙有个非常奇怪的现象，就是到春天，广西也有风沙，特别是到冬天树叶也很多，周围所有的地方都会有落叶飞沙，但是伏波庙就一片树叶也没有，一粒沙也没有，他修的一个工程能做到这种程度。他修的第二个大工程是昆仑关。我一到昆仑关就感到非常兴奋，因为我看到介绍自汉以来昆仑关修建的四个人当中，最后一个就是王阳明，也就是说到1939年昆仑关大捷的时候，所有的东西都是王阳明留下的。最后，我说几句关于梧州。王阳明文中，有他拨巨款修筑梧州城墙和骑楼的批示。他说：我不是专家，但是你们这个骑楼必须考虑要交通方便，行水方面，隔多远必须有一个出口，必须有断口，让大水冲进来，很快就可以退走。这些他都提到了，须知他当时已是一个将死之人，不知道他脑袋是怎么用的，一般人都不会考虑到的一些问题，他能够考虑到。一般人觉得是很小的问题，他也能考虑到，有时候小问题恰恰就是大问题，把小问题解决好了，可能一盘棋就活了。王阳明这些方面很值得我们学习。

另外，回答两个问题：一、王阳明为什么一到广西，他就在宾阳建了敷文书院，而且拨了很多钱建了南宁的敷文书院、灵川的敷文书院、梧州的敷文书院？因为按照王阳明对广西的了解，广西由于长期实行土司制度，和汉族的流官制度是有很大区别的，双方的文化教育程度各方面都不一样，而且对于广西这些少数民族，他们亟待提高对中华文化的了解、对整个汉族或者其他方面的了解。同样，汉族的官员，也有必要去了解这些少数民族的文化，进行文化交流。所以当时王阳明在宾阳建敷文书院，这与我们现在办中学、办大学是完全不一样的。他实际上办的是一个干部的培训学校、人才的培训学校。他把瓦氏夫人，还有像卢苏、王受、韦虎林这样一些人封以总兵这样很高的职务，享受将军的待遇，把他们都调到了宾阳，为他们建了参将将军府，接受统一的培训、统一的教育，极大地提高了广西一些少数民族干部的文化程度、政治素养和国家观，所以，在王阳明走后，广西有一些人才走出来，特别是以瓦氏夫人和韦虎臣、韦虎林兄弟为代表的古代少数民族精英，一直到近代，像韦拔群、韦国清等，他们都受到王阳明的思想的影响，并形成家风。王阳明看得很远，他并不是国家的一把手，有些问题他不能够解决，有些问题，在特殊条件下，他得到中央批准，如广西民族区域局部自治的问题，培养青年干部的问题，他也解决了，这是很了不起的。

二、对于八寨、断藤峡的问题，王阳明当时用很短的时间就解决了。看是解决了，而且解决得非常好，但最后却无法落实。实际上王阳明当时的文集写得很清楚，为什么？因为给这些少数民族的领袖平反，是明朝廷总结了好多时代的教训以后，又在那么一个国家危急的情况下，接受了王阳明的建议，彻底平反，恢复了他们的官职，恢复这些少数民族的各种待遇。但是，对八寨、断藤峡，当时明朝中央政府是反对王阳明的处理方法的，表面上看，王阳明立了大功，200多年解决不了的问题他都解决了，但实际上明朝中央政府怎么评价他呢？说他"恩威倒置"，不执行中央一贯的政策，就是对于八寨、断藤峡，每隔20年左右，中央就派几十万大军来镇压一次，他们认为这就是解决问题的办法。王阳明是讲良知讲人道的伟大的政治家，在这个问题上他是坚决不能同意的，明朝廷要处分他，他也不能同意。因为这关系到人民的生死、国家的存亡，这是有害于国家、有害于人民的。有的人可能不知道，王阳明恰恰因为这个问题，他立下这么大的功，解决广西这么大的问题，却没有得到一分钱的奖励，没有得到应有的表扬，而是把他几十年积累下来的封爵、待遇全部取消了（40 年后才平反）。王阳明是替八寨、断藤峡背锅的。很多人不了解情况，说王阳明是镇压八寨、断藤峡的刽子手，这实际上是何等冤枉。王阳明是坚决保护八寨、断藤峡的。他既有原则性，还有很高的灵活性。灵活性是说王阳明当时制定的政策是，对八寨、断藤峡，除了极个别不执行中央指示、坚决反抗到底并且继续反抗的人，对这样的首领非杀不可，其他所有人，皆是可化之人，都是可以争取的人，而且告诉八寨、断藤峡的人，你们和广西其他地区的人完全一样，你们也可以自由选择自己的领导，中央不干预你们。原来当土匪的，只要能够得到八寨、断藤峡的人支持，照样可以竞争土司，竞争酋长。更奇妙的是，就是把八寨、断藤峡问题解决以后，他命令在宾阳的所有的政府官员和士兵，每人至少背 40 斤左右的粮食、油，还有从外地运来的食盐，到八寨、断藤峡这些土匪的家里去，一家一户慰问，去做工作。他当时对这些长期做土匪的人是这样一种看法。并且指出，这些土匪头子只要不再做土匪，国家可以给他们发营业执照，让他们去经商，去南宁买房予。王阳明相信，由于他们在很多群众当中是有号召力的，他们的关系是很多的，他们经商，用他的话来讲，可以"坐致饶富"。王阳明就这么灵活。当朝廷要王阳明杀他们，王阳明一个也不杀。后来说王阳明在广西杀了好多土匪，那都是胡说八道。王阳明的书里面写得很清楚，总共两个地区，庆远府、浔州府、藤县这些加起来那么大的管辖地区，死的人总共 1911 个，而且这里面绝大多数都是不相信王阳明政策，失败以后，他们自己自杀的，跳水的，跳岩的，都有。王阳明是坚决反对用武力镇压的办法来解决这个汉族和少数民族问题。他认为调几十万大军，当然可以打胜，至少暂时表面上可以镇压一下，但是不能解决问题的。所以镇压八寨、断藤峡起义的，根本不是王阳明，是王阳明前面或者后面那些领导，都给张冠李戴，胡乱地戴到王阳明的头上，王阳明是何等冤枉。在这个问题上，王阳明知道自己要受到处分，而且要连累到自己的家庭，但仍不愿妥协，就是说，一个政治家，要把自己的一生贡献给人民，处处为人民着想，王阳明的一生就是这么做的，而且还要真正做到，在人民受到不正确待遇的时候、人民有苦难的时候、人民受到冤枉的时候，要敢于站出来为人民发声，敢于讲真话。即使我自己哪怕到了阴间被处分，我也是此心光明，这就是王阳明，这就是王阳明的政治。这在中国五千年的历史上很少有人做到的。王阳明在广西做到了，而且得到当时广西人民的高度赞扬，说他"非常人所能及也"。

（根据 2022 年 5 月 22 日北京中国东方文化研究会阳明委员会举办全国多省线上学习活动余怀彦教授的即席发言整理）

泰州学派的民间化儒学研究

季芳桐*

（南京理工大学人文学院，江苏南京，210000）

摘要： 儒学的政治化、学术化、民间化，是儒学发展过程中并行不悖的三条路径或趋势，历史上的儒教学派，虽然理论主张各有不同，然总不出此三者，或侧重政治，或侧重学术，或侧重底层民众的社会生活，因此形成了不同类型的代表。泰州学派是明代阳明后学的八大学派之一，也是其中唯一民间儒教的学派。泰州学派活动的中心和关注的重点一直是乡村或社会的底层，创立了"百姓日用是道"的理论，并运用口语化的表达方法，使得儒教理论能够深入民间，维系了乡间社会秩序的稳定和良好风俗之延续。

关键词： 泰州学派；民间化；儒学

中国传统儒学是一庞大的系统，若细分大致有三个分支：一是朝廷庙堂之儒学或治道之学，二是士人之儒学或心性之学，三是家族、乡间之儒学或大众儒学。汉唐儒学主要为朝廷庙堂之儒学，特点是重功业，重治道，代表人物是董仲舒、郑玄、韩愈等，他们思想理论与先秦的荀子之学相近或有所继承。宋明儒学主要为士人之儒学或心性之学，特点是重视心性与修养，以为世间的功业应建立在道德基础之上，若无道德之基础，世间的功业根本靠不住，盛唐的衰亡就是典型。宋明儒学的代表人物为二程、朱熹、陆九渊、王阳明等，他们的理论与孟子之学较为接近或有所继承。清代之儒学虽然对于汉唐、宋明之儒学皆有继承，可主导倾向还是朝廷庙堂之儒学，其学术旨趣和特点与汉代经学更为相近，代表人物为惠栋、戴震、康有为等。而家族、乡间之儒学或民间风俗之学，实际上是一种通俗化、民间化的儒学。其作品多为民间之乡约、家书以及家族祠堂上的匾文，主旨在于教化下层庶民，稳定家族秩序和乡间风俗。或可能在各个朝代不占主导地位，然作为儒学系统的三大支脉之一，却一直存在着、发展着，而以明代泰州学派的王艮、王栋、王襞等最为著名，其理论与孔孟之学，尤其阳明之思想较为相近或有

---

* 作者简介：季芳桐（1954—）男，南京理工大学人文学院教授、历史学博士，主要研究泰州学派、伊儒会通等。

所继承。

就一般儒家著作而言，于个人、家庭、朝廷之三者皆会涉及或皆有涉及，只是彼此各有侧重，其侧重点不同，学术面貌随之相异。汉唐之董仲舒、韩愈等，固有心性方面的论述，而主导倾向还是在于治道、功业；宋明之朱熹、王阳明等，亦有治国平天下的论述，主要偏好在于个人心性与修养；泰州学派的王艮、王栋等也强调心性，只是更重视家族秩序、乡间风俗。故学术倾向不同使之成为不同类型儒学之代表。当然，以往的思想史、学术史，比较重视第一、二类儒学，即重视治道之学、心性之学，而对于第三类儒学，即家族乡间之民间儒学，探讨得不够充分。其实，此类以庶民为载体的儒学，是儒学走向民间的一种典型形态，

无论对于稳定乡间的社会秩序，还是对于延续儒学之慧命都起着较大的作用。这里就以泰州学派为观察点，以展现儒学民间化或大众化的面貌。

一、泰州学派的关注重点

儒学民间化涉及活动中心的变化和关注重点的转移。历史上，无论是朝廷儒学还是精英儒学其活动的中心始终是城市，关注的问题一直是与朝廷相关的政治问题等。与此相对，作为民间大众化儒学的代表——泰州学派活动的中心点却是民间、乡村，关注的重点是庶民的生活和乡村社会秩序的稳定。泰州学派是一民间色彩很浓的学派，他们讲学之场所主要集中在泰州、东台地区，学员亦可称学派成员多为庶民，学与行（实践）的目的在于改良社会风俗，维护乡间的稳定。

泰州学派讲学在泰州（即泰州府所辖地区），改良社会风俗，维护社会稳定的活动也在这一带。隶属泰州府的东台地区，是江苏的一大盐场，居民一直以盐业为生。泰州学派的创始人王艮就生活在其中的安丰场。这一带由于"灶产不均，贫者失业"争诉不断，地方官吏久欲解决，苦于拿不出有效方案。嘉靖十七年(1538年)盐场官吏找到民间的儒士王艮。于是，拟定了《均分草荡议》：

裂土封疆，王者之作也。均分草荡，裂土之事也。其事体虽有大小之殊，而于经界受业则一也。是故均分草荡，必先定经界。经界有定，则坐落分明，上有册，下给票，上有图，下守业，后虽日久再无紊乱矣。盖经界不定，则坐落不明，上下皆无凭据。随分随乱，以致争讼，是致民之讼，由于作事谋始不详，可不慎欤。一、定经界，本场东西长五十余里，南北阔狭不同。本场五十总，每总丈量一里，每里以五百四十亩为区，内除田官土等项，共计若干顷亩。本场一千五百余丁，每丁分该若干顷亩，各随原产草荡、灰场，住基、灶基、粮田、坟墓等地，不拘十段、二十段，有散落某里某区内，给予印信纸票，书照明白。着落本总本区头立定界墩明白，实受其业。后遇逃亡事故，随

票承业，虽千万年之久，再无紊乱矣①

王艮长期生活在盐场，对于此类问题的症结以及处理方案等有深刻的思考和周密的规划，而照此实施后基本解决了盐场因草荡而争讼多年问题，于是这一带盐民安居乐业。

明正德十四年，江西宁王朱宸濠发动叛乱，武宗平乱。这一事件与远在江苏东台的王艮没有什么直接关系。只是为清剿叛乱，武宗自北京南下，过维扬，一路骚扰民众，王艮不得不出面。事情的直接起因：武宗随从太监、总兵等，沿海视猎场。至富安场，鹰犬跑失，校卫到盐丁（包括王艮）家搜索。王艮策马偕校卫去见太监。太监问：鹰犬在哪里？王艮说，这一带失猎久矣，何问鹰犬？再说，鹰犬禽兽也，天地间至贱者；而至尊至贵，谁能与人相比！君子不以养人者害人。今以至贱而贻害于至尊至贵者，岂人情乎？。太监闻后色动，遂罢猎。②

上述两件都是发生在东台盐场，皆为庶民之事，士大夫或许认为此类民间小事不值得士大夫介入，其实，其与东台民众的生活和社会稳定紧密相关。王艮出面妥善处理，使得官吏、庶民较满意，而社会秩序又得以维系，实在功莫大焉。王艮逝世后，弟子（也是王艮族弟）王栋继承了泰州学派的这一传统，以改良风俗为己任。他说："圣人经世之功，不以时位为轻重。今虽匹夫之贱，不得行道济时，但各随地位为之，亦自随分而成功业。苟得移风易俗，化及一邑一乡，虽成功不多，却是圣贤经世家法，原是天地生物之心"。③王栋以为，维护乡里社会秩序即是圣贤经世之家法，故而非常重视家庭、邻里关系，一再强调：

天地生人必有先，但逢长上要谦谦，鞠躬施礼宜从后，缓步随行莫僭前。庸敬在兄天所叙，一乡称弟士之贤。古今指傲为凶德，莫学轻狂恶少年。

生来同里共乡邻，不是交游是所亲，礼尚往来躬自厚，情关休戚我先恩。莫因小忿伤和气，遂结深仇起斗心，报复相伐还自累，始知和睦是安身。

子孙有教是□谋，失教还为祖父忧，不独义方昭训迪，更寻师友择交游。才须学也夸贤嗣，爱勿劳乎等下流。骄惰养成为不肖，败家荡产是谁尤。

士农工贾各勤劳，自有荣华自富饶，好是一心攻本业，莫垂双手待明朝。精神到处

① 清宣统二年袁承业刻本《明儒王心斋先生遗集》卷二《均分草荡议》。
② 明万历年王世丰刻本《心斋先生全集》卷一《年谱》。
③ 清宣统二年袁承业刻本《明儒王一庵先生遗集》卷一《会语正集》。

天地心，顺术艺成□□□，囤漫起贪登垄断，羡鱼还恐失檐樵。①

上述表达简单而通俗。就其内容而言，多是儒家道德规范修养之类，并无什么创新。可是，对于整合底层大众的行为、稳定乡村的社会秩序，却起着积极作用。

王艮的再传弟子韩贞也有类似的事迹：韩贞，号乐吾，江苏兴化人，以陶瓦为业，卒业于王东崖（王艮次子）。

久之，觉有所得，遂以化俗为己任，随机指点农工商贾，从之游者千余。秋成农隙，则聚徒谈学，一村既毕，又之一村，前歌后答，弦诵之声，洋洋然也。县令闻而嘉之，遣米二石，金一镪，乐吾受米返金，令问政，对曰："侬窭人，无能补于左右。第凡与侬居者，幸无讼牒烦公府，此侬所以报明府也。"②

作为泰州学派的再传弟子韩贞卒业之后，同样也是以"化俗为己任"，至于"秋成农隙，则聚徒谈学，一村既毕，又之一村，前歌后答，弦诵之声，洋洋然也"，则凸显泰州讲学之风对于民间之影响。

二、泰州学派的理论特色

泰州学派理论的最大特点，就是通俗化。实际上，这也是儒教民间化的一个重要条件。明代儒学自王阳明而简洁，自泰州王艮而通俗。其源头虽为王阳明的"致良知"理论，然真正具有民间化特点的则为泰州学派的"百姓日用是道"。王艮理论源于王阳明良知说而又有所发展，他说："良知一点，分分明明，停停当当，不用安排思虑。圣神之所以径纶变化，而位育参赞者，皆本诸此也。"在王艮著作里，良知是伦理本体，具有道、中、本性等内涵。"道一而已矣。中也，良知也，一也。"其著作诸如《天理良知说》《明哲保身论》《乐学歌》《复初说》等都是从不同侧面丰富了良知说。王艮的"百姓日用是道"是在王阳明良知理论上提出的，或者说，是依于良知理论而又有所发展的一种新观点。该观点最早见于王艮《年谱》中：一日王艮"集同门讲于书院，先生（王艮）言'百姓日用是道'。初闻，多不信。先生指僮仆之往来，视听持动，泛应动作，处处不假安排俱是"。③这段记载很重要，为我们理解此观点提供了便利。这里"僮仆往来视听持动，泛应动作，处处不假安排俱是"，是指百姓的日常生活、生产活动也包含着仁，包含着道。对比一下王阳明的"良知"理论，便知彼此间的差异："良知"理论多从内在良心着眼，而"百姓日用是道"多从外在的日常行为、活动着眼。需要指出，这一差异显现出

---

① 《明儒王一庵先生遗集》卷二《论学杂吟》。
② 黄宗羲：《明儒学案·泰州学案》，北京：中华书局，1985年，第720页。
③ 《心斋先生全集》卷一《年谱》。

王艮的创新和发展。所谓创新或发展是指，形而上之道与形而下的器（即劳作）的结合。具体而言，"百姓日用"是形而下的，属于"器"之层面事或活动，而"道"则为形而上的，是带有伦理本体意味的，由于将形而上之道（性）落实于形而下之器的层面（即百姓劳作），便使百姓的日常社会生活、交往活动具有道德之意味。儒家孟子、阳明一系都重视人的良心或善性，以为这是人人都具备的成圣成贤之凭借，即所谓"六亿神州尽舜尧"之依据也。换言之，他们都阐述人性的道德性或人性可以为圣贤之依据。而王艮论述的着眼点是生产，是劳作，即在阐述人的生产活动同样可以体现出道德的光辉。著名思想家韦伯认为：新教伦理的重要意义之一，使劳动神圣化；正是这种带有神圣性色彩的劳动（生产）推动了资本主义经济的发展。从劳动具有神圣性（或道德性）这方面看，两者有一些相似。当然，彼此亦有较大差异：韦伯的"劳动神圣理论"所表达的是：人只有按照主之意志的明确昭示，唯有劳作而非悠闲享乐方可增益上帝的荣耀，即只有劳动才可为上帝增加荣誉，才能神圣。而王艮的理论则认为人首先应具有良知（善性），然后才能随顺其日常劳作而当下显现（道德）。尽管如此，其偏重百姓日常劳作倾向甚为明显，有百姓的日常劳作即是神圣之道德的意蕴。

泰州学派创始人王艮上述观点，为泰州后学所继承。门人王襞认为："才提起一个学字，却似便要起几层意思，不知原无一物，原自现成，顺明觉自然之应而已。自朝至暮，动作施为，何者非道？更要如何，便是与蛇画足。"①

门人罗近溪也十分赞同王艮观点，他常用吏胥进茶、童子送茶以喻"百姓日用是道"。《明儒学案》：

一友率尔曰："岂童子亦能戒慎恐惧耶？"罗子（罗近溪）曰："茶房到此，几层厅事？"众曰："三层。"曰："童子过许多门限阶级，不曾打破一个茶瓯。"其友省悟曰："如此童子果知戒惧，只是日用不知。"罗子难之曰："他若不知，如何捧茶，捧茶又会戒惧？"其友语塞。徐为解曰："知有两样，童子日用捧茶是一个知，此则不虑而知，其知属之天也。觉得是知能捧茶，又是一个知，此则以虑而知，其知属之人也。天之知是顺而出之，所谓顺，则成人成物也。人之知却是返而求之，所谓逆，则成圣成神也……人能以觉悟之窍，而妙合不虑之良，使浑然为一方，是睿以通微，神秘不测也。"②

这里的"戒慎恐惧"等，是指以心为主宰，身心一致（即恭敬）地从事某一事情。由于人的身心常常会不一致，换言之，人常常会身心分离，即心统帅不了身，身为物欲所引而不知归。因此，需时时警觉，处处注意，使心常处主导。这就是戒慎恐惧，这就

① 黄宗羲：《明儒学案·泰州学案》，北京：中华书局，1985年，第721页。
② 黄宗羲：《明儒学案·泰州学案》，北京：中华书局，1985年，第773页。

是工夫。通常，人们戒慎恐惧时，往往会心摄，常常会"执着"。所以罗近溪总是以"吏胥进茶""童子捧茶"为喻，告诫人们工夫应自然，不必刻意。实际上，进茶、捧茶这类日常生活的事，极普通的事，都包含着戒慎恐惧的工夫，可见此工夫是普通而自然，且人人会做，人人能做的。罗近溪等泰州学派成员，以列举方法，将道德工夫与生活劳作联系在一起进行论证，目的是使人们了解道德修养不在生活之外而在生活之中，人们日常生活处处有工夫，时时有工夫。实际上，对于广大的庶民来说，若将修养工夫与生活劳作分开，表面上似乎重视了道德修养，而实际恰恰是取消了修养。因为在生产生活之外进行道德修养，对于大多数民众来讲，是困难甚至不现实的。显然泰州学派的这种自然而通俗的修养理论最适合于普通大众。

"百姓日用是道"，所以成为泰州学派的理论特色，在于它既能为泰州学派诸位成员所认同，又能适合于普通庶民的需要。泰州学派多年来坚持在民间讲学的内容主要就是这一理论，而泰州学派在民间化进程中能够获得成效也得益于此理论之构建。从某种意义上说，"百姓日用是道"的理论就是儒家大众化或民间化的理论，是泰州学派之命脉。泰州学派一旦构建起了这个根基，一切活动才能推行下去，否则，就连个性特点都没有，还侈谈什么民间化进程。

三、泰州学派的语言特色

儒学民间化或者说儒学要走出精英的圈子，遇到的首先是语言问题。民众语言一般为简单、通俗、口语化的；而文人或士大夫语言一般为文言或书面语，这类语言精练、典雅、含义丰富，但与一般之庶民口语存在着距离，加之庶民一般不识字或识字不多，故难以掌握。儒学要民间化，语言是重要问题，语言若不为民众所熟悉、所常用，则难以将儒学"化"为民众之儒学。泰州学派一个重要的特点就是言语方面的变化。泰州学派创始人王艮出生于民间，其思想表达一改理学士大夫所常用之文言，而代之以通俗或口语化的语言。关于人的"良知良能"，他说：

> 汉高之有天下，以纵囚斩蛇，一念之仁；韩信之杀身，以听彻蒯齐，一念之不仁。故人皆有是恻隐之心，苟能充之，足以保四海；苟不充之，不足以保四体。[①]

> 愚夫愚妇，与知能行，便是道，与鸢飞鱼跃同一活泼泼地，则知性矣。[②]

> 百姓日用条理处，即是圣人条理处。圣人知便不失，百姓不知便会失。[③]

---

① 《心斋先生全集》卷二《语录》，第23页。
② 《心斋先生全集》卷二《语录》，第6页。
③ 《心斋先生全集》卷二《语录》，第12页。

这里"一念之仁"，指瞬间的仁心或良知当下性。因为"一念"指一刹那、一瞬间，故"一念之仁"，即为瞬间的仁心。上述论述，意为：人人皆有良知良能，尽管从事的职业不同，社会地位不同，只要顺其当下显现就是道。这点凡圣并无区别。圣贤所以为圣贤，不仅在于了知瞬间良知，更在于能延续"一念之仁"而不失，用佛家语说在于能"念念相续"。普通庶民，善念虽能瞬显，然由于不知不识而一现即逝，无法积小成大，积善成德，成圣成贤无期也。

寻孔颜乐处，是宋明理学的共同追求。然作为一种心态、一种境界，"乐"又是极难表达的，而王艮则能通俗之。他说：

日用间毫厘不察，便入于功利而不自知。盖功利陷溺人心久矣，须见得自家一个真乐，直与天地万物为一体，然后能宰万物，而主经纶。①

其《乐学歌》云：

人心本自乐，自将自私缚，私欲一萌时，良知便自觉，一觉便消除，人心依旧乐。②

在这里，王艮以为乐与修养、与人的境界是相关联的。所谓"境界"，是指"直与天地万物为一体"，才得谓真乐。所谓"修养"，是指人的快乐与否并不在于外在的条件、环境，而在于内心是否为私欲所束缚，若能在私欲一萌时，就将其克服（即不为私欲所缚），人的心境一样能够快乐，反之则否。所以，道德修养，即克服私欲极为重要。王艮仅以上述这么两段话就表达了自己对于孔颜之乐的理解，真可谓深刻而通俗。

《明儒学案》载：

一日过心斋讲坛，歌曰："离山十里，薪在家里，离山一里，薪在山里"。心斋闻之，谓门弟子曰："小子听之，道病不求耳，求则不难，不求无易。"③

山里农夫之歌咏也能成为泰州王艮的格言，也能给予讲学启发：学问之道或难或易，完全在于求与不求。由此可见他讲学取材之生动。缘此，王艮的讲学曾使樵夫驻足。《明儒学案》载："朱恕，字光信，泰州草堰场人。樵薪养母。……樵听心斋（王艮）语，津

---

① 《心斋先生全集》卷二《语录》，第26页。
② 《心斋先生全集》卷一《年谱》，第20页。
③ 黄宗羲：《明儒学案·泰州学案》，第719页。

津有味。于是每樵必造阶下，饥则向都养乞浆，解裹饭以食。听毕则浩歌负薪而去。"① 连樵夫听之都觉得津津有味，可见语言之通俗，讲学之生动。

王艮逝世后，弟子罗近溪也能延续这种语言风格。书载：

问"仁者以天地万物为一体"，又曰："仁者浑然与物同体，意果如何？"罗子（近溪）曰"天地大德曰生。夫天地间只是一个大生，则浑然亦只是一个仁，则中间又何有纤毫间隔？故孔门宗旨，惟是一个仁字。"②

按照罗近溪的理解：仁者即为"大生"之意蕴，即与天地万物为一体。彼此之间没有一丝间隔。"仁"是儒家核心范畴，也是《论语》中的核心观念，孔子对于"仁"做了种种解释，可是每一次解释都不尽相同，确实比较难以把握。因此，在学者之间或师生之间有上述之问答。按照罗近溪的观点，仁犹如天地一般养育万物（大生）；同时，仁不分彼此，以天地万物为一体的。应该说，这样的比喻、这样的诠释，既准确，又生动。

语言表达看似简单实为复杂。如人们所知，将简单的内容说复杂需要水平，将深邃的思想以简单而又不走样的形式表达则更须水平。一个观点、一种理论只有深刻理解了才能以简单、通俗的语言表达之。泰州学派也正是由于能够深刻地理解儒学之精髓，才以通俗语言阐述之。可见，语言表达的意义不可低估，不可以为只是换了一种说法而已。实际上，它在一定程度上关系到"草根"儒家的诞生，关系到儒学文化的下行和延续。因为，通俗的语言是易于上口的语言，而易于上口才能入耳、入心，才能为普通百姓运用或把握，从而才能使儒家道德成为他们生活之道德，儒家文化成为民众生活之文化。

总之，泰州学派关注重点的下移，创立"百姓日用是道"的理论，以及运用民间口语化的表达，使得儒教的思想理论真正走向了民间，走进了庶民的生活。这一趋势并没因泰州学派消亡了而中断，在现代梁漱溟的乡村建设运动中，仍可见其影响。

大约在 1928 年，梁漱溟带领一批有志的文化青年，在山东邹平进行了乡村建设的运动。这项改良运动前后持续了八年，在山东乃至全国都发生了一定影响。乡村建设运动由乡建组织，即乡村学校所组织。其任务就是教育农民掌握儒家思想理论，掌握农业科学知识，改良乡村风俗，重建伦理秩序，发展经济，拯救中国，拯救文化。梁氏曾毫不隐讳地承认，乡村建设运动是对宋明以来儒家乡约精神、运作机制的继承和发展。其中当然包括阳明、泰州学派一系的传统。他说："阳明之门尽多高明之士，而泰州一（脉）〔派〕尤觉气象非凡；孔家的人生态度，颇可见矣。如我之意，诚于此一派补其照看外边一路，其庶几乎！明末出了不少大人物如黎州、船山……诸先生乃至其它殉难抗清的许

---

① 黄宗羲:《明儒学案·泰州学案》，第 719 页。
② 黄宗羲:《明儒学案·泰州学案》，第 789 页。

多志士，其精神无论如何不能说不是由此种人生态度的提倡。"[1] 在梁氏眼里，阳明、泰州学派与黄宗羲、王船山等人的生活态度是相通的，从他们的生活态度中可以窥见孔家思想的根本精神。实际上，从梁漱溟的评价和乡村建设的思路，可知乡村建设活动也是一项推进由泰州学派开启的儒学民间化事业的乡村建设事业。

---

[1]　梁漱溟:《梁漱溟全集》第一卷，济南：山东人民出版社，1989年，第476页。

从黄道周儒学工夫论看晚明经学崛兴之趋向

杨肇中 *

（福州大学中国思想文化史研究所，福建福州，350108）

摘要：晚明大儒黄道周的心性工夫论既具有鲜明对治王学末流弊症的特质，又具有融合朱、王，直接孔、孟的宏博气象。但更为值得注意的是，其论说表征了晚明经学在"礼"与"理"的对话中，逐渐崛兴之趋向。这一学术的转变主要在以下两个命题里得到体现：一、"博"与"约"；二、"朱陆异同"。而黄道周对于如上命题的讨论则清晰呈示了晚明经学崛兴的内在理路：由"内在体认"转向"文献确证"。

关键词：黄道周；心性工夫论；晚明经学

晚明时代，随着三教合流的深入，儒者中多见近禅趋佛的现象，朱子之学意义上的"工夫"，逐渐被士人所轻弃，以致晚明清初儒者反思明朝衰败原因时，往往将之归结于读书士人的空谈心性，不务实学。其实在某种意义上，这场看似围绕是否实学的代际转换间的学术辩难，预示着晚明清初儒学工夫论的分野。不过，值得注意的是，这种儒学工夫论的分野却在很大程度上导致是时学术思想范型发生转变：从"内在体证良知心性"到"经学文献确证孔孟之真"。而这种转换显然不是一夜天成，而是学界历经多年的论辩与熏炙的结果。儒学工夫论便是上述过程中所呈示的学理移转的表征。

众所周知，黄道周是晚明一代大儒。在其学术心路历程中，儒学工夫论是其非常重视的学术命题。鉴于此，黄道周常告诫弟子："作圣贤人，不吃便宜饭。"[①] 在阳明后学"良知现成"说影响颇深之时，黄道周深辨阳明之学与其后学之异。譬如他说："文成自家说从践履来，世儒都说从妙悟来，所以差了。伊历过许多汤火，岂世儒口耳所就？"[②] 他认为，阳明良知之学亦由"工夫"而来，而绝非世儒所谓"妙悟"空想所致。诚如清代学

---

* 作者简介：杨肇中 (1977—)，男，江西南昌人，南京大学中国思想史博士，现为福州大学中国思想文化史研究所教授，研究生导师；主要从事明清思想史研究。

① （明）洪思等：《黄道周年谱》，侯真平、娄曾泉校点，福州：福建人民出版社，1999 年，第 24 页。
② 黄道周：《书王文成公碑后》，《黄石斋先生文集》卷十二《墓志、书后、题词》，清康熙五十三年刻本。

者陈汝咸对道周心性学特质的概括："非有明善之功，断无由尽性以达天，是乃圣门之学也。"① 基于此，笔者主要围绕儒家心性学的关键概念、范畴来具体论析黄道周心性工夫论的思想特色，并进而窥见晚明儒学范型的转变趋向。

一、由"博"返"约"：晚明经学文献回归之意向

伴随着复古主义思潮的再次崛兴，晚明士人掀起了一股回归儒家经典的学术运动。正如嵇文甫所说："晚明是一个心宗盛行的时代，无论是王学或禅学，都是直指本心，以不读书著名。然而实际上不是那样简单。……在不读书的环境中，也潜藏着读书的种子，在师心蔑古的空气中，却透露出古学复兴的曙光。世人但知清代古学昌明是明儒空腹高心的反动，而不知晚明学者已经为清儒做了些准备工作，而向新时代逐步推移了。"② 而黄道周凭借在晚明学术社会中的巨大影响力，通过讲学等途径，宣扬"博学为文"来求证周孔之道。这就涉及"博"与"约"的问题。其实，如日本学者岛田虔次所说："'博'和'约'即是自《论语》以来的这样一对范畴，中国思想史、学术史，特别是宋代以后，甚至可以说就是'博'与'约'的论争史。譬如，宋明理学强调'约'的第一性，而清朝考证学认为，其实，空虚的观念论是违背儒学本质的东西，反之主张'博'。"③ 对于"博"与"约"的分歧映现了儒者们在工夫论上主张的差异。因此，"博"与"约"的关系亦成了黄道周"工夫论"思想中无法回避的重要一脉。

明崇祯甲戌（1634）八月朔二日，黄道周在漳州榕坛讲学时，强调了"博学于文"的重要性。他说：

> 此道常有人寻求，无如今日亲切。……真读书人，目光常出纸背，往复循环，都有放光所在。若初入手，便求要约，如行道人，不睹宫墙，妄意室中，是亦穿窬之类也。……上高入天，下坚入石，透纸万重，下钉八尺。④

在这里，我们可以大体领略他的"由博返约"的学术旨趣。晚明时期，主张"由博返约"的学术思路，虽并无甚新意，但在那种"束书不观，直证心体"的时代流弊之下，却又显得那么具有真知灼见，"此道常有人寻求，无如今日亲切"。在黄道周看来，读书人欲真正悟道，就必须"博学于文"。"真读书人，目光常出纸背，往复循环，都有放光所在。"任何企图顿悟性命天道的想法，都将是虚妄的，只有"上高入天，下坚入石，透

---

① （清）陈汝咸：《明诚书院记》，《漳浦县志》（清康熙志·光绪再续志），福建省漳浦县政协文史资料征集研究委员会编，2004年，第620页。

② 嵇文甫：《晚明思想史论》，北京：东方出版社，1996年，第144页。

③ （日）岛田虔次：《中国思想史研究》，上海：上海古籍出版社，2009年，第363页。

④ 黄道周：《榕坛问业》卷四，清乾隆十五年刻本。

纸万重，下钉八尺"的学术工夫，才是儒家的"博约"之旨所在。此外，黄道周谈到
"博"与"约"在探求周孔之道过程中的关系。他说：

> ……然此正是约处，约到不贰，约到不迁，便把一生博文工夫，纳于无文上去。吾
> 辈过失之多，只在浩博一路，收拾不下。如实见，不贰不迁，卓尔藏神立命，虽百国宝
> 书，九千弦诵，何能滓人见闻？……从博反约，从转得定。约定中间，又无站处，以此
> 见得圣贤精神力量，终古无穷。①

在黄道周看来，儒家圣贤之学不外于"博之于文，约之于礼"。由"工夫"以证"本
体"。这是儒者达致"天地万物于一体"的圣贤境界的路径所在。因此，他主张"从博反
约，从转得定"。由博返约，圣贤之道才能得见。但是，"约、定中间，又无站处"。意思
是说，道体广大，周流六虚，生生不已，其体现在万殊之物上。人类的认识是无止境的，
必须如此循环往复，需要人们不断去做"格物致知"的工夫。所以，正是在这一意义上，
黄道周说"圣贤精神力量，终古无穷"。他常常劝诫弟子们："善读书人，纵是顽钝，他亦
要旁稽博览，有此一途，才见工夫，为道教之本。"②而这种强调通过"读书"来求证"道
体"所在的做法，也是属于"由博返约"的思路。黄道周说："不说言语文字，安得到无
言语文字上去？……莫说'无妄'两字，空空贯串，便与天命相通也。"③这话显然是主要
针对晚明束书不观、空谈心性，直证良知本体的学风而发的。

黄道周在榕坛讲学过程中，对阳明后学弃绝"博学于文"的工夫，以及佛老的空幻
无学进行了激烈的批评。崇祯乙亥（1635）秋，他在榕坛答弟子柯鲁生的"下学上达"
之问时有一段对话：

> 鲁生云："晦翁开章训学为觉，后觉之效先觉，可谓效时是学，觉时是达不？"某云：
> "如此只说得学达，说不得下学上达。"鲁生云："王龙溪谓口之可言，力之可致，心思之
> 可及，虽至精微，皆下学事；口所不能言，力所不能致，心思所不能及，皆谓之上达。"
> 某云："'口可言，便有不可言处；力可致，便有不可致处；心思可及，便有不可及处。'
> 其可处皆人，其不可处皆天也。如此只说得上下，亦如何说得学达？如云口所可言，以
> 达于不可言；力所可致，以达于不可致；心思所可及，以达于不可及。如此则逾玄逾微
> 了，如何说真切学问？"④

---

① 黄道周：《榕坛问业》卷七，清乾隆十五年刻本。
② 黄道周：《榕坛问业》卷八，清乾隆十五年刻本。
③ 黄道周：《榕坛问业》卷四，清乾隆十五年刻本。
④ 黄道周：《榕坛问业》卷十三，清乾隆十五年刻本。

　　黄道周这段有关"下学上达"问题的答疑，实际上就是对于"博""约"关系的一种概括。"学"与"觉"即是"学""达"，亦即是"博"与"约"。黄道周认为，王龙溪所谓"口可言，便有不可言处；力可致，便有不可致处；心思可及，便有不可及处。其可处皆人，其不可处皆天也"的论断只能算是"上""下"之分，并无"学""达"的内容。王龙溪的"下学上达"之言，有悖于儒家"由博返约"的学术传统。它否弃了"由工夫以证本体"的实践路径，所以不是真切的学问。龙溪重"本体"而轻"工夫"的特点，正是黄道周之所以诟病所在。黄道周认为，"上达"不是悬空之论，而必须基于平实日用的"下学"之功。他曾引李延平教导朱熹去致力于"下学"的话说："朱元晦初见李延平，陈说道理，动辄造微。延平云：'公悬空理会，俱得种种道理，而眼面前事却不理会，何也？此道初无缪巧，但就日用平实细心便见。'元晦于是一意于下学。今看夫子，言终食，言造次颠沛，富贵贫贱，是何等平实？何等绵细？更要想他前头，便是悬空理会也。"① 黄道周的用意在于强调，不由日用平实之"下学"所致之"上达"，便是"悬空理会"。而这些无疑亦是针对王龙溪等因否弃朱子之学意义上的工夫，而宣扬"现成良知"说的批评。

　　除此之外，黄道周对于佛老的批评，亦是落于工夫层面上。他说：

　　经世、治心都是要细，明体、致用都是要实，岂有两种道理？……凡学问都是自家心细，如粗大便自虚张，不老不实，且勿问他本体虚无上事也。如论本体，天下归仁，岂有两样心性在？②

　　在这里，黄道周认为，经世治心，明体致用都是要细、要实。而这种"细"与"实"皆就工夫层面而言的。如果没有这些实在的工夫作为学问的前提，儒家所谓"仁"之本体就不能得到呈现。这明显属于由"博"返"约"的思路。由于儒家的根本旨趣与释、老不同，所以，在黄道周看来，"释、老只是不学，无尊道工夫，便使后来诬张为幻"③。他将佛、老之学都看作无工夫的学问，认为它们与"明体致用"的儒家宗旨是相悖的。总之，诸上论证落实到黄道周的一句话："'道'字且不须谭，只要好学，学好力久，此理自见。"④ 在这一点上，他无疑是颇切近于朱熹的。

　　二、由"尊德性"到"道问学"：经学证成之路向
　　朱、陆之辨是宋代学术思想史上的一大公案。其核心问题就在于"道问学"与"尊

---

① 黄道周：《榕坛问业》卷七，清乾隆十五年刻本。
② 黄道周：《榕坛问业》卷十四，清乾隆十五年刻本。
③ 黄道周：《榕坛问业》卷十四，清乾隆十五年刻本。
④ 黄道周：《榕坛问业》卷九，清乾隆十五年刻本。

德性"之间的论争。实际上，两者都是属于儒学视域中"工夫论"层面的问题。"格物致知"论、"博约"论与"克己复礼"论等理学工夫论题，在某种意义上都是在讨论"道问学"与"尊德性"的问题。按照学界一般看法，程朱重"道问学"，在"理一分殊"的理论框架下，寻着"即物穷理"的路子去叩问天理，进而去控扼人之私欲的泛滥，最终实现君、官、民一体的社会道德教化的目标，完成儒学存在的使命；而陆王则热衷"尊德性"。它在同样肯认天理的合理性的同时，"先立乎大者"，认为本心呈现之时，天理即昭昭然，私欲便会无所逃遁地被控扼了，无须假借外在支离的"即物穷理"的程朱路数。由此可见，两者对于儒学的终极目标的认知是一致的，所不同的是达致这一目标的实践路径。

崇祯十五年（壬午，1642）四月，黄道周对弟子谈到了"朱、陆异同"的问题。他说：

> ……伊两家辩论，不自鹅湖始，却是子美开端，明刺濂溪不是。晦翁尊崇濂溪，见子美诋濂溪无极太极为老氏之学，遂生异同。其后……争源分流，学者从之，遂分径路。……子静识见太朗，气岸未融，每于广坐中说晦翁，又是一意见，又是一议论，又是一定本。晦翁亦消受不过，所以，前面与子美争论无极。止说各尊所闻，各行所知，足矣！……而晦翁诋之为禅，子静之不服也。[①]

黄道周认为，朱、陆之辨源起于鹅湖之会之前，陆九韶批评周濂溪的无极太极之学为老子道家学问，而一向尊崇濂溪的朱熹则反向辩驳之，这是朱、陆之辨的开端。由此，"争源分流，学者从之，遂分径路"。"道问学"与"尊德性"成为宋明理学内部派分的依据。在黄道周看来，朱熹与陆氏兄弟之学各有渊源、各有所长，他们之间的学术辩论大多流于意气之争。譬如，黄道周说陆象山"识见太朗，气岸未融"，"每于广坐中说晦翁，又是一意见，又是一议论，又是一定本"，批评朱熹之学"支离"。然而，朱熹亦不示弱，直指陆氏之学皆为"禅学"，对此，黄道周所持的理性态度就是"各尊所闻，各行所知"。

基于上述对朱熹与陆氏兄弟相互论辩情况的分析，黄道周劝诫弟子云：

> ……读书止宜涵泳，如大海分丘，何所不有？兴云致雨，吐纳万流，岂必与众峰百源，角其深秀哉？……凡读书看古人争难处，止是借来发端，开吾窾窍，不得随它诃墙骂壁。如晦翁之格致，子静之良知，皆有瑕颣，亦皆不远于圣门之学。……天下事，惟邪、正两家，调停不得。即是一家，何必苦自同、异？[②]

---

① 黄道周：《朱陆刊疑》，《黄漳浦集》卷三十《杂著》，清道光十年福州陈寿祺刻本。
② 黄道周：《朱陆刊疑》，《黄漳浦集》卷三十《杂著》，清道光十年福州陈寿祺刻本。

　　黄道周主张，学者应该具有"吐纳万流"的开阔心胸，涵纳不同的学术面相，因为圣学深广，"如大海分丘，何所不有？"故此，黄道周又云："岂必与众峰百源，角其深秀哉？"在他看来，朱、陆二氏于此论辩，实无"一决高下"之必要。两者均有"瑕璺"，但"亦皆不远于圣门之学"。因此，他一再提醒弟子，"看古人争难处，止是借来发端，开吾痼寐，不得随它诃墙骂壁"。诚如唐君毅所说："朱子所畅发之即物穷理之致知之义，更为其学之特征。此与象山之言心即理，而教人自觉其理之显于其心之发用中者，求有以自信之教，正相对应，而亦实各有千秋。"①朱、陆之异主要在于工夫论上，而两者学术的终极旨趣，其实并无多大的差异。"朱子与象山之工夫论虽不同，其立义正有其互相对应之处；总结而说，咸有两端，为'主敬以存养此心之虚灵明觉'，与'即物穷理以致知'之两端。……以动而未尝不静，故朱子于动静，必分而后合，一动一静之间，若有先后。而象山则恒直下合动静说，动静可无先后。此中之毫厘之差，如放大而说，亦可有天渊之别。若不重此毫厘之差，则其皆意在贯通动静，亦无不同也。"②黄道周正是在洞悉上述朱、陆二氏各自意旨的意义上说："即是一家，何必苦自同、异？"

　　值得注意的是，黄道周对陆氏之学的礼学资源作了颇有见地的提示。他说：

　　……子静说圣贤渊源，止在"爱""敬"二字，体贴分明，用之不尽。知之为致知，格之为格物，此处岂有病痛？……陆家渊源，家庭之中，有礼有法，施于州郡，筑险赈饥，随方立济，极不是禅家作用。③

　　由此可见，黄道周颇为认同陆九渊所说的"圣贤渊源，止在'爱''敬'二字"。"爱""敬"二字是《孝经》中最具内核性的概念。在黄道周看来，陆氏对于它们的重视与关注，在一定程度上凸显了其学并不是醉于精微形上层面的心性之学，而是切于人伦日用的礼学。其实，对于陆氏这一学术面相的肯定，与黄道周本人将"爱""敬"二字作为重建儒家礼秩世界的主要路径的观点是分不开的。④故此，黄道周对于一味批评陆氏心学的观点是很不以为然的，认为其"体贴分明，用之不尽。知之为致知，格之为格物，此处岂有病痛？"除此之外，黄道周还为其辩护云："陆家渊源，家庭之中，有礼有法，随方立济，极不是禅家作用。"在他看来，陆氏之学是为经世实学，而以"禅之空疏"来加以驳难，显然是无所凭据的。

　　总之，黄道周认为，尽管朱、陆之学有所差异，但二者皆不失为"圣门之学"。所以，

---

　　①　唐君毅：《中国哲学原论·原教》，北京：中国社会科学出版社，2006年，第184页。
　　②　唐君毅：《中国哲学原论·原教》，第185—186页。
　　③　黄道周：《朱陆刊疑》，《黄漳浦集》卷三十《杂著》，清道光十年福州陈寿祺刻本。
　　④　"爱""敬"二字是黄道周取自《孝经》的重要礼学概念。他将之作为儒家礼制世界重建的最为重要的实践路径。详细论述可参见后文——"黄道周的礼学思想"一章。

他为后学所开的"药方"如下："高明柔克，沉潜刚克，两克之功，随人变化，子静以救晦翁，用晦翁以剂子静，使子静不失于高明，晦翁不滞于沉潜。"①平心而论，黄道周对待朱、陆之学的异同问题，无疑是趋于冷静与合理的，同时，亦显示了他学术思想的包容性。最后，黄道周颇有所指地说，"非如今人，一向走空，遂落西竺云雾"②。他这一批判剑锋所指向的是，阳明后学中王龙溪等人"近乎佛禅"的学术面相，且认为它给晚明儒学带来了巨大的实践困境。

明亡之后，朱陆异同之辨仍在继续，比之晚明，有过之而无不及。士人对待这一问题的态度，也显得更为激越。朱、陆异同之辨，在某种意义上成了明清思想史上重要的学术风向标。

三、由"内在体认"到"文献确证"：晚明经学崛兴之内在理路

如果说王龙溪的"无善无恶"论在起初仅限于儒学内部基于儒佛老之辨的思想论争，那么从龙溪到李贽的相对较长的一段时间里，该说因其儒家强烈的实践品性而经过讲学运动的大力发酵，其影响已经逸出了学术思想界的樊篱，成了一颗颗思想种子撒向了晚明广阔的社会土壤。社会风尚的丕变无疑亦孕育学术思想的转型。正如嵇文甫所描述的，"当万历以后，有一种似儒非儒，似禅非禅的'狂禅'运动风靡一时。这个运动以李卓吾为中心，上溯至泰州派下的颜、何一系，而其流波及于明末的一班文人。他们的特色是'狂'，旁人骂他们'狂'，而他们也以'狂'自居③。"于是乎引起各方面的反对，有的专攻狂禅派或王学左派，有的竟直接牵涉到阳明，这里面最有力量能形成一个广大潮流的，要推东林派。"④东林领袖顾宪成的弟子、万历十一年癸未（1583）进士史孟麟曾作"性善说"辟阳明的"无善无恶心之体"之说。他对于"无善无恶"派的讲学风气进行直截了当的批驳：

今时讲学，主教者率以当下指点学人，此是最亲切语。及叩其所以，却说饥来吃饭，困来眠，都是自自然然的，全不费工夫，学人遂欣然以为有得。见学者用工夫，便说多了，本体原不如此，却一味任其自然，任情从欲去了，是当下反是陷人的深坑。不知本体工夫分不开的，有本体自有工夫，无工夫即无本体。⑤

如前所述，李贽的影响力在某种意义上，凸显的是王龙溪"无善无恶"说对晚明学

① 黄道周：《朱陆刊疑》，《黄漳浦集》卷三十《杂著》，清道光十年福州陈寿祺刻本。
② 黄道周：《朱陆刊疑》，《黄漳浦集》卷三十《杂著》，清道光十年福州陈寿祺刻本。
③ 嵇文甫：《晚明思想史论》，北京：东方出版社，1996年，第50页。
④ 嵇文甫：《晚明思想史论》，第80页。
⑤ 黄宗羲：《明儒学案》卷六十《东林学案三》，《太常史玉池先生孟麟》，北京：中华书局，1985年，第1474页。

术思想的影响。虽然晚明学界属于"无善无恶"派的人物不少，但对"无善无恶"说的批判相对集中在王龙溪与李卓吾二人身上。黄道周云："为王汝中、李宏甫则乱天下无疑矣！吾将救之以六经。"①晚明时代，对无善无恶说赞之愈多，非之亦烈。在这股论争之后的王学反思浪涛中，学术范型的内在理路也悄然发生了演变。晚明阳明后学这一"无善无恶"的高玄论境，在诸多儒者看来，堕入佛禅之地，严重偏离儒家道德实践之主流路径。正如高攀龙所云，"始也扫闻见以明心耳，究而任心而废学，于是乎诗书礼乐轻，而士鲜实悟"②。儒家原旨为何？茫然若失，由此不得不返诸经典。由此可见，对于阳明后学无善无恶说的批评与反思大略经过两个阶段：前者侧重于在儒家的学理逻辑上予以辨正；后者对于儒学发展理路的深层反思与救正，导致了学术范型的转向——晚明经学思潮的崛兴。晚明极具批判反思精神者如黄道周等辈掀起了一股回归儒家经典的学术运动。

学界一般认为，清初顾炎武提出"经学即理学"的命题标志着经学思潮在清代的泛起。对于理学虽不至全盘否定，但对其内涵与发展路径指示了新的方向。实际上，顾炎武的经学思想也是承袭他的前辈学人如黄道周的学术理念。换句话说，黄道周等人早已提出儒学重建在于由理学、心学向经学的过渡与转型，也即发清初"经学即理学"命题之先声。而如上命意的析出也在很大程度上是因应晚明"无善无恶"论思想的扩布与发展的反动。

面对当时晚明社会情状，黄道周的学术思想发生了转型——开始大力倡导回归儒家经典："吾将救之以六经"。然而，为什么要回归六经？其原因大体不外于如下二点：一、对于宋儒以降，诸儒以道统自命及其解经方法的疑虑；二、对于"无善无恶"派在阐发"良知"以救世的路上，远离圣人原旨的行为的抗击。这深刻地反映了晚明儒者们对于颇具三教合一气象的左派思想可能导致孔孟之学失坠的忧虑。由此，他们提出"经学即理学"的命题，从而掀起了晚明清初大规模地回归经典的经学运动。正如王夫之对晚明学术史的体认："朱子以格物穷理为始教，而敬括学者于显道之中，乃其一再传而后，流为双峰、勿轩诸儒，逐迹摄影，沉溺于训诂，故白沙起而厌弃之，然而，遂启姚江王氏阳儒阴释诬圣之邪说，其究也，为刑戮之民，为阉贼之党，皆争附焉。而以充其无善无恶圆融理事之狂妄流害，以相激而相成，则中道不立，矫枉过正有以启也。"③在某种意义上，阳明后学的"无善无恶"说将王学推向深入的同时，却也导致读书士人丢弃工夫，直接追求所谓良知本体的空幻与玄虚。晚明清初学者对于当时政权鼎革前后所做的反思，大多归结于所谓王学末流的束书不观，空谈心性所带来的弊窦。梁启超认为，晚明清初经学研究的兴起，正是对上述情况的反动。这就是余英时所说的明清学术内在理路的转

---

① 黄道周：《冰天小草自序》，《黄石斋先生文集》卷八，清康熙五十三年刻本。
② 黄宗羲：《明儒学案》卷五十二《东林学案一》，《忠宪高景逸先生攀龙》，《杂著·崇文会语》，北京：中华书局，1985年，第1424页。
③ 王夫之：《船山全书》第十二册《张子正蒙注序论》，长沙：岳麓书社，2011年，第10—11页。

向——由尊德性到道问学。台湾学者林庆彰说："当明代末年，宋人所建立的理学典范逐渐变质时，不但经书无人阅读，心性之学的争论也陷入泥淖中无法自拔。"① 此论也是颇为中的，黄道周正是在如上学术境况下，开启了回归经典的经学研究。在他的六经研究中，最为核心的当属《易》经学、《礼》经学与《孝经》学研究，旁及《诗》《书》《春秋》等经典。而其经学研究的特点则是结合汉今文经学的解经路数，互为阐释，一以贯之。而且，其虽批判理学，却不废理学，将经学与理学打通，呈现出了理学"经学化"的明清之际学术过渡时代的独特面貌。

值得注意的是，皮锡瑞曾云："经学至明为极衰时代。而剥极生复，贞下起元，至国朝，经学昌明，乃再盛而骎骎复古。"② 近代以降的经学研究据皮氏此言，认为明代经学衰微至极，无复可观。然揆诸宋明学术史，我们发现宋明经学研究仍有势力，但与以前不同主要在于解经方式的差异。所以皮锡瑞认为："宋人说经之书传于今者，比唐不止多出十倍，乃不以为盛而以为衰者，唐人犹守古义而宋人多矜新义也。"③ 到了晚明，以理学、心学诠释经典的路径遭遇挑战，因此，从宋学向汉学回归又渐渐成为学界的显流。众所周知，汉代经学有今古文之分。晚明时代由于经世致用思潮的高涨，汉今文经学表现得较为活跃。这从黄道周重象数与阴阳五行说的经学路数中可以看出。明代中后期兴起的考据学虽亦出于心学之反动，但在政局动荡、风雨如晦之晚明，仍不过一伏流而已。晚明时代以今文经学为标识的汉学已然崛兴。

---

① 林庆彰：《明末清初经学研究的回归原典运动》，《明代经学研究论集》，台北：台湾文史哲出版社，1993 年，第 353 页。
② 皮锡瑞：《经学历史》，北京：中华书局，2004 年，第 210 页。
③ 皮锡瑞：《经学历史》，第 202 页。

论唐文治性理学思想及其对佛老的判释

朱光磊*

（苏州大学政治与公共管理学院哲学系，江苏苏州，215123）

摘要：唐文治性理学体系深受朱子学的影响，在本体论上主张理气不离，并认为性是理、心是气，性理自身必然能在气心中发动德性精神，在工夫论上建立了求放心工夫、内外交修工夫、心与理一工夫三个等级。在理论层面，佛老之学缺乏儒家之性理，动摇了儒家的伦理礼教，故唐文治因之而辟佛老。在现实层面，佛老之学可以保气养生、神道设教，有利于道德教化，故唐文治因之而融佛老。

关键词：唐文治；性理学；佛老；判释

唐文治（1865—1954），字颖侯，号蔚芝，晚号茹经，苏州太仓人，早年清廷从政，后弃官从教，曾先后主持上海交通大学前身的上海高等实业学堂以及创办无锡国专，是晚清至民国著名的理学家。唐文治称其理学为性理学，而我们现在一般称之为理学。[①] 理是指天地万物的存在根源，而性是指理落实在主体上构成主体的存在根源。故理偏重于普遍性上讲，性偏重于主体性上讲。由于儒者的修行工夫必然是从主体自身发端，故欲体悟到天理，必从自身心灵上去体证自我主体之本性，再由主体之本性通达普遍之天理。

* 作者简介：朱光磊，男（1983— ），江苏苏州人，苏州大学政治与公共管理学院哲学系教授、博导，研究方向：中国哲学。

基金项目：本文系江苏省社科基金文脉专项"唐文治传"（19WMB030）和苏州大学江南文化研究专项"唐文治会通理学心学的文化贡献研究"（21JNWH026）的阶段性成果。

① 理学有广义与狭义之分，狭义的理学是指与陆王心学对立的程朱理学。广义的理学是指既包含程朱理学又包含陆王心学的理学。程朱与陆王都讨论理气心性的问题，只是由于义理结构的不同而导致侧重面向的差异。不能说程朱理学不讲心，也不能说陆王心学不讲理。唐文治虽然以程朱理学为宗，但后来又融合陆王心学，故其所论之理学或者性理学，皆为广义的理学。

凡是讲理，必然讲性，故"性理学"之称谓似乎更为妥帖。①

唐文治性理学思想是其学问之根底。唐文治阐述经学大义、发挥文章学理论，弘扬中国政治学，无不贯彻着性理学的义理推演，秉持着性理学"正人心、救民命"的为学主旨。可以说，唐文治一生的事业功绩，都是以性理学为根本来回应时代问题的结果，而其本人也可以视为是在近代中国社会中仍旧坚守传统学术的主要代表之一。

唐文治的性理学思想以本体、工夫两面阐释之。而佛老思想与儒家性理学多有同中之异、异中之同，故而考察唐文治对于佛老之判释，亦可有助于性理学之发微。

一、唐文治的学思历程与性理学论著

唐文治十七岁受业于太仓王紫翔，王紫翔"学问造程、朱之室，文章登韩、欧之堂，高蹈拟于亭林，治行几于清献"②，就是一位学宗程朱的儒者。唐文治在王紫翔门下，学习程朱理学，受到极为严格的朱子学训练，其言："余年十七，始为性理之学，所读者陈清澜《学蔀通辨》、张武承《王学质疑》、陈定斋《明辨录》、陆清献《三鱼堂集》、吴竹如《拙修集》。"③早年的学习，确定了唐文治的学术宗旨，即使之后会通朱王、兼采汉宋，仍旧以朱子学为其学术的基础。唐文治晚年回忆其读书之路，云：

> 文治十五岁时，先大夫授以《御纂性理精义》，命先读《朱子读书法》与《总论为学之方》，其时已微有会悟。逮年十七，受业于先师王文贞公之门，命专治性理学。明年，赴会试，拟购理学诸书，苦于无赀，先妻郁夫人亟出奁赀助之，现藏之《四书精义》《或问》《二程全书》《朱子大全集》等，皆典质而得之者也。厥后官京师，益广购理学诸书，友人中亦间有以性理书相赠者。迄今数十年，自《正谊堂》及诸先儒全书外，专集计共百余种。虽自维弇陋，而沉浸其中，有终身知之行之不能尽者焉。④

唐文治朱子学的治学道路可谓伴其一生。其浸淫朱子学如此之久，并非仅仅将朱子

---

① 现在有用"理性"一词来解读宋明理学之"理"的。"理性"在康德哲学中包含"道德理性"与"知识理性"两个层面，宋明理学之"理"大致接近于"道德理性"，与"知识理性"尚有一层转折，故以康德哲学之"理性"来解读理学之"理"，虽大致可通，但仍需做一番解释。但我们更为常态的"理性"用法，比如经济学上"理性经济人"之假设，则在于表明清醒的理智，即具有逻辑能力与判断能力，多为"知识理性"，而少"道德理性"之意，故以此"理性"来解读宋明理学之"理"，则多有不妥，有误释之嫌。通观而论，"性理"较之"理性"，能够更好地表达宋明理学之学术精神。

② 唐文治：《王文贞先生学案》，《唐文治文集》第二册，上海：上海古籍出版社，2018年，第971页。

③ 唐文治：《阳明学术发微·序》，《唐文治性理学论著集》第二册，上海：上海古籍出版社，2020年，第1074页。

④ 唐文治：《性理救世书》，《唐文治性理学论著集》第三册，上海：上海古籍出版社，2020年，第1519—1520页。

学当作一门学问，而是将朱子学视为儒家精神的完美表达①。在唐文治看来，儒家精神不仅是天地人生中的至高真理，也是医治其所处时代的最好药方。

唐文治的性理学研究，以程朱理学发其端，再以朱子学会通象山与阳明，最后形成自身的性理学结构与性理学思想史的解读。唐文治的性理学著作，依完稿时间依次为《性理学大义》《紫阳学术发微》《阳明学术发微》《性理救世书》，此性理学四书充分体现了唐文治性理学研究发展变化的思想脉络。

《性理学大义》完稿于 58 岁（1922），此书"大义"之名与《四书大义》相应，以示承接先秦儒学之义理脉络。全书编撰体例为学案体，分为五编。一编为《周子大义》二卷，二编为《二程子大义》二卷，三编为《张子大义》一卷，四编为《洛学传授大义》一卷，五编为《朱子大义》八卷。每编先置自序，阐述周、张、程、朱性理学之要义。正文先载史传行状，以为知人论世之用；后录作品精要，并随加按语，以示学问精要之处。此书以周子开其端，以朱子总其成，萃取有宋一代性理学之要义，为后人学习宋明理学入门之径。此书中并无心学的专论，唯有一处出现陆象山，则为《周子大义》中"诸儒太极论辩"章。该章录入朱子的《答陆子静书》，多为批判陆象山对太极的错解。

《紫阳学术发微》完稿于 66 岁（1930），唐文治在《自订年谱》中言：

> 初，于教授《性理学大义》中朱子诸篇，不能契其纲要。后取王白田、朱止泉、秦定叟诸先生书读之，略事分门撰述，粗有成书。本年，购得夏弢甫先生《述朱质疑》，更觉轶然有条理。爰仿其意，编辑是书。后附陆桴亭、顾亭林诸先生之评论。朱子学者得九家，为《九贤朱子学论》，颇足发明朱学源流。②

唐文治阅读了王白田、朱止泉、秦定叟等人的朱子学著作后，对朱子学有了更为深刻的理解，《性理学大义》中《朱子大义》的内容已经不能范围，故唐文治撰写了《紫阳学术发微》，专门论述朱子学。该书分为十二卷，讨论了朱子为学次第、朱子己丑悟道、朱子心性学、朱子论仁善国、朱子经学、朱子政治学、朱子道释二家论、朱子辩金溪学、朱子辩浙东学、朱子晚年定论等议题，最后又附上清代九位朱子学学者的论朱文章。每一卷前都有唐文治按语，总括该卷所论问题之所在。后附朱子代表性文章，以及后儒对相关问题之见解。唐文治自己或引用他人文字再对之评点，以明其中得失。该书中特辟

---

① 无锡国专第十五届学生金易占曾回忆其投考时的情形："唐校长问：'读过论、孟没有？'我回答读过。问：'论、孟有哪些篇目？'我就接着说了篇目。又问：'从汉代到宋代，谁的注本最好？'这却没有准备，一时无从说起，只得胡扯地回答：'有汉人注本，有宋人注本，无论谁的注本，都只能代表个人的见解，不能代表孔、孟学说。'哪知这话触犯了老夫子的讳忌，他立时提高嗓子，以更严肃的语气说：'朱子集注，得孔、孟心传，千载无可非议，我辈更不应当有半点怀疑。'他没有再问下去，急得陆景周在一旁摇头晃脑脑。"参见金易占：《无锡"国专"与唐文治》，《常熟文史资料辑存》第 6 辑，1966 年，第 22—23 页。

② 唐文治：《自订年谱》，《唐文治文集》（第六册），上海：上海古籍出版社，2019 年，第 3728 页。

"朱子晚年定论"一章，指出朱子学本身包含心之本体的理论架构以及未发涵养的工夫路径，由此为会通朱王打开了理论路径。

《阳明学术发微》完稿于 66 岁（1930），与《紫阳学术发微》同时。该书之作，在于会通朱子学与阳明学，阐发阳明学之救世之用。唐文治在《自订年谱》中言：

> 自明季讲学之风，流弊日甚，于是王学为世所诟病，实则阳明乃贤智之过。其倡"致良知"之说，实足救近世人心。日本服膺王学，国以驳强。余特发明其学，都凡七卷，其中《四大问题》及《阳明学通于经学》二卷，颇为精审，较之二十年以前喜辟阳明，自觉心平而气和矣。①

唐文治本来宗朱而辟王，后来东赴日本，看到阳明学在日本明治维新中所起的作用，故对阳明学的态度发生改变，逐渐否定了朱子学者对于阳明"认心为理，气质用事"②的批评，并认为阳明学与朱子学有相通之处，致良知之说可以正人心，救民命。该书共分七卷，论述了王阳明讲学事迹、阳明学为圣学宗传、阳明学四大问题、阳明学贯通经学、阳明学通于朱子学、王龙溪述阳明学髓。每一卷前都有唐文治按语，以明该卷之宗旨，除最末一卷为王龙溪文献外，其余更卷又附以王阳明代表性文献，文献之中与之后，再加上唐文治自己或者其他儒者的评论性文字，以点出文章要义。该书"阳明学四大题"一章专门对程朱派攻击阳明学的四大理论问题进行辩护，并在"阳明学通于朱子学"一章中辑录阳明语录、评点其与朱子学相通之处，旗帜鲜明地提出朱王二家殊途同归。

《性理学救世书》原名《性理学发微》，肇始于唐文治 70 岁时（1934）讲授《性理学大义》对宋明儒者各家学派思想的阐发，经过一年整理，完稿于 71 岁（1935）。该书分为三部分：第一部分"理学大原"后改为"救心大本"，可以视为唐文治对于性理学义理结构和社会功能的讨论；第二部分"学派大同"则为唐文治对宋元明清性理学人物思想的阐发，认为各类学派异中有同，皆归于孔孟思想。第三部分"读书大路"为唐文治开具后学的理学阅读书目。这些书目都经唐文治自己亲身阅读，再对之提要钩玄，表彰大义，从而可作为后人入学之门径。在此书第一部分的理论架构中，唐文治已全然无有心学、理学的对抗，而是将程、朱、陆、王全然融入性理学的体系中；在第二部分分论学派中，唐文治在朱、王关系上不但认为"朱子学为今时救世之本论"③，还认为"阳明学为今时救世之本论"④；在朱、陆关系上则于"朱子、陆子学派异同论"中称二人"原无有背

　① 唐文治：《自订年谱》，《唐文治文集》第六册，第 3726—3727 页。
　② 唐文治：《阳明学术发微》，《唐文治性理学论著集》第二册，上海：上海古籍出版社，2020 年，第 1075 页。
　③ 唐文治：《性理救世书》，《唐文治性理学论著集》第三册，上海：上海古籍出版社，2020 年，第 1387—1391 页。
　④ 唐文治：《性理救世书》，《唐文治性理学论著集》第三册，第 1414—1420 页。

于圣人……晚年又志同道合"①;在第三部分开具的书目介绍中,唐文治也撰写了"读《象山先生集》记"②与"读《王文成全书》记"③。

虽然在唐文治的性理学著作中具有这样的态度变化,但不能简单地说唐文治吸收陆、王心学,改造了程、朱理学。在唐文治的视域中,程、朱理学本身就包含了心学的维度,而陆、王心学本身也包含了理学的维度。故唐文治的治学探索是对本有义理系统的深入认识,而不是对既有义理系统的升级改造。由此之故,唐文治的性理学研究仍旧可以视为朱子学脉络内部的一种更为全面性的解读。

二、气化理主的本体世界

唐文治的理学架构基本上源于朱子一脉。然而,唐文治所理解的朱子思想,基本上继承了明清以来朱子学的传统,而与阳明学者的朱子理解具有很大不同。依照传统儒学义理系统,再参照唐文治的性理学特征,其理学架构可以分为本体与工夫进行叙述。本体又可分为客观面的理气论和主体面的心性论;工夫又可分为求放心工夫、内外交修工夫以及心与理一工夫。

气在整个儒学体系中是整体性的存在,世上一切事物都由气来构成。气永远在感通变化之中,塑造着有限的个体。有限的个体亦有自身的动静变化,并与整体之气以及其他个体进行不同程度的感通交流。经过一些阶段,旧的有限的个体逐渐消散,新的有限的个体逐渐生成。气构成了存在的时空场域,而理不具有独立的时空性。理是气感通变化的存在根源与主导方向,并生成了感通变化的内在规律。唐文治论理气关系,继承了朱子的学说,其曰:

> 余尝昼夜渊思,博稽往籍,而知"理气合一"与夫"理在气先"之说,自古圣贤以迄后代通儒,皆莫之或易……夫自古圣贤通儒,皆不离气以言理,即不离气质以言性。④

"理气合一"与"理在气先"是理气关系的两大命题。"理气合一"是指理气不离,理不能离开气而独存,气也不能离开理而独存,有是气必有是理,有是理必有是气,存在与存在的方向是不相分离的。"理在气先"并不是指时间上的先后,而是指理气不杂,理具有主宰性、方向性,决定了气的感通变化。气的感通变化,都在理的存在的基础上得以完成。

---

① 唐文治:《性理救世书》,《唐文治性理学论著集》第三册,第1395页。
② 唐文治:《性理救世书》,《唐文治性理学论著集》第三册,第1578—1579页。
③ 唐文治:《性理救世书》,《唐文治性理学论著集》第三册,第1601—1607页。
④ 唐文治:《性理救世书》,《唐文治性理学论著集》第三册,第1327—1331页。

惟夫气之轻清而上浮者为天，必轻清者有上浮之理也；气之重浊而下降者为地，是必重浊者有下降之理也。不然何不闻重浊上浮、轻清下降也？以人之一心言之，喜而后喜气生，怒而后怒气生，有是理故有是气也。喜而饰怒，怒而饰喜，则气不至，何也？无是理，故无是气也。是故理不离乎气，亦不杂乎气，此千古不磨之论也。[①]

理始终在山河大地的存在中维持其作用，不但是山河大地规则的立法者，还是保证山河大地继续存在的执法者，故此理气关系为格物致知提供了存在论根据。理气关系不但表现在客观的天地之中，也表现在主体的人心之中。天地万物是气，需要循理而变化；人心情感亦是气，亦需循理而变化。

三、性显气心的情感发用

理气关系落实在主体上，就是性心关系。在儒学系统中，心灵具有变动性、应物性、感发性、省思性。变动性是指心灵变化无方，纯粹自由，可善可恶，无善无恶。应物性是指心灵能够察识外物。感发性是指心灵能够发动情感。省思性是指心灵能够反思推理。在朱子学中，这四个特性都是气的感通变化功能的体现，若以此四大功能论心，则此心为气心。

理落实在有限的个体上则为性。性有两层含义，若就性赋予形气自身内在规律而言，则为气质之性。气质之性主要作用在于维持有限者的肉身性延续，比如"食色性也"之说，虽然有限者种类繁多，食色之方式亦因物种而异，然而非食无以延续个体之生命，非色无以延续族群之生命，此种生物本能则是相同的。若就性奠基生命的存在根源与主导方向而言，则为天地之性。天地之性是道德性，唐文治曾撰联"人生惟有廉洁重，世界须凭气骨撑"即是此意。廉洁、气骨是道德性，是天地人生之性理，撑起了天地人生的气化世界。

理气不离不杂，性心也不离不杂。但是心作为气，则是气之精英，故比一般浑浊之气更具感通的功效。无论是气质之性，还是天地之性，都在气心中呈现。气质之性本身就是气的经验性呈现，故在心灵中天然能够自觉；而天地之性则是超验性的，在心灵中未必能够天然自觉。儒者更为重视的是天地之性的自觉，一般谈性，主要是指天地之性。唐文治论心性关系，其曰：

陆稼书先生《学术辨》曰："气之精英，聚而为心。是心也，神明不测，变化无方，要之亦气也。其中所具之理则性也。故程子曰'性即理也'，邵子曰'心者性之郭郭'……是心也者，性之所寓而非即性也。性也者，寓于心而非即心也。"此辨心性界限极为分明。[②]

---

① 唐文治：《性理救世书》，《唐文治性理学论著集》第三册，第 1326 页。
② 唐文治：《性理救世书》，《唐文治性理学论著集》第三册，第 1340—1341 页。

唐文治引用陆陇其的说法，性是理，心是气，心性界限由此可以分清。其实，若依照理气不离不杂之说，我们也可以这样认为，气是就感通发用而言的，理是就感通发用后面的德性主宰而言的。

气的感通发用，可以有两类源头。唐文治分梳了这两类源头的发动，其曰：

> 盖人之阳气，皆天地生生之机，是以好生而恶杀。《孟子》曰："天下之生久矣。"又曰："乐则生矣，生则恶可已也。"此生气也，而皆本于生理，故凡有血气心知之属，莫不自爱其生。人为万物之灵，而圣人尤得其最秀者，故尽人物之性，即有以遂人物之生。《礼记》曰"人者天地之心也"，言人皆有天地生生之性也。此性字从心从生之精义也。[①]

> 春夏之交，林木向荣，人游其下，见青青之，悱恻缠绵之意，油然自生，是则青有以感外，而情因以动于中也。盖情之取青，犹意之取音，审音可以知音，察色乃能得情。……性之善，因情而见也。[②]

一种发动是本于理的发动，一种发动是缘于境的发动。前者是纵向的根源，后者是横向的根源。这两种发动并不矛盾。缘于境和本于理的发动则是正面的，是性善的体现；而缘于境不本于理的发动则是负面的，是性善的遮蔽。

心的发动可以称之为情。情的发动若要是正面的，就需要有性的贞定。唐文治言：

> 性情二字俱从心，"天地之大德曰生"，性者生理也，故先儒又曰"性，生也"。人秉纯粹至善之性，发而为蔼然恻坦之情。情字从青，青，东方之色，发露于外者也。人当春夏之交，见万物萌芽，弥望青葱，欣欣向荣，不觉缠绵悱恻之情，油然自生，是何也？以人之情应乎天地之情是也。是故性本善而情亦善，性为未发，情为已发，而皆统摄于心，以为体用。[③]

唐文治继承了朱子"心统性情"之说，性体情用，皆统于一心之中。所发之情，是否以性为主导，皆由心所统摄。

在此基础上，唐文治又分辨了三种不同的欲。第一种是可善可恶之欲，其言："《礼记·礼运篇》曰：'何谓人情？喜怒哀惧爱恶欲，七者不学而能。'又曰：'饮食男女，人之大欲存焉。死亡贫苦，人之大恶存焉。夫欲恶者，心之大端也。人藏其心，不可测度也。'……凡此所谓欲，皆凡民平常之欲，可善可恶者也。"[④]气质之性本身不能简单以善

① 唐文治：《性理救世书》，《唐文治性理学论著集》第三册，第 1304 页。
② 唐文治：《性理救世书》，《唐文治性理学论著集》第三册，第 1305 页。
③ 唐文治：《性理救世书》，《唐文治性理学论著集》第三册，第 1341 页。
④ 唐文治：《性理救世书》，《唐文治性理学论著集》第三册，第 1334—1335 页。

恶论。若只是满足自身合理的气质之性，决不能说是恶。反之，若某种道德说教鼓励人们轻视生命而去追求道德，这种说教反而是大恶的。也就是说，人要满足生理与物质上的需求本身没有错，而且满足每个人的生理与物质上的需求，也是善的体现。但是，个体的生理与物质上的需求满足，需要不影响其他个体的生理与物质上的需求满足，如果一旦影响到其他个体的生理与物质上的需求满足，则就会转成恶。第二种是有善无恶之欲，其言："《论语》子曰：'己欲立而立人，己欲达而达人。'……凡此所谓欲，皆根于良知，出于天性之欲，有善而无恶者也。"[1]有善无恶之欲，就是性理在心中的发动，是一种道德性的愿望。既可以表现在精神上希望人人都能自觉自身的德性，又可以表现在物质上希望普天下的人们都能获得气质之性的合理满足。第三种是有恶无善之欲，其言："《论语》子曰：'枨也欲。''苟子之不欲。'……凡此所谓欲，皆贪欲之欲，有恶而无善者也。"[2]气质之性本身不能说善恶，但若是妨碍他人气质之性的满足，过分贪求自身气质之性的满足，则为有恶无善之欲。

总而言之，有善无恶之欲要养，有恶无善之欲要遏、要寡、要无。而可善可恶之欲具有两面性，需要加以引导。

四、逐层递进的工夫路径

工夫是指由不完美状态达到完美状态的方法措施，唐文治论儒者工夫曰：

论孔门求仁工夫，当分三层：曰"苟志于仁矣，无恶也"，"我欲仁，斯仁至矣"，是求放心，第一层也。曰"敬而无失，恭而有礼"，"居处恭，执事敬，与人忠"，是内外交修，第二层也。曰"其心三月不违仁，无终食之间违仁"，是心与理一，第三层也。[3]

第一层是求放心工夫，偏向于个人自身；第二层是内外交修工夫，兼顾自身与他人；第三层是心与理一工夫，心之一切运作皆符合理则，为本体境界的展现。

其一，求放心工夫。求放心工夫为诚正自我的修身工夫。修身工夫主要落脚点在正心上，唐文治言："盖性者，仁义礼智信五常之德，皆寓于心。性无迹而心有形，气以成形，则其质或不免有所偏，且易为物欲所蔽，故必修道而后能复其性。"[4]性理虽至善，但无形迹。心是气心，则有形迹。性理必然落实在气心中，由于气心的干扰则有所偏，就会产生有恶无善的物欲。针对这种情况，需要做工夫来恢复良善的本性，让气心无所偏斜地展现性理。然而欲做此工夫，需要对于心灵的内在结构具有较为深刻的认知，唐文

---

① 唐文治：《性理救世书》，《唐文治性理学论著集》第三册，第1333—1334页。
② 唐文治：《性理救世书》，《唐文治性理学论著集》第三册，第1334页。
③ 唐文治：《性理救世书》，《唐文治性理学论著集》第三册，第1403—1404页。
④ 唐文治：《性理救世书》，《唐文治性理学论著集》第三册，第1340页。

治言：

> 诚意之功，须体察至精密深细处，以验心音之调和。心气和平，则发音和平。心气粗暴，则发音粗暴……善意则出善言，恶意则出恶言。[1]

心灵具有两层功能。第一层功能是气心之发动为意，意有善恶之分。秉持性理方向之意为善，不秉持性理方向之意为恶。第二层功能是气心对于善意与恶意可以进行彻底反省，不被所发之意遮蔽。若要保证第一层功能的心意所发为存善而无恶，则需要维持第二层功能的气心自身的戒慎恐惧。此戒慎恐惧，即是主敬工夫，"戒惧慎独，所以养神而事天也"[2]，此第二层功能属于气心与性理的纵向关系。"然则君子之功，岂偏于静乎？曰：不然，此特言其体尔。曰'戒慎乎其所不睹'，则其所可睹者，戒慎更可知也；曰'恐惧乎其所不闻'，则其所可闻者，恐惧更可知也。"[3]心意未发之静，心意已发之动，都是气心与客境的横向关系。然而敬贯动静，无论是第一层功能的心意未发，还是第一层功能的心意已发，都有第二层功能的戒慎恐惧的工夫作为其底色，故戒慎恐惧的心灵状态伴随着意念收敛与扩充的整个过程。在此过程中，主敬工夫仍可以分为四个不同层次："曰：提撕警觉，是敬之入手处。惺惺不昧，是敬之进步处。主一无适，是敬之会聚处。辑熙光明，是敬之大成处。"[4]主敬工夫在心上做，其目的是去除物欲之弊，让性理之体可以朗现于心中，基于心与性理之体融合程度的不同而有四个阶级。提撕警觉是突然在浑浑噩噩中有所警觉，而能截断众流，此为主敬工夫之入手处。惺惺不昧是一旦有所自觉，则朝暮于是，不敢松懈，此为主敬工夫之进步处。主一无适是此心一无旁骛，专注于性理之体之降衷，此为主敬工夫之会聚处。辑熙光明是心与性理之体融合无间，处处随心所欲不逾矩，此为主敬工夫之大成处。此时主敬工夫并不仅仅限于求放心工夫上，而是贯通于内外交修、心与理一工夫过程中。

其二，内外交修工夫。在修身的同时，人亦时刻处在与他人的交往之中。故工夫不能以自身为限，而需要由自身扩充到他人上去，体现在待人接物之上，此为内外交修工夫。唐文治的内外交修工夫，可以从其对"忠""恕"二字的解读上看出。唐文治言："中心为忠。中者，喜怒哀乐未发之谓。人受天地之中，以生至善至中之道，发之于心，推之于事，谨慎以出之，尽力以行之，是乃忠之大者。"[5]忠就是性理纯粹表露于气心，而对气心所对之事态人物持道德性的立场与行动，故能够尽心尽力地去成就事态人物。"恕者，

---

[1] 唐文治：《性理救世书》，《唐文治性理学论著集》第三册，第 1306 页。
[2] 唐文治：《中庸大义》，《唐文治经学论著集》第三册，上海：上海古籍出版社，2020 年，第 1861 页。
[3] 唐文治：《中庸大义》，《唐文治经学论著集》第三册，第 1861 页。
[4] 唐文治：《性理救世书》，《唐文治性理学论著集》第三册，第 1404 页。
[5] 唐文治：《性理救世书》，《唐文治性理学论著集》第二册，第 1309 页。

如心之谓也。……'老吾老以及人之老，幼吾幼以及人之幼'，此恕以及人也。'己所不欲，勿施于人'，'所恶于上，毋以使下。所恶以下，毋以事上'，此恕以克己也。……故学者当先行克己之恕，乃可以言及人之恕。"①恕是他人之心如同自己之心，暗含着人人平等，人人皆有同理心并可以相互感通的立场。从恕道上看，一方面，面对他人对自己的不好，自己可以反省是否也有类似的过错，并不断修正自己，此为恕以克己。另一方面，在自己追求物质精神的时候，也会想到他人也有其物质精神需求，也应该满足他人的物质精神需求，此为恕以及人。唐文治认为，人应该先行克己之恕，再行及人之恕。

其三，心与理一工夫。在唐文治的性理学系统中，气心与性理是不离不杂的关系，性理具有自我降衷于气心的能力，故性理的德性力量时时在心中显露。但此心若不做工夫，则此德性的显露即一闪而过，仍易为物欲所蒙蔽。仅仅始源一点上心与理合，随后就由恶意所岔出，在所发之显著处则与天理迥异。若此心经过求放心工夫、内外交修工夫，则此心之发动流行无论在内在外，皆有理则为依循，故第三层次的工夫，即此心之所发，无论始源一点，还是所发之显著处，无不与性理之发动相合，达到从心所欲不逾矩的境界，真正做到体与用上都达成了心理合一。

五、判释佛老的两类立场

宋明理学家，早年大都具有出入佛老、归宗大易的经历。在以儒学名家后，他们或辟佛老，或融佛老，但无论持何种态度，佛老的义理成为他们的儒学思想中可供对照的一套异己系统。这套异己系统，似乎成为儒学的参照系，经常用来检验自己与其他儒者的儒学体系是否纯正。唐文治似乎并没有宋明理学家那样早年疯狂地出入佛老的经历，但其对于佛老的态度似乎兼具了辟佛老与融佛老两种不同的立场。

其一，在理论上辟佛老。唐文治辟佛老的态度，继承了宋明儒学的传统，主要认为佛老仅仅在气质上用事，而缺乏德性的主宰。唐文治力辩儒佛之差异，其言：

近世不明宋儒之学者，概目之为禅，可谓不知分析之学而全无体验矣！善乎陆稼书先生之辟禅也，曰："明乎心性之辨则知禅矣！……夫人之生也，气聚而成形，而气之精英又聚而为心。是心也，神明不测，变化无方，要之亦气也。其中所具之理则性也。故程子曰：'性即理也。'邵子曰：'心者，性之郛郭。'朱子曰：'灵处是心不是性。是心也者，性之所寓而非即性也；性也者，寓于心而非即心也。'先儒辨之矣至明矣。若夫禅者，则以知觉为性，而以知觉之发动者为心。故彼之所谓性，则吾之所谓心也；彼之所谓心，则吾之所谓意也。其所以灭彝伦，离仁义，张皇诡怪而自放于准绳之外者，皆由不知有性而以知觉当之耳。何则？既以知觉为性，则其所欲保养而勿失者，惟是而已。一切人

---

① 唐文治：《性理救世书》，《唐文治性理学论著集》第三册，第1310页。

伦庶物之理，皆足以为我之障，而惟恐其或累，宜其尽举而弃之也。"据此知吾儒之与禅宗，毫厘之差，千里之谬，正在于心性之辨。[①]

唐文治十分赞成陆陇其对于儒家与佛家的分辨，我们可以从其引用陆陇其的文本中看出唐文治的儒佛之辨。在唐文治看来，儒家之世界观，既有气又有理。气之灵者是心，具有神明不测、变化无方的功能。而理则寓于心，成为性。但佛家的世界观不是这样。佛家虽然借用理和性的词汇，但没有儒家意义上的理和性，只是在气上用事。所谓"以知觉为性"者，知觉为气之灵明，仍旧属于气。以知觉为性即是以气为性。气本身变化无方，没有自性，故佛教谓之缘起性空。所谓"以知觉之发动为心"者，知觉之发动为儒家意义上的意，意为主体性的气，故亦是变化无方，佛家以此为心，则为念念无住之般若智。由于佛家缺乏性理，故无论在客观面上还是在主体面上，都无法树立根本的原则性、方向性。一切根本的原则性、方向性的建设都会被其斥为魔障，必须荡相遣执而后可。由此，儒家的德性以及由德性建立的伦理、礼法在根本层面上也会被消解。故内在心性的显微差异，必然会导致外在伦理、礼法的变动。这正是儒家所不允许的，故必须严辨儒佛心性之微。

在同样的立场上，唐文治亦力辨儒道之差异，其言：

若夫主虚无淡泊者，如《老子》所谓"常使民无知无欲"，谓"不欲以静，天下将自定"，此欲字亦指贪欲而言。然道家工夫，究与儒家有异。盖儒家之无欲，以仁义充其欲而无欲也；道家之无欲，以清虚扫其欲而无欲也。后儒乃比而同之，且斥寡欲、无欲之说为禅学、然则孔孟亦禅学乎？[②]

表面上看，儒家要去欲，道家也要去除欲望。但是儒家去欲与道家去欲不同。儒家去欲是以激发仁义来去欲，而道家去欲是连仁义一起去除的彻底的去欲。道家的清虚扫欲去掉了德性精神，连性理一并去除，亦不承认一普遍性的原则与方向，动摇了人伦礼法的普遍性根基。故道家之清虚扫欲必为儒家所反对，唐文治要力辟道家之无。

其二，在现实中融佛老。唐文治除了在根本的心性论上严辟佛老外，对于佛老有助于儒学之处，则择取而融摄之。这种融摄主要分为两个方面，一为保气养生，一为神道设教。

1. 保气养生

儒家的世界中有理有气，肉身的存在主要为气，而道德精神则为理。在儒家看来，

① 唐文治：《紫阳学术发微》，《唐文治性理学论著集》第二册，第732页。
② 唐文治：《性理救世书》，《唐文治性理学论著集》第三册，第1336—1337页。

道家之学，虽然缺乏了性理，但对于气的理解与把控则有其优势，故儒者可以借鉴道家气学来保存肉身。唐文治言：

> 龙溪之言"调息"，吾有取焉。盖其言虽于圣贤存心养性之学，似同而异，然实道家之奥窔，与《老子》致虚守静、《庄子·养生主》《人间世》《在宥》诸篇相出入，用以养生，深有裨益。①

王龙溪有一套调息的养生方法。唐文治认为其并非源于儒家，而是源于道家。但养生本来即在气上用事，可以忽略德性精神的主宰，故王龙溪具有道家特色的调息法正好用来养生。

> 文治考朱子晚年，颇参用道家而力辟释氏。其参用道家者，取其为存心养性之助也；其力辟释氏者，以其废人伦而蔑天理也。……是文王、周公、孔子皆通黄帝之学，实即后世道家之学，故朱子取之以为存养之助，实即《易传》"无思无为，寂然不动"之旨。②

儒家在保气方面可以与道家互通，这种不言及德性增长，只注重去除欲望的理论不仅出现在道家经典里，也出现在儒家经典《易传》中。倘若以此方法为辅助，善用道家的气论亦能保住肉身的形气与神思，进一步还可以为涵养德性做准备。倘若完全依此方法行事，则会走向废人伦、蔑天理的错误方向。故而儒家融合道家气论需要知道分寸，只能以之为辅助进行保气养生，不能误执为根本的处事方式。

2. 神道设教

面对愚夫愚妇，有时进行直接的道德教化并无明显的效用，而用怪力乱神引导反而收效显著，故虽然"子不语怪力乱神"（《论语·述而》），但作为权法，神道设教仍可一用。唐文治言：

> 语云："神仙之事，儒家不道。"岂其然哉？《易传》曰："观天之神道而四时不忒，圣人以神道设教而天下服。"非孔子所自言乎？特所谓设教者，必以正人心，明世道为宗旨。③

唐文治认为，神道设教的目的是正人心，明世道。倘若有神仙之事迷惑了人的心智，扰乱了伦理纲常，让人从积极的入世奋斗转为希求神灵的福佑，则此神仙之事不能提倡。

---

① 唐文治：《性理救世书》，《唐文治性理学论著集》第三册，第 1433 页。
② 唐文治：《紫阳学术发微》，《唐文治性理学论著集》第二册，第 848—849 页。
③ 唐文治：《木道人灵异记》，《唐文治文集》第四册，上海：上海古籍出版社，2018 年，第 1981 页。

但倘若有神仙之事能够促进人心世道，则此神仙之事是人在天地间至诚状态的神妙反映，可以作为德性的辅翼，就应该加以提倡。唐文治曾亲自撰写《木道人灵异记》，肯定扶乩之事，之所以肯定木道人，并非在神异之事上，而在于"欲警吾民之苏醒""有益于人心世道"①。

此外，唐文治还有一篇《金刚弥陀经功德灵验·序》，发表于1936年的《佛学半月刊》上，亦主要是从佛教能够去执断恶的方面来立论的。该文为唐文治为友人杨章甫所编的《金刚弥陀经功德灵验》一书所作的序。在这篇序文中，唐文治谈了自己对于《金刚经》《弥陀经》两经的看法，分别从般若、净土所表达的佛学理论、修行次第、社会效用上进行了阐发。在佛学理论上，唐文治认为《金刚经》《弥陀经》一为般若，一为净土，皆为如来无上至真之妙道，信受持诵《金刚经》，当得阿耨多罗三藐三菩提心，信受持诵《弥陀经》，不退转阿耨多罗三藐三菩提心。诸佛设教，不离真俗二谛，真谛明性空，俗谛明缘起，真若离俗，堕为空执；俗若离空，堕为有执。《金刚经》为真谛所摄，《弥陀经》为俗谛所摄，虽分二谛，同诠一心，般若净土，殊途同归。在修行次第上，唐文治认为，当今末法时期，禅观证道不易，净土保任可行，故修习法门应以净土为主，般若为助。②在社会效用上，唐文治尤为看重佛教弃恶扬善之功效，其言："一切诸恶，以我相为根本，人相、众生相、寿者相等，辗转相因而生，实皆我相之所变。……是故断恶以破我执为第一。"③一切恶的行为，都源自我执。故要彻底断恶，就要破除我执。佛家讲破除我执，儒家讲"勿意，勿必，勿固，勿我"（《论语·子罕》），儒佛之共同处即是要去除"将有限定的形气之我作为我之全部"的执念。虽然在去除我执的习气之后，如何为善，儒佛之间有不同的看法和途径，但在去除我执上则是一致的。

综合考察唐文治辟佛老和融佛老的态度，则可以发现其中具有一贯的原则，即秉持儒家性理学道德教化的立场。在理论层面，唐文治辟佛老，因为佛老之学没有儒家之性理，故有害于儒家德性根源的建立，动摇儒家的伦理礼教；而在现实层面，唐文治融佛老，因为佛老之学可以保气养生、神道设教，有利于性理学作用下的道德教化。

---

① 唐文治：《木道人灵异记》，《唐文治文集》第四册，第1981—1982页。
② 唐文治：《金刚弥陀经功德灵验·序》，《唐文治文集》第三册，2018年，第1532—1535页。
③ 唐文治：《金刚弥陀经功德灵验·序》，《唐文治文集》第三册，第1535—1536页。